PIVI
II

Jürgen Volk

UNBEDINGT
VAN GOGH UND GAUGUIN IM GELBEN HAUS

KÜNSTLERROMAN

Plöttner Verlag

Bibliografische Informationen der Deutschen Nationalbibliothek:
Die Deutsche Bibliothek verzeichnet diese Publikation in der Deutschen
Nationalbibliografie; detaillierte bibliografische Daten sind im Internet
über www.d-nb.de abrufbar.

Alle Rechte der deutschen Ausgabe:
© 2013 Jonas Plöttner Verlag UG, leipzig

1. Auflage
ISBN 978-3-95537-108-1
Reihengestaltung: Maike Hohmeier, hamburg
Umschlagillustration: Soukaïna Najjarane, paris
Lektorat: Paul Simon
Satz: Martin Schotten
Gesetzt in der Adobe Garamond Pro
Druck: Korrekt Druckerei GmbH, eu

www.ploettner-verlag.de

Zum Buch
24.12.1888. Völlig übernächtigt kommt Paul Gauguin morgens nach Hause, wo er von der Polizei verhaftet und an das Bett Vincent van Goghs geführt wird, der bewusstlos und halb verblutet da liegt. Was war am Vorabend zur Weihnacht 1888 geschehen?

In *Unbedingt* lebt eine Sternstunde der modernen Kunst wieder auf. Der Roman handelt von der Suche nach der modernen Malerei, von Freundschaft und Rivalität und verdichtet sich um ein dunkles Geheimnis, das beide Maler künftig teilen sollten.

Im Zentrum steht der unbedingte Freiheitswillen zweier grundverschiedener Charaktere, der sie vereint. in ihrer Auflehnung gegen eine aus den Fugen geratene Welt zum *fin de siècle*.

»…Es hat seinen Preis, allein zu sein. Frei zu sein. Sehen Sie, die deutschen Philosophen haben da ein anderes Wort für frei, sie sagen unbedingt, das heißt, etwas ist nicht durch etwas anderes bedingt außer sich selbst. Das ist Freiheit. Ich glaube, es liegt in unserem Charakter, uns durch nichts und niemanden bedingen zu lassen, aber genau das ist geschehen.«

Zum Autor
Jürgen Volk, geboren 1980, ist als Lektor und Autor tätig und promoviert derzeit im Fach Allgemeine Rhetorik zum Thema Kunstmanifeste des 20. Jahrhunderts. Er studierte Allgemeine Rhetorik, Kunstgeschichte und Philosophie.
WWW.JUERGEN-VOLK.COM

Inhalt

13 Selbstporträts

73 Das goldene Meer

125 Das Gräberfeld

179 Der Verbrecher

243 Novemberregen

301 Der Traum

379 Der Strand

409 Nachwort und Danksagung

415 Anmerkungen

422 Eintritt ins Universum Unbedingt

*We are all guilty of crime:
the great crime not living life to the full.*

Henry Miller (1891–1980)
Sexus, 1949

*Zypressen lodern entsetzt zum Himmel. Wolken schreien,
von Furien gejagt. Da greift der Maler zum Messer.
Vincent malt Sonnen und wird zum Mörder.*

Julius Meier-Graefe (1867–1935)
Vincent, 1925

Selbstporträts

Paul Gauguin lehnte sich in die Polster seines Sessels zurück. Die horrende Investition von 17 Francs, um im Speisewagen zu dinieren, hatte sich gelohnt. Theo van Gogh würde wohl auch dafür aufkommen müssen. Aber daran dachte Gauguin in diesem Moment nicht: er hatte eine Mission.

Es traf sich, dass sein Gegenüber am Tisch, zunächst misstrauisch seine Kleidung beäugend, doch zur Konversation bereit, und dazu ein offensichtlich wohlhabender Mann war. Monsieur de Mauriac, dem Namen nach alt-aristokratischer Abstammung, gab sich als kultivierter und kunstinteressierter Besitzer einer Großweberei in Lyon. Gauguin witterte auch bei ihm die übliche, dekadente und bourgeoise Sehnsucht nach Freiheit, Fremde und Abenteuer – die er sich natürlich zunutze machen wollte. Nur so ließ sich als Künstler leben: melke den *Bourgeois*.

Gauguin selbst machte sich nichts aus seiner äußerlichen Erscheinung. Er kleidete sich bewusst derb nach Seemannsart und erreichte dadurch im Allgemeinen auch die gewünschte Wirkung. Übrigens kam es stets auf die Worte an. Und als er seine ersten Sätze des Tischgesprächs in distinguiertem Französisch aussprach, horchte der Adlige auf. Er sollte ihm bald ins Netz gehen.

Man sprach über die komfortable Art zu Reisen, die das neue Zeitalter bot, wobei Monsieur de Mauriac, dem seine Vorliebe für gute Speisen an seiner Statur abzulesen war, immer wieder ansetzte, die Vorzüge der neuen Speisewagen zu loben. Trotz aller Offenheit und Beredsamkeit des alten Herrn verspürte Gauguin eine gewisse, verhaltene Distanz. Gewollt und natürlich zugleich, dezent, nicht provokativ. Doch genau das provozierte ihn, Eugène Henri Paul Gauguin. Es behagte ihm vor allen Dingen nicht, dass sein Gegenüber aristokratisch war. Nicht weil er übermäßiger Verfechter der republikanischen Idee war; im Gegenteil, seine bisherigen politischen Aktivitäten für den Geheimdienst der kommenden spanischen Republik hatten ihm und seinen Vorfahren bisher nur Nachteile gebracht. Es versetzte ihm jedoch stets einen schmerzlichen Stoß, wenn er daran erinnert wurde, wie jäh seine Jugend in Peru unterbrochen worden war, wie er und seine Mutter die reichen Verwandten verlassen mussten. War er nicht selbst adelig gewesen zu dieser Zeit? Sein Onkel galt in Lima und ganz Peru um vieles mächtiger als jeder Adelige Europas, ausgenommen Ostpreußen und Russland natürlich. Wie ein kleiner Prinz stolzierte er damals zwischen den bronzefarbenen Halbwilden durch die Boulevards und Gassen der Stadt. Von klein auf war ihm so die Aura der Unantastbarkeit, das dienstbeflissene Personal, das große Haus zur Gewohnheit geworden. Wäre er nicht aus diesem Haus vertrieben worden, sein Gegenüber würde ihn als ebenbürtig anerkennen müssen.

Üblicherweise legte er großen Wert darauf, die Menschen von seiner Familiengeschichte wissen zu lassen. Nur wie er dies bei Monsieur de Mauriac geschehen lassen sollte, ohne plump und unglaubwürdig zu erscheinen, wusste er noch nicht. Deshalb blieb er beim Thema und legte seinem Gegenüber weltmännisch dar, dass ihm diese Art dinierend zu reisen nicht ganz neu wäre, da er schon in England die Vorzüge dieser Erfindung genießen durfte. Obwohl Monsieur de Mauriacs Gesicht bar jeder Regung blieb, war Gauguin, der selbstverständlich noch nie in einem englischen Speisewagen gesessen war, davon überzeugt, einen Treffer gelandet zu haben. Er fühlte sich, wenn auch nicht überlegen, doch wieder ebenbürtig. Der Adelige erwiderte nach einer kurzen Pause, während der er das Gesicht Gauguins noch einmal aufmerksam und unverhohlen studierte, nicht ohne Süffisanz, dass zwar die Engländer womöglich als erste diese Erfindung im alten Europa einführten, aber gleichzeitig sei doch zu konstatieren, dass weder Amerikaner, noch Engländer, wenngleich sie auch die technische Vorarbeit leisteten, einen angemessenen Service bieten könnten, da ein Speisewagen erst zum *Speise*wagen würde, wenn darin französische Gerichte aufgetischt würden. Hier musste Gauguin lebhaft zustimmen und beide lachten einvernehmlich und lange, wobei sie sich wieder dem Essen zuwandten. In Wort und Tat – denn Monsieur de Mauriac schätzte die Themen *Haute Cuisine* und französischer Wein noch mehr als den technischen Fortschritt und die Eisenbahn, weshalb Gauguin beschloss, die vielversprechende Bekanntschaft vollends für sich zu gewinnen, indem er viel beipflichtete und de Mauriac den Großteil des Gesprächs führen ließ.

Nachdem das Diner beendet war und der Cognac, ein Rémy Martin, gereicht wurde – VSOP natürlich – beschloss Gauguin zur Sache zu kommen. Und so verfolgte er beharrlich seine Strategie: er war nicht mit der Türe ins Haus gefallen und hatte zuerst über Unverfängliches Konversation gehalten. Jetzt war es an der Zeit sein Ansehen bei seinem Gegenüber wachsen zu lassen. Er begann ganz beiläufig von der Pariser Börse zu sprechen.

Monsieur de Mauriac zeigte sich begeistert, von der Beflissenheit und Kenntnis der Prinzipien des Marktes, die Monsieur Gauguin zutage legte, kam aber nicht umhin anzumerken, dass dieser von den neuesten Entwicklungen nicht unterrichtet war.

Somit war Gauguin am Ziel und konnte mit einer noch beiläufigeren Geste erklären, dass er seine Tätigkeit an der Börse – Monsieur Gustave Arosa, der Arosa, war seinerzeit sein Vormund – schon seit geraumer Zeit aufgegeben habe, um sich seiner wahren Profession zu widmen: der Malerei.

Jetzt war der kritische Punkt erreicht, eine unvermeidbare Klippe, die es zu umschiffen galt. Gauguin duckte sich innerlich kurz, und besann sich seiner eingeübten Erwiderungen für Gesprächssituationen wie diese. Doch anstatt der üblichen Reaktion, gemischt aus bürgerlichem Spott, selbstsicherer Herablassung und schierem Unglauben, überraschte der Industrie-Aristokrat Gaugin, denn er erwiderte nach einer kurzen Pause:

»Eines freien Mannes würdig.« Er nickte, wiederholte den Satz und begann umständlich zu diesem Schritt zu gratulieren.

Gauguin verstand nicht ganz, wähnte den älteren Herren kunstvernarrt, atmete auf, und fühlte sich sicher in den Hafen einfahren. »Eines freien Mannes würdig« – das war nach seinem Geschmack. Bevor er jedoch etwas erwidern konnte, verwies Monsieur de Mauriac auf die abgetragene Hosen und das grobe Hemd des Malers, und fragte, ob dieser, da schon in voller Montur, direkt in Lyon arbeiten wolle, oder ob er gedenke weiterzureisen. Gauguin überging, in Klugheit geübt, diese indirekte Einladung und begann stattdessen in knappen Sätzen von der Einladung, aufgrund der er in diesem Zug saß, zu sprechen: dass ihn ein holländischer Maler, der bereits geraume Zeit in Arles lebe und sich dort in einem Atelierhaus eingerichtet habe, schon mehrmals eingeladen habe; dass er diese Einladung jetzt erst wahrnehmen könne, obwohl er dadurch seine in letzter Zeit sehr fruchtbare Arbeit in der Bretagne unterbrechen musste. Nicht weil ihn, wie den Holländer, das Licht des Südens anziehe, sondern weil ihn dieser blind verehre und eingeladen habe, als Mentor in seinem Haus zu wohnen, zu malen und ihn zu lehren.

Monsieur de Mauriac nickte anerkennend mit dem Kopf und erwiderte nicht ohne Stolz, er selbst besitze eine umfangreiche Sammlung an Landschaftsmalerei, sei also auch in gewisser Weise ein Kenner, wenn auch eher vom Standpunkt des Betrachters aus, und frage sich, warum Monsieur Gauguin das Licht des Südens denn so verschmähe. Es gäbe doch Maler vom Format eines Monticelli oder des großen Delacroix, die sich das Licht des Südens zu Eigen gemacht hätten.

»Wenn Sie damit anfragen möchten, ob ich Kolorist sei, Monsieur«, antwortete Gauguin, vielleicht zu energisch, »so muss ich dies verneinen. Ebenso habe ich die Pleinair-Malerei hinter mir gelassen. Worauf es mir ankommt, ist das Wahre, das

Übersinnliche, das Reine und Abstrakte, in einem Wort, das darzustellen, das unserer Zeit verloren ging. Hierzu habe ich eine Methode entwickelt, die ich vorerst die *Primitivistische* nennen möchte.«

Der Adelige neigte den Kopf leicht zur Seite und sein Blick verlor sich in einem Punkt links hinter Gauguin im Nichts, was wohl unterstreichen sollte, dass er den eben vernommenen Worten nachsinnen wolle. Mit einem Mal blickte de Mauriac seinem Gegenüber wieder mitten ins Gesicht und drückte zu seinem Bedauern sein Unverständnis aus, nicht ohne vorher mit Hilfe einiger theoretischer Exkurse zu unterstreichen, dass er in der Materie der Malerei doch sehr belesen sei, von Gauguins Malerei, zugegebenermaßen, dennoch nie etwas vernommen habe. Im Weiteren fand er auch, dass weder er noch seine Zeit etwas verloren hätten. Im Gegenteil, viel sei gewonnen worden.

»Es ist in der Tat auch schwer in Worte zu fassen, worum es uns in der Malerei geht«, setzte Gauguin erneut an: »Am besten ist in diesem Falle immer noch die Anschauung selbst. Leider reise ich ohne meine Werke. Ich habe sie aber bereits nach Arles verschickt. Wenn Sie es wünschen, sind Sie aufs Herzlichste in das Atelier meines Freundes eingeladen, dann wäre es mir nicht nur ein Vergnügen, sondern auch ein Leichtes, Ihnen meine Methode anhand der Werke zu erläutern.«

De Mauriac zögerte einen Moment und antwortete dann jovial, es ließe sich unter Umständen einrichten. Gauguin musste jetzt vorsichtig vorgehen, weshalb er beschloss, sich zurückzuhalten, um den Aristokraten wieder reden zu lassen. In

Ermangelung eines Besseren, knüpfte er so an die ihm gezollte Bewunderung des Adeligen an und fragte, was es mit der vorherigen Aussage, die Malerei sei eines freien Mannes würdig, denn genau auf sich habe. Doch im Moment, da er die Frage stellte, streifte ihn die Ahnung, er hätte nach der Kunstsammlung des Adeligen fragen sollen.

»Monsieur Gauguin, Sie malen also nicht, da Sie finanziell unabhängig sind?« Diese Frage war offensichtlich nur rhetorischer Natur, denn ohne Pause fuhr Monsieur de Mauriac fort, es handele sich hierbei um eine alte Maxime, die bis auf die Römer und das alte Griechenland zurückginge, und die er als Adeliger noch heute verfechte: nicht jede Arbeit werde einem freien und edlen Mann gerecht, nur der Pöbel müsse von seiner Hände Arbeit leben. Der freie Mann hingegen ließe für sich arbeiten und verbringe seine Zeit in ziemendem Maße mit Politik, Studium und Wissenschaft. Jedoch, er wolle offenherzig sein, auch für ihn hätten sich die Zeiten geändert. Glücklicherweise dürfe er sagen, er gehöre nicht dem Teil des Adels an, der auf seinen Gütern sitzt und von Generation zu Generation mehr und mehr verarmt. Er habe die Zeichen der Zeit erkannt. Zwar habe er nicht so sehr die Muße, sich den freien oder schönen Künsten zu widmen, dafür aber müsse er auch nicht von seiner Hände Arbeit leben – seine Arbeiter und sein Kapital erledigten dies für ihn, denn die Unternehmungen gingen gut. »Aber Monsieur Gauguin ...«, wandte er sich wieder schlussendlich dem Maler wieder zu: »Mit welchen der zeitgemäßen Künstler in Paris sind Sie zu vergleichen? Wo und mit wem stellen Sie aus?«

Gauguin wusste nun, er war erledigt. Eigentlich hätte sich de Mauriac die Finte sparen können, um direkt zu fragen, ob er von seiner Kunst leben könne. Einerlei, er und seine Freunde gehörten nun mal nicht zu den Malern des *Grand Boulevard*, wie van Gogh sich immer auszudrücken pflegte. Mit dem Versuch alle Kraft der Überzeugung hineinzulegen, setzte Gauguin an:

»Ich bin gerade auf der Suche nach meinem eigenen Stil und habe schon des Längeren nicht mehr ausgestellt.«

»Verstehe, Monsieur«, konstatierte de Mauriac kühl.

»Aber ich habe seinerzeit mit den Impressionisten im *Salon des Indépendants* ausgestellt. Auch darf ich mich als den Erfinder der Cloisonné-Technik bezeichnen, obwohl mir die Konkurrenz diese Idee streitig machen möchte. Dies war auch einer der Gründe, weshalb ich seinerzeit mit einem Malerfreund die von Neid zerfressenen Künstler in Paris hinter mir gelassen habe. Bis auf wenige Ausnahmen wie Seurat oder Signac waren sie mir größtenteils zuwider.« Nachdem der Aristokrat nicht zu erkennen gab, ob er die beiden immerhin schon bekannten Namen jemals vernommen hatte, fuhr Gauguin weiter fort, er habe sich mit seinem Malerfreund nach Panama eingeschifft. Dort habe er dann vieles Gutes zu Wege gebracht und einige Werke an einen holländischen Kunsthändler verkauft, der für die Galerie Goupil – Gauguin ließ auch diesen Namen kurz und ebenso erfolglos wirken – arbeitet. Von ihm werde er jetzt auch vertreten.

Auch wenn die letzte Behauptung etwas übertrieben war, machte sie keineswegs Eindruck auf Monsieur de Mauriac. Er hob die Hand und während der Kellner die Rechnung brachte, blickte er nur kurz auf seine Uhr, beglich die Summe und erhob sich langsam. Ja, er habe von den so genannten Neoimpressionisten gelesen. Die ihm innewohnende Neugierde hatte aber nicht die verheerenden Urteile von Zeitungen und Bekannten überwogen. Es sei nun aber auch an der Zeit für ihn, in sein Abteil zurückzukehren, denn der Abend sei schon fortgeschritten und er habe noch einige Akten durchzusehen, bevor er in Lyon ankomme. Im Übrigen dürfe sich Gauguin als eingeladen betrachten, er danke für das kurzweilige Gespräch und wünsche einen schönen Aufenthalt in Arles.

Beide hatten sich nun erhoben und während ihm der Ältere die Hand reichte, bedankte sich Gauguin und ließ es auf einen letzten, fast schon verzweifelten Versuch ankommen, indem er betreffend des angesprochenen Atelierbesuchs nachhakte. De Mauriac dankte vielmals für die Einladung, wahrscheinlich werde aber die Zeit hierfür nicht reichen, denn er sei ja ein beschäftigter Mann und müsse – trotz aller Abstammung – sein Auskommen mit ehrlicher Arbeit verdienen. Gauguin überhörte die Betonung der Worte *Abstammung* und *ehrlich*, und, obwohl ihm der Alte schon den Rücken zugewendet hatte, rief er ihm nach:

»Für den Fall, dass Sie sich einmal auf der Durchreise befinden, liegt das Atelier in Arles unweit des Bahnhofes, Nummer 2, *Place Lamartine*.« Da drehte sich der Aristokrat nochmals um. Gauguin hoffte schon, er werde ihm seine Karte reichen, erntete unterdessen aber einen abschätzigen Blick. Sehr deutlich, ernst und nicht zu laut sagte de Mauriac, er wünsche, mit Dilettanten, Sozialisten und Anarchisten aus dem Pöbel, kurz mit dieser Unterschichtenmalerei, nichts zu tun haben zu müssen. Dann entfernte er sich.

* * *

Wütend durchschritt Gauguin die erste Klasse, die zweite Klasse und kam schlussendlich in seinem Wagon dritter Klasse an. Mühsam, aber wenig rücksichtsvoll, drückte er sich durchs überfüllte Abteil, riss seinen Seesack, mit dem er stets zu reisen pflegte, von seinem Platz und setzte sich. Er versuchte weniger heftig zu atmen, denn hier vermischten sich der Duft von billigem Lavendelwasser mit den Gerüchen ungewaschener Körper und noch nicht verzehrten Reiseproviants und stand schwer in der Luft.

Eingezwängt zwischen viel zu viele Menschen und den häufigen Stößen des schlecht gefederten Wagons ausgesetzt, war es unmöglich zu verhindern, sich an seinen Nachbarn zu stoßen. Es wurde hingenommen, ignoriert. Ihm gegenüber saß eine ausgedorrt wirkende Frau unbestimmten Alters, deren schwarzes Haar nach vorn übers Gesicht fiel. Ihr Kind hatte sich zwischen ihre Beine geklemmt und hieb zornesvoll und trotzig mit seinen roten Fäustchen auf ihren Schenkel ein. Sie schien es nicht zu bemerken und überließ den kleinen Furor sich selbst. Neben ihr saß ein Mann, der den Kopf gegen die roh gezimmerte Holzwand des Wagons gelehnt hatte und schlief oder zumindest zu schlafen vorgab. Gauguin konnte nicht erkennen, ob es sich bei seiner Reisegesellschaft um eine Familie handelte. Zerlumpt und müde wie der Rest der zusammengepferchten Gäste, bedauerte er sie, wurde sich aber zugleich bewusst, dass er in den Augen de Mauriacs mit ihnen gemein war.

Seltsamerweise fühlte er sich in Gegenwart eines Bourgeois ausgezeichnet durch seine Rolle als Künstler, auch wenn er dabei kaum jemals Aufmerksamkeit oder Respekt erfuhr. Die entgegengebrachte Verachtung wurde von ihm mit Stolz erwidert, in barer Münze zurückgezahlt und nicht selten fühlte er sich bestätigt. Ebenso, wenn auch unter anderen Vorzeichen, verhielt es sich mit seinen Künstlerkollegen.

In Gegenwart dieser gemeinen Menschen um ihn wollte sich kein Gefühl des Stolzes einstellen. Ohne die näheren Gründe und Ziele ihrer Reisen zu kennen, wusste er, jede Reise war ein Diktat der Notwendigkeit: der verstorbene Vater aus dem Provinznest, die Krankheit der Mutter, oder vielleicht auch erfreulicher, die Hochzeit des Bruders oder die Taufe einer Nichte – alle diese Gründe erlaubten der Ausbeutung in den Fabriken und bürgerlichen Haushalten von Paris wenigstens für ein paar Tage zu entfliehen, auch wenn der letzte Groschen für die lange und harte Fahrt in den Midi dafür ausgegeben werden musste. Wie in der Bretagne, so auch hier. Die Menschen kehrten für begrenzte Zeit zu ihren Wurzeln, zu ihren Familien, zu ihrem Wein, ihrem Käse und den typischen Gerichten ihrer Region zurück. Dorthin zurück, wo sie aufgewachsen waren, dorthin, wo sie sich immer noch zugehörig fühlten und wo sie am liebsten bleiben würden, reichte das Land oder das kleine Handwerk der Familie aus, um alle satt zu machen. Es war ihre Heimat. Paris konnte das nicht sein. Paris, mit seinen lauten Straßen, stinkenden Gassen und seinen raffinierten Vergnügungen zur Betäubung. Vergnügungen, inszeniert zur Zerstreuung der reichen, romantischen Bourgeoisie, deren mutigste Mitglieder sich abends in die Vororte wagten, um sich dort, an ausgewählten Orten unter die Menschen zu mischen, die sie tagsüber ausbeuteten.

Und er selbst? War er nicht auch aus Paris in die Bretagne geflüchtet? Musste nicht auch ein Maler der heutigen Zeit Bediensteter der Bourgeoisie sein, um zu überleben? Er kannte die Regeln des Marktes und wusste, er vertrieb auch nur ein besonderes Produkt, welches das Bedürfnis nach Vergnügung befriedigte. Sei's drum, wenn sie ihn nur finanzierten. Sobald er davon leben konnte, war es ihm Recht. Die Wahrheit verstehen würden sie ohnehin nicht, selbst dann nicht, wenn man sie in bunten Lettern auf die Leinwand pinseln würde. Paris, oder auch jede andere so genannte Metropole, war falsch. Er hatte es nicht nur um des billigeren Lebens willen geflohen. Der Moloch verdreckte und überdeckte die Wahrheit. Ja, vielleicht war dies der Unterschied zwischen ihm und den anderen Reisenden im Abteil: er suchte noch die Wahrheit, auch wenn keiner ihn verstehen würde. In diesem Punkt unterschied er sich. In diesem Punkt war er frei. Wenigstens in diesem, denn auch wenn er wie die Anderen zur Reise gezwungen wurde, so wurde er von der Notwendigkeit nicht zu einem geliebten Ort zurückgeführt, sondern weg von diesem. Die Notwendigkeit zwang ihn, seine Freunde und Jünger in der Bretagne zurückzulassen, um wie ein Bettler von der Gunst dieses Holländers zu leben und dessen malenden Bruder zu hofieren.

Ein alter Mann trat Gauguin auf den Fuß, beinahe wäre er vollends ausgeglitten und auf ihn gefallen. Ohne weitere Entschuldigungen kämpfte sich der Alte ein Abteil weiter bis zu seinem Platz und ließ sich zwischen zwei andere Passagiere auf die hölzerne Bank fallen. Das eingeklemmte Kind schrie und schlug noch immer um sich. So hatte sich Gauguin die Reise nicht vorgestellt. Auf dem Weg in die Bretagne, spätestens im Zug nach *Pont-Aven*, fanden sich stets einige Seefahrer, Zecher oder Künstler, denen er Seemannsgarn vorspinnen konnte, die seinen Mut und seine Aufmerksamkeit herausforderten und die Stunden rasch vergehen ließen. Jetzt lagen bereits vier lange Stunden hinter ihm, mehr als sechs noch vor ihm.

Er rief sich das Gespräch mit de Mauriac wieder in Erinnerung, doch in dieser stickigen Luft, eingezwängt zwischen den Schultern seiner Nachbarn und dem unablässigen Rattern des Wagons ausgesetzt, schien es ihm beinahe unmöglich, einen klaren Gedanken zu fassen. »Die Kunstsammlung!« dachte er. Darauf hätte er eingehen sollen und nicht bereitwillig und dämlich in die Falle tappen. Die Chance war vergeben, dennoch konnte er sich, wie immer in solchen Situationen, nicht davon lösen. Ein Groll stieg in ihm hoch, dem er sich noch ein, zwei Viertelstunden hingab. Einen anderen Zeitvertreib gab es ohnehin nicht. An Lesen war bis Lyon überhaupt nicht zu denken, denn er hätte sich dicht unter die schwache, blasse Lampe stellen müssen, um die Buchstaben erkennen zu können. Bis auf seine Reiselektüre *Les Misérables* hatte er alle Bücher bei

Bernard und Schuffenecker gelassen – und: wie sollte er im Angesicht der Wahrhaftigkeit dieses Elends über das Elend lesen? Im Übrigen war es gut, alle Bücher hinter sich zu lassen. Van Gogh würde neue Bücher, andere Bücher haben. Bücher und Gedanken, die ihm von Nutzen sein könnten. Der Holländer war eine wandelnde Bibliothek und seine Briefe waren Pamphlete. Vielleicht ließe sich davon profitieren, dachte er, vielleicht diktierte ihm die Notwendigkeit seinen Reiseweg doch mit ein wenig Nachsicht. Für die nächsten Monate, oder zumindest doch Wochen, musste er sich um das Geld keine Sorgen machen, denn er bezahlte Theo van Gogh für dessen Zuwendungen mit Werken. Konnte er darüber hinaus etwas verkaufen, so kam der Erlös allein ihm zugute. Mit etwas Glück blieb Arles nur eine Durchgangsstation! Natürlich hatte er hoch gepokert, die Gebrüder hingehalten und nun, gerade zu seiner höchsten Not, doch noch das Beste herausgeschlagen.

Vielleicht würde Theo einige seiner Werke verkaufen. Er schien etwas von seiner Arbeit zu verstehen. Ernsthaft, zurückhaltend wie er war, erweckte er einen Eindruck von Seriosität und Verlässlichkeit. Schwärmerisch oder enthusiastisch setzte er sich nicht für die neue Kunst ein, das musste auch gesagt werden. Aber gerade durch seinen Ernst verlieh er der Kunst, die er verkaufte, eine gewisse Würde. Ja, er war genau am richtigen Platz in der Galerie Goupil. Bei Vincent verhielt sich das anders. Was sein Bruder zu wenig an Feuer hatte, hatte Vincent zu viel. Kaum zu glauben, dass die beiden Brüder waren. Gauguin musste unvermittelt grinsen, als er sich Vincent in einer Galerie vorstellte: der Hitzkopf würde mit flammenden

Worten die Kunst beschwören und gar nicht begreifen, dass seine Kunden rein gar nichts, niemals auch nur einen Hauch davon verstehen könnten. Vor seinem inneren Auge sah er Vincent eine dicke Bourgeoise so lange Ohrfeigen, bis ihr der Hut vom Kopf viel, um dann auf den herausgelösten Blumen herum zu trampeln. Oder er würde gar nichts sagen und seine Kunden schlichtweg ignorieren. So hatte ihn zumindest Toulouse-Lautrec geschildert. Woche um Woche war van Gogh zu dessen Jour fixe ins Atelier gekommen. Stets hatte er ein Gemälde mitgebracht und auf einem Stuhl in der Ecke aufgestellt. Dann war er den ganzen Abend in Gedanken versunken dagesessen, hatte am Ende des Abends sein Gemälde wieder eingepackt und mitgenommen. Aber das war nur Künstlertratsch. Er selbst hatte ihn ja, wenn auch nur fern der Gruppe, anders kennengelernt.

Gern erinnerte er sich an den Nachmittag, den er mit den Gebrüdern van Gogh in Theos Wohnung verbracht hatte. Er war gerade aus Martinique zurückgekehrt und die beiden kauften ihm eine *Négresse* ab. Zunächst war er empört, wie sie in seiner Gegenwart seine Werke auslegten, als wäre er gar nicht anwesend oder schon verloren. Nach einer Weile verstand er aber, wie unklug es wäre, die beiden Brüder in ihrem Philosophieren zu unterbrechen. Ganz in ihr Gespräch vertieft schien es, als hätten sie ihn vergessen und schmiedeten aus den Versatzstücken, die sie aus seiner Biographie und seinen Theorien kannten, eine Poetik oder ein System seiner Kunst, so schlüssig wie eine kantische Kritik – nur verständlicher. Vincent van Gogh dichtete Gauguins Werken einen Inhalt hinzu, der seine eigenen kühnsten Phantasien übertraf, und ohne genaueres über ihn zu wissen, verglich er ihn mit Romanfiguren, anderen Malern und wandte das so gewonnene Bild direkt auf den verblüfften Gauguin an, ohne ihm auch nur die Frage zu stellen, ob diese Vermutungen zutrafen. Theo unterbrach seinen Bruder, wenn dessen Spekulationen zu weit über die Stränge schlugen, Gauguin ließ es sich aber gerne gefallen und stimmte jedem literarischen Verweis lebhaft zu. So musste mit diesen Kritikern und Journalisten geredet werden. Wenn er eines in seiner Karriere als Händler gelernt hatte, dann, dass es nicht auf das Produkt, sondern auf den Verkäufer ankam. Ein jeder Maler war Produzent und Verkäufer zugleich und so ließ er die Gebrüder gerne in die Rolle der Verkäufer seiner Bilder schlüpfen, um dann etwas für seine eigene Strategie zu gewinnen. Ja, selbstverständlich hatten ihn seine Reisen und seine Vergangenheit in Lateinamerika gelehrt, einen unverstellten Blick auf die Natur zu werfen. Nein, er war bestimmt kein *décadence*. Und, gewiss, er war Pierre Lotis Schilderungen und Figuren sehr ähnlich – nur eben real. Auch er ging in die Bretagne, um dort das unberührte, ursprüngliche Leben der Landbevölkerung zu studieren und den Menschen der Großstadt mit seinen Gemälden diesen Eindruck zu vermitteln. Letzteres stimmte in der Tat mit seinen Absichten überein. Er hatte auf den Messen und in den Salons, ja selbst in den Warenhäusern, die naiven Bretagnegemälde mit ihren Bauern, Nonnen und Prozessionen im akademischen Stil gesehen und versucht, durch dieses Motiv und anhand seiner Technik das wiederzugeben, was der Welt so offensichtlich fehlte: Mythen, Visionen, Spiritualität – es war ein florierender Markt. Sicher, die Mehrheit der Menschen würde auch durch die jüngsten Errungenschaften arm bleiben. Dennoch wurden auch die Reichen, die sich irgendwann gezwungen sehen würden ihre Villen und Landsitze auszuschmücken, immer mehr. Es war ein guter Markt und es war sein erklärtes Ziel der tonangebende Maler dieses Segments zu werden. Dass nun aber diese beiden kunstbeflissenen Männer, der eine Maler, der andere Galerist, ihn selbst als Propheten und Erleuchteten anpriesen, fand er einfach köstlich. Im Auge des Betrachters werden Produkt und Verkäufer wieder eins. Wer brauchte da noch einen verstellten Industrie-Aristokraten, wenn die Welt ihn erst einmal kennen würde? Er, Gauguin, Maler des Primitiven und Exotischen, würde Europa wiedergeben, was es verloren hatte. Das ursprünglich Ländliche gegen die verdorbene Stadt. Die gläubige Magd gegen den modernen Industriearbeiter. Das unberührte Exotische gegen die überkommene Zivilisation. Das waren Gegensätze, um ein Programm zu begründen. Und ein Programm brauchte er, denn er war nicht mehr der Jüngste.

Vincent van Gogh war naiv, ein Schwärmer und grenzenloser Romantiker, der aber dienlich sein konnte. Gauguin machte sich nichts vor, er hatte die schlechtere Hälfte der Gebrüder zugelost bekommen; aber auch das Schlechte führt manchmal zum Guten. Vincent war zwar weniger als die Hälfte wert ohne seinen Bruder, andererseits konnte er nur über Vincent an Theo gelangen und der Weg zu diesem führte, wie alles in seinem Leben, über die Malerei. Dafür stand auch Vincent in Flammen. Für die Malerei allgemein, im Besonderen aber auch, und dessen war er sich voll bewusst, für ihn, Paul Gauguin. Dafür hatte er gesorgt. So naiv wie Vincent war, hatte Gauguin stets nur dessen Schwärmereien folgen, aus dessen Wortergüssen passendes herausdestillieren und ihm verklausuliert als seine eigenen Gedanken und Gefühle zurücksenden müssen und schon war er gewonnen. Obwohl Vincent Holländer war und überdies einen schrecklichen Akzent hatte, gab er doch einen hervorragenden Schreiber ab. So gut, dass er manchmal Wortfiguren oder ganze Gedanken von Vincent übernahm und in Briefen an Bekannte wortwörtlich wiedergab. Obwohl Gauguin ihn dafür bewunderte, wusste er, dass es in der Malerei nicht auf Worte und Schwärmereien ankam, sondern auf Ökonomie und Können. Was Letzteres anging, so fehlte seinem künftigen Schützling fast alles und wenn es auch aussichtslos war, würde er auf Wunsch der Gebrüder sein Lehrer sein. Am Ende würde es sich bestimmt lohnen über Arles, sprich Vincent, nach Paris, sprich zu Theo, zu reisen, um endlich, nach all der Entbehrung, zu triumphieren. Über diesen Gedanken schlief Gauguin trotz der schweren, stakkatoartigen Stöße des Zuges, die durch die unkomfortablen, hölzernen Bänke noch verstärkt wurden, irgendwo auf dem Weg übers Flachland zwischen Massive Central und Jura fest ein.

Ein heftiger Schlag gegen das Brustbein ließ Gauguins Herz aussetzen und während er zu begreifen suchte, was geschehen war, stutze er vor dem jungen Mann, der auf seinem Schoß saß. Dieser trug einen roten Hut auf seinem Kopf, schaute Gauguin an und wirkte nicht minder überrascht. »Wo ist mein

Koffer, Monsieur?« Mit diesen Worten drang der Geruch billigen Weins mit solcher Heftigkeit in Gauguins Nase, dass er das Gesicht abwenden musste. »Ist die Kleine schüchtern?«, hörte und roch Gauguin ihn als nächstes sagen, gefolgt von schallendem Gelächter uniformierter Männer, die einen Halbkreis um die beiden gebildet hatten. Der Rothut fuhr ihm mit dem Handrücken liebkosend über die linke Wange. Gauguin stieß ihn mit solcher Wucht von sich weg, dass der Soldat seinen Hut verlor und gegen die aufschreiende Mutter und ihr Kind prallte. Polternd fiel er zu Boden und zog das Kind mit sich. Gauguin erhob sich und schob das schreiende Kind beiseite, packte den Mann vor der Brust am Revers und zog ihn zu sich nach oben, direkt vors Gesicht. Bevor er nur ein Wort zu dem Betrunkenen sagen konnte, ließ ihn ein Schlag auf den Mund zurücktaumeln. Während er das Blut auf seinen Lippen schmeckte, blickte er sich rasch um und machte genau drei weitere Männer mit rotem Hut um ihn herum aus. Einer der Soldaten, er trug einen Schnauzer, stellte sich zwischen die beiden Kontrahenten: »Haben Sie nicht verstanden, worum Sie der Herr gebeten hat, Monsieur? Dieser Monsieur, mein ehrenwerter Freund und stolzer Zouave, sucht seinen Koffer.« Gauguin dachte kurz nach, kam aber zu dem Schluss, dass er gegen die vier nichts ausrichten konnte, weshalb er antwortete: »Ich weiß nicht, wo der Koffer Ihres Kameraden ist. Ich weiß nur eines, dass ich von ihm Rechenschaft fordere. Es ist eine Sache zwischen ihm und mir.«

»Schau an, die Süße will sich messen. Sébastien, die Süße will was von dir.«

Der jüngste der Soldaten, den Hut wieder aufsetzend, hatte sich inzwischen wieder einigermaßen gesammelt und wandte sich schwankend zu Gauguin: »Madame, mit Verlaub, ich habe den Eindruck, Ihr Bart ist mir doch etwas zu grob.« Die anderen Soldaten lachten wieder und klopften ihm auf die Schulter. Gauguin ließ die Augen im Winkel kreisen und rechnete sich seine Chancen im Kampf aus. Sie waren erschreckend gering. Er spannte kurz alle Muskeln seines Körpers, lehnte sich dann lässig gegen die Wagonwand und parierte: »Und bei Ihnen Monsieur Sébastien, habe ich, mit Verlaub, den Eindruck, dass Ihre bisherigen Erfahrungen mit dem anderen Geschlecht weniger von praktischer Natur waren, wenn Ihnen die Unterscheidung noch so schwer fällt.«

Gauguin hatte keine Lacher auf seiner Seite. Die Soldaten blickten jetzt gebannt auf Sébastien, dessen Kopf, als er bemerkte, in welche Situation er geraten war, den gleichen Farbton annahm wie sein Hut. Er wusste, ebenso wie Gauguin, dass es kein Zurück mehr gab, denn die Entscheidung wurde ihnen von den erwartungsvollen Blicken der Kameraden genommen. Urplötzlich war der Rausch seinem Gesicht entschwunden und es war zu beobachten, wie die Maschinerie seines Verstandes wieder einzusetzen begann. Offensichtlich schien er nach wenigen Sekunden zu einer zufriedenstellenden Lösung des Problems gelangt zu sein, denn ein schiefes Grinsen ließ seine Mundwinkel kurz aufzucken, bevor sie wieder ernst und ruhig wurden und er seinerseits parierte: »Monsieur mögen sich ja auf die Empirie verstehen, aber die Ratio scheint Ihnen fremd zu sein, denn wenn Sie zählen könnten, würden Sie Ihren Mund nicht so weit aufmachen.«

Fluchtartig verließen nun einige der umliegenden Fahrgäste den Ort des Geschehens, wobei sich manche auch zwischen den Kontrahenten nach draußen drängen mussten. Gauguin wurde dadurch in die Ecke des Abteils gedrückt, wo er sich schnell wieder gegen die Wand lehnte und dann betont entspannt sagte: »Ich denke, Monsieur, dafür brauche ich nur bis Eins zählen. Und das zweimal. Eins gegen Eins. Das wäre eines freien Mannes würdig, denken Sie nicht?«

Der junge Soldat wurde mit einem Mal ganz bleich. Gauguin setzte nach: »Wenn ich mich nicht täusche, Monsieur, kommen wir jeden Moment in Lyon an. Dort findet sich dann sicher ein stiller Fleck, an dem der Ehre genüge getan werden kann, denken Sie nicht auch?«

Gauguin erhielt keine Antwort. Sébastiens Kameraden zeigten ebenfalls keine Reaktion. Der Maler fühlte, er gewann Oberwasser und während er sich ein Stück aus seiner Ecke heraus bewegte, wandte er sich der Gruppe zu: »Na Ihr Süßen, ist die Kleine ein wenig schüchtern?«

Während alle vier gleichzeitig auf ihn stürzten, griff Gauguin blitzschnell hinter seinen Seesack und zog seinen Degen hervor. Unvermittelt erstarrte die ganze Gruppe. Gauguin zog eine Pirouette durch die Luft, die direkt vor der Brust des schnauzbärtigen Soldaten endete. Mit einer schnellen Bewegung drückte sich die Spitze des Degens leicht in die Uniform und alle wichen einen Schritt zurück, wobei der Schnauzbärtige selbst zu seinem Degen griff, Gauguin aber schnell reagierte, die Spitze des seinigen an dessen Kehle führte und sagte: »Ich glaube Messieurs, der Koffer Ihres Freundes befindet sich in einem anderen

Wagon. Und da wir bald ankommen, wäre es wohl besser Sie würden ihn suchen, nicht wahr?«

Der Schnauzbärtige hob die Hände, ging einen Schritt zurück und gab mit einer Geste des Kopfes das Kommando zum Rückzug an seine Kameraden.

Gauguin wartete bis die Soldaten den Wagon verlassen hatten, griff schnell nach seinem Seesack und begab sich zur nächsten Wagontüre. Die Leute, die sich schon erhoben hatten und sich um den Ausgang drängten, um der Rauferei aus dem Weg zu gehen, machten Platz und ließen ihn passieren. Gauguin grinste sie übers blutige Gesicht an und fühlte sich lebendig. So stand er breitschultrig und einen halben Kopf kleiner als die Männer um ihn, den Seesack unachtsam mit der rechten Hand über die Schulter haltend, die linke auf dem Knauf seines Degens ruhend, zwischen den Reisenden.

Ein feiner Ascheregen ging auf ihn nieder, als Gauguin den Zug verließ und auf den Bahnsteig des Lyoner Bahnhofs trat. Unweit sah er Monsieur de Mauriac, der ihn offensichtlich nicht sehen wollte, aus dem Zug steigen. Einige altmodisch gepuderte Bedienstete schickten sich gerade an, sein Reisegepäck aufzunehmen. Wahrscheinlich wartete draußen schon eine achtfedrige Kalesche auf den gnädigen Herrn, im Inneren mit samtenen Wagenkissen ausgelegt. Natürlich würde auch ein Bärenfell nicht fehlen, das de Mauriac über die Knie gelegt würde, damit er in der ersten Kälte dieser Oktobernächte nicht friere, bis er direkt vor der Freitreppe seines Landsitzes, trotz nächtlicher Stunde, von seiner gesamten Dienerschaft empfangen werden würde. Gauguin fühlte sich schon bei diesen Gedanken erneut gedemütigt und dass ihn de Mauriac weiterhin ignorierte tat nicht unbedingt etwas zur Besserung seiner Laune. Als er an ihm vorübergegangen war, begann er in wildestem *argot* zu fluchen, so dass jeder Bourgeois zurückgeschreckt wäre und Victor Hugo begeistert die Feder gezückt hätte. *Die verdammte Kunstsammlung!* Danach hätte er fragen sollen. Ob er sie besichtigen und studieren dürfe, hätte er fragen sollen! Es wurde ihm schlecht, wenn er daran dachte, wie er sich vor diesem zum Bourgeois degenerierten Aristokraten verbogen hatte, wie vornehm er daher geredet hatte. Er verspürte den Drang, die Sache zu klären, wie eben mit den Soldaten, doch er musste sich zurückhalten. De Mauriac war bestimmt einflussreich und Gauguin war schon einmal knapp dem Gefängnis entgangen. Er brauchte nicht erst Victor Hugo zu lesen, um zu wissen, was ihn erwarten würde. Also beschränkte er sich auf dem Weg zum anderen Bahnsteig darauf, sich frei zu fluchen. Von all den Begebenheiten im Zug, von all den Demütigungen der Vergangenheit und von aller Sehnsucht nach der Bretagne.

Wie es schien, wollten auch die Soldaten nach Arles, denn als sich Gauguin ans Fenster des zweiten Wagons gesetzt hatte, sah er vier rote Hüte am Fenster vorbeischweben. Glücklicherweise bemerkten sie ihn nicht und nahmen irgendwo im hinteren Teil des Zuges Platz. Sonst fanden sich nur noch wenige Fahrgäste im Nachtzug ein. Endlich Platz. Jetzt wo die Möglichkeit gegeben war, einigermaßen ungestört zu schlafen, wollte sich kein Schlaf einstellen. Erst als Gauguin *Les Misérables* in den Händen hielt, sah er, dass diese immer noch zitterten. Er legte das Buch zur Seite und lehnte sich zurück. Ja, er hatte sich gut geschlagen. Klar, das Überraschungsmoment war auf seiner Seite gewesen und ein zweites Mal würde ihm das nicht gelingen, weshalb er beschloss, den Soldaten in Arles aus dem Weg zu gehen. Denn da sie eingestiegen waren, bestätigte sich seine Vermutung. Die Soldaten gehörten der legendären Zouaveneinheit an, die in Arles stationiert war. Er hoffte inständig, es käme ihnen nicht erneut der Einfall, auf Koffersuche zu gehen.

Da war er noch nicht einmal angekommen und hatte schon Feinde in Arles! Aber wieso sollte es anders sein als sonst? Es schadet nicht, sich zu messen, denn wer erfolgreich ist, hat Feinde, wer ohne Erfolg ist, hat Freunde, dachte er grimmig. Eigentlich beginnt die Feindschaft schon dort, wo die Suche nach Erfolg beginnt. Gauguin wusste das und hatte nichts dagegen einzuwenden. Er würde noch am selben Tag einen Brief an Bernard nach *Pont-Aven* schreiben und von der Auseinandersetzung berichten. Bernard hatte seine Fechtkünste immer bewundert und dabei zugesehen, wenn er in der Bretagne Unterricht gab. Auch wenn er nicht mehr dort war, sollte man von ihm sprechen, auf dem Fechtboden, in der Pension und am Cafétisch.

Die Freunde fehlten ihm schon jetzt und van Gogh würde, soviel stand fest, nur einen kläglichen Ersatz darstellen. Gauguin hatte alles getan, um den Neid seiner Malerkollegen zu wecken, bevor er nach Arles fuhr, allein, er stellte sich nicht richtig bei ihnen ein. Sein Vermieter fragte ihn, was er denn in Arles wolle, einen Olivenhain kaufen? Und Bernhard, der dabeistand, hatte daraufhin gespottet, ob er künftig seine Gemälde in Olivenöl malen wolle. Das einzige, das Gauguin bis zur Abreise auf Anspielungen wie diese mantragleich immer wieder anführte, war die berühmt berüchtigte Schönheit der *Arlésiennes*, die in Liedern und Reiseberichten über den Midi besungen wurden und – derer er sich annehmen würde. Dieser Gedanke stimmte ihn auch jetzt wieder freundlicher. Eine Garnisonsstadt voller Soldaten und schöner Frauen, dazu Kost und Logis frei. Gauguin war noch immer nicht begeistert, aber für eine Weile würde es gehen. Er schlug *Les Misérables* auf und begann im müden Licht der dritten Klasse zu lesen.

Am Bahnhof in Arles angekommen, schlug es gerade halb fünf Uhr morgens. Zu früh, um zu van Gogh zu gehen. Gauguin hatte eisern und in aller Höflichkeit darauf bestanden nicht abgeholt zu werden, um, wie es seine Gewohnheit war, Fühlung mit dem neuen Ort aufzunehmen. Leider musste er aufgrund der Soldaten den Bahnhof schneller verlassen als gewollt und bedauerte es nun ein wenig, sich nicht doch per Telegramm angemeldet zu haben. Andererseits wollte er den Bruder seines Gönners nicht aus dem Schlaf reißen. Er strich lustlos durch die Straßen unweit des Bahnhofs und entdeckte ein Nachtcafé. Es war das einzige Gebäude, aus dem noch Licht durch die Fenster drang und so trat er ein.

Es war ein Nachtcafé, wie es viele in Paris gab und die scheinbar auch in der Provinz in Mode kamen. Ein Ort mit Musik, Wermut, illegaler, aber tolerierter Prostitution und je nach Wunsch ein wenig Gesellschaft oder Einsamkeit. Mit einem Wort, genau das, wonach ihm verlangte.

Nach dem Betreten war klar, das *Café de la Gare* stand den üblichen Nachtcafés in nichts nach. Es bestand aus einem einzigen Raum, dessen Wände über einer hellbraunen Holzvertäfelung in einem kräftigen Rot gehalten waren, während die Decke in einem dunklen Grün komplementär abstach. Von dort hingen große Lampen in den dichten Rauch herab und verbreiteten ein diffuses, schummriges Licht. Das Publikum bestand, wie erwartet, aus Nachtschwärmern aller Art: Trinkern und Betrunkenen sowie Dirnen und Freiern, die an abgelegenen Tischen beieinander saßen, flirteten und um den Preis feilschten. Musik, die eigentliche Attraktion dieser Lokalitäten, wurde nicht mehr gespielt.

Ganz passabel für ein Provinznest wie Arles, dachte Gauguin bei sich. Natürlich hatte er während seiner Matrosenlaufbahn ganz andere Etablissements kennen gelernt, auch fehlten der Charme und der Glanz, den Paris selbst noch in seinen verruchtesten und schmutzigsten Ecken besitzt. Aber es war schon etwas. Und so bestellte er, als ihn eine attraktive, ein wenig in die Jahre gekommene Dame, wahrscheinlich die Kuppelmutter des Cafés, nach der Bestellung fragte, einen Absinth, steckte sich eine Zigarette an und war zufrieden. Ihm schwante nichts Gutes, als die Kuppelmutter zusätzlich zu seinem Absinth noch einen älteren Mann mit an seinen Tisch brachte. Beide musterten ihn, während sie auf ihn zukamen und sprachen leise miteinander. Während sie servierte, sagte der Mann: »Ja, es ist der Freund«, worauf sich die Frau als Madame Ginoux vorstellte. Es stellte sich schnell heraus, dass van Gogh ihnen das Selbstporträt als Jean Valjean, das er einige Wochen vor seiner Abreise nach Arles geschickt, gezeigt hatte. Der Mann, Joseph Ginoux, wie Gauguin erfuhr, nachdem er ihm die Hand geschüttelt hatte, zeigte sich nicht sonderlich beeindruckt und verschwand, ohne ein weiteres Wort zu verlieren, wieder in einen Raum am Ende der Bar, der nur durch einen Vorhang abgetrennt war. Madame Ginoux hingegen erkundigte sich, ob Gauguin eine angenehme Reise gehabt hätte und die beiden hielten ein wenig Konversation, bis sie an einen anderen Tisch gerufen wurde. Sie versprach noch, ihn später zu Vincents Haus zu führen, dann nahm sie die anderen Bestellungen auf.

Gauguin lehnte sich zurück und nahm einen Schluck Absinth. Dann hatte der Holländer also der halben Stadt sein Selbstporträt gezeigt! Er fand sich erstaunt, aber nicht verärgert. Im Gegenteil, es konnte von Nutzen sein. War Vincent van Gogh tatsächlich schon so vernarrt in ihn, dass er mit dem Selbstporträt seines ›Freundes‹ eine Prozession in den Straßen von Arles abhielt? Zwar hatte Gauguin alles Erdenkliche dafür getan, die brieflichen Beschreibungen seines Selbstporträts mit den Ideen, welche van Gogh regelmäßig per Post schickte, in Einklang zu bringen, um der Wirkung seiner Selbstdarstellung doch ein wenig an Härte zu nehmen. Denn genau besehen war das Selbstporträt eine drastische Antwort auf die überschwängliche Romantik van Goghs gewesen. Es war ein Schlag mit dem harten Knüppel der Realität. Die Worte der vorausgegangenen Briefe sollten den Schlag dann doch ein wenig abfedern und eigentlich hätte es ihrer nicht bedurft, dachte Gauguin im Nachhinein, denn als er im Gegenzug das Selbstporträt van Goghs per Post erhalten hatte, bedauerte er mit besagtem

Knüppel nicht zweimal draufgeschlagen zu haben. Dieser niederländische Schöngeist hatte sich im dreiviertel Profil gemalt, wobei sich sein kurz geschorener Schädel scharf umrissen von einem monochromen, hellgrünen Hintergrund abhob. Er trug ein weißes, kragenloses Hemd, dessen oberstes Knopfloch von einem runden, grün-roten, und golden umrahmten Schließknopf zusammengehalten wurde. Darüber eine dunkelbraune, geschlossene Weste und einen goldbraunen, offenen Mantel. Sein penibel gestutzter Vollbart nahm die Farben des kurz geschorenen, bräunlichen Kopfhaares und des Mantels in einem hellen Goldrot wieder auf. Die goldbraunen Augen des asiatisierten Gesichts verloren sich dabei in einer unbestimmten Ferne. Vielleicht blickten sie in Richtung Japan, denn van Gogh fühlte sich seit seiner Ankunft in Arles vollends als Japaner. Die Entschlossenheit des holländisch-buddhistischen Mönches traf in ernstem Stolz auf das freudige Hellgrün des Hintergrunds und verlieh dem Selbstporträt dadurch eine kraftvolle, aber auch feinfühlige und demütige Zuversicht.

Van Gogh selbst schrieb in einem seiner langen Briefe, das Selbstporträt zeige ihn als japanischen Bonzen, einen buddhistischen Mönch, der in Einsamkeit und Meditation zum Leben stehe, denn er wolle nichts als ein Malermönch sein. Gauguin beschloss, den romantischen Mönch zu missionieren.

* * *

Vincent van Gogh hatte die Nacht über kaum geschlafen. Seine Pfeife rauchte ab vier Uhr morgens wieder und hatte seither kaum Gelegenheit, sich abzukühlen. Das Warten auf Gauguin würde also heute ein Ende finden. Immer wieder ging er durch das Haus und betrachtete das Gemäldeprogramm mit dem er die Räume ausgestattet hatte. Wahrlich ein Gesamtkunstwerk. Sein einziger Zweck: die Ankunft Gauguins. In langen Briefen hatte er diesem das Programm erläutert. Von den Reproduktionen Monticellis und Delacroix, die er zur Inspiration in den Atelierräumen aufgehängt hatte, über die Möblierung, bis hin zum weihevollen Crescendo: vier Dichtergärten, begleitet von vier Sonnenblumengemälden, im Zimmer des Meisters Gauguin.

Der kam keinen Tag zu früh. Sechs Monate musste er auf ihn warten, aber er wusste diese Zeit zu nutzen und nun war im gelben Haus alles bereit. Er war bereit. Wie er gerade am Tisch saß und die weiß Gott wievielte Pfeife rauchte. Die letzten Tage waren von Vorfreude durchdrungen, und in Arbeit getränkt gewesen. All seine Kraft und auch noch das letzte Geld wurden für die *décoration* von Gauguins Zimmer verwendet. 23 Tassen Kaffee, Brot auf Kredit und ein Beutel Tabak hatten ihn dabei im Leben gehalten.

Das Wetter musste so lange wie möglich genutzt werden. Das hatte ihn der Einbruch des letzten Winters gelehrt.

Also hatte er gearbeitet.

Bei Gott, ein Jahr hatte er geschuftet und jetzt würde er die Früchte dafür ernten. Was war er damals in Paris für ein Dilettant gewesen, als er Gauguin das letzte Mal gesehen hatte.

»Damals in Paris« – und dabei lag gerade ein knappes Jahr zwischen dem heutigen Tag und seiner Flucht aus der Stadt. Hier in Arles hatte er nicht nur die Einsamkeit, sondern auch die Genesung gefunden. Ja, er war ein Wrack gewesen, als er Paris verlassen hatte. Die Betriebsamkeit der Metropole, mit ihren aufgeräumten Boulevards, ihren gottlosen Gassen und vereinsamten Kirchen war nicht der richtige Ort für die Aufgabe, die ihm als Künstler zu erfüllen aufgegeben war. Ja, er hatte eine Aufgabe, auch das hatte er nun erkannt. Und auch Gauguin würde das erkennen müssen. Ein Jahr war er malend in den Feldern um Arles gestanden. Jeden Tag brannte ihm die Sonne auf den Kopf und der Wind peitschte ihm ins Gesicht. Aber er hatte gelernt, die Hitze zu ertragen. Er hatte gelernt, die Leinwand im Boden zu verankern, auf dass der Mistral sie nicht mitriss. Und er hatte gelernt, die Farben des Südens zu sehen, obwohl es ihm beinahe die Augen ausbrannte. Drei Tage war er annähernd blind gewesen, denn täglich flammte die gleißende Sonne in seinen Augen und täglich vollendete er ein Gemälde. Kein Œuvre versteht sich, aber doch immerhin ein Gemälde; Etappen auf dem Weg zum Œuvre. Keiner kann heute mehr ein Œuvre schaffen, denn keiner hatte bisher die Aufgabe gelöst, die Émile Zola mit einem großen Fragezeichen stehen ließ. Dennoch, er war der Lösung ein Stück näher gerückt und Gauguin würde dies erkennen müssen. Ein Jahr unter der sengenden Sonne von Arles hatte ihm die Krankheit aus dem Kopf gebrannt.

Als er von Paris aufgebrochen war, war er ein Säufer gewesen, bei schlechter Konstitution und bedrängt von den Ideen anderer. Er hatte seine Kunst nicht mehr von den Einflüssen auf ihn trennen können. Hier konnte er meditieren und hatte dabei gewogen, gemessen und verworfen – oder behalten. Jetzt stand ein anderer Vincent van Gogh vor dieser Welt. Unter der Sonne von Arles wurde aus ihm ein Maler. Er malte nicht mehr nach der Natur, nein, er malte die Natur. Und er malte mit der Natur, denn der Mistral und die Sonne hatten ebenso Anteil an seinen Gemälden wie er selbst. Der Wind peitschte Sand auf die Leinwand und er dankte ihm für diesen Hilfsdienst. Die Sonne ließ die Farben schnell trocknen und er dankte ihr für dieses Drängen. Die Natur war hier keine gnädige Lehrerin. Aber hatte er Gnade erbeten? Nein. Heilung. Und die hatte er erfahren. Er als Künstler krankte mehr als alle anderen Menschen an dieser Zeit – und kann ein Kranker die Kranken heilen?

35 war er gewesen, als er Paris verlassen hatte und Agostina hatte ihn eins verstehen lassen: entweder die Kunst oder die Liebe. Beides zusammen war unmöglich. Für Letzteres besaß er nicht genug Beständigkeit. Die Kunst wollte er zu diesem Zeitpunkt fast aufgeben, denn als Künstler stand er außerhalb der Welt. Die Menschen bekommen Kinder, der Künstler schafft Werke. Was aber, wenn seine Schöpfungen missraten? Es waren düstere Tage und erst das Licht des Südens stärkte ihn und seine Kunst wieder.

Vor wenigen Wochen war ihm dann aufgefallen, was ihm diese ganze rastlose Zeit über gefehlt hatte: ein zu Hause. Eines Abends hatte er sich die Mühe gemacht alle Stationen seines bisherigen Lebens aufzuschreiben: Groot-Zundert, Zevenbergen, Tilburg, Etten, Den Haag, London, Ramsgate, Isleworth,

Dordrecht, Amsterdam, Brüssel, *Borinage*, Nuenen, Antwerpen, Paris und schlussendlich Arles.

Das konnte nicht gesund sein.

In Paris war er wie Daudets *Tartarin* gewesen: eine lächerliche Gestalt aus der Provinz. Mondänes Gehabe lag ihm nicht. Er war Maler. Punkt. Wer malt, und gerade wer das Leben malt, macht sich die Hände schmutzig und Paris schränkte diese Existenz ein. Einmal verbot man ihm sogar auf den Straßen zu malen! Gleich zwei Polizisten, aufgeregte Passanten, ein Fuhrwerkskutscher und eine plärrende Concierge standen im Kreis um ihn und schrien über den Lärm des Boulevards hinweg auf ihn ein. Irgendwann gab er es auf, sich zu verteidigen, packte seine Sachen und ging. Das war der Tag, als er bei einem der Bouquinisten an der Seine auf Daudets Geschichten stieß. Jetzt fand er eine gewisse Ironie darin, dorthin gezogen zu sein, von wo aus Tartarin nach Paris aufgebrochen war.

Wieder einmal hatte er der Literatur viel zu verdanken, denn bevor er noch ankam, war er im Süden schon zu Hause gewesen. Daudets Romane, Félibriges-Gedichte und natürlich die Sonnenblume als Wahrzeichen des Südens, welche er schon in Paris zu malen begann. *Le soleil* bedeutet, so hatte er gelernt, anders als im niederländischen beides: poetisch gesprochen, die Sonnenblume, wörtlich die Sonne. Und die Sonne ist männlich. Ihm gefiel die Identität von Himmelskörper und Pflanze als Symbol seiner neuen Wahlheimat. Das andere Wort, *le tournesol*, sich nach Sonne drehend, bezog er sofort auf sich: auch er würde sich künftig nach der Sonne drehen, die Leben, Kraft, Licht und letztlich Wahrheit schenkte.

Gauguin war verrückt nach diesen Gemälden, denn sie erinnerten ihn an Lima, und er betrachtete sie als persönliches Geschenk des Schicksals und Einverständnisses. Als er zum ersten Mal eines der Gemälde sah, wurde ihm die Blume zum Zeichen ihrer Freundschaft. Weiter nördlich hatte Novalis die Blaue Blume nicht finden können, doch der Halbspanier Gauguin brachte sie im Geiste aus Lima mit und würde sie bald ganz Europa zum Geschenk machen.

Wenige Wochen später, auf der *Fête du soleil* im *Palais de l'Industrie* fiel dann der endgültige Entschluss, den Sonnenblumen entgegen zu ziehen. Eine katastrophale Überschwemmung an der Rhône hatte schlimme Verwüstung hinterlassen und führte ihn zu guter Letzt dadurch nach Arles. Denn die *Fête du soleil* diente dem Zweck Spenden für die Region zu sammeln. Während dieser Ausstellung wurde ihm der Süden im wahrsten Sinne des Wortes vor die Augen gestellt. Alles, was er durch Daudet und die Künstlergruppe der Félibriges kennengelernt, lebte plötzlich vor ihm auf, gewann an Existenz. Er kostete die regionalen Spezialitäten, bestaunte Nachbildungen von Windmühlen und anderen Gebäuden. Die Farandole und andere Tänze wurden von den berühmten und oft besungenen *Arlésiennes*, den Frauen von Arles, aufgeführt. In ihnen vereinigte sich, der Legende nach, alte römische Würde und griechische Schönheit mit der Hitze und dem Temperament des Südens. Danach befragt, würde er nicht leugnen, dass auch sie ihn in seinem Entschluss bestärkten.

Oftmals hatte er sich in der Vergangenheit wie ein Narr verhalten. Oftmals hatte er sich in einer kurzzeitigen Verblendung zu katastrophalen Entscheidungen hinreißen lassen. Das konnte er sich heute gelassen eingestehen. Seltsamerweise folgte dieses Mal jedoch keine Katastrophe, obwohl er sich von der einfachsten Art der Werbung verblenden ließ, als er dankbar wie ein frommer Gläubiger die Inszenierung der Veranstalter in sein Traumkonstrukt verwandelte, das dann gefährlich seine Entscheidung trug. Immer wieder ging er hin, kehrte sogar einmal wieder um, als er schon durch den grauen Regen, die Seine entlang, nach Hause ging. Er kostete noch einmal von den Käsesorten, vom Wein und sah noch eine letzte Farandole an, wobei er immer wieder zum dramaturgischen Höhepunkt der gesamten Schau emporblickte: einer gigantischen, elektrischen Sonne, direkt unter dem Dach. Jetzt kannte er die wahre Sonne des Südens.

Damals sprach er mit keinem seiner Künstlerkollegen über seine innersten Beweggründe. Den Künstlern, was den Künstlern ist! Er sprach in ihrer Gegenwart nur vom Licht des Südens, von der Notwendigkeit, die Farbe zu erkunden und ihre Wirkungen bis zur Spitze zu treiben. So wie Eugène Delacroix und Adolphe Monticelli. Es wäre nicht klug gewesen – nicht zu diesem Zeitpunkt – von seiner Idee eines Ateliers des Südens zu sprechen, obwohl er schon seit Jahren den Traum einer Künstlergemeinschaft hegte. Die Pariser Maler waren alle Einzelkämpfer. Zwar gab es Allianzen und Zweckbündnisse, aber letzten Endes wollte jeder um jeden Preis am Markt reüssieren. Auch das hatte er erst lernen müssen: in dem, was sie taten waren sie Kollegen, darüber hinaus Konkurrenten, egal, ob es um Käufer oder Ideen ging. So wurde er immer verschlossener und lernte, aus ihren Urteilen das wirklich Gesagte herauszuhören. Glücklicherweise gab es Ausnahmen. Dennoch, im Grunde waren sie alle gierig nach Erfolg und kaum am wirklichen Fortschreiten der Kunst und der Wahrheit interessiert. Ein wahres Schlachtfeld. Hatte nicht Pissaro von Gauguin behauptet, er male nur nach dem Markt? Gerade Gauguin. Und das obwohl sie schon zusammen ausgestellt hatten. Konkurrenzdenken. Sonst nichts. Hätten es die Pariser Maler nur einmal verstanden als Gemeinschaft aufzutreten, wer hätte die Revolution in der Kunst noch verhindern können? Man hätte in der Gemeinschaft nicht nur voneinander lernen oder die Werke vermarkten können. Gerade in der Gemeinschaft wäre das Überleben im teuren Paris einfacher gewesen. Und bei vielen ging es um das nackte Überleben. Würde es den Künstlern besser gehen, und das war seine feste Überzeugung, würde es der ganzen Gesellschaft besser gehen. Aber wer es geschafft hatte und in den Galerien am *Grand Boulevard* ausstellte, kümmerte sich nicht mehr um die Maler vom *Petit Boulevard*, wie sie von Tag zu Tage lebten. Man musste nur dieses Selbstporträt von Gauguin betrachten! Wie anders präsentierte sich da Toulouse-Lautrec. Dieser war eine der wenigen, wohltuenden Ausnahmen und bezeichnenderweise hatte Lautrec keine Geldprobleme, obgleich auch er auf andere, vielleicht schlimmere Weise wieder ein Ausgegrenzter war. Die Huren waren nur ein schwacher Ersatz, man sah es ihm an. Vielleicht aus diesen, oder auch anderen Gründen, griff Toulouse genauso oft zum Absinth wie er selbst. Sie sprachen selten über Persönliches, dafür oft von den Japanern.

Beide hatten sie eine Vorliebe für die japanischen Holzschnitte entwickelt, die billig zu erstehen waren, und er ergänzte so *en passant* seine Sammlung englischer Stiche. »Die Japaner weisen den Weg«, hatte Lautrec oft gesagt. Was in dem fremden Land zur Dekadenz verkam, konnte zum Heilmittel gegen die Dekadenz des Westens werden. Der Süden sollte zu seinem Japan werden. Es schien, Toulouse verstand ihn, ohne dass er es ihm erklären musste.

In Arles war er dann plötzlich ohne Künstlerkameraden. Während der Zugfahrt fragte er sich dauernd, wann er endlich in seinem Japan ankommen würde. Albern. Am ersten Tag in Arles schneite es dann, doch die Enttäuschung hielt nicht lange vor. Gab es nicht auch in Japan Schnee?

Schnell begann er mit der Arbeit, fand aber zunächst weder Rhythmus noch Motiv. Er zeichnete viel und erkundete die Region bis der Winter vorüber war. Zuerst fand er seinen Rhythmus, später auch seine Themen. Er wollte natürlich immer noch Menschen malen: Millet, oder auch Zola in Öl. Menschen, die noch in hunderten von Jahren das Allgemeinmenschliche zeigten und jeden für sich zu bewegen vermochten. Aber er kannte zu wenige Menschen in der neuen Stadt und Modelle waren hier zu seiner Überraschung teurer als in Paris, weshalb er sich ganz der Landschaft und ihren Farben verschrieb. Die Zypressen sollten sein *trait caractéristique* werden. Olivenbäume überall. Ein einziger Garten Gethsemane.

Die Pariser Künstler vermisste er kaum, obwohl er sehr einsam war. Dann gewöhnte er sich an die Einsamkeit. Eigentlich erst als ihm klar wurde, Gauguin komme wirklich, wurde ihm bewusst, dass er über ein Jahr beinahe ohne menschliche Ansprache zugebracht hatte. Zwar hatte er Milliet, den Zouaven-Soldaten, der ihm auch von Zeit zu Zeit Modell stand. Doch mit ihm konnte er genauso wenig über Kunst reden wie mit Madame Ginoux im *Café de la Gare*, dem Briefträger Roulin oder den Huren im Bordell.

In dieser Abgeschiedenheit, notwendig und gut, war er dennoch nicht allein, denn er verbrachte seine Abende umgeben von den Stimmen der alten Meister und seinen Büchern, mit Bildern aus der Erinnerung, Bildern aus seiner Graphiksammlung, einem ganzen Museum in seinem Kopf. Und natürlich waren da Theos Briefe. Er selbst schrieb seinem Bruder mehrmals am Tag, der in Paris natürlich weniger Muße fand.

Es tat gut, nicht von Ausstellung zu Ausstellung, von Galerie zu Galerie zu hetzen, ohne das soeben Gesehene überhaupt verdaut zu haben. In Arles gab es nur ein Museum und es war miserabel. Dafür war die ganze Stadt ein einziges Museum, deren Bewohner gleichzeitig Bewahrer und Besucher sein mussten und sich dadurch alles andere als offen für neue Ideen zeigten. Ihm gefiel der Gedanke, in einem Museum zu wohnen und dort als einziger neue Kunst zu schaffen. So wählte er sich sein zu Hause, wobei es noch lange dauern sollte bis er endlich in seinem Haus einzog.

Im Februarschnee war er angekommen und der Winter dauere in diesem Jahr ungewöhnlich lange, ließ er sich sagen. Fast bis zum April sollte es dauern, bis der Frühling kam. Genauso lange wohnte er in der *Pension Carrel*. Ohne Ortskenntnisse hatte er sich im erstbesten Hotel eingemietet, was, wie sich herausstellen sollte, ein Fehler gewesen war. Während dreier Monate zahlte er über 120 Francs für ein Zimmer, das kaum Platz für ihn und seine Gemälde bot. Das Essen war ungenießbar und der Wein das reine Gift. Ihm lagen solche praktischen Dinge nicht und anstatt sich nach einer billigeren und besseren Wohnung umzusehen, zahlte er und litt, bis der Wirt im April einen Aufschlag verlangte, denn mit seinen Gemälden auf dem Gang nähme er mehr Raum ein als andere Gäste. Zwar immer noch ungeschickt, aber voller Wut widmete er sich von da an den praktischen Dingen und zog vor Gericht. Immerhin sprang ein Vergleich dabei heraus.

Er zog zu Monsieur und Madame Ginoux ins *Café de la Gare*, zahlte weniger, aß besser und konnte sogar noch das Haus an der *Place Lamartine* für nur 15 Francs im Monat anmieten. Der Postbote Roulin hatte für ihn verhandelt und den Preis ordentlich gedrückt. Dennoch musste er bis September warten, dann war es so weit und er konnte die erste Nacht in seinem *Atelier des Südens* verbringen. Bis dahin zögerten die Reparaturen den Einzug hinaus und er wollte Theo nicht noch mehr beanspruchen, als er es ohnehin schon tat.

Es fehlte zunächst an allem. Keine Möbel. Keine Heizung. Keine Toilette. Kein Licht. Er beschnitt seine Lebensmittelausgaben gefährlich und richtete sich nach und nach ein. Es war ein schönes Haus. Klein. Vier Zimmer. Unten zwei rot gefliesste Räume und in der ersten Etage zwei Zimmer, die er als Wohn- und Schlafzimmer nutzen wollte. Die beiden unteren Räume sollten als Küche und Atelier dienen.

Er ließ die Mauern weiß tünchen, wodurch der rote Steinboden noch mehr zur Geltung kam. Sonst waren Ateliers stets mit Teppichen und Tapeten ausgestattet. Das lenkte nur ab und verwies auf eine Vergangenheit die längst tot war. Alle wahren Künstler sollten weiße Wände haben, denn diese standen täglich für einen neuen Anfang. Er hängte lediglich ein paar Reproduktionen ins Atelier. Da das Haus in Richtung Süden auf den Platz wies, war es besonders im Atelier sonnig und hell.

Das war von nun an sein Haus: Nummer 2, *Place Lamartine*. Stolz schrieb er die Adresse als Absender auf seine Briefe und füllte diese mit Zeichnungen der Räume. Von außen war das Haus, wie der gesamte Platz, gelb gehalten. Buttergelb und frisch gestrichen.

Die Nachbarn beäugten ihn zu Beginn misstrauisch, ließen ihn aber nach kurzer Zeit ungestört seiner Wege gehen. Spätestens seit seinem Mietstreit mit der Pension war er Stadtgespräch geworden, wobei sein Gegner, in gewisser Weise auch als Künstler zu bezeichnen, es nicht versäumt hatte, der Öffentlichkeit ein entsprechendes Bild von ihm zu schenken. Diese wenig inspirierte Komposition bestand aus den üblichen Vorurteilen gegen Künstler und Zugereiste, reüssierte dennoch schnell und kam wohl dem Geschmack der Stadt sehr entgegen. Alles in allem schienen ihn die Leute in Arles nicht zu mögen, was ihn nicht im Geringsten störte. Auch wenn er so tat, als würde er nichts mitbekommen, wusste er, dass man ihn hinter seinem Rücken *fou rouge* nannte, den verrückten Roten. Und es stimmte. Zwischen diesen mediterranen Menschen war er eine kuriose Gestalt. Das rote Haar und die noch rötere Haut, wenn er wieder einmal ohne Hut vom Malen zurückkam, und durch die Stadt ging, die von Gemälde zu Gemälde mehr sein zu Hause wurde. Er war angekommen. Und hatte ein Haus. Alt genug dafür war er.

* * *

Van Gogh legte die Pfeife auf den Tisch und erhob sich. Alles war bereit. Er ging ins Atelier und begutachtete mit der Lampe in der Hand die Reproduktionen an den Wänden. Mit ihnen vor den Augen konnte die Arbeit nur gelingen. Der Lichtschein fiel auf japanische Farbholzschnitte, Stiche von Daumier und Reproduktionen nach Gemälden von Géricault, Millet und Meissonier. Wie Musen waren sie im Raum anwesend, um den blinden Dichter bei der Hand zu nehmen, still darauf wartend, angerufen zu werden. Auf ihre Hilfe konnte man hoffen, denn sie kündeten bereits von der neuen Kunst.

Auf dem Weg durch die Küche warf er einen Blick auf die ausladenden Möbel, die Stühle und den Tisch. Wie das Bett und die Möbel in seinem Schlafzimmer waren sie aus rohem Holz geschreinert. Das Haus eines Künstlermönches. Unprätentiös, aber mit Charakter.

Das vierte Zimmer hob sich vom Programm des Klosters ab. Natürlich war es das Schlafzimmer des *Abtes*. Für Gauguin hatte er weder Kosten noch Mühen gescheut. Er geriet in Hochstimmung, als er das Zimmer betrat.

Im Raum befand sich eine ganze Serie von Gemälden. Eigens für diese Serie hatte er schlichte Holzrahmen anfertigen lassen, die sich mit der Möblierung ergänzten. Der erwünschte Gesamteindruck: Eleganz und Komfort. Ein Bett aus edlem Nussbaum, darüber blaue Bettwäsche. Drei Stühle, ein Waschtisch und eine matt gehaltene Nussbaumkommode ergänzten das Mobiliar. Darüber prangte sein Programm:

Vier Sonnenblumenstudien in leichter Variation harmonierten mit vier Darstellungen, die er als Serie zusammengefasst *Garten des Dichters* nannte. In langen Briefpassagen hatte er Theo den tieferen Sinn erläutert: Wie sich zur Zeit der Renaissance Boccaccio und Petrarca in der Provence unweit von Arles kennengelernt hatten. Wie der wenige Jahre ältere Petrarca Boccaccio dazu ermutigte, das Dekameron zu beenden. Gauguin und er waren der Petrarca und der Boccaccio der Gegenwart. Wie die Dichter bauten sie auf das Alte, um das radikal Neue zu schaffen. Mit Gauguin würde er hier im Süden die Wiedergeburt der Malerei einläuten, so wie Petrarca und Boccaccio damals die Wiedergeburt der Dichtung einläuteten. Farben statt Wörter. Gierten nicht die Dichter, wie sie selbst bekannten – nach Farben? Die Wörter sind abgenutzt. Die neuen Farben, die modernen Farben kommen mit der neuen Malerei. Frisch aus der Tube.

Der Garten war so vieles. Gauguin sollte nicht nur das gemalte Manifest sehen, der Garten sollte ihm jeden Abend als Ort der Muße, als Ort Epikurs und des forschenden Denkens und vor allem als Ort des kultivierten Wachsens und Gedeihens, abgegrenzt von der groben Natur, bewusst werden. Es war das feierlichste Motiv das er fand, um seinen Gefühlen Ausdruck zu verleihen. Und diesen magisch aus der Geschichte herauf beschworenen Ort gab es wirklich, denn er malte nichts anderes als den *jardin publique* am Rhôneufer, hier in dieser verwunschenen Stadt Arles!

Das vierte und letzte Gemälde der Serie hatte er gerade noch rechtzeitig fertiggestellt. Es trocknete noch und im ganzen Raum hing der vertraute Geruch frischer Ölfarben. Van Gogh trat direkt davor:

Ein Liebespaar geht inmitten von Grün, Hand in Hand und in ein Gespräch versunken, unter einem großen Nadelbaum einen ausladenden Kiesweg entlang. Der Mann in einer blassblauen, fast grünlichen Hose und einer dunkelblauen Jacke gekleidet, trägt einen gelben Hut und wendet sich gerade mit einer leichten Drehbewegung des Kopfes seiner Geliebten zu, deren Kleid und Hut sich im Schatten des Baumes nicht zwischen Blau und Schwarz entscheiden können. Nur diese Frau vernahm das Gedicht, das während dieses Spaziergangs erklang. Dieses Gemälde fand er, wenn auch etwas gewagt, das Gelungenste der Serie.

Er glaubte damit zu sehr über die Stränge geschlagen zu haben, als er sich dabei ertappte, wie er in einem Brief an Theo vom ›künstlerischen Damenzimmer‹ für den Meister Gauguin sprach, da dieser doch so große Stücke auf die Männlichkeit hielt. Der jedoch ebenso, hin und wieder, von seiner verletzlichen, künstlerischen, reinen und empfindsamen Seite sprach, weshalb besagte Stelle letztlich nicht gestrichen, sondern unterstrichen wurde.

Es wäre unnötig gewesen, dem Abt und Meister Gauguin diese letzten Bezüge per Brief mitzuteilen; waren die Künstlergemeinschaft und das Malerkloster doch Programm und würden ihm unmittelbar von allen Wänden ins Auge springen, wenn er erst ankäme. Van Gogh war gespannt, ob Gauguin die Originalität seines Gesellenstückes erkennen würde, jetzt da er sich weiterentwickelt hatte und sich, von fremden Einflüssen gereinigt, auf dem Weg zum *Œuvre* befand.

Mehrere Minuten stand er so. Die Begeisterung strömte in sanften Wogen durch seinen ganzen Körper. Es war eine ruhige, gelassene Begeisterung, nicht die Ekstase, die ihn befiel, wenn er arbeitete. Dann war er außer sich und es gab nur noch seine Hand, die Farben und den Wind, ihn nicht mehr. Jetzt war es anders. Er war ruhig. Am richtigen Ort. Ganz bei sich und dennoch begeistert.

Das Gefühl hielt noch an, während er die Treppe wieder herunter stieg. Auf der Mitte hätte er fast noch einmal kehrt gemacht, um diese Zufriedenheit voll auszuschöpfen. Er wusste, sie würde nicht lange währen. Die Kunst vermochte ihn empfinden lassen, was in jüngeren Jahren nach dem Gottesdienst, dem Abendmahl, einer Predigt in ihm klang. So wollte er damals als Prediger auch die Herzen seiner Gemeinde klingen lassen. Damit war er gescheitert. Vielleicht wollte Gott ihn damals scheitern lassen, damit er nun mithilfe vibrierender Farben die Seelen der Menschen erklingen lasse: eine Predigt verhallt in der Kirche, hallt vielleicht noch ein wenig im Herzen nach. Gemälde bleiben.

So ertappte er sich wieder beim Grübeln und die Begeisterung war unvermittelt einfältiger Zufriedenheit gewichen, einem profanen Glück, das kurzerhand, und unbeständig wie es war, vollends vom einsetzenden Fluss der Gedanken erdrückt wurde. Gegen Grübeln hilft nur eins: Betäubung. So kehrte er zurück an den Tisch, reinigte die Pfeife und begann, sie zu stopfen.

Nachdem er sich etwas Absinth eingegossen und mit Zuckerwasser verdünnt hatte, besah er zum vielleicht hundertsten Mal in dieser Nacht das Selbstporträt Gauguins, welches auf dem Stuhl gegenüber platziert war. Würde er es nicht besser wissen, wäre das Gemälde als persönlicher Angriff zu werten. Solche Krämereien hatte er sich jedoch in Paris abgewöhnt, denn sie führten in der Regel zu nichts als Streit. In solchen Dingen, so musste er feststellen, war seinem Urteilsvermögen nicht zu trauen. Also nahm er es, wie man Kunst nehmen sollte: ernst.

Gauguin hatte sich vor einer ockerfarbenen Wand gemalt. Versetzt verliefen darauf aneinander gereihte Blumendekore aus zarten blau- und rosafarbenen Blüten auf grünen und roten Blättern. In die rechte obere Ecke war eine Porträtskizze von ihrem gemeinsamen Malerfreund Émile Bernard gemalt, als wäre sie an die Wand geklebt worden.

Vornübergebeugt platzierte sich Gauguin mit düsterem Gesicht links unten im Gemälde. Verwachsene und zusammengezogene Augenbrauen dominierten den anfänglichen Eindruck. Erst dann wurde man der zusammengekniffenen Augen mit ihrem schrägen, unangenehmen Blick, gewahr. Dazwischen stak ein scharf abstechender, rötlicher und nach links geknickter Nasenrücken hervor, der den Eindruck eines schlecht verheilten Bruchs erweckte. Die Wangenknochen waren tief eingefallen und die sonst so vollen, fleischigen Lippen seines Mundes hatte Gauguin dünn vor dem zusammengepressten Kiefer übereinander gedrückt. Sie schienen zu beben und mit ihnen der nur nachlässig gezwirbelte, schwarze Schnurrbart. Gauguins ganzes Gesicht drückte inmitten diesen zarten Blumendekors nur eines aus: Gewalt und Brutalität, genährt von Verzweiflung.

Van Gogh wurde und wurde nicht schlau daraus. Das war nicht der Maler der lebensvollen *Négresses*. Da war keine Heiterkeit, kein Fleisch, nur Melancholie und Ernst. Ein anderer, um so vieles verzweifelterer Ernst, als auf seinem eigenen Selbstporträt als buddhistischer Mönch. So durfte Gauguin nicht weitermachen oder er würde sich vollends aufreiben. Kopfschüttelnd griff van Gogh noch einmal zu dem Brief, den Gauguin ihm, noch bevor das Gemälde eingetroffen war, geschickt hatte:

1. Oktober 1888

Mein lieber Vincent,

... Ich verspüre das Bedürfnis, Ihnen zu erklären, was ich tun wollte, nicht, weil Sie nicht in der Lage wären, es von selbst zu verstehen, sondern weil ich befürchte, dass es mir in meinem Werk nicht gelungen ist. – Die Maske, das Gesicht eines Banditen, schlecht gekleidet und so kraftvoll und gewaltig wie Jean Valjean, der seine Noblesse und seinen Sanftmut im Inneren verborgen hält. Das Blut, hitzig über das Gesicht flutend und die Farbtöne, gleich der Glut einer Schmiede, die die Augen umfangen, verweisen

auf die flammend-wogende Lava, die unsere Malerseele verschlingt. Die Linienführung um Augen und Nase, erinnert an die Blumen auf Perserteppichen, gibt kurz gefasst das Zentrale einer abstrakten und symbolischen Kunst wieder. – Der mädchenzimmerhafte Hintergrund mit seinen kindlichen Blumen belegt unsere künstlerische Unschuld. – Und dieser Jean Valjean, den die Gesellschaft unterdrückt, für gesetzlos erklärt, mit all seiner Liebe, mit all seiner Kraft, ist er nicht das Ebenbild eines impressionistischen Malers unserer Tage? Und indem ich ihm meine Gesichtszüge verleihe, haben Sie mein Selbstporträt ebenso sehr wie ein Porträt unser aller, arme Opfer der Gesellschaft, die wir sind, und an welcher wir uns dafür rächen, dass wir Gutes tun …

Der Ihre,
*P Ga**

Hier gab es entschieden Diskussionsbedarf. Ein zeitgenössischer Maler, das hatte van Gogh in Arles gelernt, durfte nicht verzweifelt sein. Es lag auf der Hand, er würde ihm zunächst helfen müssen, bevor er von seinem Meister und Malerpoeten lernen durfte. Gauguin musste erst vollständig wiederhergestellt werden. Offensichtlich hatte ihm der Norden beileibe nicht gut getan und die wenigen Sonnentage vor Wintereinbruch wollten gut genutzt werden, damit die Sonne auch Gauguin alles an Dekadenz, Krankheit und Pessimismus aus der Seele brennen würde.

Van Gogh legte den Brief zurück auf den beachtlichen Stapel mit Gauguins Briefen, die er mittlerweile alle auswendig kannte. Geschlagene sechs Monate lang häuften sich die Berichte aus der Bretagne auf seinem Küchentisch, voll von Wut und Jammer über Krankheit und Geldnot. Manchmal schwächlich, manchmal fiebrig, klang Gauguin von Brief zu Brief verzweifelter. Hinter den oft widersprüchlichen Berichten ahnte van Gogh, wie das ohnehin schon zerrüttete Gemüt Gauguins dem eng gezogenen Belagerungsring seiner Leiden nicht länger standhalten würde.

Van Gogh nahm den Stapel zur Hand. Ähnlich den Farben auf der Palette, hatte er mittlerweile zu jeder der Befindlichkeiten dieses Briefwechsels eine eigenständige Nuance parat:

Ein trauriges Blau, in das sich immer mehr Schwarz mischte, je länger und je öfter Gauguin seine Abreise nach Arles hinauszögerte. Es war nicht zu verstehen: Theo und er boten ihm in seiner Situation doch die beste Zuflucht und die Übernahme aller Schulden.

Rückblickend, das war nun klar, hatte Gauguin geschickt mit Theo und ihm verhandelt. Die Korrespondenz deckte keine geringe Spur an Kalkül im Handeln des feinfühligen Malerpoeten auf, falls er auf diese Krämereien bestehen würde. Mehr Schwarz. Ständig nur Krankheit, Einsamkeit, schlechtes Wetter und ständige Geldsorgen, die die Abreise angeblich verzögerten und dennoch verhandelte er: noch dunkler.

Mit der bestehenden Vereinbarung konnten sie dank Theos Geschick dennoch gut leben. Gauguins Bilder würden sicher an Wert gewinnen und ab jetzt würde jede Woche eines in den

Besitz der Familie van Gogh übergehen. Ein gutes Geschäft für beide Seiten. Besonders für Theo. Er war stolz, auch einmal etwas für seinen Bruder tun zu können.

Noch immer stieg Wut in ihm auf, wenn er die letzten Briefe las. Nicht nur, dass die Herren Kollegen in der Bretagne begannen religiöse Darstellungen zu malen, und seltsamerweise, was eigentlich sein Metier war, allesamt eine spirituelle Wende vollzogen, nein, auch seinen Vorschlag einer Künstlergemeinschaft wie die Barbizon, einer Bruderschaft, die einem höheren Zweck diente, beantwortete Gauguin, da es sich um eine gute Idee handle, die allerdings ein wenig modifiziert werden müsse, mit dem Vorschlag einer – Kapitalgesellschaft! Aus Vincents Genossenschaft wurde kurzerhand eine Spekulationsgesellschaft: pechschwarz, dann gallegelbgrünrot.

Er fühlte sich zu diesem Zeitpunkt verraten und hatte Gauguin schon völlig abgeschrieben. Angewidert legte er den betreffenden Brief aus der Hand und griff zum letzten der Briefe. Aus dem Blauen heraus kündigte Gauguin seine Abreise aus der Bretagne an – gelb – und er hatte sich sofort an die *décoration* für die Ankunft des Meisters gemacht. Froh war er, sich zurückgehalten zu haben, denn hätte er seinen Vermutungen und seiner Wut freien Lauf gelassen, Gauguin hätte sich von ihm abgewandt. Der Geduldige kann warten. Und wird belohnt.

Er grollte auch nicht mehr, höchstens gegen sich selbst: Wie hatte es ihm entgehen können, dass Gauguin so krank war? Und dazu arm. Armut macht die meisten Menschen seltsam, es braucht Talent dazu. Er besaß dieses Talent, dessen Kehrseite es allerdings war, in der so genannten Gesellschaft nie etwas erreichen zu können. Das störte ihn schon lange nicht mehr. Offensichtlich war hingegen, dass Gauguin dieses Talent nicht besaß und deshalb litt.

Er war arm und krank. Also im doppelten Sinne ein Unglücklicher, ein Elender, stolz und stur, dem geholfen werden musste – und konnte. Krank und bescheiden wie er war, wünschte er nicht vom Bahnhof abgeholt zu werden, wollte alleine zum gelben Haus finden. Es hätte ihm ausgeredet werden sollen, aber die Hauptsache war, er kam. Jean Valjean war aus seinem Steinbruch freigekommen, jetzt musste gut auf ihn Acht gegeben werden, dann würde ein edles, zartes Wesen wieder am Grunde seiner Seele Wurzeln schlagen.

Van Gogh beobachtete, wie das Licht zwischen den Luken der Fensterläden in die Küche kroch. Er wollte sich einen Kaffee machen. Ein Stück Brot suchen. Seine Toilette verrichten. Da wurde ihm klar, dass es wirklich geschah! Heute, vielleicht auch erst morgen, würde Paul Gauguin zu ihm nach Arles kommen! Er hasste es, sich in Geduld üben zu müssen. Vor Reisen, vor wichtigen Treffen, eigentlich vor allem. War es so weit, war er stets die Ruhe selbst. Alle Sorgen waren dann verflogen und es ließ sich etwas tun oder sagen, sei die Situation auch noch so unangenehm.

Das Schlimmste war es immer gewesen, auf den Vater warten zu müssen. Die härteste Kritik erwartete er stets für Dinge, die der Vater gar nicht bemerkt hatte. Und gab es Kritik, war es nie so schlimm, wie gedacht. Im Warten liegt die Gefahr des Mannes der Tat. Deshalb malte er. Aber was sollte er bis Gauguins Ankunft tun? Er würde nicht im Freien malen können, sondern musste im Haus bleiben, um die Ankunft nicht zu versäumen. Zeichnen konnte er, vorher aber doch lieber noch ein wenig schlafen, um ausgeruht zu sein. Er sah sich in der Küche um, dann ging er die Stiege hinauf in die Schlafzimmer, um sich zu vergewissern, ob er auch wirklich nichts vergessen hatte. Auf dem Weg nach unten lächelte er über sich und seine Nervosität. Er wartete auf einen Freund. Nicht auf den Vater. Er brauchte Ruhe, das war alles. Ruhe und Schlaf. Und eine Pfeife. Es klopfte an der Tür.

Van Gogh sprang auf. Nein, das konnte nicht sein! Frühestens heute Nachmittag, hatte Gauguin geschrieben. Es war doch erst der dreiundzwanzigste! Schnell wollte er noch einmal die Treppe hinauf, als es erneut klopfte. Er macht kehrt und während er auf die Türe zuging, begann er über sich zu lachen. Roulin! Es war bestimmt der Postmann, der vor seiner Tour nochmal nach ihm schaute. Der gute Roulin war bestimmt verwundert gewesen, warum er ihn nicht im Nachtcafé angetroffen hatte. Dort saßen sie fast jeden Morgen. Roulin nahm seinen *Café au lait* im Nachtcafe, um seine Familie nicht zu wecken. So trank der Postbeamte seinen ersten Kaffee und er seinen letzten Absinth. Oft war er nur dank der Hilfe des Postboten nach Hause gekommen. Und das ohne Porto bezahlen zu müssen. Van Gogh öffnete die Tür. Dann den Mund. Es dauerte eine Weile, bis er etwas zu sagen vermochte.

»Paul! Sie kommen früher an, als ich dachte.«

»Ich kann auch später noch einmal kommen.«

Van Gogh löste sich aus seiner Starre, lachte laut auf, sprang die Stufe zu Gauguin hinab und umarmte ihn mit solcher Kraft, dass dieser einiges an Zeit und seinerseits an Kraft brauchte, bis er sich befreit hatte. Nun standen sie sich gegenüber.

»Glücklicherweise war ich wach, Paul, sonst hätte ich Ihr Klopfen nicht gehört. Sie treffen mich völlig unvorbereitet an. Ich hatte den Fahrplan studiert und nicht vor heute Nachmittag mit Ihnen gerechnet. Sind Sie doch früher aufgebrochen?«

»Eigentlich hatte ich auch mit drei Tagen Fahrt gerechnet. Aber alle Anschlüsse waren pünktlich, die Lokomotiven alle gefüllt, unter Dampf und mit Kohlen bestückt. Warum also Zeit zwischen Hier und Dort verschwenden, ein Hotel bezahlen, das keine Erholung, dafür jede wissenschaftlich bekannte Form der Krankheit bietet und noch einige der unbekannten? Davon habe ich auf meinen Reisen wahrlich genug gesehen … Voilà, ich wollte so schnell als möglich ankommen, nachdem ich Sie so lange warten ließ. Bernard lässt Sie übrigens wärmstens grüßen. Wir wollen sehen, ob er auch kommen wird.«

»Das sind ja großartige Nachrichten! Sie sehen übrigens gut aus, Paul, und Sie werden merken, die Sonne hier wird dazu beitragen, dass Sie sich bald wieder wie der Alte fühlen. Habe ich es nicht geschrieben? Selbst der Gedanke an den Süden stärkt die Seele, wie ich sehe. Aber lassen Sie uns nicht so zwischen Tür und Angel stehen. Kommen Sie, ich werde Ihnen alles zeigen.«

»Sagen Sie, Vincent, sind meine Werke schon eingetroffen?«

»Ja, ich habe sie sofort ins Atelier gebracht. Und nicht geöffnet. Wie es Ihr Wunsch war. Aber kommen Sie, geben Sie mir Ihren Koffer und folgen Sie mir. Ich zeige Ihnen alles.«

Gauguin folgte im Abstand weniger Schritte, spähte ins Atelier und schaute sich auf dem Weg die Treppe hinauf die Wände an. Das ganze Haus roch nach Ölfarben, Terpentin und etwas, das er nicht ganz erfassen konnte. Sie gingen durch van Goghs Schlafzimmer und kamen in einen Raum, den er schon aus den Briefen und Zeichnungen kannte. Das war nun sein Schlafzimmer für – wer weiß wie lange. Er war zum Umfallen müde. Van Gogh stand da und sagte nichts, also schaute er sich in seinem neuen Zimmer um. Er war gespannt, die Möbel und die Sonnenblumen bei Tageslicht zu sehen. Das Zimmer gefiel ihm. Van Gogh hatte in seinen Briefen weder unter- noch übertrieben. Beides war ja stets möglich bei ihm. Sein Gastgeber schwieg noch immer. Es war wie bei der *Jour fixe* Toulouse-Lautrecs. Er musste die ganze Nacht durchgearbeitet haben, denn die dunklen Ränder unter seinen Augen korrespondierten mit einem Streifen Zeichenkohle auf der Stirn. Auf den Wangen und in Haaren und Bartstoppeln hatten sich kleine Klumpen getrockneter Farben gesammelt, lediglich seine bunt gefleckte Kleidung unterschied sich nicht von der anderer Maler. Van Gogh schien zum Umfallen müde und reagierte zuerst nicht, weshalb Gauguin ihn ein zweites Mal fragte: »Vincent, haben Sie heute Morgen schon Kaffee aufgebrüht? Ich könnte wirklich einen vertragen.«

»Natürlich, Paul, wie unaufmerksam von mir. Sie müssen sich allerdings ein wenig gedulden. Ich war noch beim Absinth, aber ich werde gleich welchen aufsetzen. Kaffee ist so ziemlich das einzige, das bei mir nie ausgeht. Wollen Sie sich in der Zwischenzeit ein wenig frisch machen? Kommen Sie einfach in die Küche, wenn Sie so weit sind.«

Als Gauguin die Treppe hinab stieg, roch es bereits nach Feuer und frischem Kaffee. Er mochte es anzukommen. Eben noch wollte er sich gleich aufs Bett werfen, jetzt hatte er Lust darauf, die Stadt beim Erwachen zu beobachten. Endlich keine Eile mehr. Kein Gemälde, das es vor der Abreise zu beenden galt, keine letzte Verabschiedung … Er entschloss sich, erst einmal eine Woche Zeit zu nehmen, um die Stadt kennenzulernen. Ein wenig zeichnen vielleicht. Dann erst würde er langsam daran denken, die Farben zu mischen.

Van Gogh nahm gerade den Kaffee vom Feuer. Gauguin sah am Tisch gegenüber sein Selbstporträt auf einem Stuhl stehen. Schnell nahm er es bei Seite und lehne es mit der bemalten Fläche nach vorne gegen die Küchenwand. Dann räumte er, so gut es ging, den Küchentisch frei, nahm Platz und sah sich um. Dabei begann er wahllos einige Zeitungsartikel, die vor ihm lagen, zu falten und in eine blaue Blechkiste zu sortieren. Lustlos hörte er nach einer kurzen Weile wieder damit auf, und griff nach seinem Tabak. Offensichtlich hatte van Gogh wirklich nicht vor heute Nachmittag mit ihm gerechnet. Farbtuben, Geschirr, Pinsel, Bücher, Terpentin-, Wein- und Absinthflaschen sammelten sich auf kniehohen Zeitungsstapeln und fast allen Möbeln. Dazwischen flogen ausgeschnittene Zeitungsartikel, Skizzen und Zeichnungen durch die Unordnung und wucherten die unlängst erst getünchten Wände hoch. Es sah nach Arbeit aus, bevor die Zeit der Ruhe tatsächlich losgehen würde. Eigentlich hatte er keine Lust aufzuräumen, hatte viel mehr Lust, alleine durch die Stadt zu schlendern. Aber da war es wieder: verdammte Höflichkeit, oder wie immer man es nennen wollte. War er immer noch so wenig frei? Und überhaupt, wenn jemand so etwas verstehen konnte, dann doch van Gogh. Er würde also alleine in die Stadt vorgehen, bis sein Gastgeber mit seinem Haus so weit war. Vielleicht war es ihm auch lieber, wenn er alleine aufräumen konnte, ihm selbst, wäre er Gastgeber, ginge es zumindest so – er war definitiv übernächtigt.

Van Gogh goss Kaffee ein und stolperte dabei über einen Rahmen auf dem Boden, was ihn aber nicht sonderlich zu stören schien. »Wie kann ein einzelner Mensch solche Unordnung stiften?«, dachte sich Gauguin, verkniff sich aber einen Kommentar. Er trank vom Kaffee, der ihm wohltat, nahm einen Zug von seiner Zigarette und sann vor sich hin, bis van Gogh ihn aus seinen Gedanken riss:

»Ich weiß nicht Paul, wie sollen wir es heute machen? Haben Sie Ihre Ausrüstung dabei oder wollen Sie sich für den Anfang alles von mir borgen? Wir könnten natürlich auch zum örtlichen Händler, aber dadurch würden wir nur den ganzen Vormittag verlieren. Außerdem hat er nichts Vernünftiges auf Lager. Alles muss man bei ihm bestellen! Meistens aus Paris. Erinnern Sie sich an die Zeichenkohle, von der ich Ihnen etwas geschickt habe? Glauben Sie, er wäre im Stande gewesen, sie innerhalb von drei Wochen – «

»Moment, Moment! Langsam, mein lieber Vincent. Habe ich richtig gehört? Ausrüstung? Vormittag? Sie wollen heute noch malen?«

»Ja, aber natürlich Paul. Je schneller Sie sich einleben desto besser. Der Sommer ist fast vorüber. Wir müssen die restliche

Zeit gut nutzen. Bald kommt der Winter. Aber Sie haben Recht. Vielleicht sollten Sie zuerst ein wenig schlafen und wir könnten heute Nachmittag noch kurz in den Park gehen. Er hält einige schöne Motive bereit. Dann könnten Sie mir auch eine Liste machen, von allem was Sie brauchen. Ich gehe dann für Sie zum Händler. Bekannt machen kann ich Sie ja zu einem späteren Zeitpunkt.«

»Vincent! Warten Sie doch einen Augenblick. Ich werde heute sicher nicht mehr malen. Und morgen auch nicht. Die ganze Woche nicht. Immer, und das meint aus-nahms-los, nehme ich mir mindestens eine Woche, um ein neues Land, eine neue Stadt, was auch immer, kennenzulernen, um mich zu akklimatisieren. Das habe ich auch hier vor. Ich werde zeichnen und warten. Die Motive kommen dann von selbst. Im Übrigen ist für mich Sommer oder Winter egal. Ich male im Atelier. Gibt es hier eigentlich keinen Herbst?«

Van Gogh hatte die ganze Zeit an seiner Pfeife hantiert und sie umständlich gestopft. Jetzt brach das Streichholz ab, als er sie anstecken wollte. Beim zweiten Versuch gelang es und er lehnte sich zurück, nahm einige Züge und blickte dabei auf die Tischplatte.

»Paul, wie können Sie in den Süden kommen und dann im Atelier malen wollen? Was sind Sie nur für ein Künstler?« Gauguin umgriff die Tischplatte mit beiden Händen und spannte die Schultern, während er sich über den Tisch beugte. Bevor er den Mund öffnen konnte, fuhr van Gogh fort: »Aber Sie haben natürlich recht. Sie sind gerade erst angekommen, waren fast drei Tage unterwegs, haben die letzte Nacht kaum geschlafen …«

»… haben einiges an Absinth getrunken«, fiel ihm Gauguin ins Wort.

»So wie ich. Aber wo habe ich meinen Kopf, haben Sie denn Hunger, Paul? Ich habe noch Suppe von gestern.«

Gauguin war wieder entspannt, kippte auf dem Stuhl und fasste sich an den Bauch. »Warum nicht? Suppe und Kaffee vertreiben die grüne Fee. Diesmal hat sie mich richtig erwischt. Was schenken die denn da drüben aus, im *Café de la Gare*?«

»Keine Ahnung, aber ich denke, es ist Arles und nicht der Absinth. Die Wirkung wird extrem verstärkt.«

»Normalerweise wirkt es sich nur auf mein Sehen aus, aber seit meiner Ankunft hier wohl auch auf den Geruchssinn. Teufelszeug. Riechen Sie das nicht auch? Oder ist das ebenfalls Arles?«

»Ich rieche nichts.«

»Sie sind ja schon eine Weile hier. Und Sie trinken das Zeug schon länger.«

»Nein, auch als ich angekommen bin, ist mir nichts aufgefallen. Allerdings war es auch Winter und es lag Schnee. Seltsam. Vielleicht habe ich das Aufkommen des Geruches verpasst. Paul! Vielleicht riechen Sie gerade den Sommer des Südens. Sie riechen den wahren Süden. Ein Privileg, das ich nicht erleben durfte!«

»Mein lieber Vincent, wenn der Sommer hier so riecht, dann packe ich gleich wieder meinen Seesack … Warten Sie …« Gauguin stand auf: »Es ist Ihre Suppe!«

Beide stürzten zum Kamin. Gauguin hob den Deckel und verzog das Gesicht.

»Ich rieche noch immer nichts. Ist sie denn angebrannt?«, fragte van Gogh.

»Vincent, auch wenn das Gebräu hier verbrannt wäre, würde es nicht schlimmer riechen. Und schmecken, nehme ich an. Haben Sie da Terpentin rein gekippt oder mal eben mit dem Pinsel umgerührt? Falls nicht, sollten Sie das unbedingt tun. Dadurch würde es gesünder!« Gauguin begann schallend zu lachen: »Ich nehme an, es handelt sich hierbei nicht um eine holländische Spezialität ...«

Als van Gogh sich abwenden wollte, hielt ihn Gauguin an der Schulter, zog ihn zu sich und umarmte ihn. »Jetzt seien Sie nicht wütend, mein Freund! Aber die Küche übernehme in Zukunft ich. Ich bin nämlich ein ganz passabler Koch! So kann man aber auch nicht kochen. Über dem Feuer. Wir brauchen da einen Gaskocher.«

Dabei öffnete er das Fenster und nahm den Topf vom Feuer und kippte die Suppe in den Garten. Van Gogh starrte ihn an, wollte etwas sagen, hielt sich allerdings sichtlich zurück. Dann sagte er doch: »Wir haben ja noch den Kaffee.« Aber Gauguin hörte ihm schon nicht mehr zu. Er hatte eine weitere Zigarette gerollt. Als er van Gogh immer noch fassungslos am Fenster stehen sah, platzte er, noch während er den Rauch inhalierte, heraus: »Waren das eben etwa Ihre Rosen? Vincent, was ist nur los mit Ihnen? Wir sollten ein wenig rausgehen, meinen Sie nicht auch? Ich habe Lust die Stadt beim Wachwerden zu beobachten. Aber vorher müssen wir dieses Chaos beseitigen.« Gauguin beschrieb mit einer Geste, von den Tellerstapeln über die Bilderrahmen und Gemälde am Boden, bis zu den Malutensilien auf dem Tisch, einen Halbkreis in der Küche, wobei er ausrief: »Vincent, wie können Sie so leben? Ich hätte wirklich ein wenig später kommen sollen, dann wäre mir dieser Anblick erspart worden. Das ist eine Küche, kein Atelier. Wie können Sie hier kochen?«

»Ich koche nie. Meistens esse ich im Restaurant oder nur ein Stück Brot. Essen ist nicht so wichtig. Kaffee und Tabak schon.«

»Dann wird für Kaffee gesorgt. Und Croissants. Kommen Sie! Gehen wir in die Stadt.«

»Da gibt es ein Problem, Paul. Mein Geld ist für diesen Monat aus. Die Suppe –«

»Herrje, Vincent! Ich glaube, ich komme zur höchsten Not und genau richtig. Zum Glück hat mir Theo etwas Geld geschickt … Sie sehen auch ein wenig kränklich aus. Aber keine Sorge, das kriegen wir alles hin. Auf in die Stadt!«

Das goldene Meer

Die Lungen schmerzten und Blitze durchzuckten seinen Kopf, als das Holz im Kamin zischte und knackte. Die Pfeife wollte nicht richtig schmecken, der Kaffee war kein Genuss. Mit einem Wort: ein veritabler Kater. Van Gogh hatte sich aus dem Bett gekämpft, als Gauguin von der Küche zurückkam und ihn beim Durchqueren seines Schlafzimmers zum zweiten Mal aus dem Schlaf riss. Offensichtlich hatte Gauguin es sich aber anders überlegt und war anschließend wieder ins Bett gekrochen, während er sich vorsichtig die Stufen zur Küche hinab getastet und, wie so oft nach Nächten wie der vergangenen, den gewohnten Ritus vollzogen hatte: Feuer machen, Kaffee aufsetzen, Fensterläden schließen. Kurz und misstrauisch hatte er zuvor den neuen Gaskocher begutachtet, sich dann aber doch für offenes Feuer entschlossen. Keine Experimente um diese Zeit.

Er versuchte es erneut mit Kaffee, beließ es aber nach einem Schluck dabei. Dafür schnitt er sich ein Stück Brot und leerte die Wasserkaraffe auf einen Zug, ohne sich vorher die Mühe zu machen, in ein Glas umzugießen. Sachte forschte er dabei nach, wann genau die Erinnerung an Gestern aussetzte: nach der Ankunft hatten Gauguin und er das Haus verlassen, dann Croissants und Kaffee bei Jacques, Gaskocher gekauft, die Küche aufgeräumt. Soweit klar. Auf dem Markt tranken sie schon den ersten Pastis. Zurück im Haus, während er die Einkäufe verstaut hatte, zählte Gauguin das verbleibende Geld und nach dessen Rechnung wurde zur Feier des Tages eine kleine Entdeckungstour in der Stadt samt Nachtprogramm beschlossen. Nachdem sie aber Roulin auf der Straße getroffen und ein, zwei Flaschen Rotwein mit ihm geleert hatten, verschoben sie die Entdeckungsreise auf unbestimmte Zeit und gingen gleich zum Nachtprogramm über. Leider konnten sie Milliet nicht finden, weshalb sie, nachdem Roulin zum Abendessen heimkehren musste, zu zweit weiter tranken und Neuigkeiten über die Pariser Kollegen austauschten.

Gauguin erzählte von Panama und Martinique und brachte seine Hoffnung zum Ausdruck, dass sich das Fiasko dieser Reise nicht wiederholen würde, wenn er erneut in die Tropen aufbrechen wollte. Aber bekanntlich werde man aus Schaden ja meistens klug, denn damals hatte er sich finanziell verkalkuliert und schon nach kurzer Zeit gingen ihm und seinem Freund Laval das Geld aus. Erst nachdem er sich als Arbeiter beim Bau des Panamakanals verdingt hatte, war genug Geld da gewesen, um nach Martinique aufzubrechen. Dort lief es dann auch nicht besser: er musste Laval zurücklassen, nachdem sie ihr Geld aufgebraucht hatten und beide an Ruhr und Malaria erkrankt waren. Er schaffte es gerade so bis nach Frankreich. Dort war er schlussendlich doch noch für seine Mühen entlohnt worden, wobei die Gemälde das Leid, das sie geboren hatte, nicht erahnen ließen.

Gauguin verlor sich in seinen Erzählungen und so entwickelte sich der Abend gut, obwohl van Gogh zunächst ein wenig verstimmt darüber war, dass sein Gast nach einem Tag noch immer nichts zu seinen Werken gesagt hatte. Außer zu den Sonnenblumen, die ihm ausgesprochen gut gefielen. Aber gut, er hatte viele neue Eindrücke bekommen und war übernächtigt … Arles war auch nicht Paris. Dort war man freimütig in den Cafés, fühlte sich zwischen all den Menschen unbeobachtet und sprach frei von der Seele. In Arles war das anders. Die Menschen hatten dort sehr gute Ohren und machten dann von ihren noch besseren Mündern Gebrauch. Wie sollte man sich in der Provinz sonst die Zeit vertreiben? Er selbst war ohnehin schon Stadtgespräch und jeder seiner Schritte wurde aufmerksam verfolgt, ganz sicher auch ausführlich diskutiert. Gauguin würde diesen Status auch bald erlangt haben, da war er sich sicher.

Oben im Schlafzimmer waren Stolpern und Fluchen zu hören, bald darauf tastende Schritte auf der knarzenden Treppe. Ungeachtet dessen zuckte van Gogh, halb aus Überraschung, halb ob des grellen Stechens in seiner Stirn, zusammen, als Gauguin die Türe hinter sich zuschlug:

»Guten Morgen, mein Bester! Das nenne ich mal einen Auftakt, nicht wahr? Ich habe das Gefühl ein Dampfkessel sitzt auf meinem Hals und ich kann nirgends das Ventil zum öffnen finden. Ich fühle mich wie zwanzig. Nur schlimmer verkatert als damals. Großartig!«

»Guten Morgen, Paul.«

»Aaah! Sie spüren wohl auch, was es heißt, wie ein Zwanzigjähriger zu trinken, obwohl die Vierzig über einem schwebt. Das ist das Alter, mein lieber Vincent! Aber wissen Sie, was das Gute daran ist?«

»Sagen Sie es mir, Paul.«

»Wir können uns noch verhalten, als wären wir zwanzig. Großartig, nicht wahr?«

»Möchten Sie etwas Kaffee?«

»Nicht nur etwas. Und Wasser. Reichen Sie mir doch mal die Karaffe.«

Gauguin ging zum Wasserhahn und füllte die Karaffe, leerte sie auf einen Zug und füllte sie erneut. Als er sie auf den Tisch stellte, tat ihm van Gogh gleich, stand auf und füllte sie wieder auf. Gauguin lachte laut auf und nach einer Weile musste van Gogh mit einfallen.

»Ich danke Ihnen übrigens wegen gestern, mein Freund.«

»Kein Grund zu danken. Es war doch gerecht. Ich zeigte, Sie zahlten. Eine vollständige Stadtführung wird folgen. Es sei hiermit versprochen. Seien Sie –«

»Sie können sich nicht mehr erinnern?«, fragte Gauguin.

»Woran?«

»Ich spreche vom Nachhauseweg. Hilft Ihnen das auf die Sprünge?«

»Nein, nicht wirklich. Denn in der Tat habe ich eine kleine Gedächtnislücke, was gestern angeht.«

»Sie können sich also nicht erinnern. Gut, wie soll ich sagen? Ich war ein wenig seekrank …« Gauguin grinste, als aber keine Reaktion seitens van Gogh kam, fuhr er fort: »Rundheraus: Sie mussten mich hierher schleppen. Sie haben mich sogar gebettet.«

Van Gogh schaute ihn fragend an und Gauguin lachte wieder laut auf: »Immerhin kann ich mich aber noch an alles erinnern. Wir sind alte Männer, Vincent. Das ist schlimm.«

»Das mag sein, aber ich habe öfters meine Lücken und Sie, Sie hatten ja kaum geschlafen, Paul. Und unterschätzen Sie das Klima nicht. Zu Beginn genügte mir ein Glas Kognak und ich fühlte mich wie nach einem Abend bei Anna im *Le Tambourin*.«

»Anna Segatori! Ja, das waren Abende ... Und es ist ja wirklich ein Skandal mit Prado ... Wie geht es ihr eigentlich? Seit ich nach *Pont Aven* gefahren bin, habe ich nichts mehr von ihr gehört. Ich weiß nicht, die Maler gehen nicht mehr ins *Le Tambourin*. Aber ich vermute, nach allem was war, haben Sie auch keinen Kontakt mehr, nicht wahr?«

»Nein«, antwortete van Gogh kühl. Gauguin blickte ihn gönnerhaft an:

»Kommen Sie schon, Vincent, lüften Sie das Geheimnis, worüber wir uns in Paris Abende lang den Kopf zerbrochen haben!«

»Haben Sie über nichts Besseres zu reden?! Ich kann es mir bildlich vorstellen, wie Sie mit Bernard, Schuffenecker und Toulouse unter einer niedrigen Lampe im Café sitzen und Abende lang die Köpfe zusammenstecken, wie die Fischhändlerinnen in den Markthallen! Nein wirklich, und das sollen Künstler sein?«

Gauguin blickte ihn weiter an und grinste.

»Nein, da war nichts. Naja, fast nichts«, fuhr van Gogh fort. »Aber auch das ist vorbei. Jedenfalls muss sich die gute Anna keine Sorgen mehr machen, dass ihr die Gäste wegbleiben. Ganz Paris wird sich momentan das Maul zerreißen und der *Tambourin* ging durch alle Zeitungen.«

Gauguin gab es auf. Es war wohl nicht mehr aus van Gogh rauszuholen und im Grunde war es egal, ob er die kleine Segatori nun hatte oder nicht. Er schwenkte auf den Themenwechsel van Goghs ein:

»Ja, die Prado-Sache zieht immer weitere Kreise um sich. Ich las neulich in der Zeitung: ›Prado bald so bekannt wie Jack the Ripper‹. Ist das zu fassen, Vincent? Er hat wahrscheinlich am Nebentisch gesessen und unter dem Tisch sein Messer gewetzt, während wir über Signacs Theorien diskutierten!«

»Und wir haben dort Kunst ausgestellt, während Anna ihnen Wein und Absinth eingoss!« Van Gogh war aufgestanden und hatte seine blaue Blechkiste geholt. Er legte Gauguin, der sich das Grinsen nicht verkneifen konnte, einen Stapel an ausgeschnittenen Zeitungsartikeln vor. Seit die Prado-Affäre mehr und mehr an Aufmerksamkeit erfuhr und sogar frankreichweit in die regionalen Zeitungen gekommen war, sammelte van Gogh die Artikel der hiesigen Tageszeitung. Vom Zeitpunkt seiner Verhaftung an verteidigte sich der mutmaßliche Mörder Prado in der Presse ungewöhnlich geschickt, was immer mehr Sympathien in allen Schichten der Bevölkerung hervorrief. Ganz Frankreich fieberte so dem Prozessbeginn entgegen. Angesichts des Verbrechens war dies verwunderlich, denn es war nicht mehr als ein gewöhnlicher Raubmord geschehen. Marie Augétant, nach zweifelhaften Zeugenaussagen eine Maitresse Prados, wurde am 14. Januar 1886 mit durchgeschnittener Kehle in ihrem Schlafzimmer aufgefunden. Der ehemalige Börsenhändler Prado, schon in der Vergangenheit als Juwelendieb auffällig geworden, wurde gefasst, als er die Schmuckstücke verkaufen wollte. Seine beiden anderen Mätressen Eugénie Forestier und Mauricette Couronneau waren an der Juwelenschieberei beteiligt und wurden wie José Garcia, ein Freund und Komplize Prados, angeklagt. Obwohl die Zeugen aus fragwürdigen Motiven, Rachegelüsten, Wut und Eifersucht aussagten, er hätte den Mord begangen, ergab die Beweislage nur Indizien. Der Prozess wurde zum Spektakel, da sich der Frauenheld Prado selbst verteidigte und dabei eine erstaunliche Eloquenz, verbunden mit einem überaus charismatischem Auftreten, an den Tag legte. Der Angeklagte, der mit bürgerlichem Namen eigentlich Louis Carlos Frederico Linska de Castillion hieß – auch kein schlechter Name, wie Gauguin damals dachte – wurde dabei schnell zum Liebling der Presse. Er gab sich als bescheidener Juwelendieb, der sein Berufsethos verteidigte und niemals einen Mord begangen haben wollte. Gerüchte von schierer Unfassbarkeit – er sei der uneheliche Sohn von Kaiser Napoléon III und einer Dame von Hofe, oder der Sohn des früheren peruanischen Präsidenten General Prado, wie lateinamerikanische Parisbesucher zu wissen glaubten, setzten die Pressemaschinerie unter Dampf, die sich erfreut auf jedes neue Detail aus dem Umfeld Prados stürzte. Das Opfer, auch bekannt als *la Crevette*, und andere mysteriöse Mätressen Prados wie *la belle Suédoise*, beflügelten die Journalisten zu einer Flut von Artikeln, welche der Sensation eines Fortsetzungsromans, der gerade um die Ecke spielt, gleichkam. Die Bourgeoisie, dachte Gauguin, liebt es am wohligwarmen Kaminfeuer, hinter verschlossenen Türen und gesicherten Verhältnissen in die schaurigen Halbwelten des geheimen Paris einzutauchen.

Schon weil Prado ein Landsmann war, ein Landsmann, der ebenfalls in Lateinamerika gelebt hatte, verfolgte Gauguin die

Berichterstattung mit demselben Maß an Neugierde wie der Rest Frankreichs. Ein Jean Valjean der Gegenwart, ein Verstoßener, der alle strafte, indem er sie übertraf, konnte nichts anderes als ihn beeindrucken. Doch während die Leserschaft Prado mittlerweile Glauben schenkte, seinem Freispruch förmlich schon entgegenfieberte, blieb er skeptisch, denn er wusste, wer das Stigma des Verbrechers trug, würde keine Schonung erfahren.

Er besah die ordentlich gefalteten Artikel nachlässig – denn was sollte im *Forum Républicain* stehen, was er nicht schon im *L'Intransigeant* oder im *Figaro* gelesen hatte? – und wollte den Stapel schon wieder zurücklegen, als er auf einen Artikel stieß, der ihn interessierte: »Was ist das?«, fragte er, den Artikel hochhaltend.

»Zwei Soldaten des örtlichen Zouavenregiments wurden vor wenigen Wochen in Arles ermordet. Bis heute sind die genaueren Umstände noch nicht geklärt. Nun geht es sogar schon in der Provinz los, sage ich. Sinnlose Morde, unglaubliche Verbrechen. So zeigen sich die Symptome der Krankheit der Welt sogar schon in den braven Dörfern.«

»Sie neigen zur Übertreibung, Vincent. Hat es nicht schon seit Anbeginn der Zeit Morde gegeben? Denken Sie an Kain und Abel. War das etwa weniger absurd? Alles um der Zuneigung eines Gottes wegen, den es doch nicht kümmert! Die Welt war schon immer so schlecht, nur, wir sehen es nun klar. Es ist der *Schleier der Maya*, der uns von den Augen gerissen wurde.«

»Das klingt jetzt doch sehr nach Modephilosophie.«

»Aber wieso denn? Ist es nicht möglich, dass die beiden Soldaten eine andere Gruppe provoziert haben? Ist es nicht möglich, dass es zum Streit kam? Denken Sie an meine rothütigen Kameraden von der Zugfahrt. Wäre das nicht im vollen Abteil geschehen, wie wäre es wohl ausgegangen? Ich würde es wie die Mörder machen. Da das Unglück schon geschehen ist, einfach das Weite suchen. Würden Sie wegen einer solchen Sache für den Rest Ihres Lebens ins Gefängnis wollen?! Mir jedenfalls genügt, was ich über diese mittelalterlichen Folterkammern gelesen habe.«

»Wollen wir hoffen, wir begegnen Ihren Freunden nicht mehr. Vielleicht würde es helfen, Milliet zu fragen, ob er sie kennt ... Aber im Grunde müssen wir nur vorsichtig sein. Die größte Wahrscheinlichkeit eines Wiedersehens, wenn sie nicht schon wieder versetzt worden sind, hätte gestern in der *Rue des Ricolets* bestanden. Da sie nicht da waren, ist also anzunehmen, sie wurden versetzt ... Was sagen Sie eigentlich zu Rachel?«

»Wer?«

»Na, Sie wissen schon. Paul! War sie denn gestern nicht da?«

»Wo?«

»Bei Virginie, in der *Rue des Ricolets*.«

»Dort waren wir nicht mehr. Wir kreuzten die Straße zwar, wenn wir von derselben sprechen, aber offensichtlich war ich nicht mehr im Stande eine Frau zu beglücken.«

»Sind Sie sich sicher?«, frage van Gogh ungläubig.

»Ja«, sagte Gauguin, ein wenig gereizt, während er in seiner Hosentasche kramte und Münzen und Scheine auf den Tisch zählte. »Es kann schon finanziell nicht möglich sein, außer Sie bekommen dort einen großzügigen Künstlerrabatt, der die Kosten auf eine schwarze Null reduziert.«

»So oft bin ich nun auch nicht dort und für Künstler haben die Damen wenig übrig. Bei einem reichen Künstler wäre das wohl etwas anderes.«

»Da wir schon dabei sind: Wir müssen unsere Finanzen sowieso etwas organisieren. Ich schlage deshalb eine Haushaltskasse vor. Alle regelmäßigen Ausgaben wie Farben, Leinwände und Nahrungsmittel werden notiert und budgetiert. So können wir mit der Zeit wirtschaften. Keine Sorge Vincent, für den Bordellgang wird noch genug bleiben.«

»Können wir dafür nicht eine eigene Kategorie einrichten? Es ist doch eine feststehende Ausgabe.«

»Eine famose Idee. Sehen Sie Vincent, jeder hat das Zeug zum Ökonomen. Es kommt nur auf den Gegenstand an.«

»Nennen wir die Kategorie doch *Hygienische Spaziergänge*.«

»Wird gemacht. Aber unter uns Kaufleuten und Kompagnons: Es heißt nicht Kategorie, sondern Konto.«

»Gut, dann eben Konto«, lachte van Gogh. »Egal wie wir es nennen, Hauptsache, wir nutzen unser Kapital. Ich sage Ihnen, der Hygienische Spaziergang ist von höchster Wichtigkeit für den Künstler.«

»Darüber lässt sich nicht streiten. Und obwohl er zunächst als der wirtschaftlich gesehen widersinnigere Weg zum Ziel erscheint, ist er doch der effektivste. Denn das Gut ist jederzeit und sofort verfügbar, die Kosten überschaubar. Muss man erst eine Frau verführen, hat man keine sichere Aussicht auf Erfolg, hat es mit nicht zu kalkulierenden Zusatzkosten zu tun und ist, zumal in einer Kleinstadt wie dieser, nicht vor unangenehmen Beanstandungen gefeit.«

»Bravo! Die ökonomische Konsequenz eines Kindes seiner Zeit. Jetzt verstehe ich, wie Sie an der Börse reüssieren konnten. Ich sehe schon, ich kann noch viel von Ihnen lernen. Aber Sie werden sehen, es ist ein ganz liebenswürdiges Bordell, fast anheimelnd. Nicht zu vergleichen mit Paris. Sie werden sich dort wohlfühlen. Was braucht ein Künstlermönch auch mehr? Man muss sich entscheiden, nicht wahr? Entweder man schenkt seine Liebe der Kunst oder man schenkt sie einer Frau. Entweder man zeugt Werke oder man zeugt Kinder.«

»Wahr gesprochen, mein Freund. Und Ihre reizenden Worte haben mir das Etablissement schmackhaft gemacht. Wollen wir gleich heute Abend hin? Ich denke, orientiert man sich an den Pariser Preisen und zieht etwas aufgrund der weniger exklusiven Lage ab, dann erlaubt unser Budget einen Gang.« Beide lachten wieder.

»Es ist also beschlossen. Heute Abend, gleich nach dem Malen. Aber zuerst die Arbeit, Paul! Sie wird uns auch den schweren Kopf wieder klären. Nach dem Künstlertod ist es das Beste sofort wieder zu beginnen und wie ein Phönix aus Asche und grünem Nebel zu steigen.«

»Ein Poet des Absinths! Aber Vincent, können Sie sich auch daran nicht mehr erinnern? Ich habe darum gebeten, nein eigentlich klar gemacht, dass ich eine Woche brauche, bevor ich den Pinsel zur Hand nehme.«

»Jetzt scheinen Sie sich wohl nicht mehr zu erinnern …«, van Gogh hob belehrend den rechten Zeigefinger.

»Wie? Kann es wirklich sein? Das wüsste ich aber, denn es widerspricht sosehr meiner Gewohnheit. Wie dem auch sei. Es bleibt dabei. Keine Malerei vor Montag oder Dienstag nächster Woche. Aber keine Sorge! Für gewöhnlich kann ich es nicht lassen und zücke schon in den ersten Tagen den Skizzenblock.«

»Aber Paul, der Winter rückt mit jedem Tag näher. Wir hatten es gestern vereinbart!« *Hatten sie?* Van Gogh war sich da selbst nicht so sicher. Gut gelaunt gab er sich einen Ruck: in dubio pro reo – und dies war zweifelsfrei ein Zweifelsfall.

Nach einigem Hin und Her lenkte Gauguin ein, van Gogh zu begleiten. Er würde die Landschaft betrachten, während sein Gastgeber seinem gewohnten Tagesablauf nachginge.

* * *

Ein warmer Wind strich über die Felder der *Crau* und Gauguin stellte zu seiner Freude fest, um wie viel angenehmer das Wetter hier im Gegensatz zur Bretagne war. Ihm wurde aber auch klar, er hatte sich für seine Ankunft einen guten Zeitpunkt ausgesucht, denn die Sonne besaß noch immer einiges an Kraft und er spürte sie heftig auf seinem schwarzen Haar. Das gab ihm eine Ahnung davon, was van Gogh damit gemeint hatte, als er sagte, die Sonne hätte ihm fast das Hirn aus der Schale gebrannt.

Vom gelben Haus waren sie schnell auf die Felder gekommen. Während van Gogh zielstrebig die Gleise am Stadtrand entlang bis zum *Canal Roubine-du-Roi* voranstapfte, folgte Gauguin, umfangen von der zunehmenden Wärme des Vormittags, etwas gemächlicher, wobei er die kleinen, unregelmäßigen und teils schon abgeernteten Felder, die bis zum Ufer des Kanals reichten, in Augenschein nahm. Längs der Straßen und Feldwege wucherte vereinzeltes, dürres Buschwerk und sammelte sich, je weiter der Blick streifte, in durstigen Gruppen, denen der verblassende Sommer stellenweise arg zugesetzt hatte. Er blickte zurück auf die Dächer der Häuser und Türme im Dunst, wie sie langsam von der Sonne aufgeheizt wurden. Fast mechanisch suchte er seinen Tabakbeutel in den Taschen, wandte sich zu van Gogh um – und bemerkte, sein Gastgeber war schon außer Hörweite. Er schloss also auf und erreichte van Gogh, an der Stelle wo der *Canal Roubine-du-Roi* vom *Canal Vigureat* senkrecht gekreuzt wurde. Sein Blick folgte dem Verlauf des Kanals, wie er sich geradlinig durch die Landschaft fraß und in der Ferne verlor. Doch nur kurz, denn obwohl die Sonne ihrem Zenit noch immer entgegen stieg, blendete ihr in sanften Wellen gebrochenes, wogendes Licht fast schon schmerzhaft in den Augen. Er kniff sie zusammen, gedachte, während auch er den Kanal überquerte, kurz seinem Kater, und folgte van Gogh erneut den *Canal Roubine-du-Roi* entlang, bis er irgendwann rechts abbog.

Mit dem Ausbau des Eisenbahnnetzes hätten die Kanäle mehr und mehr an Bedeutung verloren, erzählte van Gogh. Dennoch blieb die Rhône eine wichtige Güterverkehrsader für die Region, was auch die Kanäle, obgleich schwächer als in der Vergangenheit, weiterhin belebte. Van Gogh hatte hier schon des Öfteren Motive gefunden, die den stillen Wandel belegten, der keine gute Zukunft für die Schiffer verhieß. Heute hatte er aber die Ebene der *Crau* allgemein als Thema gewählt.

Gauguin gefiel die Landschaft, konnte es aber nicht verstehen, weshalb ihn van Gogh an ihrem ersten Tag hierher führte. Gab es nichts Spektakuläreres zu zeigen? Bevor er sich an seinen Gastgeber wenden konnte, erklärte dieser sich von selbst:

»Sehen Sie Paul, diese Landschaft um Arles erinnert mich stark an das alte Holland zu Lebzeiten Ruysdaels. Kurz vor der Erntezeit wirkt es wie ein goldenes Meer. Sonst aber fehlt jeglicher Effekt, als sähe man eine Karte vor sich ausgestreckt liegen. Ich war kurz nach meiner Ankunft mit einem ansässigen Maler hier, der mir sagte, es handle sich um die langweiligste Landschaft der Welt. Aus Höflichkeit und weil ich noch keine klaren Gründe anführen konnte, sondern die Besonderheit nur erahnte, hielt ich mich zurück und widersprach nicht. Durch Zufall traf ich dann aber einen Bauern aus der Gegend, der in jungen Jahren als Fischer unten in Marseille gearbeitet hatte. Ich sagte ihm, was ich dachte: ›Schauen Sie, ich finde das so schön und unendlich wie das Meer.‹ Worauf er mir antwortete: ›Ich finde es noch schöner als das Meer, denn es ist zwar nicht weniger unendlich, doch fühlt man, dass es bewohnt ist.‹ Da wurde mir der Unterschied klar.«

Und tatsächlich, jetzt sah auch Gauguin, was van Gogh meinte: Die Ebene war flach, bis auf einen Berg, der sich linkerhand erhob. Sah man aber in die flache Ebene traf sie sich in der Ferne mit dem Horizont und schien auch danach ewig flach zu sein. Neben Büschen und kleinen Hainen war das Gelände von Zypressenalleen, Hecken und den Kanälen durchzogen, die

die Landschaft gleichzeitig strukturierten und rhythmisierten. Alles schien gleichermaßen gewollt und natürlich, und war in ein Licht getaucht, das Gauguin erstaunte. Fand er Vortags, im Licht des Ateliers, und mit bretonischen Augen besehen, die Studien und Gemälde van Goghs zwar originell und mit eigenem Stil versehen, in der Farbgebung vor allem willkürlich, so schien ihm sein Malerkollege doch etwas zu verfolgen und einzufangen, ohne dies genau benennen zu können. Obwohl er wusste, die Zypressen sind Grün, erschienen sie doch Schwarz im hellen Licht, dessen Goldgelb von den Feldern zurückgeworfen wurde. Grün und Gelb waren gleichzeitig leuchtend und hell-dunkel in ihren Kontrasten. Van Goghs Palette hatte sich nicht nur aufgrund einer Theorie, sondern wirklich aufgrund der Farben des Südens aufgehellt. Hier gab es etwas zu erobern und er freute sich darauf, das erste Mal die Farben zu mischen. Er fühlte, er würde noch etwas Zeit brauchen, doch er würde sich dieses Licht zunutze machen, es auf die Leinwand bannen, um damit Ungeahntes zu erzählen.

Irgendwann ließ van Gogh den Rucksack samt Staffelei vom Rücken gleiten, holte die Farben hervor und begann auf der Leinwand seine Vorzeichnung. Er sprach noch ein wenig vom herrlichen Wetter und seiner Verehrung für Monticelli, gab jedoch immer weniger Acht auf die Erwiderungen Gauguins, auch als dieser heftig widersprach, und kommentierte nur vage mit Andeutungen wie: »Geduld mein Lieber, Sie werden verstehen, oder besser gesagt, sehen. Aber ist das im Grunde nicht dasselbe?« Gauguin war es recht. Sein Kopf schmerzte noch zu sehr und er verspürte kein Bedürfnis nach einer Diskussion, ließ sich viel lieber im Gras nieder und blickte auf die Landschaft. Sie würde zu ihm sprechen, dessen war er sich nun sicher. Was er sehen würde, ließ sich allerdings unmöglich in den wirren Pinselhieben eines Monticelli, sei er auch der bekannteste Maler der Provence, wiedergeben. Denn über seine Malerei und den Absinth war der Südfranzose verrückt geworden und diese Unruhe spürte man in seinen Gemälden. Mochte van Gogh seinem Stern folgen, er hielt es mit Cézanne. Dort herrschte Aufgeräumtheit auf der Leinwand. Das war mehr nach seinem Geschmack.

Als er nach einiger Zeit wieder zu van Gogh blickte, hatte dieser schon zu Malen begonnen. Neugierig beobachtete er ihn, denn der Holländer schlug ein rasantes Tempo an. Langsam erhob sich Gauguin und trat näher. Eine Zeitlang blickte er ihm über die Schulter. Selbstvergessen, ja fast in Ekstase, hastete dieser von der Palette zur Leinwand, wechselte das Werkzeug und schien ihn durchaus gar nicht mehr wahrzunehmen. Seine Hände, sein Gesicht, alles war über und über mit Farbe bedeckt. Ging es ihm nicht schnell genug, befeuchtete er den Pinsel gar mit der Zunge! Gebannt war es Gauguin eine Weile lang unmöglich, sich von diesem Schauspiel loszureißen – was würde wohl Bernard dazu sagen? – und besah dann erst das Gemälde selbst.

Van Gogh hatte das weite Ackerland bis fast zur Oberkante seiner Leinwand gezogen und den Himmel durch eine Reihe von Zypressen am Horizont gegen die Ebene abgegrenzt. Der Himmel schien nicht einmal ein Zehntel der Leinwand auszumachen.

Auf dem Feld war eine Figur zu sehen, die dort arbeitete und aller Wahrscheinlichkeit nach ein *Sämann* werden würde. Noch nie hatte Gauguin einen Künstler so hastig arbeiten sehen. Es hatte den Anschein als müsste van Gogh das Bild in zwei Stunden im Salon abgeben und beeilte sich, es dringendst fertigzustellen.

Gauguin blickte wieder auf die weite Landschaft. Er hatte Theo versprochen, sich Vincents anzunehmen. Was war er gestern für ein Narr gewesen, zu glauben, dieser Heißsporn bedürfe kaum mehr seiner Hilfe, als er das Atelier besichtigte. Das Gegenteil war der Fall und ein hartes Stück Arbeit würde noch auf ihn warten: Wie sollte man dieses Temperament zügeln und zeigen, dass die Geduld zum wahren Fortschritt führt? Kurz überlegte er zu van Gogh zu gehen, um ihn während der Tat mit seiner Arbeitsweise zu konfrontieren, versprach sich dann aber mehr Erfolg davon, wenn er die Fehler an der abgeschlossenen Arbeit aufzeigen würde, wobei er jetzt schon daran zweifelte, dass van Gogh gelehrig annehmen würde, was der von ihm selbst gekürte Abt ihm zu predigen hatte. Der Abend schien einiges an Kurzweil zu versprechen.

Gauguin zog sein Skizzenbuch hervor und begann ohne große Lust einige zufällig gewählte Motive zu zeichnen: Eine Gruppe von Büschen, einen Baum in der flachen Landschaft und ähnliche Dinge. Er wollte sich, während er sich die Zeit vertrieb, wenigstens in der Komposition schulen und über diesen Weg eine Annäherung an die Landschaft und ihre Farben erreichen. Genau diese Farben zunächst zu ignorieren, schien ihm dazu der beste Weg. Vielleicht tat er es auch mit Absicht, gestand er sich ein, denn er war alles, nur kein Plein-Air-Maler. Langsam spürte er wie seine Hand geschmeidiger wurde und seine Versuche spielerischer. Manchmal deutete er ein Motiv nur an, ein anderes Mal führte er die Skizze bis ins Detail aus. Die Kopfschmerzen waren nun fast völlig verschwunden und seine Gedanken wandten sich wieder seiner Umgebung zu. Er merkte, dass er keine Ahnung hatte, wie er sich dieser Natur, dieser Stadt, dieses ganzen Aufenthaltes künstlerisch und überhaupt nähern sollte. Nach allem, was er bisher bei van Gogh gesehen hatte, brauchte er sich von ihm keine große Inspiration erwarten. Monticelli! Er hätte lebhafter widersprechen sollen … Was hatte dieser Holländer nur im Kopf? Die Lebensgeister in ihm waren wieder geweckt. Auch Hunger verspürte er jetzt und so entschloss er sich, aus ihrer Tasche ein wenig Brot zu holen und nachzusehen, was die Malerdampfmaschine bisher fabriziert hatte.

Was er sah, als er über van Goghs Schulter auf die Staffelei blickte, konnte er kaum fassen. Innerhalb kürzester Zeit hatte er das Gemälde fast vollendet und war gerade dabei, die letzten Pinselstriche zu setzen. Es war keine einfache Landschaft geworden, sondern, wie vermutet, ein *Sämann*, von dem er wusste, dass van Gogh ihn schon oft gemalt hatte. In langen Briefen hatte van Gogh ihm die Bedeutung der Allegorie erläutert: von der Philosophie Carlies, über Millet bis hin zu seinen persönlichsten Gedanken und Hoffnungen. Wer in hundert Jahren, sollte diese in Öl erstarrte Philosophie je verstehen? Doch van Gogh ging es, nach eigenem Beteuern, nicht darum

Ideen zu malen. Das Gemälde lebe zuerst von seiner einfachen Symbolik, wiederholte er in Paris immer wieder. Was an dieser Komposition auffiel und Gauguin verwunderte, war, dass sie astrein nach der Schule der Impressionisten gefertigt war. Im Atelier hatte Gauguin einen anderen *Sämann* gesehen. Die Landschaft war, was die Auswahl der Farben anging, mehr als kühn gewesen. Ein gelber Abendhimmel, auf dem vom Gleisensten bis zum Stumpfesten alle Farbvariationen tanzten, hob sich ab von einem violetten, unbestellten Feld, dessen Schollen wiederum alle Nuancen der Farbe aufgriffen. Zu dieser schrägen, willkürlich wirkenden Chromatik war der weite Blick auf die Landschaft nicht freigegeben, sondern auf zweierlei Weise verstellt. Denn im Vordergrund war zum einen der Sämann selbst zu sehen, zum anderen ein Baum. Obwohl der Sämann seiner Arbeit sehr nah im Vordergrund nachging, ließen sich keine Gesichtszüge erkennen und es kam wie von selbst zum Vorschein, dass es van Gogh im eigentlichen Sinne nicht um die Allegorie, sondern das entindividualisierte Symbol ging. Viel schwerer war es jedoch nachzuvollziehen, warum er einen Baum direkt in den Vordergrund, rechts neben den Sämann gesetzt hatte. Nur ein Kenner der japanischen Drucke erkannte darin die Verneigung vor den Kompositionsprinzipien dieser Kunst. Das war neu, unerhört und würde jeden unbedarften Bildungsbürger schrecken. Damit war es noch lange nicht nach Gauguins Geschmack, erfüllte aber seinen Zweck und zeugte von Mut und Selbständigkeit. Die Leinwand, die er jetzt vor sich sah, bedeutete dagegen einen Rückschritt. Dieses Gemälde gefiel. In Paris wäre es als konventionell im Bereich der zeitgenössischen Kunst betrachtet worden, obwohl die Palette auch für Pariser Verhältnisse ungewöhnlich hell war. Seine Einzigartigkeit oder Originalität, was den fahrigen Pinselstrich anging, und es zu einem Vincent van Gogh machte, wäre ihm als Schwäche ausgelegt und Gegenstand der Kritik geworden. Warum dieser Rückschritt? Es war überzeugend, was Aufbau und Technik anging, aber dennoch gewöhnlich und zeigte nur, dass van Gogh in Paris etwas gelernt hatte und das Gelernte souverän umsetzen konnte. Als van Gogh die Pinsel zur Seite legte und den Lappen zur Hand nahm, drehte er sich um und blickte fragend und erwartungsvoll zu Gauguin auf. Dieser wurde verlegen. Um schlussendlich doch ein verbindliches Wort zu sagen, begann er: »Ich sehe, Ihnen liegt das Motiv des Sämanns immer noch am Herzen. Ja, der gute Millet … Aber Vincent, was für eine Palette! Diese Farben! Seit unserem letzten Treffen in Paris haben Sie nicht nur einiges dazugelernt, sondern können es auch umsetzen.« Dass das Gemälde trotz der Geschwindigkeit, in der es entstanden war, von einer verblüffenden Sicherheit zeugte, davon schwieg Gauguin. Und während er so sprach, glühten van Goghs Augen und am Ende strahlte er über das ganze Gesicht. »Paul, Sie können gar nicht glauben wie glücklich ich bin, dass Sie hier sind. Es tut gut, das Urteil eines Künstlers und verständigen Menschen zu hören. Direkt nach der Arbeit. Seit ich Theo in Paris ließ, habe ich solches entbehren müssen. Ich danke Ihnen. Ich danke Ihnen für Ihr Kommen! Wie oft sucht man nach einer Lösung, oft tagelang, die ein anderes Augenpaar in wenigen Sekunden findet! Wie oft ringt man um eine Entscheidung, deren Überlegung nur verschwendete Zeit ist und in die man sich heillos verrannt hat! Ach Paul, ich hätte Lust gleich die nächste Leinwand zu holen ... Aber ich sehe, Sie haben Ihr Skizzenbuch in der Hand. Was haben Sie gefunden? Darf ich sehen?«

»Ach, nichts Großartiges. Ich taste noch. Sie verstehen, was für Sie Alltag ist, ist mir noch gänzlich fremd. Ich muss mich in dieser wundersamen Umgebung erst finden. Kommen Sie, wir gehen zurück, dann können wir noch auf dem Markt einkaufen und in Ruhe essen. Immerhin haben wir heute Abend noch etwas vor.«

* * *

Die Maler folgten wieder dem Verlauf der Kanäle in die Stadt hinein, sprachen noch kurz davon einen Abstecher ins Zentrum zu machen, entschieden sich dann aber direkt auf den Markt auf der *Place Lamartine* zu gehen. Unterwegs durchquerten Sie schweigend die kleine Parkanlage, die den Rahmen für van Goghs Dichtergarten bildete.

Ungeduldig blickte van Gogh immer wieder zu Gauguin. Als sie den Park fast schon wieder verließen, hielt van Gogh an, drehte sich um und deutete mit weiter Geste auf den Park, der hinter ihnen lag:

»Voilà, Paul, erkennen Sie es wieder?«

»Sie meinen den *Garten des Dichters*? Wenn ich Petrarca sein soll, dann muss ich ihn ja fast wieder erkennen, nicht wahr Boccaccio?«, lachte Gauguin.

»Sie finden meinen Vergleich also komisch ... Er sollte aber nicht komisch sein. Ich dachte —«

»Vincent, Vincent, unterbrechen Sie sich und sparen Sie uns die Mühe. Ich fühlte und fühle mich sehr geehrt der alte Petrarca sein zu dürfen, obwohl ich zugeben muss, liebe Boccaccio gewesen zu sein. Sein Stern strahlt heute heller und im Dekameron gibt es Geschichten, die von mir selbst stammen könnten.«

»Paul, hören Sie auf, albern zu sein. Mir ist es todernst. Es geht um mehr als ein Kompliment. Was ich gemalt habe, ist wahr. Wir können die Malerei revolutionieren. Es stimmt, ich muss von Ihnen lernen und es wird ein steiniger Weg. Aber Sie werden ein guter Lehrer sein und die Arbeit wird uns läutern. Verstehen Sie nicht? Wir begründen hier wirklich ein Malerkloster. Sie sind der Abt und Meister im Atelier des Südens. Ihre Malerei wird andere Malermönche anziehen und zusammen können wir über die Jahre eine Schule, eine Bewegung begründen, die ganz Europa revolutionieren und heilen wird.«

Van Gogh hatte Gauguin am Arm gehalten und ihn gezwungen, ihm bei den letzten Sätzen in die Augen zu blicken. Jetzt senkte Gauguin den Blick, machte sich los und ging einige Schritte. Van Gogh brannte auf eine Antwort und folgte ihm. Gauguin machte noch zwei, drei Schritte, dann wartete er, bis er eingeholt wurde und legte, während er sprach, die Hand auf van Goghs Schulter:

»Mein lieber Vincent, mir ist es so ernst wie mit der ganzen Malerei. Aber verstehen Sie doch, wie soll ich auf Ihr Lob anders reagieren als zu schweigen oder ins Komische zu changieren? Glauben Sie mir, ich lache nicht über Sie. Für Sie mag ich ein Meister sein, aber auch ich stehe erst am Anfang. Das fühle ich mit jedem Tag, den ich male, umso stärker. Und jetzt lassen Sie uns schweigen davon. Es ist mir unangenehm.«

Doch van Gogh sah, dass es Gauguin alles andere als unangenehm war, denn ein leichtes Lächeln kräuselte sich unter seinem Schnauzbart um die Lippen. Vielleicht ließ sich ihm, da er sich geschmeichelt fühlte, ein Urteil über den Dichtergarten und das ganze Programm im gelben Haus entlocken. Bisher hatte Gauguin nichts Verbindliches, nicht einmal ein Wort, dazu verlauten lassen und so entschloss er sich, direkt zu fragen:

»Sie haben noch gar nichts zur *décoration* Ihres Zimmers gesagt, Paul. Wenn es Ihnen nicht zusagt, können Sie die Gemälde gerne austauschen. Sie haben ja gesehen, dass sich einiges angesammelt hat, im letzten Jahr. Ich bin mir sicher, es ist etwas für Ihren Geschmack dabei.«

»Das ist so nicht wahr. Ich habe Ihre Sonnenblumen unbedingt gelobt. Bevor Sie mich nun nach dem Dichtergarten fragen, muss ich Ihnen etwas sagen. Direkt und ohne Umschweife. Sie wissen, ich bin Ihr Freund, und Ihnen deshalb zur Treue verpflichtet, aber was Ihr *Atelier des Südens* angeht, mein Freund, dürfen Sie nicht auf mich zählen. Ich schätze Ihre Gesellschaft und werde die Zeit in Arles, wie lange sie auch dauern mag, für mich zu nutzen wissen. Aber mein erklärtes Ziel ist es Arles wieder zu verlassen, um in die Südsee zurückzukehren.«

Van Gogh wurde bleich. Zuerst blickte er mit verzerrtem Gesicht auf Gauguin, dann auf den Boden. Er begann in Richtung des Parkausgangs zu gehen, hielt dann aber inne, drehte sich wieder um und rief, merklich unter größter Beherrschung: »Aber Paul, so schnell? Gönnen Sie sich doch wenigstens ein wenig Bedenkzeit. Sie haben noch nicht einmal die Stadt gesehen. Ich habe mit meiner Kritik an Arles vielleicht ein wenig übertrieben. Es lässt sich doch gut und billig wohnen hier. Ich werde Ihnen Orte zeigen, die Ihre Malerei beflügeln werden, wie die meinige. Wir haben doch noch nicht einmal zusammen gemalt und Sie sagen schon, dass Sie mich wieder verlassen wollen!«

Van Gogh blickte ihn einige Zeit zornig an, die hellen Augen weit aufgerissen. Schweißtropfen rannen über die gerötete Haut, seitlich die Stirn entlang und verfingen sich tropfenweise in seinem Bart. Mit einem Mal wandte er sich ab und blickte erneut auf den Boden. Gauguin sagte nichts. Nach einer Weile drehte sich van Gogh wieder um und wollte erneut ansetzen, aber Gauguin unterbrach ihn sofort:

»Vincent, Vincent, beruhigen Sie sich! Ich gehe doch nicht heute oder morgen oder in einer Woche, sondern in einiger Zeit. Ich muss einfach wieder in die Tropen. Dort kann sich meine Malerei erst entwickeln. Sie und Theo haben es selbst gesagt, als Sie meine *Négresse* erstanden haben. Im Übrigen liegt es nicht an Arles und erst recht nicht an Ihnen, lieber Vincent. Einzig, ich kenne meinen Weg und weiß, wo er mich hinführt. Ich könnte nicht hier bleiben, auch wenn Arles die wunderbarste Stadt der Welt wäre und die großartigste Landschaft sie umschließen würde. Es wäre trotzdem nicht die Südsee. Und dort muss ich hin. Unbedingt. Ich sage es lieber sofort, bevor ich in Ihnen falsche Hoffnungen wecke. Ich sage es Ihnen als Freund.«

»Das ehrt Sie, mein Freund«, war alles was van Gogh trocken darauf erwidern konnte. Dann verließ er den Park und Gauguin folgte ihm mit beunruhigter, missmutiger Miene nach.

Noch immer schweigend erreichten sie die *Place Lamartine*. Gauguin war mittlerweile erleichtert, die Sache geklärt zu haben und gab sich auf dem Markt redlich Mühe, die Atmosphäre wieder aufzulockern. »Für heute Abend übernehme ich gerne die Rolle des Meisters, denn mein Ratatouille ist wahrlich, und das sage ich ohne Bescheidenheit, meisterhaft.« Doch van Gogh blieb verschlossen und so beeilte er sich den Einkauf schnell zu erledigen. Als sie die Einkäufe in der Küche verstaut hatten, entschuldigte er sich, er wolle einen Brief an Schuffenecker schreiben. Van Gogh beschloss ebenfalls zu schreiben und setzte einen Brief an Theo auf, wobei er die jüngsten Ereignisse verschwieg, denn er hatte die Hoffnung nicht ganz aufgegeben, dass sich Gauguin irgendwie halten ließe.

* * *

Um in die Küche zu gelangen, musste Gauguin das Zimmer van Goghs durchqueren, den er dabei nach Möglichkeit ignorierte. Während er eine Pfanne und Töpfe suchte, dachte er darüber nach, dass dieser Umstand noch zu Problemen führen könnte. Der Gedanke van Gogh könne zerberusgleich seine Tür bewachen und wissen, wann und mit wem er im eigenen Zimmer aus und einginge, hinterließ mehr als nur ein wenig Unbehagen. Es dauerte nicht lange und er hörte Schritte auf der Treppe. Van Goghs Enttäuschung schien sich also gelegt zu haben. Demonstrativ begann er ein Seemannslied zu pfeifen und hantierte etwas lauter mit den Töpfen. Wieso auch nachtragend sein? Sie waren schließlich kein Ehepaar.

Doch als van Gogh die Küche betrat, war sein Blick noch immer finster. Er setzte sich an den Tisch, stopfte sich eine Pfeife und rauchte, während er auf die andere Hand sein Kinn stützte. Dabei ließ er den kochenden Gauguin, der sich pfeifend durch die ganze Küche arbeitete, nicht aus den Augen. Dieser holte sich Messer und Brett, die schon auf dem Tisch vor van Gogh lagen, zum Kamin, wo der Gaskocher aufgestellt worden war, und schnitt das Gemüse dort. Zuerst den Knoblauch, dann die Zwiebeln. Beides kam sofort in die eiserne Pfanne. Nebenbei schnitt er die Auberginen und Zucchini, die nach einiger Zeit ebenfalls zugegeben wurden. Als er den Paprika schnitt, spürte er van Goghs Blick noch immer in seinem Rücken. Bei den Tomaten angekommen, hielt er nicht weiter an sich. Er schnitt sie zu Ende und knallte das Messer auf die Platte:

»Was soll das Vincent?! Ich frage mich, wieso ich hier bin: dasselbe hätte ich etwas komfortabler mit meiner Frau in Kopenhagen haben können! Seien Sie doch kein Weib, verdammt! In der Handelsmarine hätten sie mich kielgeholt oder an ein Bordell verkauft, wenn ich mich so verhalten hätte. Und glauben Sie mir, es gab reichlich Grund dazu!«

Sie blickten sich einige Zeit in die Augen. Gauguin stand herausfordernd da, mit vorgerecktem Kinn und hochgezogenen Augenbrauen. Er bemerkte die glasigen Augen van Goghs, der offenbar stark dagegen ankämpfte, nicht zu weinen. Gauguin hob wütend die Hände und ließ sie verzweifelt wieder sinken. Er durchquerte mit ausholenden Schritten die Küche und holte das Schüsselchen mit den Oliven, knallte sie auf den Tisch und griff zornig nach dem Messer. Langsam, sich beherrschend, schob er damit die Tomaten vom Brett in die Pfanne und rammte es dann mit aller Kraft in die Platte. Es wackelte noch immer, als er ein paar Oliven nahm, sie in die Pfanne warf und diese mit dem Deckel verschloss. Dann blieb er vor dem immer stärker brodelnden Ratatouille stehen und überlegte.

»Wissen Sie, Vincent«, sagte er nach einer Weile der Beruhigung, »bei der Handelsmarine sind weder der Wille, weder der Stolz, noch die Gefühle eines Mannes von Bedeutung. Im Gegenteil, wenn er nur eines davon zeigt, wird er zum Opfer der Kameraden und Vorgesetzten. Ich habe schnell gelernt ein Soldat zu sein. Das hat mir auch als Matrose weitergeholfen. Auf See bilden sich die Hierarchien zwar nicht nur anhand von Dienstgraden, aber beugen muss man sich doch. Und das ist auch notwendig auf einem Schiff. Die See ist rau und die Männer hart. So muss es auch sein. Wäre es mit allen Franzosen so gewesen, dann hätten wir die Boches wieder über den Rhein in ihre Wälder zurück gejagt … Es ist ja nicht so, dass ich morgen wieder aufbreche. Lassen Sie uns heute Abend gut leben und das Morgen vergessen. Sie sind doch auch Künstler. Leben wir nicht alle Tage so? Kommen Sie, mein Freund, öffnen Sie den Wein.«

Van Gogh hatte offenbar ein Einsehen und suchte mit hängenden Schultern Wein, Flaschenöffner und Gläser. Als Gauguin mit ihm anstoßen wollte, setzte jener endlich zu sprechen an. Gauguin schnitt ihm sofort mit einer Geste das Wort ab: »Lassen Sie uns nicht mehr darüber sprechen. *Buvez toujours – vous ne mourrez jamais!*«

»Dasselbe lässt sich auch von der Malerei sagen, nicht wahr Paul?«

»Wie wahr, wie wahr. Und vom guten Essen. Kennen Sie das Geheimnis eines guten Ratatouille? Es ist ganz einfach. Es ist die richtige Reihenfolge, in der die Zutaten zugegeben werden müssen. Immer kurz angebraten und dann lange köcheln lassen. Das Gemüse muss weich sein, wie der Brei, den wir als kleine Kinder bekommen haben. Gewürze kommen immer ganz zum Ende in die Pfanne, damit das Aroma bleibt.«

»Wie kam es eigentlich, dass Sie zur See fuhren?«

»Das wollte ich schon sehr früh – oder auch nicht. Kann ein vierzehnjähriger eigene Entscheidungen treffen, eigene Pläne machen? Ich hatte keine Ahnung von der Welt. Die meinige bestand aus meiner Familie und den Plänen, die sie für mich hatte. Es war in gewisser Weise gar keine Entscheidung, sondern ergab sich aus den Umständen. Sehen Sie, meine Mutter wandte nicht wenig Geld für meine Bildung auf und setzte große Hoffnungen auf mich. Zuerst schickte sie mich auf das *Petit Séminaire de la Chapelle Saint-Mesmin*. Jeder Franzose kennt es, Vincent. Es handelt sich um das Internat für eine hervorragende französische, katholische Erziehung. Das einzige, das ich dort lernte, war jedoch mich in Scheinheiligkeit üben und die

Pfaffen hassen. So war die erste Klinge, die ich führte, die Jesuitische ... Wenigstens lernte ich das, was sie mir beibrachten, gegen sie verwenden ... Kurzum, ich weigerte mich, dort weiter hin zu gehen. Meine verzweifelte Mutter fragte meinen Onkel Arosa um Rat und die beiden kamen überein, dass ich auf das *Institute Loriol* gehen sollte, um danach eine Offizierskarriere anzustreben. So würde ich der Familie zur Ehre gereichen. Nun ja, dort habe ich Fechten gelernt. Sonst war ich nicht besonders eifrig und nahm gar nicht erst an den Prüfungen teil, sondern beendete die Schule in Orléans. Und irgendetwas musste ich ja danach machen. Ich hasste die Menschen und der Gedanke, auf See zu fahren, gefiel mir noch immer. Also heuerte ich bei der Handelsmarine an, um doch noch Offizier werden zu können. Diese fünf Jahre haben mich hart gemacht, das können Sie mir glauben. Vielleicht haben sie mich auch zum Maler gemacht, denn das Salzwasser erfordert ständige Arbeit mit dem Pinsel an Bord. Das inoffizielle Motto der Marine unter den Matrosen lautet übrigens: Salutiere alles, was sich bewegt und male alles andere an.«

»Ich beneide Sie, Sie haben die Welt gesehen, Sie sind ein aus der Literatur erstandener Pierre Loti, wie Theo Ihnen schon sagte. Und die Kameradschaft auf einem Schiff muss doch paradiesisch sein, im Vergleich mit dieser Schlangengrube in Paris.«

»Ja, da haben Sie wohl recht. In dieser Hinsicht ist es paradiesisch. Keine bourgeoisen Moralisten und nach jedem Abenteuer die Heuer. Dennoch bin ich lieber Maler. Ich hoffe nur, Theo hat Recht und ich verkaufe darüber hinaus einmal so viele Gemälde wie Loti Bücher! – Aber haben Sie keine falschen Vorstellungen vom Ethos eines Matrosen. Jeder weiß, am Ende steht jeder für sich. Ich habe Geschichten gehört … Die Kameradschaft hört auf, wenn fünf Männer um eine Planke kämpfen, die nach einem Sturm das einzige ist, das vom Schiff übrig blieb … Glücklicherweise hatte ich einen fantastischen Einstand in die Handelsmarine, als ich auf der *Luzitano* als Steuermannsjunge anheuerte. Die Strecke war *Le Havre–Rio*. Ich war damals siebzehneinhalb Jahre alt und sah aus wie fünfzehn.

Wenige Tage bevor wir ablegten, kam mein Vorgänger auf mich zu. Er gab mir ein kleines Paket und einen Brief und bat mich ihn der Adressatin Madame Aimée in Rio zu überbringen. Sie sei wie er aus Bordeaux und Opernsängerin.

Nach guter, sturmloser Überfahrt angekommen, machte ich mich also sofort auf den Weg zu besagter Adresse. Dort empfing mich eine weiß gekleidete Dame mit Hut. Ihr Hintern hob sich vom tadellosen Kleid ab. Die Linie ihres Körpers wurde von Bändern betont und durch ein Korsett verstärkt. Nie werde ich diesen Anblick vergessen! Als ich das Paket abgegeben hatte und sie schmunzelnd den Brief gelesen hatte, wurde ich von ihr zum Essen eingeladen. Etwas schüchtern blieb ich, denn ich hatte unter den Matrosen schon fast vergessen, wie sich an einer bürgerlichen Tafel zu verhalten sei. Aber die Sorge war unbegründet und in meiner damaligen Unschuld plauderte ich und war ein guter Gesellschafter. Ohne Hintergedanken begann ich der Frau zu gefallen und nach dem Dessert durchquerten wir den Salon und stiegen zu ihrer Kammer hinauf. Bedenken Sie, ich war siebzehn, sie war dreißig – eine wahre Madame de Rênal.

Genau besehen hatte sie mich natürlich verführt. Egal, denn von diesem Moment an zielte ich bei jeder Gelegenheit auf die Eroberung ab. Das Gefühl der Eroberung ist zweifelsohne süß, müssen Sie zugeben, doch nichts konnte mir bisher die Süße dieser ersten Nacht wiedergeben.«

Gauguin nahm einen tiefen Schluck Wein und sah van Gogh mit einem schelmischen Blick an, der erst nach einigem Zögern antwortete:

»Ach wissen Sie, Paul, ich war nie der große Eroberer. Lange Zeit glaubte ich an die Liebe und war wie besessen davon. Alles andere war für mich *unzüchtig*. Auch jetzt glaube ich noch an die Liebe, jedoch nicht mehr für mich. Wie ich Ihnen schon sagte, man muss sich entscheiden im Leben, gerade in unserem Alter. Ich habe mich für die Kunst entschieden. Ich liebe sie wie eine Frau und meine Gemälde sind unsere Kinder.«

»Sie haben wohl recht, mein Bester.« Gauguin blickte auf die Tischplatte und schwieg. Van Gogh fiel ein, dass Gauguin selbst eine Familie besaß, die er der Kunst geopfert hatte. Während er für beide nachgoss, setzte er wieder an:

»Aber wissen Sie, Eroberung hin, Eroberung her! Das Matrosenleben wäre dennoch nichts für mich. Was passiert denn zwischen den Eroberungen? Wochenlang, vielleicht auch Monate auf hoher See, ohne nur eine Frau zu Gesicht zu bekommen. Und dann, im nächsten Hafen? Ist dort die Zeit für eine Eroberung oder geht man doch nur schnell ins nächste Bordell? Das kann ich auch hier haben. Woche für Woche. Das Leben als Seefahrer ist ohne Zweifel härter als die Künstlerexistenz.«

Gauguin war wieder zum Gaskocher gegangen und rührte langsam um. Dann suchte er sich Lorbeerblätter, Salz, Pfeffer, Thymian, Basilikum und Oregano, gab sie in die Pfanne und deckte sie wieder ab.

»Gewürzt wird immer zum Schluss, damit der Geschmack zwar einzieht aber nicht wieder verkocht ... Sie haben da übrigens die falsche Vorstellung von der Einsamkeit auf hoher See. Werden denn nur Güter transportiert? Wie reisen denn die Frauen? Die *Luzitano* war ein Passagierschiff. Kurz nach unserer Geschichte mit meiner, bleiben wir bei Stendal und Madame de Rênal, schiffte ich mich zurück nach Le Havre ein. Es war eine lange Überfahrt und an Bord waren auch einige Frauen, darunter eine Preußin. Ein dralles Weib, das muss ich auch heute noch sagen. Nicht solch ein dürres Ding wie sie hierzulande oder in Übersee oft vorzufinden sind. Ein richtiges Weib, eine wahrhafte Walküre. Der Kapitän ein jähzorniger, autoritärer Hurenbock war natürlich von Anfang an hinter ihr her, aber kam schlussendlich nie zum Zug. Als neugeborener Mann strotzte ich vor Selbstvertrauen und einige Blicke und Gesten, danach einige Worte auf Deck genügten, und schon in der zweiten Nacht hatten wir ein abgeschiedenes Örtchen in der Segelkammer gefunden. Dort trafen wir uns dann jede Nacht. Bei starkem Seegang schrie und heulte sie wie eine Sirene. Wir wogten auf und nieder. Alles um mich wogte. Die See, die Seile und Netze, die von den Decken hingen, ihre Brüste über mir. Es war herrlich. Was für ein Weib, was für ein Fleisch. Damals war mein Blick noch nicht durch das Malen verstellt und ich genoss mit vollen Sinnen. Bei ruhiger See seufzte sie nur still, bisweilen auch ein wenig verzweifelt und biss mir dabei in die Schulter bis das Blut kam. Ich drückte mein Gesicht zwischen ihre Brüste und leckte das Salz von ihrer Haut. Vincent, ich sage Ihnen, auch nach zwei Wochen auf hoher See, duftete sie zwischen ihren Brüsten noch nach Lebkuchen und entkräftete mich jede Nacht bis aufs Mark.« Gauguin lachte laut auf. »Hatten Sie schon einmal eine Preußin? Dann wissen Sie, wovon ich spreche.«

»Wie ich schon sagte, hing ich während meiner jungen Jahre einigen Ideen an, die ich heute nicht mehr so wählen würde.«

»Sie sprechen von der Religion, nehme ich an. Bei Gott! Ich hatte zwar eine schwierige Kindheit, so ohne Vater, aber in einer Pfaffenfamilie aufzuwachsen, das ist bestimmt ein hartes Los.«

»Das Aufwachsen war nicht das Problem. Jemanden mit dieser Erziehung naiv und unbedarft in die Welt zu entlassen, das war das Schlimme. Das mache ich meinen Eltern zum Vorwurf. Ich verstehe meinen Vater bis heute nicht, wie er sein Amt ausführen konnte, wie er sich diesem Schwindel unterordnen konnte. Ich wollte ihm darin sogar folgen.«

»Was? Sie ein Pfaffe? Nun ja, einen passablen Prediger hätten Sie gewiss abgegeben, Vincent. Da bin ich mir sicher.«

»Scherzen Sie nicht. Ich war Prediger.«

»Ich hoffe, wir müssen kein Tischgebet sprechen«, scherzte Gauguin weiter und stellte die Pfanne auf den Tisch. Er erinnerte sich, dass van Gogh seine Predigerkarriere schon einmal in Paris erwähnt hatte und bemerkte erst jetzt, dass es ihm gerade sehr ernst war. »Erzählen Sie mir bitte davon«, sagte er deshalb, während er sich setzte.

»Es war nach meiner Tätigkeit für Goupil in London – «

»Sie arbeiteten auch für Goupil?!«, platzte Gauguin ungläubig heraus. »Sie im Kunsthandel?«

»Ja, aber ich konnte diese aufgeblasene Bourgeoisie nicht lange ertragen. Anfangs machte es mir Freude, Kunst zu verkaufen, weil ich mir einbildete, die Menschen sehen mehr darin als Prestigeobjekte und Einrichtungsgegenstände für Ihre Salons. Bald merkte ich, es geht wie immer und überall nur um das Geld. Eigentlich ist es nichts anders als Tulpenhandel und eines Tages wird es auch in der Kunst von der Manie zur Krise übergehen; wen wird es dann treffen? Wie immer die Künstler, das ist sicher. Dessen ungeachtet überkam mich täglich stärker und stärker das Bedürfnis diesen ignoranten, eingebildeten Pinseln meine Meinung zu sagen, was nicht eben geschäftsfördernd war …«

Vor Gauguins innerem Auge stieg das Bild vom kundenohrfeigenden van Gogh, das er während der Zugfahrt gefunden hatte, wieder auf und er musste unwillkürlich grinsen: »Das kann ich mir lebhaft vorstellen, Vincent.«

Van Gogh blickte ihn ärgerlich an: »Was soll das heißen?«

»Nichts. Außer … es würde mir bestimmt genauso gehen. Erzählen Sie aber bitte von Ihrer Zeit als Prediger. Das kann ich mir nun nicht so einfach vorstellen.«

»Heute kaum zu glauben, war es zu dieser Zeit naheliegend für mich, Pastor zu werden, um damit meinem Vater, und auch Großvater, zu folgen. Nach meinem Scheitern im Tulpenhandel war ich zwischenzeitlich in der Graphikabteilung einer Buchhandlung tätig. Dort erging es mir wie bei Goupil: ich war wie immer zu ehrlich. Einmal riet ich einem Kunden, er war wirklich beflissen und kunstinteressiert, einen günstigeren, aber künstlerisch eindeutig höherwertigeren Stich zu erstehen. Das war aber nicht alles. Zugegeben, rückblickend war es dumm, zu versuchen die Kunden im Laden zum Glauben zu bekehren. Das brachte schlussendlich das Fass zum Überlaufen und somit stand ich nach drei Monaten, um eine weitere Illusion beraubt, im Regen. Zu dieser Zeit habe ich viel in der Bibel gelesen. Ach Paul, ich glaubte die Antwort auf alles darin gefunden zu haben, einfach noch gläubiger werden zu müssen. Ich glaubte, mein Scheitern lag einzig an mir und nicht an der Welt oder auch der Religion, weshalb ich mich noch stärker zu ihr bekannte und schließlich vollends verschrieb: ich wurde zum Gottessucher. Ganz in der Zuversicht dadurch alle meine Probleme zu lösen, meiner Familie die notwendige Ehre zu erweisen und mein Leben endlich in geregelte Bahnen zu lenken. Ein trockenes Jahr lang habe ich mich auf das Theologiestudium vorbereitet. Es klappte nicht. Ich lese und studiere für mein Leben gerne, auch heute noch, aber ich bin aus einem anderen Holz geschnitzt als diese Akademiker. Was ich lerne, muss Sinn machen und was ich lernte, führte mich nur noch mehr von der Gegenwart und der Welt weg. Ein Diener Gottes sollte doch für die Menschen da sein, ihre Sprache sprechen, ihre Probleme kennen, nicht wahr? Mein Glaube war immer noch stark, trotz der Scheinheiligkeit, die ich aller Orten erkennen musste: in den Pfarreien, unter den Gemeindemitgliedern, sogar in meiner Familie. Ja, diese Scheinheiligkeit machte mich sogar noch gläubiger, noch trotziger. Schmerzhaft wurde mir klar, dass ich für dieses Pharisäertum nicht gemacht war, was mich aber keineswegs dazu bewog, mit diesem ganzen Schwindel ein für allemal zu brechen. Nein, im Gegenteil, ich musste natürlich den Widerpart zu diesem Wahn spielen und versteifte mich darauf, Prediger sein zu müssen, um nicht nur die Welt zu verbessern, sondern, naiv wie ich war, auch die Kirche zu verändern. Also ging ich auf die Evangelistenschule. Die Konfrontation war eigentlich absehbar. Wie konnte ich mir auch erlauben, auf Seiten der Schäfchen zu stehen? Jedenfalls wurde ich dann doch noch Prediger, genauer gesagt Laienprediger. Die Brüsseler Evangelistenschule sendete mich ins *Borinage*, eine Bergarbeiterregion, in Belgien. Dort schlug ich mich dann wieder auf die Seite der Schäfchen – und wurde gekündigt.«

»Was war geschehen?«

»Wie soll ich sagen? Meine Lebensführung entsprach nicht dem Wunsch der Evangelistenschule.«

»Die Bordelle im *Borinage*?«

»Aber nein. Zu dieser Zeit hätte ich mir lieber die Männlichkeit nehmen lassen, als ins Bordell zu gehen! Ich war nicht repräsentativ genug, machte mich aus Sicht der Obrigkcit mit den Menschen gemein. Ich wollte nur helfen und sah den Weg darin, sie zu verstehen. Dazu musste ich aber erst einmal so leben wie sie. Ich ging zu den Menschen, um zu sehen, wie sie lebten. Es ist beinahe unerträglich, sich dieses Elend anzusehen! Also spendete ich meinen Lohn, gab meine Einrichtung an die Bedürftigen, gönnte mir, wie sie, bei der Ernährung keinen Luxus und lebte wie sie. Was mir blieb, war ein Strohsack, um darauf zu schlafen und dabei ging es mir noch gut, denn ich musste nicht in den Stollen. Genau wie sie arbeitete ich 12 bis 14 Stunden am Tag, doch in der Zeit, in der ich die Armen, Alten und Kranken pflegte, schufteten diese armen Männer, Frauen und Kinder für einen Hungerlohn unter Tage.«

»Es ist überall dasselbe und überall ein Jammer. In Dänemark wurde mir übel von all dem Elend. Kennen Sie Christiana? Dort werden die Menschen nicht nur als Hungerleider gehalten, sondern die fetten Schweine holen sich die jungen Mädchen der Arbeiter noch ins Bett! Die Frauen verdienen so wenig, dass sie sich nach einem harten Arbeitstag prostituieren müssen. Diese *cochons* geben ihnen dann von dem Geld, das sie tagsüber durch sie verdienen, nachts wieder einige Groschen zurück. Das Beste: die doppelte Ausbeutung wird von Staat und Polizei mit deren Steuern organisiert.«

»Das ist es ja, Paul. Niemand, der etwas ändern könnte, hat ein Interesse daran, dass sich etwas ändert. Ich hatte gedacht, die Kirche sei für die Menschen da. Ich nahm also den Widerpart zu dieser ganzen Mechanik ein. Wie Jesus von Nazareth schlug ich mich auf die Seite der Armen und Bedrängten. Als nach einem Grubenunglück der Streik kam, war ich solidarisch und wurde nach mehreren Verwarnungen gekündigt.«

»Bei mir dauerte es nicht so lange. Mir wurde schon auf der Schule klar, dass es gar nicht der Wunsch der Kirche ist, etwas zu ändern. Den Menschen soll nicht geholfen werden, sie sollen weiter stillhalten und die Maschinen bedienen, damit diejenigen, die die Kirche bezahlen, dadurch noch mehr Geld verdienen. Und damit auch die Kirche.«

»Glauben Sie mir, ich war damals so naiv und hatte bis zu diesem Zeitpunkt an die Kirche geglaubt. Ich musste meine Lektion hart erlernen. Ich blieb noch im *Borinage*, gab aber keine Bibelstunden mehr. Dennoch fühlte ich mich wohl unter diesen gebeugten Menschen. Sie hatten keine Kraft und Muße für *Kultiviertheit*. Ihr Los und die Notwendigkeit hatten sie hart gemacht. Ja, sie waren ungebildet und ein wenig roh. Aber können Sie es ihnen verdenken? Auch wenn sie arm waren, waren sie aufrichtig und ehrlich. Es gab eine Verbundenheit in der Not. Das schönste war aber die Zugehörigkeit zu dieser Gemeinschaft der Notwendigkeit. Zwischen Kohlestaub und Hunger war keine Etikette nötig, keine sauberen Kragen. Auch keine Verstellung. Ich gab mich zum ersten Mal im Leben wie ich war, ohne wie sonst dafür gemaßregelt oder verstoßen zu werden. Paul, ich sage Ihnen, es ist der größte Fehler in der Geschichte der Christenheit, dass sich die Kirchen in dieser neuen Zeit auf die Seite der Reichen geschlagen haben. Die Pharisäer werden dafür bezahlen, dass sie die Armen und Elenden aufgegeben haben und für dumm verkaufen wollten. Sie werden sich erheben, müssen sich erheben. Sei es nun Kommunismus, Sozialismus oder Anarchie. Irgendetwas wird davon siegen oder es wird die Hölle auf Erden sein. Die Menschen glauben heute nicht mehr, dass ihnen die Kirche oder Gott aus ihrem Elend helfen werden. Und sie haben Recht. Es war eine harte Erkenntnis. Ich hatte damals nur gesehen, wie es sein sollte, nicht wie es ist. Wenn ich so zurückblicke, habe ich stets mit reinem Gewissen gehandelt und doch nur Fehler gemacht.«

»Sie müssen eines begreifen, Vincent. Nicht wir machen die Fehler, diese Welt ist der Fehler. Ihr Anliegen war edel und selbstlos. Leider wird dies in unserer Zeit nicht belohnt, wenn es überhaupt jemals belohnt wurde ... Aber Sie haben ja kaum gegessen! Soll ich Ihnen noch etwas auf den Teller geben?«

»Nein, danke. Es war wirklich ausgezeichnet. Wenn Sie mir noch ein Stück Brot geben könnten, genügt vollauf, was ich hatte. Sie haben wahrlich nicht zu viel versprochen und ich neige mein Haupt vor dem Meister. Es liegt an mir. Ich bin kein starker Esser mehr. Um ehrlich zu sein, habe ich die vergangenen Wochen mehr oder weniger unfreiwillig gefastet und mein Magen muss sich erst wieder an richtiges Essen gewöhnen. Ich merke aber schon jetzt, dass mir Ihre Küche gut tun wird. Südliche und leichte Kost für ein südliches und leichtes Leben. Auch wenn ich die Konversation mit schwerer Kost etwas unbekömmlich gestaltet habe – «

»Ich bitte Sie, Vincent. Ich hatte doch selbst danach gefragt. Nehmen Sie das letzte Glas Wein. Ich hatte reichlich, als ich Ihnen zuhörte.«

»Ist denn kein Wein mehr da?«

»Nein, aber dafür genug Absinth und genug Zeit zur Fortsetzung eines guten Gesprächs. Was hat Ihnen denn geholfen, die Religion zu überwinden?«

»Kunst und Literatur. Der lange Weg zur Malerei und viele Abende über den Büchern. Ich blieb im *Borinage* und lange Zeit gab ich mich nur meinen Studien hin. Alle hatten sie mich aufgegeben und ich wurde der verlorene Sohn. Nur, dass sich keiner wünschte, ich würde zurückkehren. Zumindest als der, der ich

war. Theo hielt als einziger zu mir. Er war es auch, der mich zum Zeichnen ermutigte, der mir die Reproduktionen schickte und begann, mich auch finanziell zu unterstützen. Er ist alles zusammen. Christ, Bruder, Freund. Was hätte ich nur ohne ihn getan? Was würde ich auch heute noch ohne ihn tun?
Jedenfalls zeichnete ich und begann hart zu arbeiten. Eigentlich habe ich mich seit diesem Zeitpunkt nicht mehr geschont und ganz der Arbeit hingegeben. Ich bannte die Menschen im *Borinage* auf Papier. Für einige wenige Sous konnte ich ein Modell bekommen, das, ganz ohne Kunst geworden zu sein, schon mehr Ausdruck an Wahrheit in sich trug als alle Predigten der Welt. Mehr und mehr gelang es mir, diesen Ausdruck festzuhalten. Es ist der Ausdruck des ewig Menschlichen. Ich wollte zum Zola der Zeichnung werden und so riss mich die Kunst aus meinem Eremitendasein, denn die *Borinage* ist nicht gerade der Ort, an dem sich der Traum von der Kunst träumen lässt. Und dennoch begann ich daran zu glauben, vielleicht von der Zeichnung leben zu können. Gab es nicht einen großen Bedarf an Illustratoren? Instinktiv spürte ich, dass ich die Gemeinschaft anderer Künstler suchen musste, dass ich einen Meister haben musste. Unweit, in Courrières, lebte Jules Breton und ich beschloss, ihn zu besuchen. Tagsüber marschierte ich, nachts schlief ich im freien Land. Einige Bauern tauschten Brot gegen meine Zeichnungen. Paul, wissen Sie, was mir das bedeutete? Es war die Verheißung, von meiner Kunst Leben zu können, wenn sogar diese armen Leute für die Schönheit empfänglich waren und von ihren kargen Einkünften etwas davon abgaben. Es war köstlicher als der höchste erzielte Preis auf dem *Grand Boulevard*.«

»Und was sprach Breton?«

»Ich habe nicht mit ihm gesprochen. Ich stand vor seinem Haus. Das Haus eines Bourgeois, mir verging die Lust ihn zu sehen. Was konnte er mir sagen? Was zeigen? Da konnte ich auch meinem Vater die Zeichnungen zeigen und auf sein Wohlwollen hoffen. Man hätte mich in meiner abgerissenen Kleidung schon am Tor abgewiesen. Ich kehrte also um. Breton war schließlich nicht der einzige Künstler auf der Welt.«

»So hatten Sie dank der Kunst immerhin neuen Mut gefasst.«

»Und dank Theo.«

»Ein wunderbarer Mensch. Lassen Sie uns auf Ihn trinken!«

»Und auf Sie, Paul! Sie mussten nicht erst meine Umwege und Irrwege – auch meine Papierwege – zurücklegen, um bei der Wahrheit und der Kunst anzugelangen. Die Stadt und die Menschen, die Hugo und Zola beschreiben, sind Ihnen auf der Straße begegnet. Was Sie auf Ihren Reisen erlebten, konnte ich nur vermittelst Pierre Loti erleben. Besonders bei ihm ist erstaunlich, wie viele Parallelen seine Erlebnisse zu ihrem Leben aufweisen. Ich beneide Sie dafür. Es scheint mir, Sie hätten besser verstanden zu leben als ich. Mir wurde erst spät klar, dass ich mich in einem unsichtbaren Käfig aufhielt. In dieser Zeit sind Sie schon über die Meere gesegelt, haben andere, freiere Kulturen kennengelernt und haben darin die Kraft gefunden, nie wieder in den Käfig zurück schlüpfen zu wollen. Es muss ein unmittelbares, großes Gefühl sein, das alles selbst zu erkennen. Nicht durch die Bücher. Das macht Sie so groß, Paul. Mindestens so groß wie Loti. Sind Sie nicht ein Islandfischer? Sind Sie nicht der Bräutigam in *Le Marriage de Pierre Loti*? Sind

Sie nicht der Liebhaber von Madame Chrysanthème? Paul, was könnten Ihre Bilder den Menschen nicht alles geben? Sie sind der Torbogen durch den die Fantasie mit den Augen des Betrachters blickt, um zu sehen, dass ein anderes Leben möglich ist. Ohne Ausbeutung, ohne Fabriken, ohne Minen und in Verbindung mit der Natur. Ihre Bilder können den Irrweg unserer dekadenten Zeit aufdecken, indem sie zeigen wie es sein sollte.«

»Darauf stoße ich nochmals an, Vincent. Möge es so sein – möge es so kommen!«

»Entschuldigen Sie, ich habe den ganzen Abend nur von mir gesprochen. Erzählen Sie doch noch ein wenig von Ihrer Zeit als Seefahrer.«

»Morgen, mein Freund. Ich kann doch nicht mein ganzes Pulver gleich am Anfang verschießen … Wie hieß noch gleich der andere Roman von Loti? Madame – «

»Chrysanthème. Leider habe ich ihn schon an Milliet weitergegeben. Vielleicht hat er ihn aber schon gelesen und ist bereit ihn an Sie auszuleihen. Er kam erst jüngst aus Tonkin in Indochina. Sie sollten es nicht versäumen ihn kennenzulernen, bevor er nach Algerien aufbricht. Ein vortrefflicher Kamerad und ein Abenteurer wie Sie. Was halten Sie davon, wenn wir ihn morgen Abend treffen? Warten Sie einen Augenblick, ich habe ihn porträtiert …«

Van Gogh verschwand in Richtung Atelier und es klapperte kurz, dann kam er mit einer mittelgroßen Leinwand zurück. Vor einem nicht näher bestimmbaren, grünen Hintergrund war ein junger Soldat in schwarzer Uniform zu sehen, dessen willensstarker Blick eine Kraft besaß, die Gauguin in seinen Bann zog. Dichte Augenbrauen und ein kräftiger, rötlicher Bart ließen

Milliet älter und reifer scheinen, als das jugendliche Gesicht in Wirklichkeit war. Sein roter Zouavenhut saß lässig schräg auf seinem Kopf und stach im Komplementärkontrast zum grünen Hintergrund ab. Rechts oben befanden sich ein gelber Stern und ein Halbmond, welche die islamische Fahne aus dem Wappen des Osmanischen Reiches andeuteten, wohin der Soldat wahrscheinlich bald schon wieder ausrücken würde.

»Ich nenne es *Der Liebhaber*.«

»Warum haben Sie dann einen Soldaten abgebildet?«, fragte Gauguin, den Blick immer noch auf das Porträt gerichtet.

»Sehen Sie da einen Widerspruch? Ich kann darin sogar eine höhere Einheit erkennen. Man muss viel Männlichkeit besitzen, um die Frauen zu erobern. Man braucht die Kühnheit, die Wildheit und zuweilen auch die Grausamkeit eines Kriegers dazu. So ist Milliet. Die Frauen liegen ihm zu Füßen – im Gegensatz zu einem Künstler wie mir. Er hat Glück, könnte man sagen, er hat so viele *Arlésiennes* wie er will. Dafür kennt er das Glück des Künstlers nicht, denn er kann sie nicht malen. Und wäre er ein Maler, dann hätte er sie nicht. Jetzt geht er nach Arabien und wenn er zurückkommt, wird er andere Frauen gekostet haben, Geschichten aus tausendundeiner Nacht erzählen können. Aber diese Geschichten werden mit ihm vergehen. Das ist unser Trost als Künstler.«

»Ich für meinen Teil gönne den schönen *Arlésiennes* nur eine kleine Schonfrist, dann werde ich mir ebenfalls die schönsten Blumen pflücken. Wieso sollte ein Künstler die Frauen nicht erobern können? Künstlertum und Männlichkeit schließen sich doch nicht aus, Vincent.«

»Sie irren, Gauguin. Ein Künstler dient nur der Kunst und sonst niemandem. Er ist ein Mönch in der sinnlichen Welt, der noch mehr leidet und büßt als ein Mönch, der sich hinter dicken Klostermauern abschotten und versteckt halten kann. Wir müssen all diese Reize der Welt sehen und können ihre Schönheit um ein vielfaches stärker empfinden, als all der ungebildete Stumpfsinn des Mittelmaßes. Und obwohl wir die Schönheit der Blume erfassen dürfen, können wir sie nicht pflücken, nicht in der Weise, wie es die Stumpfsinnigen tun. Eben weil wir die Welt anders sehen. Anders sehen müssen für unsere Aufgabe.«

»Was haben Sie da nur für Gedanken, Vincent? Ich widerspreche entschieden. Wenn Sie mich fragen, bedingen sich Kunst und Männlichkeit sogar gegenseitig. Wie sollte man auch sonst eine Frau malen können? Denken Sie nur an die Haut einer Frau, die Konturen ihres warmen, bebenden Körpers unter der Decke. Wie Sie die Knöchel ihres Zeigefingers zärtlich abtasten, ihre Handflächen sanft drücken und mit der Hand zu ihren Brüsten weiterwandern, die durch sanfte Berührungen Ihrer Lippen anschwellen … Wenn Sie eine Frau geliebt haben, dann hat ihr Gesicht kein Geheimnis mehr vor Ihnen. So entsteht ein wahres Porträt. So entsteht Kunst! Ein Künstler muss die Frauen kennen. So viele wie nur möglich. Er muss ein begnadeter Liebhaber sein, um in die verborgensten und tiefsten Winkel ihrer Seelen einzudringen, um diese offen zu legen und dann auf die Leinwand zu bannen.«

»Ich stimme Ihnen voll und ganz zu, Paul. Ein Künstler muss ein unvergleichlicher Liebhaber sein. Aber das liegt an seiner Hingabe, nicht an seinem Eroberungsgeist. Männlichkeit bedeutet Stärke, Zielstrebigkeit und Härte, Machtdurst und unbedingter Überlegenheitsdrang. Mit einem Wort, die Haupteigenschaften der Barbarei. Der wahre Künstler zeichnet sich eben gerade durch Feinsinnigkeit und die Fähigkeit zur Anschauung ohne Besitzwunsch aus. Er besitzt mit seinen Augen, mit seinem Geist und je mehr er sich von dem profanen Standpunkt des selbstherrlichen Eroberns und Unterdrückens abrückt, umso mehr dringt er in das Reich der Kunst vor.«

Van Gogh merkte erst in der nun entstandenen Pause, wie er in seinem Enthusiasmus völlig übersehen hatte, dass sich Gauguin persönlich angesprochen fühlte. Sein ganzer Körper bebte bis in die Spitzen seines Schnurrbartes, als er aufsprang und sein Glas auf den Tisch knallte:

»Wollen Sie etwa damit andeuten, ich sei kein wahrhafter Künstler! Ich warne Sie, Sie ... Wagen Sie es nicht noch einmal, mich derart zu provozieren oder –«

»Sie haben mich missverstanden, Paul ...«, versuchte van Gogh die Wogen zu glätten. »Ich habe in Extremen gesprochen und die Wahrheit liegt stets dazwischen ... Und es gibt seltene Ausnahmen, die sich auf beiden Gebieten verausgaben. Nehmen wir Rubens, nehmen wir Courbet. Diese Männer mussten nicht mit ihren Energien haushalten. Natürlich kann auch der einfache Malermönch sein Geschlecht nicht verleugnen.«

»Malermönch! Dazu muss er sein Geschlecht erst gefunden haben. Was kann ich dafür, dass Sie kein Geschick im Umgang mit den Frauenzimmern haben ...« – »aber schließen Sie von Ihrem Versagen nicht von sich auf die Allgemeinheit«, wollte Gauguin gerade hinterher setzten, als er merkte, dass van Gogh von seiner Parade schwer getroffen war. Es war nicht klug am heutigen Tag ein weiteres Zerwürfnis zu riskieren, denn er besaß noch nicht einmal die Mittel zur Abreise. Er setzte sich energisch und leerte sein Glas. Eine Weile blickte er auf den Boden und brach die zweite Stille des Tages, ehe sie weiter anwuchs:

»Verzeihen Sie, Vincent. Ich wollte Sie nicht vor den Kopf stoßen. Vielleicht haben Sie auch Recht. Alle Konsequenzen bedacht, wird bei der Eroberung doch eine Härte abverlangt, die der Menschlichkeit eines wirklichen Künstlers widersprechen muss.«

»Wie meinen Sie das, Konsequenzen? Welche Konsequenzen kann es denn haben, die Erinnerungen an den Geschmack von sonnenwarmer, brauner Haut exotischer Frauen auf Ihren Lippen oder den Hauch kühler Küsse bretonischer Mädchen zu sammeln?«, fragte van Gogh schnippisch. »Sie werden sich sicher gut mit Milliet verstehen. Sie sind aus demselben Holz geschnitzt.«

»Dann kann es nur französische Eiche sein. Fest verwurzelt in Wein und Weib. Und keine bleiche, nordische Birke«, grinste Gauguin.

»Jetzt warne ich Sie, Gauguin. Sie kommen hier in mein –«

»Sie haben mich missverstanden, lieber Vincent,«, heuchelte Gauguin. »Von Ihnen war doch gar nicht die Rede.«

»Machen Sie sich nur lustig über mich! Zuerst räumen Sie ein, ich könne Recht haben –«

»Mein lieber Vincent. Ich erlaube mir zu scherzen, weil dies unter Freunden möglich sein sollte. Wenn Sie mir richtig zugehört haben, haben Sie in Erinnerung, dass ich Ihnen die Konsequenzen einräumen wollte, die Gefahren der Eroberung. Ihnen sogar ein Geheimnis anvertrauen.«

»Gefahren?«

»Ja, die Gefahren. Ich muss einräumen, dass es manchmal eine übermenschliche Härte erfordert, männlich zu sein, so wie ich es verstehe.«

»Wie meinen Sie das?«

»Ich will es Ihnen an einem Beispiel erläutern. Aber warten Sie, wir sollten uns wieder um unsere Flasche kümmern, bevor sie verwaist ...« Gauguin goss beiden nach. »Es war auf Martinique. Dort gab es ein Mädchen. Und ja, ich habe noch immer den Geschmack ihrer *sonnenwarmen, braunen, exotischen Haut auf meinen Lippen*, mein lieber Vincent. Oh, was für eine Frau sie war. Sie war nicht verkultiviert, wie die Frauen hier und in ihrer naturgegebenen Unschuld machte sie die verdorbensten Sachen, als wäre es nur mir zur Freude. Wenn die Frauen hierzulande auch nur so wären! Es war eine wundervolle Zeit. Zurück in Frankreich erhielt ich nach einigen Monaten einen Brief von ihr – ein Fremder hatte ihn für sie verfasst. Darin schrieb sie, sie habe mir einen Sohn geboren und bat darum, dass ich ihn anerkenne und ihn unterstütze. Was tun in diesem Fall? Sollte ich nochmals nach Martinique reisen, um zu prüfen, ob sie mir wirklich einen Sohn geboren hatte? Wie sollte ich es Mette erklären?«

»Was haben Sie getan?«

»Nichts. Was sollte ich auch tun? Ich blieb vor mir selbst hart. Sie hatte freiwillig mit mir das Bett geteilt und sie wusste, dass ich wieder gehen würde. Auch eine Negerin weiß, dass sie schwanger werden kann, dazu braucht es keiner Bildung, oder? Nein, ich habe das einzig mögliche, und jetzt hören Sie gut zu

– auch männliche getan. Ich habe das Kind nicht anerkannt, damit ich Künstler bleiben konnte. Wohlverstanden, Vincent: es braucht Männlichkeit, um Künstler zu werden, zu sein und zu bleiben, will man am Leben teilnehmen.

Sie hätte mich ja auch hinters Licht führen können und ich hätte den Bastard irgendeines Kanalarbeiters als meinen leiblichen Sohn anerkannt.«

»Von diesem Standpunkt aus … Sie sind, wie mir scheint, ein Courbet in dieser Beziehung. Ich wüsste nicht, was ich getan hätte.«

»Ich kann es erahnen, Vincent. Und deshalb ist es wohl gut so, dass wir alle sind wie wir sind und uns genau das zustößt, was uns zustößt. Vielleicht liegt es auch einfach daran, dass ich im Grunde meines Herzens der peruanische Wilde bin, als den auch Sie mich sehen. Manchmal beunruhigt mich das und ich denke an sie und an das Kind und überlege, ob ich nicht einfach nach Martinique hätte zurückfahren sollen, um dort beides zu sein. Maler und Vater. Vielleicht könnte dort funktionieren, was in unseren Kreisen unmöglich ist.« Es entstand eine Pause. »Vielleicht macht auch gerade diese Wildheit meine Malerei aus. Vielleicht braucht Europa diese Wildheit und ich darf Mittler sein – Ich weiß es nicht.« Gauguin ließ den Kopf sinken und starrte erneut ins Glas. »Vielleicht habe ich auch einfach zu viel getrunken.«

»Das alles wusste ich nicht, Paul. Es tut mir leid. Ich wusste eben nicht, wovon ich sprach und wie Sie sich dazu verhalten. Sie haben vielleicht schon in Paris gemerkt, dass ich zuweilen ein wenig hitzig reagieren kann.«

»Schon gut, Vincent. Schon gut ...«, wiegelte Gauguin ab. »Zurück zu Milliet! Es wäre sehr gut, ihn zu treffen. Sie sagten, er würde bald nach Algerien versetzt?«

»In wenigen Tagen sogar schon.«

»So kann man ihn gut für unseren kleinen Bernard ausfragen. Er soll doch in absehbarer Zeit seinen Dienst irgendwo in Nordafrika ableisten.«

»Marokko, soweit ich weiß.«

»Dann könnte ihm die Postanschrift Milliets nützlich sein.«

»Sie haben vollkommen Recht. Wir werden ihn sobald wie möglich treffen. Oder sollen wir ihn noch heute in den Soldatenkneipen suchen?«

»Heute vielleicht besser nicht mehr«, gähnte Gauguin und zog seine Taschenuhr hervor. »Die letzte Kette, die mich noch an meine bürgerliche Zeit bindet. Ich sollte sie versetzen, aber manchmal ist man doch sentimental. Jedenfalls sollten wir langsam los, wie ich sehe, wenn wir noch in die *Rue des Ricolets* wollen. Wir haben die Zeit völlig vergessen.«

»Gezelligheid«, antwortete van Gogh.

»Wie bitte?« Gauguin konnte mit den kehligen Lauten des Holländers nichts anfangen.

»Gezelligheid. Es gibt dafür kein französisches Wort. Die Deutschen nennen es Gemütlichkeit. Es hat etwas zu tun mit Atmosphäre, Behaglichkeit und Gemeinschaft ...«

»Sie meinen ein zu Hause, gutes Essen, gut zu Trinken und ein gutes Gespräch.«

»Ja, das erfasst die meisten Konnotationen.«

»Dann ist es klar, weshalb wir kein Wort dafür haben. Allgemein würden wir dafür *la vie française* sagen«, lachte Gauguin. »Aber Sie haben Recht. Dieses Haus hat – sagen Sie bitte das Wort noch einmal.«

»Gezelligheid«

»Ge-zell-ig-heid«

»Nicht ich will es wieder verlassen.« Van Gogh sagte es, ohne jede Boshaftigkeit oder Häme.

»Lassen Sie uns heute bitte nicht mehr davon sprechen, mein Freund. Und kommen Sie! Wir müssen los, bevor die braven Mädchen sich schlafen legen.«

»Ich halte es für zu spät dafür, Paul. Wir wollen doch morgen wieder los, oder etwa nicht? Jetzt, da Sie mit dem Zeichnen begonnen haben, müssen wir die wenige Zeit erst recht nutzen und mit dem ersten Sonnenstrahl aufstehen, damit Sie umso schneller zum Pinsel greifen können.«

»Vincent, Sie sind wahnsinnig«, antwortete Gauguin, der insgeheim ebenfalls sehr müde war.

»Das weiß ich«, antwortete van Gogh betroffen.

»Was? Hat ihnen das außer mir noch niemand bescheinigt?«, witzelte Gauguin.

»Doch, eine Menge Leute – aber noch nie ein Künstler. Dann würde ich mir ernsthaft anfangen, Gedanken zu machen.«

»Ich mir auch«, lachte Gauguin und wünschte eine gute Nacht.

»Wie meinen Sie das, Paul?«

Doch Gauguin war schon auf dem Flur und antwortete nicht. Er hörte noch wie das Streichholz van Goghs zischte und der Tabak zu knistern begann, dann stieg er die Treppe zu seinem Schlafzimmer hinauf.

Das Gräberfeld

Als Gauguin erwachte, hörte er die Stimmen zweier Jungen, die sich unter seinem Fenster gegenseitig beschimpften. Er blieb noch eine Weile liegen und lauschte, wie sie die Worte in ihrem südfranzösischen Dialekt beinah so ungelenk aussprachen wie van Gogh mit seinem holländischen Akzent. Auch am siebten Morgen nach seiner Ankunft freute er sich noch immer darüber im Oktober mit offenen Fenstern schlafen zu können. In der regnerischen Bretagne schickte man um diese Jahreszeit nicht einmal mehr seinen Hund vor die Türe.

Ein lauer Wind rauschte von draußen herein und kündigte auch für den heutigen Tag wieder bestes Wetter an. Der Streit unter seinem Fenster war unterdessen vom Wortgefecht zum Kampf übergegangen. Neugierig spähte er zwischen den Spalten eines Fensterladens nach unten. Die beiden Gassenjungen hatten sich in einem Kampf verhakt und versuchten einander zu Boden zu zwingen. Unvermittelt dachte Gauguin an seine *Jungen Ringkämpfer*, ein Gemälde, das er erst kurz vor seiner Abreise vollendet hatte, und hatte den Eindruck, die Kämpfer seien ihm in den Süden gefolgt. In der Bretagne besaß der Ringkampf, in dem sich die Jugend regelmäßig in Wettkämpfen maß, eine lange Tradition und sein Gemälde verwies auf diese Wurzeln der bretonischen Kultur. Die beiden realen Ringer, unten auf der Straße, zeigten ihm vielleicht gerade die Wurzeln des Midi. Das elementare und ursprüngliche Wesen einer Kultur konnte von der Zivilisation nur überdeckt, aber nie völlig ausgelöscht werden. So hatte er es bisher überall gefunden. Es lebte weiter und zeigte sich nur demjenigen, der genau zu sehen verstand, von Zeit zu Zeit, und musste dann in die richtige Form gegossen werden. In der Ferne war es leicht, das Primitive und Ursprüngliche fremder Kulturen abzubilden. Der Stil fand sich in der Vereinfachung, in der Abstraktion und in der Kunst dieser Naturverbundenen von selbst. In der Bretagne hatte er begonnen diesen Stil auf die verborgenen Elemente der eigenen Kultur zu übertragen, um zu verdeutlichen, worum es in der neuen Kunst zu gehen hatte, denn es ging um mehr als nur um Stil. Dazu wurde er wie van Gogh zum Japaner. Immer wieder war er von der Form der Zeichnung japanischer Drucke begeistert. Nur, wie sollte er sie anwenden? Erst als er sein Thema gefunden hatte, folgte der Stil von selbst und wurde sein eigener. Das Ergebnis übertraf alles bisher gemachte.

Die beiden provenzalischen Ringer waren unterdessen aus Gauguins Blickfeld verschwunden, indem sie das Kampffeld näher an die Hauswand verlegt hatten. Er öffnete den Fensterladen, um sie weiter beobachten zu können. Sofort unterbrachen die beiden Kontrahenten ihren Kampf und blickten nach oben. Einer der beiden rief *le fou rouge* und beide rannten kreischend davon. Gauguin musste lachen. Sein Gastgeber hatte also schon einen Namen in Arles. Er hatte vollstes Verständnis dafür, denn van Gogh war mehr als ungewöhnlich – auch für ihn als Künstler und Städter. Wie musste er dann erst auf die schlichten Gemüter der Menschen hier wirken, die hart für ihr täglich Brot arbeiteten und denen von je her ein gesundes Misstrauen gegen alles Fremde inne wohnte. Und fremd war van Gogh den Provinzlern in mindestens doppelter Hinsicht, als Holländer und als Künstler, wie ihm jener glaubhaft versichert hatte. Doch allein schon durch die Kunst stellte man das Bestehende in Frage, brachte es auch in Gefahr. Dieses Misstrauen, das auch ihn betraf, machte ihm die Menschen jedoch nur sympathischer und zeigte, sie waren ebenso unverfälscht wie die Bretonen. Vielleicht sollte er ein Gemälde provenzalischer Ringer anfertigen, dachte er kurz, verwarf die Idee dann wieder, denn er wollte nicht sein eigener Epigone werden. Außerdem schlug er hier neue Wege ein und sie zu verlassen wäre Zeitvergeudung und ein Zeichen von Unsicherheit. Wie würde er denn vor van Gogh dastehen? Er entschloss sich aber dieses Bild im Kopf zu bewahren und unter Umständen später darauf zurückzugreifen.

Er sah noch einmal aus dem Fenster und atmete tief ein. Etwas hatte sich verändert. Arles ließ ihn vom Moment seiner Ankunft an, seltsam unberührt und kalt, so wie er auch im Ganzen an den Menschen und deren Leben bisher keinen Anteil nehmen konnte. Bei ihren ersten Spaziergängen durch die Stadt hielten sie sich bisher nicht lange mit Besichtigungen auf und nahmen einzig die *Arlésiennes* von den Cafétischen aus in Augenschein. Als van Gogh dann doch einmal gewährt hatte, die wertvolle Zeit auf den Feldern der *Crau* für einen kleinen Rundgang durch die Stadt zu opfern, war ihm diese weiterhin fremd geblieben. Oder vielmehr wieder fremder geworden, als sie am ersten Abend im Licht der Kneipen und Bars noch auf ihn gewirkt hatte. Diese einfache Szene unter seinem Fenster hatte gerade ein viel konkreteres Bild von den Menschen gegeben als die ehernen Bauwerke, die sie gesehen hatten und er bekam den Eindruck, als hätte er zu Beginn etwas falsch gemacht, oder optimistierscher formuliert, als würde er sich langsam einleben. Schneller wiederum als gedacht – und gewollt. Beim Rundgang machte Arles den Eindruck einer verschlafenen Stadt, die von ihrer Vergangenheit lebte, die ihre Blütezeiten im römischen Reich und im Mittelalter längst hinter sich hatte. Caesar gewährte der Provinz damals gewisse Privilegien und die Stadt wurde nach und nach zum wichtigsten Zentrum im römischen Gallien. Früh christianisiert, wurde Arles immer bedeutender und Konstantin persönlich förderte sie. Das große Konzil von 314 fand dann in Arles statt. Kurz danach kamen die Goten, dann die Sarazenen und erst im Mittelalter gewann die Stadt wieder an Macht und wurde Hauptstadt der Provence. Mit der Eingliederung in das französische Königreich verlor Arles dann wieder an Pracht und wurde von Aix und Marseille als Regionalmetropolen abgelöst. Was blieb, war die Rhône als Handelsweg. Aber seit die Region vor wenigen Jahren an das französische Eisenbahnnetz angeschlossen worden war, war abzusehen, dass es weiter bergab gehen würde. Van Gogh hatte dies alles, ohne große Emotionen für seine Wahlheimat zu zeigen, geschildert, und erklärte geduldig die Bedeutung des Portals von *Saint-Trophime* und dem Kreuzgang hinter der Kathedrale, nannte die wichtigsten Eckdaten zur *Place de la République*, zum Rathaus sowie einigen anderen Gebäuden des Stadtkerns. Gauguin war erstaunt darüber wie distanziert und schon fast gelangweilt van Gogh über Arles sprach – er selbst teilte diese Form der Stadt zu begegnen, übrigens zunehmend auch, je mehr er von ihr gezeigt bekam. Dennoch musste sein Gastgeber sehr viel Zeit mit dem Studium der Stadtgeschichte verbracht haben, doch die Antwort auf die Frage nach diesen Studien ernüchterte ihn noch mehr in Bezug auf Arles:

»Lassen Sie sich nicht blenden, Paul«, hatte van Gogh gesagt. »Ich wohne immerhin schon fast ein Jahr hier und verfolge die örtliche Tagespresse. Eine Stadt, in der nichts Neues geschieht, erzählt sich seine Vergangenheit stets von Neuem. Ein Monat halbstündiger Zeitungslektüre am Tag genügt, Sie auf meinen Wissensstand zu bringen. Mehr braucht es auch nicht zu wissen. Wieso sollte man auch mehr von der Stadt wissen als ihre Bewohner?«

Abschließend gingen sie noch über den *Boulevard des Lices*, der Prachtmeile von Arles, und endeten am jüngst geweihten Brunnen für Amandieu Pichot, seines Zeichens Schriftsteller und berühmtester Sohn der Stadt in der neueren Zeit. Sein berühmtestes Werk hieß – wie konnte es anders sein – *L'Arlésienne*. An diesem Punkt kamen sie endgültig überein, dass die Zukunft der Stadt für die nächste Zeit so verlaufen würde wie in den letzten fünfhundert Jahren: ohne viel Aufsehen.

Gauguin ging im Schlafzimmer auf und ab, während er diesen Gedanken nachhing. Dieser kleine Kampf soeben hatte eine Saite in ihm zum Schwingen gebracht, er hatte etwas bedeuten wollen, nur blieb es vage und nicht so recht greifbar. Vielleicht hatte die Verschlafenheit dieser Stadt, ähnlich wie in der Bretagne, etwas bewahrt, das woanders längst untergegangen war. Er dachte an die Überreste der römischen Kultur, zwischen denen sich die Bevölkerung von Arles so unverschämt selbstverständlich bewegte. Er dachte an die Reliquie des verschrumpelten Kopfs des Heiligen Stephanus, den der erste Bischof von Arles, St. Trophimus, in die Stadt mitgebracht haben soll. Beide wurden von den Menschen dieser Stadt geehrt, indem ihre Reliefs das Portal ihrer Kathedrale schmückten. Das waren doch Geschichten! Und über all dem thronte die Skulptur des Kriegsgottes Mars auf der Spitze des Rathausturms, während unten in der Eingangshalle eine Kopie der diesmal wirklich berühmten Venus von Arles stand – das Original hatte er wohl damals im Louvre übersehen. Darin enthüllte sich doch die Polarität der Stadt, wenn man es genauer besah. Tagsüber verzauberte eine Venus um die andere das Auge, stolz ihre weltberühmten Trachten zur Schau stellend. Nachts waren die Cafés und Bars gefüllt mit Zouaven, Söhnen des Mars, die aus allen Teilen der französischen Welt in Arles zusammentrafen, sich um Huren balgten, ihre Kräfte mit Worten und Schlägen maßen, um sich dann in heißen Liebesnächten zu verausgaben, bis sie gerufen wurden, ihr Kriegshandwerk zu verrichten. Ganz klar, unter der Verschlafenheit dieser Stadt brodelte es. Unter der Maske der Zivilisation war ein Volk zu finden, das vormittags in die Messe ging und einen Mann verehrte, der den Kopf eines anderen durch halb Europa hierher geschleppt hatte, um sich nachmittags an blutigen, archaischen Kämpfen auf Leben und Tod in der Stierkampfarena zu ergötzen. Hier lag etwas von der brutalen, ungeschminkten und grausamen Schönheit freien Menschentums verschüttet und hatte so Jahrhunderte überdauert. Statt Gladiatoren kämpften nun Matadoren in der Arena, anstelle von Brot und Spielen wurde bei Wein und Brot die Eucharistie gefeiert. Denn ein Buddha aus Galiläa hatte diese Gallier besänftigt, ohne sie zu Lämmern und Schlachtvieh zu machen. Hier war noch nicht vergessen, dass das Leben ein Kampf war. Und dieser Kampf wurde geehrt.

Es war, als wäre ein Schleier von seinen Augen gerissen worden, während seine Gedanken fluteten. Wie billig es war! Dabei hätte er nur hinsehen müssen. Stattdessen hatte er sich die Stadt von van Gogh zeigen lassen und sie folglich auch durch dessen Augen sehen müssen. Hatte van Gogh nicht auch von Beginn an Schuld an seinem Scheitern, beispielsweise bei der *Négresse*? Unwillkürlich musste er den Kopf schütteln, als er an die letzten Tage dachte. Klar, mit Milliet hatten sie am Vorabend des Scheiterns lange getrunken und gut gesprochen. Der Soldat war erfreut, *Madame Chrysanthème* gegen eine Zeichnung von ihm zu tauschen. Sofort begann er das Buch zu lesen, was ihn ebenfalls wieder davon ablenkte, mit Arles bekannt zu werden. Anstatt sich durch die Stadt treiben zu lassen, flüchtete er sich wie van Gogh in die Bücher! Der freute sich natürlich, als er schon am dritten Morgen in der *Crau* – welche Dummheit – auf einmal seine Sachen packte und dem überraschten van Gogh antwortete, dass er Malen gehe – wozu sei er denn hier? Im Atelier angekommen fing er seine *Négresse* an. Wiederum aus Sturheit gegen van Goghs Schwärmereien für die Freiluftmalerei und weil er natürlich wusste, die *Négresse* würde die Loti-Projektionen des einen van Goghs hier und den Geschmack des anderen in Paris gleichermaßen bedienen.

Erst jetzt war ihm bewusst, in welchem Ausmaß er in Opposition zu seiner neuen Situation geraten war, wodurch er gar nicht die Offenheit besaß sich auf den Süden einzulassen, obwohl es bei diesen Lichtverhältnissen schlichte Verweigerung gegenüber der Kunst war, nicht draußen zu malen. Zuallererst musste er lernen, sich gegen van Goghs Anmaßung, diese Unterdrückung durch Unterwerfung, zur Wehr zu setzen, denn eigentlich lebte er in den ersten Tagen nach seiner Ankunft wie ein Gefangener in dessen Vorstellungen, was ihm erst beim Essen mit Milliet in aller Schärfe deutlich wurde. Van Goghs so devotes Gebaren trug einen dominanten Zug und er konnte unangenehm einnehmend werden, ließ man ihn gewähren. Man musste sich erst davon befreien, um mit eigenen Augen zu sehen. Milliet war es wohl gewohnt und wies seinen Freund manchmal überharsch, wie es schien, in die Schranken, ohne dass van Gogh aber groß darauf einging. Am Ende des Abends verstand er warum: aus heiterem Himmel hatte van Gogh angefangen, von einem *Atelier der Tropen* zu sprechen. Milliet hatte den ganzen Abend über davon geredet, er sei froh, endlich wieder etwas anderes als die Kneipen von Arles zu sehen und dass er sich auf Algerien ungemein freue. Bernard würde es bald genauso ergehen. Auf die Frage, ob Gauguin nicht langsam auch wieder Sehnsucht nach der Ferne bekäme, fuhr van Gogh hart dazwischen. Arles sei für Gauguin und ihn nur Durchgangsstation, ähnlich wie für die hier stationierten Garnisonen. Man übe sich hier für größere Dinge – das Atelier der Tropen. Er und Gauguin würden, sobald die Zeit reif sei, nach Tahiti aufbrechen, um auf den Spuren Lotis zu wandeln. Sie würden Bilder malen, die den Bourgeois ein Leben jenseits ihrer Konventionen und Zivilisation zeigten, ein besseres Leben im wunderbarsten Licht, das es für einen Maler gab. Er schwärmte weiter und weiter, indem er immer größere Luftschlösser baute. Gauguin fühlte sich überrumpelt und schwieg zunächst, auch um van Gogh nicht bloßzustellen. Milliet wertete dies jedoch als Zustimmung und gratulierte freudig zur geplanten Unternehmung.

Später dann auf der Straße, als sie wieder alleine waren, sprach er van Gogh darauf an, wie er auf die Idee käme, sie beide würden nach Tahiti fahren. Dieser tat, als handle es sich um das Selbstverständlichste der Welt. Als er deutliche Bedenken einräumte, wurde *le fou rouge* sehr ungehalten und brüllte ihn an, ob er mit Freuden alles sabotiere, was er im Guten plane. Da folgte er einfach dem Beispiel Milliets und ging gar nicht erst darauf ein und ignorierte die Tobsucht. Auf der Schwelle des Hauses hielt ihn van Gogh dann zurück und wurde mit einem Mal der reuige Sünder. Er gestand, dass er um Erlaubnis hätte fragen müssen, ob er mit ihm reisen dürfe. Es sei im Grunde alles eine Schnapsidee und so fort.

Gauguin vergab ihm, und van Gogh hätte es wahrscheinlich darauf beruhen lassen, doch der Gedanke an ein förmliches *Atelier der Tropen* gefiel ihm, seine Neugierde war geweckt. So beschloss er fürs erste in die Spekulationen mit einzusteigen. Spekulation bedeutete in diesem Fall ja noch nicht Investition. Aber vielleicht Inspiration.

Am nächsten Tag las er also bei Loti von der Fremde und begann kurz darauf mit seiner *Négresse*. Der Abstand tagsüber tat gut und er nutzte diese Zurückgezogenheit im Atelier dazu, die vergangenen Tage Revue passieren zu lassen. Umgeben von den jüngst entstandenen Gemälden van Goghs, erkannte er endlich die Herausforderungsgesten des vermeintlichen Schülers, der glaubte, er könne sich schon mit dem Meister messen.

Van Gogh hatte seine eigene Ausstellung im gelben Haus aufgehängt, deren Dauerbesucher er geworden war. Van Gogh bestimmte auch sämtliche Gesprächsthemen und wechselte täglich den Stil seiner gemalten Predigten, um ihm zu zeigen, was er alles gelernt hatte. Neuerdings wollte er ihm sogar in seine Zeichnungen hineinreden. Wer war hier Schüler und wer war hier Meister? Er studierte ein weiteres Mal die Gemälde, die van Gogh die Woche über fertiggestellt hatte. *Der Sämann* besagte: Ich bin mit Leichtigkeit Impressionist. Ich bin besser, da ich ein Symbol gefunden habe. *Die Eibe*: Ich bin Japaner und primitiver als Sie und habe den Impressionismus mit Leichtigkeit hinter mir gelassen. Jedes andere beliebige Gemälde: Ich habe meinen Ausdruck in der Malerei gefunden, denn die Werke sind *ich* in Farbe.

Gauguin begann, diese malerische Lyrik, diese chaotischen, schnell gesetzten und grellen Ausführungen zu hassen, die den Großteil von van Goghs Werken ausmachten. Die Fiebrigkeit, mit der er arbeitete und die sich auf der Leinwand wiederspiegelte, das Chaos, in dem er Leben würde, wenn nicht er – der Gast – auf Ordnung im Haus bedacht wäre. Die unstete Ernährung, wenn nicht er die Küche übernehmen würde. Und über all dies erkannte er, wie sehr ihn van Gogh unbemerkt vereinnahmt hatte. Sogar die Leinwand, auf der er arbeiten sollte, gab er ihm vor. Er beschloss zu handeln, das heißt, zu malen, und brach die Arbeit an der misslingenden *Négresse* ab. Sie wanderte in den Kamin.

Mit dem heutigen Tag, das fühlte er, hatte sich die Waagschale zu seinen Gunsten geneigt. Denn gestern hatten sie zwanzig Meter Jute gekauft, daraus Leinwände gemacht und diese auf Rahmen gespannt und grundiert. Neben dem finanziellen Vorteil für beide, musste sich nun auch van Gogh erst mit dem neuen Untergrund vertraut machen. Auch hatte er endlich den Schlüssel gefunden, um diese, ihm völlig neue, Landschaft zu öffnen. Noch allein im Atelier, nachdem die *Négresse* im Feuer prasselte und umgeben vom Schaffen eines Jahres des anderen Malers, hatte er beständig van Goghs Schwärmereien über Monticelli im Ohr. Monticelli schrie ihn förmlich von jeder der ihn umgebenden Leinwände aus an. Da begriff er, dass er nicht nur sich verhielt, wie es den Vorstellungen van Goghs entsprach, sondern sich auch in der Malerei nach dessen hinterlistigen oder eher unbewussten Vorgaben richtete. Er malte nicht, was er wollte, er folgte van Gogh. Er begriff auch, dass die einzige Antwort auf Monticelli-van Gogh nur Cézanne-Gauguin sein konnte. Die Themen würden dann schon kommen. Somit hatte er den Säulenheiligen für sein noch junges Gebäude gefunden und führte ihn ins Feld. Im Gespräch wie auf der Leinwand. Ordnung und Struktur waren die einzig mögliche Antwort auf das vorgefundene Chaos und die vorherrschende Unruhe. Vorgestern war er dann mit van Gogh ins Freie gegangen und hatte sich mit ihm gemessen. Schon bald überstrahlten die Ruhe und Harmonie in seinen Landschaften van Goghs hektische Eintagsgemälde. Er machte schnell Fortschritte und auch van Gogh schien dies zu bemerken und ordnete sich zu seiner Überraschung, als sei es das natürlichste der Welt, unter.

Zweimal war er geschultert worden, dachte er, als er den zweiten Fensterladen öffnete und sich auf die Fensterbank stützte. Aber ein Ringkampf geht über drei Runden. Er hatte van Gogh unterschätzt und war überrumpelt worden. Das würde nicht noch einmal geschehen, denn jetzt waren die Karten neu gemischt.

Er freute sich darauf, seine jüngsten Gemälde der *Crau* im Atelier noch einmal zu sehen, bevor sie zu jenem mysteriösen Ort aufbrachen, den ihm van Gogh heute als Überraschung angekündigt hatte, nachdem er ein wenig Abwechslung – und somit ein für beide neues Motiv – verlangt hatte. Den kleinen Vorteil, den sein Kontrahent besaß, indem er schon wusste, was sie beide heute erwarten würde, räumte er gerne ein. Es machte die Herausforderung nur reizvoller, die er hier unverhofft gefunden hatte.

Gauguin blickte auf die Straße unter seinem Fenster und atmete tief ein. Er war guter Dinge, gepanzert und bereit. In dieser Verfassung begann der Zauber wieder zu wirken und die Vielzahl kleiner Risse an der Häuserwand gegenüber konnten sich in die Schriftzeichen oder Wandbemalungen einer längst vergangenen Kultur verwandeln, die Schemen einer längst vergangen Epoche konnten in den dunklen Ecken der Stadt zwischen den Gaslaternen wie Geister erstehen. Es war, als würde ihm seine Wahrnehmung wieder gehören und er horchte hinaus in die Welt, die sich ihm darbot und tausend Gedanken wollten gleichzeitig durch seinen Kopf schießen, so als hätte sich ein verklemmtes Ventil endlich geöffnet. Da klopfte es an der Tür. Er stützte sich mit beiden Händen auf den Fensterrahmen und biss sich genervt auf die Unterlippe, während van Goghs helle Stimme, durch das Holz nur wenig gedämpft, in seinen Raum drang:

»Guten Morgen Paul. Ich hatte gehört, dass Sie Ihre Fensterläden öffnen.«

»Ihnen entgeht ja nichts«, flötete er zurück.

»Ja, ich kann es kaum erwarten, dass wir endlich aufbrechen. Wir haben heute noch so viel vor. Kommen Sie?«

»Warten Sie einen Augenblick. Ich muss mich noch ankleiden.«

»Haben Sie gut geschlafen, Paul?«

»Sehr gut sogar.«

»Ich bin schon gespannt, was Sie zu unserem heutigen Ziel sagen.«

»Ja ... Ich auch ... Könnten Sie bitte schon einmal vorgehen und mir einen Kaffee eingießen, Vincent? Seien Sie so gut, ich möchte so schnell wie möglich loskommen.«

* * *

»Gleich sind wir da, Paul. Nur noch über diese Brücke, und wir haben die Hauptattraktion der Stadt erreicht.« Besagte Brücke führte über den *Canal Craponne* im Südosten von Arles.

Sie war modern gearbeitet und aus Eisen geschmiedet. Sie trug keinen Namen, wie van Gogh lakonisch feststellte. Ebenso wie die Eisenbahnbrücke, die direkt daneben den Kanal überquerte. Vielleicht gab es einfach zu viel Neues, um allem einen Namen zu geben, mutmaßte er weiter, ohne zu merken, dass Gauguin seinem Gedankengang gar nicht folgte.

Am rechten Ufer war eine lange Allee zu sehen. Linkerhand stieg Dampf und schwarzer Rauch über den schmucklosen PLM Eisenbahnwerkstätten auf.

Gauguin blieb stehen und sah sich mit fragendem Blick um. Bevor er etwas sagen konnte, schob van Gogh ihn weiter. »Warten Sie ab, bis wir über die Brücke sind.« Er ließ es sich gefallen und hörte weiter zu:

»Bevor wir ankommen, räume ich gerne ein, es mag sich um die Hauptattraktion für gewöhnliche Maler in Arles handeln. Für einen Maler wie Sie kann natürlich nur der Stierkampf Hauptattraktion des Südens sein, doch leider ist die Saison schon zu Ende. Wären Sie nur um ein weniges früher gekommen, hätten Sie die letzte *Course à la cocarde* erleben können.« Gauguin bemerkte die Spitze wohl und setzte an zu parieren. Van Gogh ließ ihm aber gar nicht erst die Zeit dazu: »Ein Schauspiel, das wir uns einmal ansehen sollten. Nicht die Stierkämpfer, sie heißen *Raseteurs*, sind hier Lieblinge des Publikums, sondern die Stiere. Den Tieren wird, bevor sie in die Arena gelassen werden, eine *Cocarde*, eine Art Trophäe, mit Fäden zwischen die Hörner gebunden. Die *Raseteurs* versuchen nun mit einem Haken, genannt *Crochet*, die Trophäe zu angeln – und natürlich am Leben zu bleiben. Es würde sich lohnen bei der nächsten Weinlese in Arles zu sein, Paul.« Gauguin schmunzelte über van Goghs offensichtlichen Versuch der Werbung und ließ ihn gewähren: »Nach allem, was Sie beim Frühstück gesagt haben, beginnt die Hoffnung wieder zu sprießen, dass Arles Ihnen vielleicht doch zur wichtigen Etappe auf dem Weg in die Tropen werden könnte. Einen Aufschub sogar rechtfertigen könnte …«

»Wir werden sehen, wir werden sehen.« Gauguin fühlte sich von diesen plumpen, aber zumindest ehrlichen, Versuchen, ihn zu umgarnen, immer noch geschmeichelt.

»Die Stadt hat wirklich dieses Antlitz von dem Sie sprachen – Aber voilà, *les Alyscamps*, wir sind da. Was Sie jetzt gerade sehen, bewegt Menschen aus ganz Europa nach Arles zu reisen.«

»Ein Friedhof? Vincent, Sie wollen mir einen Friedhof als Hauptattraktion dieser Stadt verkaufen? Jetzt wo ich das Leben dieser Stadt entdeckt habe?«

»Lassen Sie den Ort einige Zeit auf sich wirken und Sie werden sehen, was ich sehe.«

Zu ihren Füßen lag eine Allee, beiderseits gesäumt von Bäumen und Sarkophagen. Alten Sarkophagen. Schwer standen sie da und wurden in der Ferne immer kleiner. Die Reihe schien sich in die Unendlichkeit fortzusetzen. Massiv und unverrückbar. Die Bäume dagegen strebten nach oben, weg vom Stein, als würden sie nach dem Licht des Himmels greifen. Im Kontrast zur Totalität der Reihung der silbergrauen Quader bildeten sie eine schillernd blendende Wand aus lichtem Grün, Gold und Weiß, die den Blick ungnädig zurück auf den gelbbraunen Weg zwang, der sich zwischen den Gräberreihen fortsetzte, bis er sich dem Auge entzog.

Licht und Schatten spielten gleichermaßen auf den Blättern der Bäume und dem beschlagenen Stein der Sarkophage. Und obwohl es dasselbe Licht der Sonne und dieselben tiefschwarzen Schatten waren, brachten sie das Spiel der Blätter zum tanzen, verliehen dem Stein eine gesteigerte Schwere. Maler anderer Zeiten hätten sich in diesem Spiel, in diesem Gegensatz verloren und es wäre ihnen bestimmt Unglaubliches gelungen, dachte Gauguin. Es war aber nicht Aufgabe der modernen Malerei, Licht zu erklären. Oh, Vincent! Gestern noch hatte er ihm lange und deutlich auseinandergesetzt, was er während des Studiums der Sammlung seines Onkels Arosa festgestellt hatte: die Photographie eignet sich besser dafür. Das musste aber kein Nachteil sein. Im Gegenteil war es eine Befreiung für die Möglichkeiten, was Malerei sein sollte.

»Können Sie es sehen, Paul?« unterbrach van Gogh den Gang seiner Gedanken. »Hier verlief zu römischen Zeiten die *Via Aurelia*. Wie auf den Wegen nach Rom hinein, waren dort die Sarkophage der wichtigsten Familien der Stadt aufgestellt. Die Christen übernahmen diese Tradition und der Friedhof wurde im Mittelalter zu einem der wichtigsten in ganz Frankreich, denn man glaubte den Ort von St. Trophimus gesegnet. Sein angeblicher Knieabdruck unweit der Kapelle wurde hier verehrt und galt als Beweis. Berühmte Persönlichkeiten aus Adel und Klerus, Pilger und andere Menschen aus allen Teilen Europas ließen sich hier begraben. Die ganze Rhône entlang wurden Leichname in Särgen und Salzfässern den Fluss hinab geschickt, um auf den *Himmlischen Feldern von Arles* begraben zu werden. Gold wurde ihnen zwischen die Zähne gesteckt und gottesfürchtige Männer einer Bruderschaft zogen sie ans Wasser, um sie würdevoll zu bestatten. Was müssen das für Zeiten gewesen sein, die solches Vertrauen und solche Gemeinschaft möglich machten? Heute würde man den Leichen das Gold aus den kalten Mündern rauben und sie wieder den Wellen und ihrer langen Reise ins Mittelmeer überlassen. Die Welt wandelt sich, und auch die Menschen. Was gestern noch als heilig galt, ist heute nur noch Attraktion. Und ein schwaches Abbild dessen, was sich damals den Pilgern zeigte. Mit der Kälte der Renaissance begann eine neue Tradition in Arles. Die wertvollsten und schönsten Objekte des Friedhofes wurden an Würdenträger, Aristokraten und Monarchen, die sich die Stadt gewogen machen wollte, verschenkt. Ein Ausverkauf der Vergangenheit, Paul. Wie in unserer heutigen Zeit.«

»Ich stelle fest, wir malen auf einem Friedhof, Vincent. Sie sind schlimmer mit der Romantik infiziert, als ich dachte! Darüber hinaus noch mit der deutschen Variante, wie mir scheint. Sie wissen, dass diese einen tödlichen Verlauf haben kann? Hier ist doch nichts mehr Wirkliches, nichts mehr Reales. Alles nur Kulisse. Sind Sie sich allein der Ironie des Namens bewusst? Jedem Franzosen springt sie sofort ins Auge. *Les Alyscamps* ist eine Verballhornung von *Champs Elysées*!«

»Aber Paul, genau das ist es doch! Ist nicht ganz Europa zum Friedhof geworden? Vor uns liegt die *Allée des Tombeaux*, ein *Grand Boulevard* des Todes«, setzte van Gogh erneut an, um Gauguin zu erwärmen. Dieser schüttelte nur den Kopf.

»Aber Paul! Es handelt sich um die Bühne für eben jene Tragödie, die Sie mir während des Frühstücks angedeutet haben.

Auch Ihnen ist wahrscheinlich aufgefallen, dass ich mich für die Architektur der Stadt nicht besonders erwärmen kann. Ihre Gedanken von heute Morgen haben mich aufgerüttelt. Sie haben Recht! Die ganze Stadt bildet eine unvergleichliche Kulisse, besonders hier, um das Tragische unserer Zeit festzuhalten. Hier sieht man eben jene jungen *Arlésiennes*, die in ihrer Eleganz noch einen Hauch der Größe der alten Zeit versprechen. Die sich auf dem Weg zur Messe streng gebaren, aber selbst dann ihr kokettes, vor Leidenschaft strotzendes Wesen nicht ganz verleugnen können, das noch die Sprache vorchristlicher Zeitalter spricht. Als Mädchen werden sie von übel aussehenden, knollennasigen Priestern zur Kirche geführt. Aber hier wird noch geglaubt, Paul. Mit der gleichen Inbrunst wird hier geglaubt, wie gesündigt wird. Eben weil sie an die Sünde glauben, ist der Glaube hier stark. Und weil der Glaube stark ist, wird gesündigt. Die Sünde wurde hier noch nicht abgeschafft. Sie ist das Feuer und die Würze des Lebens und das Verbot hat noch Gewicht. Es zu brechen, bietet eine unvergleichliche Verlockung und Befriedigung. Fragen Sie Milliet! Er wird Ihnen bestätigen, wie leidenschaftlich die Sünde hier ausgekostet wird. Zur Frau geworden, haben die *Arlésiennes* gelernt, selbst mit Tugend und Glauben zu kokettieren, um in den Genuss dieser Leidenschaften zu kommen. Hier und nur hier sieht man die Zouaven, welche die *Arlésiennes* erobern möchten und diese eine Nacht nach wochenlangem Werben bedeutet ihnen mehr als ein ganzes Wochenende in den Bordellen. In der kurzen Zeit ihres Aufenthalts in Arles zielen sie alle nur auf diese Trophäe ab, mit der sie sich in der ganzen Welt schmücken können. Aber eine *Arlésienne* ist keine unschuldige Nonne und auch keine Juno, die das Ehegelübde allzu ernst nimmt. Sie ist gleichzeitig Diane und wenn sie es möchte, erobert sie sich den Zouaven und wird zu seiner Kalypso. Zwischen all dem sitzen die Absinthtrinker, die wie Bacchanten warten, dass ihr Herr aus Indien zurückkäme. Zur Sommerzeit, während die Sonne die Gemüter sieden lässt, erreicht er dann die Stadt und einfache Bauern, schlichte Arbeiter verwandeln sich in Tiere und paradiesische Primitive, um zügellos die fiebrigen Nächte zu durchleben und tagsüber ein unwirkliches Dasein in Schläfrigkeit zu führen, das ein Fremder allzu leicht für ihre wahre Existenz halten mag. Allesamt sind sie Wesen einer anderen Welt, Paul. Es ist wie im zweiten Teil von Goethes Faust. Und wir wandeln durch die Zeiten – und können das Gesehene auf der Leinwand bezeugen.« Gauguin staunte einige Zeit, während van Gogh, der sich derart in Rage geredet hatte, ihn anblickte, als warte er auf einen Richterspruch.

»Vincent, Sie haben Recht. Wagen wir es! Malen wir die Athenerinnen der Provence, eine Venus von Arles, ein Gretchen des Südens. Ich hoffe unsere Tragödie spiegelt die Größe der Alten wider und wird kein bürgerliches Trauerspiel.«

»Keine Sorge, Paul. Es liegt nur an uns. Übrigens spielen sich diesen Kanal entlang noch heute Tragödien antiken Ausmaßes ab. Beim Soldatenduell trifft Metall hart auf Metall und klingt die Allee hinauf, während eine frisch verlassene Kalypso medeagleich ihr Neugeborenes tötet, da ihr Zouave wider alle guten Worte in die weite Welt verschwindet. Vielleicht stürzt sie sich gleich mit in den Kanal, um nicht nur die Schande, sondern auch ihre Verursacherin von der Welt zu tilgen. Auf der anderen Brücke wurde ein Liebesglück nicht erfüllt und die Fluten locken schon seit Sonnenuntergang. In der Nähe der Kapelle hebt ein hitziger, ehrloser Söldner einen der heidnischen Steine auf und schlägt den Schädel der Schwangeren ein. Ihr leiser Schrei bringt ein anderes Pärchen in der Nähe der Kapelle, das den Schrei fehldeutet, zum Schmunzeln und verführt die *Arlésienne* vollends mit ihrem Liebsten zwischen den Sträuchern zu verschwinden. Ein neuer Akt der Arleser Tragödien beginnt! – Ich denke, dieses Motiv werde ich für heute wählen.«

»Ich sage es schon immer. Wer zu viel Zeitung liest, sieht überall nur das Schlechte«, lachte Gauguin. »Naturgemäß verdienen die Zeitungen ihr Geld mit schlechten Nachrichten. Ich weigere mich, diesen Ort, den Sie mir so schmackhaft machten, mit Boulevardesken zu überziehen. Malen Sie ruhig Ihren ersten Akt der Tragödie. Ich beschränke mich für heute auf die antike Schönheit der Athenerinnen des Midi.«

Nachdem sie die gesamte *Allée des Tombeaux* bis zur Kirche von Saint-Honorat, vorbei am *Saint-Césaire*-Bogen und an den Kapellen von *Saint-Accurse* und *Porcelets*, entlang spaziert waren, kehrten sie auf halbe Höhe zurück und stellten ihre Staffeleien auf. Vincent postierte sich vor dem Grabdenkmal des Konsuls und nahm sich den Blick auf die *Allée des Tombeaux* vor. Gauguin ging ein Stück weiter die Allee entlang und postierte seine Staffelei mit Blickrichtung auf das Ufer des Kanals. Von nun an begann die Arbeit und wurde nur durch eine kleine Pause in Form eines bescheidenen *pique-nique* vor den Grabsteinen unterbrochen.

Es begann schon zu dämmern, als van Gogh zu Gauguin herüber kam. Kein einziger Grabstein war auf dessen Gemälde zu sehen. Er hatte sich links von der Allee postiert, die eine gelb-rote Wand bildete und den Blick direkt auf den Glockenturm der Kirche von Saint-Honorat lenkte. Gauguin hatte die Landschaft und den oktogonalen Turm mit seiner flachen Kuppel jedoch dahingehend verfremdet, dass es schien, als würde hinter den Baumkronen ein antiker Tempel auf einem Hügel thronen. Im Vordergrund kamen gerade drei *Arlésiennes* einen Trampelpfad am Wasser entlang, direkt auf den Betrachter zu.

»Ich nenne es *Die drei Grazien am Tempel der Venus.* Es muss noch einiges daran gemacht werden, aber ich finde es jetzt schon das Gelungenste, was ich bisher in Arles zustande gebracht habe. Es war ja auch noch nicht viel ... Zeigen Sie mir, was Sie heute wieder geschaffen haben, Vincent. Im Gegensatz zu mir, nehme ich an, sind Sie schon wieder fertig.«

»Gewiss, aber gemessen an Ihnen schaffe ich nur *études* und kein *tableau*.« Van Gogh studierte Gauguins Gemälde noch immer eingehend, während es immer dunkler wurde. Gauguin hatte das Gemälde van Goghs am Boden auf der Rückseite seiner Staffelei aufgestellt und betrachtete es ebenfalls aufmerksam.

Van Gogh hatte die Allee frontal gemalt. Aber auch er hatte das Motiv seinen Wünschen gemäß angepasst. Die Allee war abgekürzt worden, damit das Portal der Kirche von Saint-Honorat näher rückte und den Fluchtpunkt, der vielleicht über das Gemälde hinaus gedacht war, bildete. Auf der Allee flanierte ein junges Paar, ein Zouave und eine traditionell gekleidete *Arlésienne*, dem Betrachter entgegen. Sie hielten sich nicht bei den

Händen oder gingen gar eng umschlungen. Dadurch blieb offen, ob es sich um den ersten oder den letzten Akt handelte. Die Kronen der Zypressen bildeten ebenso feurig-gelbrote Wände wie die Gauguins. Bemerkenswert fand er eine bewusst gesetzte, künstliche Lücke zwischen den Bäumen der Allee, die den Blick auf das Industriegelände der Eisenbahnwerke jenseits des Kanals preisgab. Am meisten fiel aber die Übernahme der Cloisonné-Technik auf, die von Gauguin und seinen Freunden in Pont-Aven entwickelt worden war, wobei er die Zentralperspektive mit der Setzung des Portals als Fluchtpunkt nicht völlig aufgegeben hatte. Van Gogh hatte schon öfters mit dieser Technik gespielt, aber dieses Mal wählte er nicht, wie üblich für diese Malweise, farbige, sondern dunkelblaue, fast schon schwarze Umrisse zur Umrandung der einzelnen Farbfelder. Er wurde langsam zum echten Japaner. Auch die dieser Technik geschuldete Reduktion der Schatten war, wenn auch nicht konsequent, und vor allen Dingen formal gesehen etwas ungereimt, sehr gelungen. Die Leinwand atmete weniger Monticelli.

»Cézanne stand auch heute wieder Pate bei Ihnen, wie mir scheint«, begann van Gogh. »Weiter scheinen Sie mir mit Ihrem Wesen immer noch zu sehr im Norden verhaftet zu sein. Wo ist der primitive Gauguin, der Wilde aus Peru? Solche pflichteifrige Zaghaftigkeit, solche Harmoniesucht hätte ich bei ihnen nicht als Resultat des Südens erwartet. Monticelli –«

»Hören Sie endlich mit Ihrem Monticelli auf!«, platzte Gauguin unbeherrschter als gewollt heraus. »Lernen Sie erst zu verstehen, bevor Sie zur Kritik übergehen. Lassen Sie sich das gesagt sein! Hören Sie mir ein einziges Mal zu, bevor Sie wieder und wieder dieselben Einwände bringen, ohne auch nur einen Hauch davon verstanden zu haben, was ich tue. Ich werde mich zu dem Thema Monticelli nicht mehr äußern.«

»Verzeihen Sie, Paul. Ich stehe nicht in dem Rang, Sie kritisieren zu dürfen, denn Besseres habe ich natürlich nicht zu bieten«, lenkte van Gogh scheinbar ein, denn sein Akzent ließ nur schwerlich eine Entscheidung darüber zu, ob es sich hierbei um Ironie handelte und fuhr fort, bevor Gauguin weiter darüber nachdenken konnte: »Ich weiß nur, dass noch ein weiter Weg vor mir liegt und Sie diesen Weg schon ein Stück weiter gegangen sind. Das respektiere ich. Aber dennoch muss ich doch etwas sagen, wenn ich etwas Falsches sehe.«

»Falsches?« Gauguin wandte sich ab und atmete mehrmals laut auf.

»Nicht doch, Paul. Bei Ihnen entsteht wenigstens ein *tableau* und dieser Umstand sollte mir, ich gebe ihnen Recht, alle Kritik meinerseits unterbinden. Bei mir entstehen einzig *études*. Ich habe mir heute mehrmals gewünscht, Ihre Gelassenheit zu besitzen.« Gauguin atmete noch ein letztes Mal tief ein: »Mit der ist es bald vorüber, wenn Sie so weitermachen, Vincent.« Er klopfte ihm auf die Schulter. »Aber kommen Sie, bevor Sie mir wieder ihr Leid klagen und sich ein Ende prophezeien wie das Monticellis oder Claude Lantiers.«

»Das ist nicht zu vergleichen, Paul. Monticelli ist am Leben gescheitert, an der Gesellschaft, an sich und an der Malerei. Lantier ist nichts als Romanfigur, nichts als eine Spiegelfläche für Zola, obwohl die beschriebenen Zustände natürlich real sind. Nur haben das die meisten nicht begriffen. Es gibt diese

Situationen, die einen Menschen dazu bringen sich selbst zu vergessen. Sie haben den Roman doch auch gelesen, oder?«

»Natürlich, Vincent, natürlich. Aber lassen Sie uns später davon sprechen. Wir sollten nach Hause gehen und etwas Handfestes essen. Nach einem Tag auf einem Friedhof würde ich heute Abend stark für einen hygienischen Spaziergang votieren? Was halten Sie davon?«

»Eine feine Idee, Paul.«

»Und zu Ehren unseres hochverehrten Emil Zola soll heute Abend *La vraie Bouillabaisse* auf der Speisekarte stehen, nicht was einem in den unseligen Brasserien Paris aufgetischt wird. Kommen Sie.«

* * *

»Entschuldigen Sie bitte, Paul.« Gauguin hatte schon länger bemerkt, wie van Gogh leise ins Atelier geschlichen war, und hatte sich dabei gewünscht, der Brief seines Gastgebers an Theo wäre noch ein wenig länger ausgefallen, als er es zweifelsohne jetzt schon war.

Van Gogh hielt das in ein Kuvert gepferchte Bündel in der Hand. Gauguin war gespannt, ob er es dieses Mal schaffen würde, den Brief aufzugeben, ohne das Kuvert wieder und wieder öffnen zu müssen, um die neueste, essentiellste Botschaft für seinen fernen Bruder doch noch am selben Tag mit zu schicken. Bis heute Abend konnte ja noch so viel Gewichtiges geschehen!

»Sie haben mich keineswegs erschreckt, Vincent«, sagte Gauguin betont freundlich und klang dabei überzogen und affektierter, als er es eigentlich wollte.

»Das meine ich nicht. Ich sprach von meiner Anmaßung, soeben, als ich Sie und Ihre Malerei meiner Kritik unterziehen wollte.«

»Aber das macht doch nichts, mein Freund«, antwortete Gauguin in ruhigem, gutmütigem Ton. »Denken Sie sich nichts. Auch ich reagiere ab und zu etwas barsch. Wir sollten stets sagen, was wir denken. Wozu sind wir denn sonst Künstler geworden? Nichts ist heiligere Aufgabe für den Künstler unserer Zeit.«

»Was rede ich da nur?! So schaufelt man sich das eigene Grab!«, schoss es ihm im gleichen Moment durch den Kopf, denn dass van Gogh für Zynismus und Ironie nicht zugänglich war, hatte er nun hinlänglich begriffen. Er musste sich etwas einfallen lassen, um diese ewigen Entschuldigungsarien zu unterbinden.

»Sie sind ein wahrer Freund, Paul«, plauderte van Gogh gerührt los. »Wenn nur Theo bei uns sein könnte! Er würde Freude haben an unseren Gesprächen, wo er noch nicht einmal Gelegenheit hatte, dieses Atelier hier zu sehen! Das hier ist die Zukunft, sage ich Ihnen, Paul!« rief er mit einer Geste, die den ganzen Raum umfasste. »Erinnern Sie sich dagegen an das Atelier von Bongrand?«

»Wessen Atelier bitte?«

»Na, Bongrand! Sie wissen schon, ständig in Sorge um seinen eigenen künstlerischen Niedergang, kam er nie mehr von der Romantik los.«

»Seltsam, ich erinnere diesen Bongrand nicht. Reden Sie weiter von seinem Atelier, vielleicht kommt die Erinnerung dann zurück.«

»Sie erinnern sich nicht an ihn? Gut, sein Atelier war vollgestopft mit ausladenden, schweren Teppichen. Alte, gerahmte Gemälde hingen an den Wänden, die mit Tapeten versehen waren. Das Ganze glich einem bürgerlichen Salon. Dazu die ganzen Kunstgegenstände und der andere überflüssige Plunder. Eine wahrhafte Kuriositätenkammer der Renaissance ... Ich glaube ja, man muss die Geschichte im Kopf haben und neue Dinge um sich sammeln. Nicht umgekehrt. In solcher Beklemmung und Einengung würde ich nicht arbeiten können. Aber gut, Bongrand war ja schon alt. Kein Maler unserer Generation.«

»Es tut mir leid, Vincent. Ich erinnere mich nicht an Ihren Bongrand. Ist er schon tot?«

Van Gogh schien kurz zu wanken: »Aber nein, nun ja, er wäre es mittlerweile bestimmt. Ich, ich ... sprach von Bongrand. Der alte Maler bei Zola. In *L'œuvre*.«

Es entstand eine kurze Pause.

»Aber natürlich. Jetzt wo Sie es sagen ... Wegen unseres guten Zolas köchelt auch gerade die Bouillabaisse auf dem Gaskocher.«

»Sie haben schon gekocht?« Van Gogh schien Gauguins Irritation nicht bemerkt zu haben.

»Natürlich, während Sie Ihre Novelle an Theo verfasst haben, habe ich uns ein schönes Süppchen gekocht. Es steht quasi auf dem Tisch. Das Geheimnis ist, die Bouillabaisse ein wenig ziehen zu lassen ... Kommen Sie, essen wir.«

Gauguin war vorausgegangen und holte die Suppe vom Gas, während van Gogh Wein eingoss und dabei fragte:

»Sie haben mein Nachtcafé wieder betrachtet. Gefällt es Ihnen?«

»Unter gewissen Gesichtspunkten gefällt es mir sogar sehr gut. Ich verstehe bloß nicht, wo ich darin Zola finden sollte. Es scheint mir universeller. Und auch verzweifelter als Zola selbst.«

»Genau das war das Ziel. Ich wollte die schrecklichsten menschlichen Leidenschaften ausdrücken, die Leidenschaften die Zola ebenfalls beschäftigen. Es ging mir darum, eine Situation zu schildern, in der ein Mensch wahnsinnig werden kann, sich ruinieren und ein Verbrechen begehen. Es ist dieselbe Verzweiflung, die Ihr Selbstporträt ausdrückt.«

»Sieht es wirklich so aus in Ihnen, Vincent?«

»Manchmal, aber was tut das zur Sache. Sieht es nicht in Ihnen auch so aus? Ihr Selbstporträt lässt darauf schließen. Muss es nicht vielmehr in jedem fühlenden Menschen heute so aussehen – und im Künstler um ein vielfaches stärker? Das ist es, was uns Zola, trotz seines Optimismus, der ein Optimismus ist, der über die Gegenwart hinaus hofft, sagen möchte. Es ist unsere Umgebung, die uns bestimmt. In solch einer Umgebung wird man kriminell. Wie die Maler. Kann man denn so leben? Ich sage nein. Verändert sich aber die Situation der Künstler, verändert sich die Kunst. Dann verändert sich die Welt. Ansonsten ergeht es uns früher oder später allen wie Claude Lantier.«

»Nicht ganz, Vincent. Wenn wir die Fiktion Zolas verlassen, ergeht es der Vorlage, dem richtigen Claude Lantier, unserem Paul Cézanne, doch eigentlich ganz gut. Würden Sie ihn als gescheitert oder verzweifelt bezeichnen?«

»Das kann ich nicht beurteilen. Aber Sie beteiligen sich gerade an dieser sinnlosen Suche, wen Zola mit seiner Typenbildung gemeint haben könnte. Lantier ist nicht Cézanne oder irgendein anderer Künstler. Er ist mehr. Jeder dieser ehr- und eifersüchtigen Pariser Künstler und Künstlerchen sucht sich im Roman zu finden. Nur um dann nach außen hin empört, aber mit innerlich geschwellter Brust und im Bewusstsein erwähnenswert zu sein, auf Zola zu schimpfen. Die liebe Eitelkeit! Gehört man diesem Haufen nicht an, wird schnell klar, dass es sich um viel mehr als Künstlertratsch handelt.«

»Ich gebe Ihnen recht. Dennoch, bedenken Sie, Vincent, Zola hat viel Biographisches verwendet. Wieso sollte Cézanne sonst auch mit ihm brechen? Vielleicht hat er an bestimmten Stellen aus dem Nähkästchen geplaudert, wo er es nicht hätte tun sollen.«

»Dann hat Cézanne – auch mit Rücksicht auf Ihre Verehrung für ihn – nicht bedacht, dass wir als außenstehende Leser gar nicht wissen können, was er weiß. Schon was die Malerei selbst angeht, müsste ihm klar sein, dass er nicht Lantier sein kann. Sollte Lantier wirklich Cézanne sein, dann muss erklärt werden, weshalb das erste Plenair-Gemälde von ihm stammen sollte – Cézanne! Wir wissen, es war Manet mit seinem *Frühstück im Freien*, welches im Roman aber wiederum durch Fauberges gemalt wird, der aber keineswegs Manet sein kann. Oder doch? Sie sehen, es handelt sich um ein Panorama dessen, was sich in der Kunst unserer Zeit ereignet, nicht um wirkliche Künstlerpersönlichkeiten. Diese waren nur das Rohmaterial. Lantier nimmt sogar den Pointillismus Seurats vorweg, ein Weg, den

Cézanne, da stimmen Sie mir wohl zu, nie beschreiben würde. Spätere Künstler-Generationen werden den Roman als das verstehen, was er ist: die ärmliche Kunst unserer Zeit in Buchstaben gekleidet. Die Debatte der Zuschreibungen wird mit ihren Disputanten sterben, da bin ich mir sicher. Was Zola aber am Ende beschreibt, das geht in der Wirklichkeit weiter. Wir sehen es jeden Tag. Die Gruppe ist zerbrochen, kein Zusammenhalt ist mehr da, nur noch das Buhlen um den ersten Rang, sei es auch auf Kosten des Anderen. Eine gescheiterte Gemeinschaft. Deshalb scheitern sie alle. Unser aller Verzweiflung ist nur Folge unserer Unfähigkeit unsere Umstände zu ändern.«

Gauguin goss erneut Wein ein und steckte sich eine Zigarette an. Mittlerweile war er an den scharfen Verstand und breite Kenntnis van Goghs gewöhnt, was die Literatur anging. Er nahm sich ein, zwei Züge Bedenkzeit, dann warf er ein:

»Vielleicht war der Zusammenhalt, so wie Sie ihn sich wünschen, noch nie da. Der Zusammenhalt der Impressionisten – glauben Sie mir, ich war dabei – kam einzig aus der Opposition gegen den Salon zustande. Sobald der Impressionismus halbwegs etabliert war, ging der Streit los.«

»Aber Sie, Bernard, Lautrec, Seurat –«

»Bei uns wird es genauso kommen, wenn es nicht schon so weit ist«, unterbrach ihn Gauguin, konnte aber nicht fortfahren, denn van Gogh hielt dagegen:

»Lautrec sagt immer, ihm sei die Gemeinschaft mit den anderen Malern das Wichtigste.«

»Lautrec malt auch quasi außer Konkurrenz. Er kennt die meisten seit dem Studium, ist ein Krüppel und hat genug Geld.

Er hat es mir selbst erzählt, wie seine lieben Kameraden plötzlich Nerven zeigten, als das Studienende näher rückte. Und dann ging es los …«

»Sehen Sie, Paul! Ist es dann nicht umso schlimmer um uns bestellt und umso wahrer, was Zola schreibt?«

»Das ist wohl wahr. Vielleicht verstehen Sie mein Selbstporträt jetzt in vollem Maße …«

»Ihr Vergleich mit Jean Valjean ist ja durchaus treffend. Als ich Hugo zum ersten Mal las, reichte ich das Buch an meine Eltern weiter. Mein Vater, der Geistliche! Er konnte nicht über die Vergangenheit Valjeans hinwegsehen. Für ihn blieb er ein Krimineller. Meine Eltern konnten oder wollten die Tragweite des Geschriebenen gar nicht erfassen.«

»Sehen Sie, das ist es genau, was ich sage. Wir sind schon Verbrecher! Auch wenn Sie wohl eine andere Art von Verbrechen meinten. Durch das, was wir tun, machen wir uns in den Augen der Guten und Gerechten schon zu Kriminellen. Ein Verbrechen ist nicht immer eine Tat, es kann auch die Verweigerung einer Tat sein. Wir sind Verstoßene, weil wir uns selbst verstoßen haben. Dieser Umstand lässt sich nicht ändern, aber man kann seine Haltung ändern und stolzen Hauptes, stark und frei, als Gesetzloser und Wilder, leben. Es gibt ohnehin kein Zurück. So wie Hugo es mit Jean Valjean zeigt. Unsere Rache ist, wenn wir Gutes tun. Das kann der *Bourgeois* nicht, sobald es sich nicht mit seinem Eigennutz deckt.«

»*L'Intransigeant* schreibt übrigens, Prado habe angefangen in seiner Zelle die Werke Hugos zu lesen«, entgegnete van Gogh. Gauguin mochte diese sprunghaften Themenwechsel nicht leiden, wobei er sich der Bequemlichkeit halber angewöhnt hatte, kulant darauf zu reagieren:

»Es wird ihn hoffentlich trösten. Helfen wird es ihm kaum, denke ich. So wie es steht, wird er verurteilt werden.«

»Das kann ich mir nicht vorstellen!«, brauste van Gogh auf, der mittlerweile eine kleine Besessenheit für die Geschichte des mutmaßlichen Mörders entwickelt hatte und sich lange und breit darüber ergehen konnte. »Keiner der Zeugen ist glaubwürdig«, setzte er noch nach.

»Das mag sein. Aber er ist schon ein verurteilter Krimineller. Es ist wie das Kainsmal. Nie wieder wird man es los. Schuff' widerspricht immer lauthals, wenn jemand sagt, Geld stinke nicht. Er sagt dann, der beste Beweis hierfür sei, wenn er sich in der Gesellschaft aufhalte. Unsereins kann so gut angezogen sein, wie er möchte, so viel Geld in der Weste haben wie er möchte, der Bourgeois riecht förmlich, dass man nicht aus seinem Stall kommt … Und lässt es dich fühlen. Einem Zuchthäusler widerfährt nicht einmal das Glück dieser Zuwendung. Man lässt ihn nicht nur fühlen, dass er ein Außenseiter ist – man wirft ihn schlichtweg raus. Die Leute auf der Straße sagen, es wird keinen Falschen treffen. Der Richter hat seinen Schuldigen und die liberale Presse ihren Skandal. Eine traurige Welt …«

Van Gogh saß da und schwieg. Er schien abwesend.

» …Aber genug davon. Probieren Sie die Bouillabaisse! Wir haben heute einen guten Tag hinter uns und eine noch bessere Nacht vor uns. Auf Ihr Wohl, Vincent. Auf uns Verbrecher!« Nachdem sie getrunken hatten, schöpfte Gauguin die Suppe und sie aßen eine Weile vor sich hin. Van Gogh wirkte, seit sie von Prado gesprochen, wie verändert. Mechanisch löffelte er seine Suppe und trank ohne aufzublicken in Gedanken versunken. Unvermittelt fragte er dann:

»Glauben Sie an das Kainsmal, Paul? Ich meine, würde eine Anzahl an Menschen in einen Raum gesteckt, nackt und ohne Schmuck, wären sie dann noch zu unterscheiden? Ist es das Gesicht, die Haltung? Was tun wir Maler denn anderes, als solche Typen zu suchen? Wenn der Mensch von Natur aus gut ist, können wir doch nur die Verformungen der Zivilisation zum Guten und zum Bösen festhalten, nicht wahr? Aber was ist, wenn wir schon mit einer Sünde auf die Welt kommen?«

»Sie erkennen einen Neger, wenn er vor Ihnen steht. Und Sie erkennen einen Juden, wenn er vor Ihnen steht. Aber wissen Sie ob er gut oder böse ist? Nebenbei gesagt, der Neger ist übrigens meistens gut, sofern er nicht missioniert wurde. Auf einer Überfahrt waren wir einmal in tropischen Gewässern. Es war eine große Hitze und Schläfrigkeit an Deck. Es war auch jede Menge Rum im Spiel und einer der Schiffsjungen war wohl auf der Reling eingeschlafen … Jedenfalls war er über Bord gegangen. Plötzlich schallte es ›Mann über Bord‹ und alles lief zur Reling. Einige Momente standen alle nur da. ›Aber er wird ertrinken‹, rief ein Mulatte und sprang ins Wasser. Was sagt das über die Primitiven aus? Der Junge wäre ohne sein Zutun ertrunken. Im Handeln zeigt sich, wie ein Mensch ist. Nehmen wir Sie als Beispiel. Jeder Bourgeois würde unterschreiben, dass Sie wie ein Krimineller aussehen. Schickt er sie zum Barbier und danach zum Schneider und wahren Sie das Spielchen mit der Etikette, er wird er keinen Unterschied mehr erkennen.

Da widerspreche ich Schuff' entschieden!« Gauguin lachte, aber van Gogh wollte nicht einstimmen. Gauguin wurde wieder ernst und fragte: »Aber Sie haben ja kaum gegessen, Vincent. Schmeckt es Ihnen nicht?«

»Doch, doch. Also können Sie es auch sehen?«

»Was sehen?«

»Dass ich ein Verbrecher bin.«

»Das weiß ich doch. Von Verbrecher zu Verbrecher. Sie sind furchterregend!«

»Scherzen Sie nicht, Paul! Diese Gesellschaft zwingt uns in den gleichen Umständen zu leben wie die Verbrecher und Schritt für Schritt werden wir es dann auch. Wir haben wahrscheinlich am selben Tisch gesessen wie Prado und Pranzini. Mein Nachtcafé ist ein Café wie das *Tambourin*. Solche Orte gibt es Tausende. Überall. Und sie sind gefährlich.«

»Vincent, mein Freund. Der Ort alleine kann es niemals sein, das wissen Sie. Sie sind nicht schlechter oder besser als ich. Höchstens sollte ich mir Sorgen machen. Sehen Sie, Prados Biographie ist meiner erschreckend ähnlich. Er ist ebenfalls spanischer Abstammung und genauso viel gereist, er arbeitete als Spion für die Spanier wie ich und er hat sogar in Lima gelebt. Ich bewundere ihn für sein Talent, den Menschen vorzuspielen ein Anderer zu sein, aber: vom Maler zum Mörder liegt noch ein weiter Weg vor uns.«

»Und wenn ich schon längst ein Mörder bin?«

»Vincent, wie reden Sie plötzlich?« Gauguin wusste nicht, wie reagieren.

»Er war mein Bruder, Paul.«

Gauguin war mit einem Schlag wieder nüchtern: »Was haben Sie getan?«, fragte er vorsichtig und schob ungläubig sein Glas von sich weg. So unauffällig wie möglich blickte er sich um und sah das Brotmesser eine Armeslänge von sich entfernt. Sein Herz begann wild zu schlagen, als er vorsichtig danach tastete und überlegte, wie sich van Gogh wohl nach diesem Geständnis verhalten würde. Während er bedächtig Brot schnitt, schossen ganze Fragekaskaden durch seinen Kopf: Wie kam van Gogh auf die Idee, ein solches Geheimnis vor ihm auszusprechen? Niemand vertraute einem im Grunde Fremden ein solches Geständnis an, wenn er nicht wusste, er würde schweigen oder sei zu schweigen verpflichtet. Van Gogh besaß aber keinerlei Garantie hierfür. Wieso also? Mit schwarzen Rändern unter den Augen und einer schmutzigen Strähne im Gesicht, saß ihm van Gogh noch immer reglos gegenüber. Er hatte seine Arme um sich geschlungen, als wolle er sich umarmen, und begann nach einer Weile langsam seinen Oberkörper auf dem Stuhl zu wippen, unaufhörlich hin und her. Was ging nur in ihm vor? Die Schlagader pulsierte an seinem Hals und unter dem fest an die Oberarme gepressten Hemdstoff zuckten die Muskeln van Goghs in beängstigender Geschwindigkeit, unaufhaltsam und unregelmäßig, als versuche er sich aus dieser Haltung mit aller Kraft zu befreien.

Gauguin blieb unschlüssig, wie er sich verhalten sollte und schnitt weiter Brot. Ginge er darauf ein und vertraute der Mörder ihm jetzt seine Geschichte an, würde er von diesem Moment an fortwährend in Gefahr schweben. Zeigte er andererseits keine Empathie , würde er vielleicht seinen Vertrauensvorschuss verlieren und wäre unmittelbar in Gefahr. Er wusste um seine körperliche Überlegenheit. Lieber jetzt als später, dachte er sich, als van Gogh wieder zu sprechen begann:

»Es gab schon einmal einen Vincent van Gogh auf dieser Welt, Paul. Er starb am 30. März 1852 und war das erste Kind meiner Eltern. Auf den Tag genau ein Jahr später, am 30. März 1853, wurde ich geboren. Von diesem Tag an lebte ich sein Leben, trage noch immer seinen Namen. Indem ich sein Leben lebe, ohne wissen zu können, wie er es gelebt hätte, mache ich mich jeden Morgen mit meiner ersten Tat schon zum Mörder. Ich habe nicht nur mein Leben verfehlt. Ich habe damit auch sein Leben verfehlt!«

Gauguin ließ sich in die Lehne zurückfallen und legte das Messer vor sich auf den Tisch. Mit Daumen und Zeigefinger der rechten Hand wischte er sich die Augen und begann dann schallend über seine Einbildungen zu lachen. Als er merkte, wie bestürzt ihn van Gogh ansah, fing er sich sofort und entschuldigte sich mit allem Ernst, den seine Erleichterung zunächst zuließ und dann beförderte. Er schüttelte noch immer den Kopf und sagte dann sanft:

»Vincent, das ist Schwachsinn und das wissen Sie auch!«

»Nein, denken Sie doch eine Minute darüber nach –«, schrie van Gogh heftig, aus Furcht, nicht ernst genommen zu werden.

»Genau das ist es, Vincent!«, unterbrach ihn Gauguin sofort. Er musste wieder Oberhand gewinnen. »Sie hatten im vergangenen Jahr zu viel Zeit, um über solche Dinge nachzudenken! Sie haben sich in Ihren Gedankengängen verirrt. Der Tod Ihres Bruders hat nichts mit Ihnen zu tun. Ihren Eltern ist es vorzuwerfen, dass sie aus Fantasielosigkeit oder auch Aberglauben den gleichen Namen noch einmal wählten.«

»Ich denke, es war wegen meines Onkels Vincent.«

»Da haben Sie doch eine Erklärung! Dem Onkel musste auch nach Ihrer Geburt die Referenz erwiesen werden. Machen Sie also keine Geschichten ...«

»Verstehen Sie denn nicht ... wenn er nicht gestorben wäre –«

»Ist er aber und alles kam genau, wie es kommen musste. Wir leben in der besten aller möglichen Welten, Vincent. Wissen Sie das nicht? Es ist die Frage, ob Sie in der Interpretation im *Candid* oder derjenigen Leibnizens folgen. Diese Antwort könnte vielleicht darüber bestimmen, ob Sie gut oder böse werden.«

Die Mundwinkel van Goghs zuckten. Er hatte ihm also beinahe ein Lächeln entlocken können, weshalb er sogleich hinterher setzte:

»Und jetzt hören Sie auf, sich und mir mit solchen Gedanken diesen Genuss zu verderben. Könnte der gute Rabelais aus dem Geist dieses Weines aufsteigen, er würde Sie ohrfeigen!«

Dieses Mal war es unleugbar ein Lächeln – er hatte ihn fast so weit:

»Es ist unser Glück, dass wir unweit des Meeres residieren, mein Freund. Andernfalls hätten wir keine *vraie Bouillabaisse* bekommen, sondern nur eine *Bouillabaisse des pauvres*.«

»Was ist der Unterschied?«, fragte van Gogh höflich und starrte achtlos auf das Fensterkreuz zu seiner Linken.

»Ganz einfach. Nehmen Sie den Fisch aus der Suppe und denken Sie sich stattdessen Eier. Traurig, nicht wahr?«

»Welche Zutaten haben Sie denn für die *vraie* verwendet?« Van Gogh fragte weiter mechanisch, suchte dabei aber schon wieder nach Gauguins Blick.

»Passen Sie gut auf, Vincent. Es braucht lediglich ein bis eineinhalb Kilo Fisch zu gleichen Teilen: Seeteufel, Knurrhahn, Gestreiften oder Gefleckten Seewolf und Meeraal. Dazu Tomaten, Kartoffeln, zwei Zwiebeln, vier Knoblauchzehen, zwei Esslöffel Pastis, Kümmel, Orangenschale, und Olivenöl.

Zuerst müssen Öl, Pastis und die Orangenschalen zum Fisch gegeben werden. Nach einer Stunde kann dann begonnen werden die Zwiebeln in Öl zu braten, die Tomaten und Kartoffeln zu schälen, um alles zusammen in einem halben Liter Wasser zehn Minuten köcheln. Jetzt erst sollte der Fisch gebraten und in die Suppe gegeben werden. Schön köcheln lassen und immer wieder nachwürzen. Eigentlich nicht so schwer, will ich meinen. Jetzt frage ich Sie: Ist es wirklich so schwierig, eine Bouillabaisse richtig zuzubereiten? – Manchmal denke ich mir, nichts ist einfacher, als Koch in Paris zu werden. Sobald es sich nicht um ein vielfach ausgezeichnetes Restaurant handelt, wo sich der Koch als leonardogleiches Genie betrachtet, besteht kein Unterschied zwischen einer Garküche in der *Rue Saint Denis*, die die Reste des Vortages zu einem Sous anbietet und der besten Brasserie auf dem *Boulevard Saint-Michel*.«

Van Gogh hatte mittlerweile zum Löffel gegriffen und nahm sich ein Stück Brot.

»Ach, ich danke Ihnen Paul. Manchmal geht mein Temperament mit mir durch und die Sonne martert mein Hirn, bis es üble Scherze mit mir treibt. So wie kurz vor Ihrer Ankunft, als ich plötzlich Sehstörungen hatte. Ein Augenschmerz überfiel mich drei Tage und zwang mich im Haus zu bleiben. Wenn ich zur Sonne aufsah, tanzten nur weiße Flecken über mein Gesichtsfeld und wenn ich nach Innen sah, tanzten die Geister der Vergangenheit. Es ist mein Fluch und mein Kapital, und ob Sie es glauben oder nicht, ich bin dankbar dafür. Denn wenn mich etwas zum Künstler macht, bin ich es selbst, so wie ich bin, und kein Stil und keine Technik.«

Als Gauguin schwieg, fuhr er fort: »Da sehe ich auch den Unterschied zu Lantier. Seine Fehler sind vermeidbar. Er ist nach seiner Flucht aus Paris zurückgekehrt und es war sein Untergang. Außerdem hat er sich nicht von der Ehe ferngehalten und das Resultat war verheerend. Und er hat auf eine Entwicklung in der Natur, nach der Natur, verzichtet.«

Gauguin, erfreut darüber, wieder in sichere Gewässer zu laufen, wollte sofort in die Diskussion einsteigen, aber van Gogh überging ihn: »Ich weiß, ich weiß, lassen Sie mich meinen Gedanken zu Ende führen, damit Sie sehen, worauf ich hinaus will. Lantier ist zweifach gescheitert. Einmal an einer kunstfeindlichen Gesellschaft. Dann aber auch im Besonderen an seiner Kunst. Es ist, glaube ich, mehr als nur eine Hommage an die eigene Kunstform, wenn Sandoz – und hier können wir getrost sagen: Zola – mit seinem Zyklus in der Literatur das vollbringt, was Lantier, also die Malerei im Gesamten, nicht schafft: Paris, das Leben und so fort in seiner Vielschichtigkeit abzubilden. Es war vermessen von der Malerei, das zu wollen. Demut vor den Fähigkeiten der eigenen Kunst, Demut vor den eigenen Fähigkeiten als Künstler und die Entfesselung des Temperaments sind nötig, um heute Kunst zu schaffen.«

»Natur! Temperament! Haben Sie mir in den letzten Tagen denn gar nicht zugehört?« Gauguin geriet, da es wieder um

Kunst ging, ein wenig in Rage und dies nicht nur, um van Gogh auf andere Gedanken zu bringen. »Ein Maler muss mit heißem Herzen sehen und mit kühlem Kopf malen. So ist das.« Er reckte das Kinn vor und steckte sich eine Zigarette an.

Van Gogh sprang auf. »Warten Sie, vielleicht verstehen Sie es in den Worten Ihres Landsmannes besser.« Nach kurzer Zeit kam er zurück in die Küche, *L'œuvre* in der Hand. Er blätterte kurz darin und las dann laut vor:

> *»Einzig die Wahrheit, die Natur ist die mögliche Grundlage, die notwendige Versicherung. Über sie hinaus fängt der Irrsinn an. Man braucht nicht zu befürchten, dass das Kunstwerk dadurch flach wird. Es ist ja das Temperament da, das den Künstler stets empor tragen wird. Denkt denn jemand daran die Persönlichkeit zu leugnen, den unwillkürlichen Druck des schaffenden Daumens, der deformiert und die Schöpfung zu unserer armen, eigenen stempelt.«**

Gauguin schüttelte den Kopf und stand auf. Nicht schon wieder ein Abend endloser und auch sinnloser Debatten. Er musste raus, weg. Am besten allein:

»Schluss für heute! Wenn ich Ihnen jetzt widerspreche, geht es schon wieder los, mein Freund. Die Diskussion ist vertagt. Nach dem heutigen Tag auf den *Himmlischen Feldern* des Todes möchte ich nun in ganz weltliche Federn – mit einer Frau.«

* * *

Um zur Nummer 1, *Rue du Bout d'Arles* zu gelangen, mussten Gauguin und van Gogh die *Rue des Ricolets* bis zum Ende hinabgehen und sich kurz vor den letzten Häusern nach links wenden. Es war die verruchteste Gegend der Stadt und van Gogh fühlte sich in Begleitung Gauguins bedeutend besser als sonst. Aus Gründen der Vorsicht wich er üblicherweise den Soldatengruppen stets frühzeitig genug aus, um gar nicht erst von ihnen wahrgenommen zu werden. Spätestens auf der Höhe der *Rue des Remparts* wechselte er dann vom Trottoir auf die Straße. Hier befand sich das Bordell, in dem erst vor wenigen Wochen zwei Zouaven von einer Gruppe Italiener ermordet worden waren. Er selbst hatte oftmals erlebt, wie schnell hier die Messer blitzen konnten oder wie zwei Männer aus einem Bordell oder einer Bar stürzten, kurz über die Straße rollten und es schon im Liegen die ersten Faustschläge setzte. Derweil einer wieder aufstand, blieb der andere schmerzgekrümmt auf dem Pflaster zurück. Offene Lippen und blutige Nasen gehörten für die Soldaten scheinbar zum Nachtprogramm und waren allenthalben zu sehen. Manchmal lagen die Absinthleichen und Bewusstlosen noch bei Tagesanbruch in Blut und Exkrementen, während sich die Tore zum Innenhof des gegenüberliegenden Karmelitenklosters schwerfällig und knarzend öffneten. Die Prostitution und das Laster waren, wie überall in Europa, zum Problem geworden. Auch in Arles sahen sich die Fabrikarbeiterinnen, Dienstmädchen und Wäscherinnen gezwungen, ihr klägliches Gehalt, das sonst nicht zum überleben reichte, aufzubessern. Bei weitem war es dabei in Arles nicht so schlimm wie in schneller wachsenden Städten mit Industriebezirken, die in ihrer Größe den ursprünglichen Stadtkern um ein vielfaches überstiegen. Allerdings zog die Zouavengarnison in Arles die Prostitution schon immer an, was, solange der Lebensalltag der übrigen Bewohner nicht gestört wurde, und sich das Laster auf wenige Straßen beschränkte, seitens der führenden Bourgeois zu keinerlei Einwänden führte. Erforderte das harte Soldatenleben nicht *echte Kerls*, denen der Gang ins Bordell keinesfalls zu verübeln war? Wie verhielt es sich denn zur Zeit des eigenen Militärdienstes oder der glorreichen Studentenzeit in Paris? Außerdem wusste so jeder unter ihnen, wo auch er ab und zu sein eigenes *Plaisir* suchen konnte, falls beispielsweise das neue Dienstmädchen nicht richtig in Schwung zu bringen war.

Mit Gauguin wurde jedenfalls nicht ausgewichen. In ausfallenden Schritten ging er über den Trottoir, taxierte jeden in seiner näheren Umgebung und wartete, auch auf die Gefahr eines Remplers hin, dass ihm Platz gemacht würde. So war er einfach durch eine lärmende Gruppe Zecher gelaufen, die den schmalen Bürgersteig blockierte. Er nahm dabei nicht einmal seine Hände aus den Hosentaschen, sondern verschaffte sich, nur durch den Einsatz seiner breiten Schultern, die nötigte Lücke, durch die auch van Gogh noch schlüpfen konnte. Die Angerempelten riefen ihnen Beleidigungen und Flüche hinterher, woraufhin Gauguin seinen Schritt keineswegs beschleunigte, sondern im Gegenteil sogar stehen blieb. Er drehte sich langsam um und stellte sich breitbeinig auf. Er wartete eine Weile, breitete dann die Arme aus und rief: »Ich warte!« Einige aus der Gruppe zogen daraufhin die Streithähne unter ihren Freunden weiter und auch Gauguin ging wieder seines Weges. Keineswegs vorsichtiger, wie van Gogh von der Straße aus feststellen musste, auf die er sich zur Sicherheit zurückgezogen hatte. Dennoch kamen sie wohlbehalten bei Madame Virginie an.

Durch die offene Tür gingen vier Stufen in den dunklen Flur des Erdgeschosses hinunter, der rechts über eine blanke Steintreppe in die anderen Etagen führte und sich nach wenigen Metern links zu einem geräumigen Salon hin öffnete. So war es möglich, unbesehen die Treppen hinauf zu gehen, einzig dem scharfen Blick des zweifelhaften Concierges ausgesetzt, der die beiden mit einem Nicken passieren ließ.
Die Luft des Salons war erfüllt vom Geruch nach Tabak, billigem Parfum und Lavendelwasser. Im gedämpften Licht der Gasleuchter herrschte aufgrund der abendlichen Stunde ein reges Treiben. Gruppen von Zouaven zogen kreischende Mädchen zu sich an die Tische und flößten ihnen unter groben, prüfenden Berührungen Getränke ein. Der Raum war von den Tapezierern schlecht ausgeschlagen worden. Eine überdimensionierte und mehrere kleinere Haremsszenen in Öl, sowie mehrere große Palmen, machten diesen Umstand nicht vergessen. Am Klavier wurden die Pariser Schlager des vergangenen Sommers gespielt, die Mädchen schwebten zwischen den Männern oder saßen blasiert auf Sesseln und Hockern, um rauchend auf den nächsten Kunden zu warten. Ihre leichten Kleidchen, Tücher oder Schals waren so geschickt drapiert, dass sie mehr zeigten, als sie verbargen. Einige der jüngsten waren völlig nackt und ihre spitzen Brüste hüpften bei jeder Bewegung.
Die Ungeniertheit und Selbstverständlichkeit mit der sich die

Mädchen gebärdeten, nahmen van Gogh jedes Mal aufs Neue die Verlegenheit, die ihn überkam, kurz bevor er ein Bordell betrat.

»Ziemlich unverbraucht. Ich hab schon Schlimmeres gesehen. Birne oder Pfirsich?«, stieß ihn Gauguin lachend an.

»Wie bitte?«

»Na, welche Form des Hinterns bevorzugen Sie?«

»Ich weiß nicht ... Sehen Sie selbst, falls Rachel da ist.«

Er war sich nicht sicher, ob sie heute da war, denn viele der gesünderen Mädchen kamen nur ein- oder zweimal pro Woche ins Bordell. Normalerweise versicherte er sich nach einem Stelldichein ihrer Anwesenheit bei seinem nächsten Besuch, wobei sie sich stets nach ihm richtete und dabei beteuerte, wie lieb er ihr war. Wie hatte Lautrec einmal im Rausch ausgerufen? »Gesegnet seien die Huren, die sich opfern, um all die Leiden und Demütigungen, die die Welt uns Ausgestoßenen widerfahren lässt, für kurze Zeit auszulöschen!« Ja, er hatte diese Worte bewahrt und bewegte sie in seinem Herzen. Wenn er gut zu seinem Mädchen war, konnte auch er ihr Leiden ein wenig lindern, denn trotz aller widrigen Umstände in denen er lebte, ließ er es sich normalerweise nicht nehmen, ihr eine kleine Aufmerksamkeit mitzubringen. Heute würde sie darauf verzichten müssen, würde ihm aber sicher verzeihen.

Gauguin und er wurden von einer Gruppe Soldaten, die ins Bordell drängte, unsanft vom Eingang weggeschoben. Van Gogh fürchtete schon eine Auseinandersetzung, doch Gauguin schien es gar nicht bemerkt zu haben. Er zog ihn mit zu einem freien Plätzchen rechts des Eingangs und betrachtete die Mädchen an der Bar und auf den Sesseln. Ein Mädchen erhob sich und kam auf sie zugesprungen.

»*Fou Rouge!* Das ist aber lange her. Wo warst du denn? Ich habe mir schon Sorgen gemacht, *mon chouchou.*«

Rachel schmiegte sich fest an van Gogh, wobei ihr eine Brust aus dem offenen Dekolleté ihres Kleides rutschte. Sie kicherte kurz und zog ihr Kleid wieder nach oben.

»Wen hast du denn da mitgebracht, *chouchou*?«

»Rachel, das ist Paul. Paul, ich stelle Ihnen Rachel vor.«

»Der Maler, der so lange nicht gekommen ist?«

»Ja, Rachel. Jetzt ist er da.«

Gauguin blickte spitzbübisch zu van Gogh, bevor er die Hand Rachels nahm und in gespielter Galanterie einen Handkuss andeutete:

»Angenehm, meine Liebe. Ich habe schon viel von Ihnen gehört. Eine leibhaftige *Arlésienne*, die hier vor uns steht.«

»Und eine japanische Mousmé zugleich«, ergänzte van Gogh.

»Na, dann lass dich mal ansehen!«

Gauguin hielt ihre Hand noch immer und hob sie über ihren Kopf. Mit der anderen Hand strich er ihr durch das schwarze, offene Haar, wobei sie wieder kicherte und den Kopf mit gezierter Geste zur Seite neigte. Dann fuhr er zwischen ihren Brüsten hinab, legte die Hand auf ihre knabenhafte Taille und schob das Mädchen leicht an, bis sie sich von selbst zu drehen begann. Dabei begutachtete er unverhohlen ihren Hintern und spähte in ihr Dekolleté, das sie mit einem Zug an der Verschnürung öffnete. Er widerstand, nach den festen, weißen Brüsten zu greifen, die spitz gegenüber dem sonnengebräunten Hals hervorstachen.

Langsam ging er ein Stück zurück, als betrachte er ein Gemälde auf der Staffelei. Dann rief er, übertrieben laut, wie van Gogh fand: »Ganz klar, Pfirsich! Ein wahres Schmuckstück, Vincent. Ein Stern des Südens! Auf diese Entdeckung müssen wir trinken.«

»*Fou Rouge* ... er ist ja so gar nicht wie du. Wie galant, er ist ... Komm, setzten wir uns. Soll es wie immer der billige Rote sein?«

»Nein, Rachel. Bringen Sie uns eine Flasche Champagner. Das war ein guter Tag heute, der gefeiert werden muss, nicht wahr, Vincent?«

Van Gogh schaute ihn ungläubig an, und nachdem Rachel immer noch zögerte, gab Gauguin ihr einen Klaps auf den Pfirsich: »Sei ein braves Mädchen und geh.«

»Verzeihen Sie, Monsieur. Ich dachte Sie seien auch Künstler.«

»Das bin ich, das bin ich, meine Kleine. Machen Sie sich keine Sorgen, ich kann bezahlen. Mein letztes Bild habe ich für 500 Francs verkauft.«

Rachel pfiff durch die Zähne.

»Dann verstehe ich nicht, wieso mein *chouchou* immer so sparsam ist. Hast du mich denn gar nicht gern?«, schmiegte sie sich an ihn heran. Van Gogh war verlegen und fand nicht gleich eine passende Antwort. Er war deshalb froh, als sich eine fremde Stimme ins Gespräch einmischte:

»Willst du noch mehr Dummheiten von dir geben oder den Herren endlich Champagner bringen? Betrachten Sie sich als eingeladen und verzeihen Sie die Umstände, Monsieur –?«

»Gauguin. Paul Eugene Henri Gauguin.«

»Ah, der Künstler! Habe ich mich soeben doch nicht verhört. Angenehm, Bordenave.«

»Und Sie sind?«

»Vincent van Gogh. Ich besuchte Ihr Etablissement in der –«

»Puff.«

»Wie bitte?«

»Keine falsche Bescheidenheit, Monsieur, äh … Vincent. Nennen Sie das Kind beim Namen. Es ist ein Puff.«

»Eine Frage bitte, Monsieur Bordenave, woher wussten Sie, dass ich komme?«, schaltete sich Gauguin ein.

»Die kleine Rachel plaudert gerne, wie Sie bestimmt schon bemerken konnten, und da ich von Berufs wegen eine Schwäche für die Schönheit in all ihren Formen habe, auch für die Kunst, hat sie mir natürlich doppelt gerne von Ihnen erzählt.«

»*Mon chouchou* hat in den letzten Wochen von nichts und niemandem anderen gesprochen. Das können Sie mir glauben, Messieurs, dass ich das dann weiß, wie wichtig so jemand ist.« Rachel stellte, während sie sprach, ihr Tablett ab und ging zu Gauguin herüber, legte ihren linken Arm um seine Hüfte und graulte und zwirbelte seinen Schnurrbart. Gauguin ließ es sich wohl gefallen, versetzte ihr zum Dank wieder einen Klaps und als sie daraufhin kreischend und lachend zurückwich, schnappte er nach ihren Brüsten. Rachel versteckte sich Schutz suchend hinter van Gogh. Gauguin brach seine Verfolgung schnell ab, als er in dessen Gesicht sah. Da war aber schon Bordenave zur Stelle und überreichte jedem ein Glas Champagner: »Arles ist zwar nicht Paris, Monsieur Gauguin, aber es hat seine Qualitäten. Sie werden sehen, unter unseren Mädchen findet sich bestimmt auch etwas nach Ihrem Geschmack. Hier bekommen Sie die Mädchen frisch von der Sonne des Südens gebacken:

außen braun und knusprig anzusehen, innen aber, Monsieur, ganz weich und zart. Sie sind eingeladen, sich umzusehen und selbst zu überzeugen. Vorher würde ich Sie aber, nur wenn es nicht zu viele Umstände macht, um Ihr Urteil als Kunstkenner bitten, denn ich habe unlängst einige Objekte in den Pariser Galerien erstanden. Wollen Sie sich diese kurz ansehen? Die Leute hier verstehen so wenig davon …«

»Sehr gerne, Monsieur. Es wird mir eine Freude sein.«

Bordenave erhob daraufhin sein Glas in Richtung Gauguin und rief:

»Simonne! Gaga! Seid brave Mädchen und begleitet uns. – Folgen Sie mir bitte, Monsieur Gauguin.«

Van Gogh hatte sein Glas mit einer unüberhörbaren Geste abgestellt, das Gesicht feuerrot, ob vor Zorn oder vor Scham, das konnte Gauguin nicht sagen. Bordenave hatte Gauguin schon die Hand auf seinen Rücken gelegt und wollte ihn aus dem Raum führen, als sich Rachel mit beleidigter Stimme bei ihm beschwerte: »Dürfen wir nicht mal mit? Mein *chouchou* ist doch auch Künstler!« Bordenave hob drohend die Hand: »Dann tu ihm was Gutes und kümmere dich um seinen Pinsel.«

* * *

Als sie aus dem Bordell getreten waren, trank van Gogh lange und gierig am Brunnen des Platzes. Den betrunkenen Zouaven und anderen Nachtschwärmergruppen ausweichend, gingen sie dann bis zur *Rue de la Cavaleri*, die direkt zur *Place Lamartine* führte. Es war das erste Mal, wie Gauguin auffiel, dass sich van Gogh nicht genötigt sah, ständig zu reden, wo er doch selbst vor der Staffelei den Mund nicht halten konnte, sobald sie in Hörweite voneinander malten. Gauguin grinste und biss sich den gesamten Rückweg auf die Zunge, um das Schweigen nicht zu unterbrechen. In der Küche fragte van Gogh dann aufgeräumt, ob sie noch ein Gläschen trinken sollten. Gauguin hatte sich verausgabt, aber in Anbetracht dieser Aufgeräumtheit wollte er das Gläschen nicht ausschlagen. Schon gar nicht als dieser sogar ein wenig flachste:

»Ich hatte den Eindruck, Ihnen hat meine *Mousmé* offensichtlich auch gefallen …«

»Ja, ich hätte sie nicht abgewiesen, mein Lieber«, antwortete Gauguin gönnerhaft.

»Das ist neu. Untertreibung konnte ich bei Ihnen noch nie feststellen, Paul. Sie haben sie doch förmlich mit den Augen verschlungen. Ich sage Ihnen …, wenn sie Ihnen offenbaren würde, was sie mir gewährt. Sie ist eine wahre Kurtisane und es handelt sich nicht nur um einen Vergleich: sie *ist* meine *Mousmé* und versteht, was zu ihren Diensten gehört. Mit Ihnen würde sie vielleicht auch ein japanisches Verhältnis beginnen. Bringen Sie ihr das nächste Mal eine kleine Aufmerksamkeit mit und Sie werden es selbst sehen.«

»Das glaube ich gerne, Vincent. Sehr japanisch! Sie haben ja gesehen, sie wirft sich jedem an den Hals, bei dem sie Geld vermutet – genau wie ihr Herr und Meister.« Gauguin lachte auf.

»Der Champagner hat ein wenig gebrannt in der Magengegend, finden Sie nicht auch? – Aber ich weiß, worauf Sie anspielen. Wir haben keine Kurtisanen wie die Japaner. Auch hier sind sie uns wieder voraus. Die Mädchen, die bei uns zu haben sind, sind gewöhnliche Huren. Frauen, die ins Bordell gehen, um ihr Haushaltsgeld aufzubessern. Damit sind sie keines von beidem, weder ehrbare Bürgerin, noch Kurtisane. In Japan könnten sie beides sein. Unsere Prostituierten, ich meine die, die einzig davon leben, sind wirklich keine Auszeichnung für unsere Kultur. Bei ihnen holt man sich schneller den Tod als in vorderster Reihe auf dem Schlachtfeld.«

»Ja, wir haben einfach keine Tradition, was die Prostitution angeht. Der Kirche sei's gedankt! Und was es gibt, wird durch den Staat reglementiert ... Wir haben auch keine Kultur der Liebe. Haben Sie schon je gehört, dass *shinju* bei uns gepflegt wurde, sei es mit einer Hure, sei es mit einer Geliebten?«

»*Shinju*? Was ist das?«

»Es war noch in Paris, als ich bei Lautrec darüber gelesen habe. Spätestens ab dem 17. Jahrhundert gab es in jeder japanischen Stadt ein Vergnügungsviertel. In Yoshiware, dem Montmartre des damaligen Edo, dem heutigen Tokio, nahm diese Kultur ihren Ausgang. Dort entstand erstmals ein wahrhafter Ritus, um bei einer Kurtisane Einlass zu bekommen. *Shinju* war zunächst nur der rituelle Austausch von Liebespfändern, die dann in eigens zu diesem Zweck kunstvoll gefertigten Behältern aufbewahrt wurden. Darin fanden sich Liebesbriefe, die mit dem Blut der Kurtisane versiegelt waren, Haarlocken und ähnliche Objekte, die dann Freunden und Bekannten stolz präsentiert wurden, denn der Name einer jeden Kurtisane war ja stadtbekannt. Es waren Souvenirs, so wie heute ein Strumpfband oder eine Haarspange. Aber all das sind nur sanfte Formen des *shinju*. Im Laufe der Zeit forderten die Freier von ihren Kurtisanen stärkere Beweise ihrer Zuneigung und so erhielten sie Fingernägel oder ganze Finger in aufwendigen Päckchen verschnürt. Manchmal waren es jedoch auch nur die Finger von Leichnamen oder aus Reismehl gebackene Surrogate. Den Freiern selbst wurde aber auch einiges abverlangt. So brachte manche Kurtisane ihren Freier dazu, sich als Zeichen seiner Liebe für sie zu verstümmeln. Die Männer mussten sich, um vorgelassen zu werden, in Arme, Beine oder Genitalien stechen. Die höchste, ehrenvollste und vollendeste Form des *shinju* ist aber der gemeinsam gewählte Tod zweier Liebender. Er kann zwischen Mann und Frau, unabhängig davon, ob sie Kurtisane ist oder nicht, stattfinden, falls die Liebe einen zu hohen Ehrverlust in Aussicht stellt oder von vorne herein schon aussichtslos ist. Haben Sie von einer so vollendeten Form der Liebe schon bei uns gehört? Allenfalls auf der Bühne, sage ich Ihnen.«

Gauguin trank bedächtig und nickte dann zustimmend:

»Wir wünschen uns nur, dass es solche Liebe gäbe. Man denke nur an diesen Kitsch auf Père Lachaise. Heloïsa und Abaelard – Ha! Nachträglich legen wir sie in ein Grab. Haben sie es verdient, frage ich? Es mangelt uns in diesem Punkt wie überall an Kultur. Und wo es sie noch gibt auf der Welt, da zerstören wir sie. Wir sind wie die Römer, die in Griechenland einfielen …

Wie dem auch sei! Jedenfalls hatte ich heute meine erste *Arlésienne* – ich habe mich vorher bei Bordenave versichert. Drei auf der Leinwand, zwei im Bett. Kein schlechter Schnitt für einen Tag, was? Ist es nicht so, dass man eine Kultur erst richtig kennt, wenn man sich mit ihren Männern gemessen und ihre Frauen gevögelt hat? Morgen wird die Arbeit gut von der Hand gehen, das fühle ich. Meine Inkubationszeit ist zu Ende. Jetzt geht es richtig los, Vincent.«

»Sie sind ein wahrer Rubens, Paul!«, lachte van Gogh. Sie tranken noch einige Absinth, saßen beisammen und gingen ihren eigenen Gedanken nach. Gauguin rauchte Zigaretten und van Gogh steckte sich seine Pfeife an. Das behagliche Schweigen hielt an, bis Gauguin zuerst das Fenster, und kurz darauf auch erstaunt die Fensterläden öffnete, wodurch ein diffuses Licht in die Küche drang, das davon kündete, dass der Morgen bereits graute. Ein sanfter Windstoß fuhr durch die Küche und van Gogh schüttelte sich:

»Das sind schon die Vorboten des Mistrals, bald kommt der Winter. Sie haben Glück, Paul. An meinem ersten Tag in Arles hat es geschneit. Damals war ich vor Enttäuschung im Café gesessen und habe viel zu viel Absinth getrunken. Wissen Sie, dass in Japan die Farbe der Trauer Weiß ist? So saß ich also bis in die Nacht am Cafétisch und sah zu, wie es schneite. Schwarz und weiß – es war eine doppelte Trauer, die die schwarze Nacht mit exotischer Melancholie in Weiß erleuchtete. Unter dem Mikroskop besehen gleicht keine Schneeflocke der anderen, wissen Sie. Und ich dachte mir, alle diese vergänglichen Individuen werden in die schwarze Unendlichkeit getrieben … Bei all den Farben des Südens! Es gibt eigentlich nur zwei Farben: Schwarz und Weiß. Sie kommen in jeder Farbe vor, weshalb die Natur eigentlich nur aus diesen zwei Farben besteht. Deshalb ist die Nacht auch reicher an Farben als der Tag. Diese tiefen Töne von Violett, Blau und Grün. Wenn Sie darauf achten, werden Sie sehen, dass gewisse Sterne zitronengelb sind, andere glühend rosa, oder einen grünen, blauen und vergissmeinnichtfarbenen Glanz besitzen. So viel ist klar, es genügt nicht, kleine weiße Punkte auf einen blauschwarzen Hintergrund zu setzen. Wenn wir es nicht mit jedem Bild schon schon täten, würde ich am liebsten ein Gemälde in Schwarz und Weiß malen. Ich habe einige Nachtansichten gemalt. Sie müssten eigentlich gleich dort drüben –«

»Nein Vincent, lassen wir es gut sein für heute. Ich bin schrecklich müde«, schüttelte Gauguin den Kopf, während er ein Gähnen unterdrückte.

Er leerte sein Glas. »Wenn man ihn lässt, redet er tatsächlich, wie er schreibt«, dachte er. Dann erhob er sich, wünschte eine Gute Nacht und ging auf sein Zimmer. Dabei streifte sein Blick das Küchenmesser und den Berg an zu viel geschnittenem Brot vom Abendessen. Worauf hatte er sich da eingelassen? Morgen würden sie wieder den ganzen Tag zusammen malen. Und den nächsten. Und den nächsten. Und so weiter. Hoffentlich würde es ihm gelingen, van Gogh durch das Malen zum Schweigen zu bringen. Vielleicht auch zur Vernunft.

Der Verbrecher

Es war eine dieser feuchten Winternächte, in welchen die Nebelarme über der Seine wie geisterhafte Tentakel aus dem Wasser dampfen, um sich durch die Gassen von Paris zu tasten; immer auf der Suche nach den wenigen Passanten auf den Straßen, die ihre klammen Finger in ledernen Handschuhen verstecken, und heimwärts vor den Kamin streben.

Einzig auf der *Place de la Roquette* fand sich eine Ansammlung von Menschen, die langsam aber stetig wuchs. In kleinen Gruppen standen sie über den Platz verstreut und sammelten sich unter Wolken, gemischt aus Tabakrauch und ausgestoßener Luft. Pariser aus dem Zentrum und den Vororten waren gekommen. Ab und an hörte man auch den deutschen, russischen oder englischen Akzent im Französischen, denn sogar die in Paris lebenden Ausländer fieberten den Ereignissen entgegen.

Die verschiedenen Gruppen trennten sich weniger nach Nationalitäten als nach Klassen. Unter all den Nachtschwärmern, Arbeitern und Müßiggängern fand sich auch eine nicht geringe Zahl an liberal gesinnten Bourgeois. Immer wieder machte in diesen Kreisen das Wort von der Abschaffung der Todesstrafe die Runde. In pelzbesetzte Mäntel gehüllt standen sie am Rand des Platzes, zwar noch in Sichtweite des Gefängnistores, aber doch in gebührendem Abstand. Wichtig war nur, morgen sagen zu können, man sei dabei gewesen. Unweit von ihnen fanden sich Luden und Prostituierte, die ihre Dienste anboten. Die wirklich Schaulustigen drängten so weit wie möglich vor das Gefängnistor. Zwischen den Gruppen gingen Krämer hin und her, boten Hochprozentiges feil und wehrten sich gegen Diebe und Eckensteher. Ein Name führte diesen bunte Versammlung zusammen, sie alle warteten auf einen Mann: Prado.

Gauguin fluchte der feuchten Dezemberkälte und stapfte mit den Füssen. Seit halb-drei stand er hier. Allein. Sicher wäre einer seiner Freunde bereit gewesen, die stickige Wärme des *Café de la Nouvelle-Athènes* zu verlassen, um mit ihm von der *Place Pigalle* bis hierher zu kommen. Immerhin wurde ein Spektakel erwartet, von dem Paris noch lange sprechen sollte. Aber er war alleine gegangen, verzichtete auf Unterhaltung und Kurzweil, war zum arbeiten hier.

Ein Freund aus früheren Tagen bei der *Garde municipal de Paris* hatte ihm per Telegramm verraten, dass Prados Hinrichtung in den frühen Morgenstunden stattfinden würde. Die Presse hingegen war nur darüber informiert worden, dass das Gnadengesuch abgelehnt worden war, während über den Zeitpunkt der öffentlichen Hinrichtung offiziell geschwiegen wurde, um zu viel Trubel zu vermeiden. Ungeachtet dessen hatte sich die Nachricht wie ein Lauffeuer in ganz Paris verbreitet, denn es war die Frage der Tageszeitungen, die alle Anwesenden bewegte: Wie würde sich Prado verhalten, wenn es wirklich so weit war?

Bis zur Ablehnung des Gnadengesuches war er gefasst und siegesgewiss. Mit dieser Nachricht kam die Panik in seine Zelle. Detailliert berichteten die Zeitungen über seine nächtlichen Albträume, seine Lektüre und seinen Appetit. Er gab die Informationen gerne Preis und beteuerte dabei weiterhin über die Presse seine Unschuld, da mittlerweile nicht nur seine Fürsprecher am Urteil zweifelten. Aus der Affäre um einen beispiellosen Mord war längst eine Affäre geworden, die den Staat erschüttern sollte. Angesichts der unsicheren Lage betreffend Prados Schuld wurde von den liberalen Zeitungen offen die Frage gestellt, ob die Todesstrafe nicht unzeitgemäß wäre, vor allem da ihre Abschaffung, über den Fall hinaus, auch den neuesten wissenschaftlichen Erkenntnissen der Kriminalistik mehr entspräche.

Der Platz füllte sich mehr und mehr, während Gauguin wie gebannt die Vorbereitungen beobachtete. Mittlerweile war unter Bewachung der berittenen Gendarmerie, die zuvor den Platz unmittelbar vor dem Tor mit Eifer geräumt hatte, die Guillotine aufgestellt worden. Matt spiegelte sich das Licht der Laternen auf dem Holz. Schwarz stiegen ihre Balken in die Nacht. Dazwischen funkelte das Fallbeil. Verschwommen war im Hintergrund das Gefängnistor von *La Grande Roquette* mehr zu erahnen als sichtbar. Von der rechten Seite des Platzes aus konnte Gauguin das letzte, harte Kissen, auf das Prados Kopf sich betten würde, nicht sehen. Aber es war noch genug Zeit: der Plan sah vor, mit Kohlestift und Notizheft in der Hand durch die Massen zu drängen und sich als Pressezeichner auszugeben. Sein Aufzug würde diesen Auftritt zulassen. Das erste Mal, seit er in der Stadt angekommen war, war er froh, ganz bürgerlich, in Mantel und Anzug, gekleidet zu sein. Er hatte beides gegen die übliche Seemannskluft getauscht, als er in Paris angekommen war. Der Kleiderwechsel kam in seiner Wirkung einer rituellen Reinigung gleich.

Auch wenn sie aus seiner Zeit als Börsenhändler stammten, waren die Sachen durchaus noch tragbar, denn der Schnitt war gerade wieder in Mode gekommen. Trotzdem machten sich seine Malerfreunde natürlich über ihn lustig. Toulouse-Lautrec fragte sogar, ob er mit dieser Verkleidung nun auch seine Person kopieren wolle, nachdem er sich schon an seiner Malerei versuche. Gauguin, sonst um keine Antwort verlegen, schwieg, als das Gelächter um sie herum verstummte. Er blickte in irritierte Gesichter, denn alle erwarteten eine gesalzene Retourkutsche. Bernard blickte ihn fragend an und wirkte besorgt. Doch Gauguin hatte dazu geschwiegen und begann mit einem abrupten Themenwechsel von den Drucken der Japaner zu sprechen. Toulouse-Lautrec stand auf und ging. Jetzt war es Gauguin gewesen, der Bernard fragend ansah. Sein Freund antwortete unter Vorwürfen: »Was behandelst du ihn auch wie ein vorlautes Mädchen? Du weißt wie empfindlich er in dieser Richtung ist.«

»Was hätte ich denn tun sollen? Ihn beleidigen bis er mich beleidigt, bis wir irgendwann zum Duell übergehen? Weiß der Teufel, wo das endet. Wenn der was getrunken hat, kann er sein Maul auch nicht halten. Ich hab doch nur Mitleid mit dem Gnom!«, brüllte er den nunmehr vollends verstörten Bernard unbeherrscht an.

Damit war auch er gegangen. Der verfluchte Anzug war jedenfalls unverdächtig und besonders für diese Nacht eine gute Tarnung. Wenn ihm die Gendarmen seine Journalistenrolle abkauften und ihn vor die Absperrung ließen, könnte er ungestört seiner Arbeit nachgehen. Der Maler Paul Gauguin würde, als Pressezeichner verkleidet, das Antlitz des Meisters der Maskerade, Prado, für die Ewigkeit festhalten ... Hatte nicht auch Leonardo die Hinrichtung des Mörders von Guiliano de Medici im Auftrag dessen Bruders Lorenzo gemalt?

Es war mittlerweile zur fixen Idee Gauguins geworden, Prados letzten Gesichtsausdruck zu sehen und die Totenmaske zu zeichnen, noch bevor sie ihm abgenommen ward. Trotz der Besessenheit van Goghs, der in seiner Sammelwut alle Artikel ausgeschnitten und gesammelt hatte, war Prado bis vor zwei Tagen nichts als eine papierne Sensation zum Milchkaffee – eine Schimäre am Rande seiner Existenz. Nun war er es, der von der Geschichte des vermeintlichen Mörders besessen war.

Angefangen hatte alles auf der Fahrt nach Paris. Obgleich schon eine schlaflose Nacht hinter ihm lag, kam er auch im Zug nicht zur Ruhe. Das Verhör stieg immer wieder und in Fetzen aus seiner Erinnerung auf und in seinen Halbträumen setzte der Oberkommissar seine Befragung fort, bohrte weiter und weiter nach, in der Hoffnung der Verdächtigte würde sich verraten. So verging die Nacht und kaum, dass Gauguin die Augen geschlossen hatte, schreckte er wieder auf.

Bei jedem Halt auf der langen Strecke und immer wieder aufs Neue, sobald sich die Wagontüren öffneten, erwartete er, die Gendarmerie würde in sein Abteil stürmen, um ihn erneut abzuführen. Dazwischen schwankten seine Gedanken zwischen der Sorge um van Goghs Verletzung – ob er ihr erliegen würde? – und der beißenden Frage, ob sich die Ereignisse der letzten

Nacht hätten verhindern lassen können. Niemand hatte gewollt, dass es dazu kam und jetzt würde es niemandem mehr nützen, käme die Wahrheit ans Licht. Um sich abzulenken, las er dann in einer der herumliegenden Zeitungen und stieß auf einen Artikel über Prados Gnadengesuch. Sich plötzlich selbst im Bann der Justiz wiederfindend, begann Gauguin sich mit dem Verurteilten zu verbrüdern, denn er spürte, Prado stritt von nun an auch für ihn.

Neben der Voreingenommenheit der Zeugen und Richter wurde auch in diesem Artikel die Abschaffung der Todesstrafe diskutiert. Prado war es mittlerweile gelungen, eine breite Allianz von Wissenschaftlern und Politikern zu gewinnen, die sich namentlich gegen die Todesstrafe aussprachen und so in seiner Sache argumentierten. Der Journalist lobte sogar ausdrücklich, wie Prado es schaffte, die Öffentlichkeit auf seine Seite zu ziehen. Abschließend wurde ein Beispiel dafür genauer erläutert: Als Prado ein Interview in seiner Zelle gab, ließ er demonstrativ Victor Hugos Text *Die letzten Tage eines Verurteilten* auf dem Bett liegen. Am nächsten Tag war die Meldung über seine Lektüre in allen Zeitungen. Am Folgetag herrschte reger Andrang in den Buchhandlungen und ab diesem Zeitpunkt argumentierte Victor Hugo stellvertretend für Prado in den Pariser Salons und Cafés. Gauguin war fasziniert. So musste die Presse genutzt werden. In einem Randartikel las er noch einmal die Vita des Verbrechers und die Parallelen zu seinem Leben brachten ihn seinem neuen Bruder nur noch näher: Prado war mehrsprachig und hatte eine charismatische, sportliche Erscheinung, die eine gewisse Wirkung auf die Frauenwelt ausübte. Der Verurteilte war wie er um den halben Erdball gereist, lebte ebenfalls mehrere Jahre in Lima. Dazu war er genauso Börsenhändler und Spion für eine spanische Splittergruppe gewesen. Obwohl zu verschiedenen Zeiten, hatten sie doch die selben Orte bewohnt und in Gauguins Gedanken kam es zu imaginären Begegnungen in den Handelssälen von Paris oder den steinernen Gassen von Lima. Sie hätten Freunde werden können.

Gauguin notierte diese Übereinstimmungen auf einen Fetzen Zeitungspapier, den er seit seiner Flucht aus Arles in der Tasche trug, dachte weiter kurz darüber nach, auch die jüngste Parallele mit Prado anzufügen, ließ aber aus Angst vor seiner möglichen Ergreifung davon ab. Bisher gab es keine Beweise und er wollte nicht künstlich welche schaffen. Wenn nur van Gogh überleben und dann zu schweigen verstehen würde, wäre die Sache schnell ausgestanden. Mit zittrigen Händen wendete er das Blatt und las den darauf abgedruckten Artikel zum wohl hundertsten Mal:

> *PARIS coupe-gorge.* – Un garcon de dix-neuf ans, Albert Kalis, rentrait chez lui, la nuit dernière, rue Vanderzanne, lorsqu'il fut assailli tout à coup par un individu qui le frappa au flanc gauche d'un violent coup de couteau.
> La victime de cette agression a dû être transportée à l'hôpital de Bicêtre dans un état déspéré.
> Le meurtrier a pris la fuite.*

Der Mörder konnte entfliehen. Das war wohl die Botschaft, auf die van Gogh anspielte, als er den Artikel nach den Ereignissen dieser schicksalshaften Nacht an seine Staffelei geklemmt hatte.

Er hatte ihn wahrscheinlich, wie jeden Artikel, den er über Morddelikte finden konnte, aus der Tageszeitung gerissen, um ihn seiner Sammlung beizufügen.

Mit seiner Besessenheit für alle Dinge, die er mit Ernst betrieb, hatte van Gogh seine umfangreiche Sammlung in den letzten Wochen kontinuierlich erweitert. Gauguin dachte an die blaue Blechkiste und mit wie viel Nachdruck er beharren musste, damit die Arikel in die Schatulle gelegt wurden und wie van Gogh sie immer wieder neu ordnete: chronologisch, geografisch, thematisch und so fort.

Auch er griff zuweilen in die Schatulle, denn der Fall Prado wurde in Arles heiß debattiert – wenn auch unter anderen Vorzeichen als in Paris. Es war ihm wichtig, sich seine Meinung über den Gesichtskreis der Lokalpresse hinaus zu bilden, notfalls auch zu verfechten. Aber bis vor zwei Tagen hatte er Prado nur bewundert, war neugierig gewesen. Nun klebte selbst Blut an seinen Händen. Übernächtigt wie er war, beschloss er so, während dieser endlosen Zugfahrt, sich den Ereignissen zu stellen, indem er zur Hinrichtung seines Bruders ging. Prado würde das nächste Thema seiner Kunst werden und dabei helfen, die Angst und die Zeit der Ungewissheit zu besiegen. Wie er auf diesen Plan verfallen war, blieb ihm im Nachhinein selbst schleierhaft, aber vielleicht lässt sich die Bedeutung von Absolution stets nur vage erahnen. Oder wurde er am Ende gar wie van Gogh? Die Gedanken an ein Gemälde zum Prado-Fall waren jedenfalls ein Anknüpfungspunkt und gaben ihm die nötige Ruhe, um die Fahrt nach Paris zu bestehen.

Dort angekommen und sich im Treiben der Menge an der *Gare de Lyon* verlierend, fiel die Angst etwas von ihm ab. Eine Droschkenfahrt später war er im sicheren Hafen bei Schuff', wo er ohne zu essen in einen zwanzig-stündigen Schlaf fiel. Als er aufwachte, waren die Ereignisse zu Erinnerungen geronnen und er fand sich im Kreise seiner Freunde wieder – in dessen Mittelpunkt versteht sich. Infolgedessen wurde er schnell in eine altvertraute Rolle gedrängt, teils flüchtete er von selbst in sie, war scheinbar wieder beruhigt; bis zu dem Zeitpunkt an dem er von Prados Hinrichtung erfuhr und mit fiebriger Ungeduld und ohne weitere Erklärungen aufbrach.

In Empfang der Strafe würde er das Gemälde nennen, das weit über Prado, sein Leben und seine Schuld hinaus weisen würde. Es sollte existentiell werden und auch in hundert Jahren noch dasselbe Ewigmenschliche ausdrücken, wie van Gogh in den vergangenen Wochen so oft gesagt hatte. Auch ein Selbstporträt ging ihm durch den Kopf: sein Gesicht, im Hintergrund flankiert von den blassen Totenmasken der Mörder Prado und Panzinni.

Die *Place de la Roquette* hatte sich unterdessen vollständig gefüllt. Gauguin sah sich ungeduldig um, wobei sich sein Blick unfreiwillig mit dem eines hünenhaften, kahlen und dickbäuchigen Arbeiters in zerschlissener Kleidung kreuzte. Verwischte Reste von Maschinenöl gaben diesem Gesicht im gelben Licht der Straßenlaternen ein bedrohliches Aussehen. Gauguin sah schnell, aber zu spät, wieder weg. Aus dem Augenwinkel konnte er beobachten wie der Mann auf ihn zukam. Als er direkt vor ihm stand, so nahe, dass ihn der Geruch von Schweiß und kaltem Tabak penetrant in der Nase stak, konnte Gauguin ihn nicht mehr ignorieren und blickte auf. Er überragte den Maler um zwei Köpfe, hatte die Arme in die Hüften gestemmt und sah ihm leicht vornübergebeugt direkt ins Gesicht.

»Kann ich Ihnen helfen, Monsieur?«, fragte Gauguin mit gespielter Höflichkeit.

»Du stehst wohl in der falschen Ecke, wie? *Ich* werde *dir* gleich helfen«, lachte der Riese zurück.

Instinktiv wich Gauguin blitzschnell ein, zwei Schritte zurück und baute sich breitbeinig auf, bevor er vordergründig lässig das Notizbuch in seinem Mantel verstaute. Den Graphitstift behielt er fest umgriffen, mit der Spitze nach vorne, in der Hand. Der Mann hatte indes seine Fäuste geballt, ließ sie aber überraschenderweise wieder sinken als er das Notizbuch sah und fragte: »Presse?«

Gauguin nickte. »Pass auf, was du schreibst, Schmierfink!«, drohte ihm der Mann mit erhobenem Zeigefinger, drehte sich um und ging davon. Mit rasendem Herzschlag sah Gauguin wie der Riese auf ein Paar zuging, das einige Meter weiter eingehakt in der Kälte stand und sich mit zusammengesteckten Köpfen unterhielt. Auf dem Weg dorthin schickte er bedrohliche Blicke über den Platz und kaum angekommen versetzte er seinem nächsten Opfer einen so heftigen Stoß in den Rücken, dass dessen Zylinder zu Boden ging und das Paar auseinandergerissen wurde. Heftig gestikulierend ergab sich ein Wortgefecht, dessen Schreie die allgemeine Aufmerksamkeit auf sich zogen. Gauguin rückte nach, bedacht darauf, außerhalb der Reichweite des Riesen zu bleiben.

»Ich hau dir gleich eins auf die Fresse! Glaubst du, es macht dich zu einem besseren Gaffer, weil du im Kaschmirschal und Seidenmantel gaffst? Oder bist du hier, um frische Luft zu schnappen?«

»Ich bin hier, um zu protestieren.«

»Zu protestieren? Hört euch das an! Dieser Bourgeois ist hier zum protestieren! Glaubt man das? Wogegen sollte jemand wie der protestieren? Ist Ihr Landsitz zu klein, Monsieur? Oder haben Sie diese Woche nur einmal Wachteln zum *diner* bekommen? Lächerlich ist das.«

»Ich protestiere gegen die Todesstrafe, denn …«

»Diesen Drecksmörder in Schutz nehmen? Was Bessres fällt Dir nicht ein, fette Sau! Hört euch das an, die Todesstrafe abschaffen! Solche Ideen kriegt man, wenn man nicht arbeitet und wie ein Weibsstück den ganzen Tag *bei Tee* Romane liest. Anstatt, dass er seine Alte vögelt. Kann ich gar nicht verstehen, zu lesen, wenn man so 'ne Alte daheim hat. Oder ist die etwa gekauft? Komm Süße, ich zahl dir mehr und besorg es dir richtig. Dann weißt du, was du bisher verpasst hast.«

Mit seinen letzten Worten kniff der Arbeiter der Begleitung seines Gegenübers in die Brust.

»Unterstehen Sie sich …«, ging der Bourgeois dazwischen.

»Sonst was?«, baute sich der Arbeiter vor ihm auf und Gauguin sah eine Messerklinge in seiner Hand glänzen.

Der Bourgeois schreckte zurück und rief mit sich überschlagender Stimme nach der Gendarmerie. Das Messer verschwand schnell wieder in der Tasche und als sich einer der berittenen Gendarmen in Richtung des Rufers aufmachte, verschwand der

Mann quer über den Platz. Der Bourgeois hob seinen Hut auf und schob seine Frau wenig sanft in Richtung des Reiters und nach einem kurzen Wortwechsel begleitete der Gendarm das Paar zum Ende des Platzes, wo eine Droschke wartete.

Gauguin sah den weißen, mit Jasmin bestückten Hut in der Kutsche verschwinden und es schien, als würde Madame noch immer darauf bestehen, bei der Hinrichtung zugegen zu sein. Geschätzt betrug allein die Toilette der Frau 20000 Francs. Während seiner Börsenzeit hatte Gauguin bei Familien diniert, deren Ehefrauen eine Toilette von 100000 Francs auswies. Doch schon die 20000 sollten eigentlich ausreichen, Arbeiter wie diesen Riesen aufzuwiegeln, hätten sie auch nur eine Ahnung in welchem Luxus die *cochons* wirklich lebten – und woher dieser Luxus kam. Aber dafür hatten sie kein Interesse. Lieber scherten sie sich darum, ob ein Mann dessen Schuld nicht zweifelsfrei erwiesen war, auch wirklich einen Kopf kürzer gemacht wird. Gleichzeitig setzten sich diese liberalen Schnösel, ohne sich dessen bewusst zu sein, für Menschen ein, die ihre Ordnung und Sicherheit bedrohten. Nein, auch für ihre Romantik oder Kurzsicht hatte er keine Sympathien – es sei denn sie öffneten ihre Portemonnaies für seine Kunst. Immerhin waren sie die einzigen Käufer.

Im Grunde waren die Liberalen aber noch größere Heuchler als die Konservativen. Bekümmert lasen sie Zolas *Germinal* und klagten beim nächsten Ausstand der Bergarbeiter über deren hartes Los, fraternatisierten plump in Worten. Dann hüteten sie sich peinlich davor, den Worten Taten folgen zu lassen, verkrochen sich lieber bei verbarrikadierten Toren hinter dem warmen Ofen. Und am nächsten Morgen stießen sie aus Angst um die Dividende ihre Anteile an besagter Kohlegrube ab.

Es schlug mittlerweile 6 Uhr und Gauguin lief ein Schauer über den Rücken. Gleich musste es losgehen. Fiebrig vor Kälte und Aufregung griff er zu seinem Zeichenblock. Um die Kälte aus seiner rechten Hand zu vertreiben, öffnete und schloss er sie mehrmals schnell. Hinter ihm begannen unvermittelt Trommeln und Flöten aus den Seitenstraßen zu hallen, infolgedessen die Menge, in Erwartung, die Hinrichtung würde beginnen, eine Gasse zum Schafott freigab. Die Gendarmen blickten überrascht in Richtung des sich ankündigenden Zuges, denn üblicherweise wurden die Delinquenten auf dem kürzesten Weg vom Gefängnistor zum Fallbeil geführt.

Zuerst erschien ein Mann mit übergroßem Zylinder, der mit einem Stab den Takt für eine grell uniformierte Kapelle in seinem Rücken vorgab. Hinter den Musikern wirbelten Akrobaten auf den Platz und schlugen Räder zwischen der johlenden Menge. Jongleure und Feuerspucker stellten sich im Spalier auf und ein Bär wurde auf den Platz gezogen. Das Tier war unruhig, fügte sich nur unter Widerstand dem zerrenden Schmerz des Nasenrings. Es war ein Zirkus. Vom Direktor bis zu den Gauklern sahen allesamt abgerissen aus und erhofften sich wohl als Vorprogramm der Hinrichtung ein wenig Geld hinzu verdienen zu können. Den Gendarmen kam die Ablenkung offensichtlich gelegen, denn sie schritten nicht ein.

Gauguin ließ den Zug passieren, ohne zu folgen. Er hatte kein Interesse an der Vorführung und rollte sich eine Zigarette, während ein Paar aus derselben Gasse wie der Zirkus auf den Platz kam:

»Aber ich will den Bären nochmal tanzen sehen, *chouchou*.«

»Mein Liebes, wir haben den Bären heute Abend doch schon zweimal tanzen sehen ... Aber schau! Hier scheint auch etwas geboten zu sein ... Sieh nur all die Leute.« Der Mann sprach unverkennbar mit einem deutschen Akzent, aber um einiges langsamer. Mit derselben Bedächtigkeit wandte er sich an Gauguin:

»Guten Abend, Monsieur. Auf welches Spektakel dürfen wir uns hier um diese Stunde freuen?«

»Eine Hinrichtung, Monsieur.«

»Aha ...«, und es schien, der Mann würde nach Worten oder zuerst einmal nach einem Gedanken suchen.

»Sie kommen nicht von hier? Schweizer, wie ich annehme?«, fragte Gauguin.

»In der Tat, Monsieur. Wie konnten Sie das so schnell erkennen?«

»Derselbe Akzent wie die *Boches*, aber weniger schnell.«

»Ich bin beeindruckt. Warum sieht sich ein scharfsinniger Mann wie Sie diese Grausamkeit an?«

Demonstrativ hielt Gauguin Skizzenbuch und Kohlestift in die Höhe und fragte: »Sind Sie Gegner?«

»Aha, die Presse! Um auf Ihre Frage zu antworten: Ich bin Schweizer und kein Holländer. Ich halte die Todesstrafe, ungeachtet der Debatte, die momentan in Ihrem Land stattfindet, die ich natürlich respektiere, für notwendig. Wenig delikat, jedoch sinnvoll, um den Pöbel abzuschrecken. Wie alle gebildeten Menschen müssen wir uns diese Geschmacklosigkeit aber nicht ansehen, nicht wahr, mein Täubchen?« Er wandte sich wieder seiner Begleitung zu, die sich an ihn schmiegte und ihm an den Bart ging: »Aber der Bär wird gleich tanzen!«

Wie als ob er auf dieses Stichwort gewartet hätte, drängte sich der Zirkusdirektor in diesem Moment vor Gauguin, zog seinen übergroßen Zylinder und verbeugte sich:

»Wenn Monsieur es wünschen, kann ich eine Sondervorstellung für Madame in etwas heiterer Gesellschaft einberaumen. Tintin, unser Bär, würde sich freuen, einzig für Madame zu tanzen.«

»Oh ja, ja«, klatschte das Mädchen in die Hände. Der Schweizer blickte ihn ungläubig an.

»Was erdreisten Sie sich? Verschwinden Sie!«, schimpfte er ein wenig langsamer, als es der Härte der Worte angemessen war. Vielleicht ließ der Zirkusdirektor deshalb auch nicht locker, denn er hakte noch einmal nach:

»Verzeihen Sie, Monsieur, aber ich habe Madame und Monsieur nun schon zweimal gesehen, wie Sie Tintin beim Tanzen bewundert haben. Und –«

»Und zweimal habe ich Sie dafür mehr als großzügig entlohnt«, unterbrach ihn der Schweizer.

»Und Sie taten recht damit. In ganz Frankreich gibt es keinen lustigeren Tänzer, nicht wahr Madame?«, setzte der Zirkusdirektor nach.

»Oh *chouchou*, nur noch einmal. Bitte, bitte …«, schaltete sich das Mädchen ein.

»Nein!« Der Schweizer blieb resolut.

»Monsieur erhalten einen Sonderpreis. Denken Sie nur an den armen Tintin, Madame! Auch im Winter, wenn wir unsere Zelte nirgends aufschlagen können, müssen unsere Tierchen fressen. Ich kann Sie auch durch unser Winterlager führen, wenn Sie wünschen, Monsieur.«

»Ich sagte Nein. Und wenn Sie nicht gleich verschwinden, wende ich mich an die Gendarmerie!«

»Ich wollte nur meine Dienste anbieten, Monsieur«, sagte der Zirkusdirektor kühl und legte eine Verbeugung nach, wobei er hoffnungsvoll den Kopf zu dem Mädchen drehte. Bevor sie aber etwas sagen konnte, ergriff der Schweizer das Wort: »Genug jetzt von Bären, Liebes. Wenn du möchtest, fahren wir morgen in den *Jardin de Plantes*. Dort können wir dann alle wilden Tiere sehen, die du möchtest. Jetzt sollten wir aber endlich in mein Hotel gehen. Die ganze Nacht sind wir schon in dieser Kälte unterwegs. Ich werde uns eine Droschke rufen.«

»*Chouchou!* Noch nicht ins Hotel! Es ist so schön, mit dir durch die Nacht zu ziehen. Mir ist doch auch kalt. Und wie! Fühl mal meine Hände … Ich kenne ein schönes Café in der Nähe. Dort können wir uns bei einem *vin chaud* aufwärmen.«

»Nein, wir gehen ins Hotel.«

»Ach *chouchou*! Mir ist so kalt. Nur einen *vin chaud*. Ich habe schon so lange keinen mehr getrunken.« Wieder schmiegte sie sich an ihren Begleiter und fuhr ihm auf Brusthöhe zwischen zwei Knöpfen in den Mantel, wobei sie sich auf ihre Zehenspitzen stellte und ihn mehrfach auf die Wange küsste. Zwischen den Küssen kämpfte sie bettelnd weiter um ihren *vin chaud*.

Es dauerte nicht lange und der Schweizer lenkte ein. Er zog kurz den Hut vor Gauguin, ignorierte den Zirkusdirektor geflissentlich, den das Mädchen scheinbar schon vergessen hatte, und überquerte mit seiner Begleitung den Platz in Richtung der Droschkenkutschen.

»Sie sind von der Presse, Monsieur?«, wandte sich der Zirkusdirektor an Gauguin. Er reagierte nicht sofort.

»Wollen Sie etwas über Prado wissen, Monsieur, das noch keiner weiß?«

»Und das wäre?«, erwiderte Gauguin lässig borniert und war selbst erstaunt, wie schnell er sich in seine neue Rolle fügte.

»Es könnte die Schlagzeile der Woche werden, Monsieur.«

»Worum geht es?«

»Delikate Informationen von der Person, die mehr über Prado weiß, als alle Zeugen zusammen.«

»Und wer ist diese Person?«

»Das kann ich Ihnen nicht verraten. Sie müssen mir vertrauen. Erst wenn Sie mir eine Summe, über die wir uns sicher einigen können, übergeben haben, werde ich Sie mit der betreffenden Person bekannt machen, die Sie dann ausführlich interviewen können.«

»Das kann ich nicht akzeptieren.«

»Sie verpassen die Gelegenheit Ihres Lebens.«

»Oder den größten Schwindel meines Lebens. Nennen Sie mir den Namen der Person.«

Der Zirkusdirektor suchte noch ein wenig nach Ausflüchten, gab dem Drängen Gauguins aber schnell nach, als dieser bekundete, sein Interesse würde verblassen.

»Anna Segatori?!« Gauguin lachte laut auf. »Wer kennt denn Anna Segatori nicht?! Danke, ich verzichte auf Ihre Dienste.«

»Aber würde sie Ihnen auch vertrauen? Ich könnte sie mit Ihnen bekannt machen.«

»Das wird nicht nötig sein. Ich kenne sie bereits.«

»Das kann nicht sein! Sie vertraut niemandem von der Presse.«

»Das mag sein, aber ich kenne Sie über einen befreundeten Maler. Wir waren oft im *Tambourin*.«

»Sehen Sie! Wenn ich sie beide miteinander zusammenführe und Sie schon ein bekanntes Gesicht sind, dann sind das doch die besten Voraussetzungen für ein vertrauliches Gespräch!«

»Die Voraussetzungen sind auch ohne Sie gegeben und vertraulich wird Anna Segatori nur gegen Geld ... Nochmals vielen Dank Monsieur, aber es bleibt dabei: ich verzichte.«

»Monsieur ... Vielleicht habe ich noch eine andere Lösung. Ich führe sie zusammen und verbürge mich für Sie. Dafür schreiben Sie über meinen Zirkus. Wissen Sie, die Wintermonate sind eine dürftige Zeit im Zirkus. Wir verwenden uns voll für unsere Tiere, dennoch müssen sie hungern. Wie unsere Familien. Denken Sie nur an die Kinder, Monsieur. Es ist ein hartes Los –«

»Genug davon. Ich werde nicht zahlen. Ich werde nicht schreiben. Punktum. Einen schönen Abend, Monsieur.«

Gauguin war dieser aufdringliche Mensch zuwider. Es war nicht klug gewesen, zuzugeben Anna Segatori zu kennen. Und langsam zogen sie die Aufmerksamkeit auf sich, denn auch einige der Akrobaten hatten sich schon auf den Weg zu ihnen gemacht, als der Direktor erneut ansetzte:

»Haben Sie denn gar kein Herz? Mein kleiner Neffe –«

»Schluss jetzt! Oder … Oder ich rufe die Gendarmen!« Zu Gauguins Erstaunen zeigten die Worte Wirkung. Sein Aufzug gefiel ihm immer besser. Der Zirkusdirektor hatte es damit endgültig aufgegeben und ging auf die Mitte des Platzes zu, wo sich sein Zirkus versammelt hatte. Er breitete die Arme aus und betrat den Kreis der wartenden Menschen:

»Mesdames, Messieurs, Ladies and Gentlemen! Zu dieser späten Stunde, im winterlichen Paris, kommt Ihnen die Ehre zu Teil, die *Crème de la Crème* der französischen Akrobatenkunst und die Besten der Besten des weltbekannten Zirkus Maillet bestaunen zu dürfen!«

Doch die Aufführung sollte nicht mehr stattfinden. Mit lautem Knarren öffneten sich die Gefängnistore. Niemand schenkte den Gauklern weiter Aufmerksamkeit. Auch Gauguin merkte, dass es nun höchste Zeit zum Handeln war, denn die Gendarmen hatten begonnen, den Platz unmittelbar vor der Guillotine zu räumen. So drängte er sich mit der rechten Schulter wirsch nach vorne und hielt dabei sein Skizzenbuch und den Zeichenstift nach oben. Als er endlich vor den Gendarmen angelangt war, erledigte sich das Problem von selbst. Die Menge auf dem Platz drängte so sehr nach vorne, dass die Schutzleute zurückweichen mussten. Gute zehn Meter vor dem Fallbeil schoss einer der Gendarmen in die Luft. Sofort kam alle Bewegung zum erliegen. Jeder verharrte auf seinem Platz und wartete, dass es endlich losgehen möge.

Das erste Licht des Tages kletterte unterdessen langsam blaugrau auf den Häuserwänden nach unten und als die ersten

Sonnenstrahlen das Fallbeil schon einige Minuten zum glänzen gebracht hatten, ertönten Trommeln aus dem Inneren des Torbogens. Alles wartete gebannt. Nur die Pferde der Gendarmen waren unruhig und begannen zu tänzeln. Mit feierlichem Gang erschienen die Scharfrichter und begutachteten die Maschine. Es herrschte eine gespenstische Stille. Das einzige Geräusch auf dem gesamten Platz war das Klingen des Pferdegeschirrs.

Wie würde Prado seinen letzten Gang antreten? Gauguin wusste es nun selbst: Verbrecher sind häufig ihrer Tat nicht gewachsen. Prado, egal ob er nun gemordet hatte oder nicht, war es. Er konnte sogar über sie hinaus wachsen, wenn er nur tapfer und männlich blieb. Gauguin kam sich dagegen kümmerlich vor. War es ein Fehler gewesen, hierher zu kommen? Hier war nichts zu lernen, keine Kunst zu schöpfen. Mit einem Mal schien ihm alles banal, was er glorifiziert hatte. In ihren gemeinsamen Arles-Phantasien war Prado stets in einer Mainacht hingerichtet worden. In einer sternenklaren Mainacht, die von Verheißung, Zuversicht und dem Jubel der Menschen erfüllt war. Stolzen Hauptes, mit freiem Oberkörper und frisch gezwirbeltem Schnurrbart wurde Prado aufs Schafott geführt, um lächelnd, mit dem Gewissen des Siegers, dem Jammer seiner Verehrer zu begegnen. Respekteinflößend, wild und frei hätte er ihnen seinen Trotz und seinen Stolz entgegen geworfen. Keine Reue, keine Angst! Dann, in letzter Sekunde, kam ein Bote mit der Nachricht, Prado sei begnadigt. So hatte Gauguin sich die Szene noch vor kurzem ausgemalt, in der Überzeugung, ganz Paris denke so. Nun war er mit einem Mal nicht mehr sicher, ob die Mehrheit auf dem Platz, die einzig wegen Prado hier war, dasselbe wünschte. Die Stunde des Todes ist die Stunde der Wahrheit.

Als die Scharfrichter ein Zeichen gaben, führten zwei Gendarmen eine jämmerliche Gestalt auf den Platz. Ein ausgemergeltes Gesicht, gerahmt von ungekämmten Haaren, zeigte einen Menschen mit wahnsinnigen und animalisch weit aufgerissenen Augen, die in der Menge umherirrten. Mit kleinen, vorsichtigen Schritten versuchte er, zwischen den Gendarmen zu bleiben, als würde er sich von ihnen Schutz erhoffen.

Die Menge begann mit einem Mal zu johlen und zu schreien und die Stimmen überschlugen sich in lautem Durcheinander. Der Blutdurst war förmlich in der Luft zu greifen. Weiber verwandelten sich in hitzige Furien, die von einer unvermittelten Wut gepackt, mit allem möglichem zu werfen begannen. Die Männer lachten rau und deuteten mit den Fingern. Der erbarmenswürdige Mensch hob die Hände vors Gesicht und einige aus der Menge begannen zu rufen: »Seht, er ist nicht einmal gefesselt!«, wodurch die Wut und die Würfe sich steigerten, bis der Mann die grausame Bühne betreten hatte. Erst dort war das Kreuz um seinen Hals zu sehen und die Menge lachte laut auf, als klar war, dass sie soeben den Priester beworfen hatten. Einige der mutigsten setzten ihre Würfe fort.

Die Gendarmen mussten noch einmal in die Luft schießen und für kurze Zeit herrschte wieder Ordnung. Jetzt wurde Prado, flankiert von zwei weiteren Gendarmen, durch das Tor auf den Platz geführt. Mit einem Mal herrschte eine Art feierliche Stille.

Prado war glatt rasiert und derb, aber ordentlich gekleidet. Der Schnurrbart war frisch gezwirbelt und sein Blick klar. Mit festen Schritten stieg er auf das Schafott, es schien fast, als führe er die Gendarmen hinauf. Nachdem das Urteil verlesen war, ging alles ganz schnell. Das Fallbeil wurde hochgezogen und der Kopf Prados auf das Holzbrett gelegt. Der Scharfrichter legte die Hand auf den Hebel und alle hielten den Atem an.

Als das Fallbeil herunter raste, kreischten die Frauen kurz auf und die Männer stöhnten unmerklich in einem großen, gemeinsamen Seufzer. Dann trat wieder Stille ein. Gauguin hörte den Kopf dumpf am Boden der Holzkiste aufschlagen. Über die Stille hinweg erhob sich das leise Gemurmel einer Kirchengemeinde vor Beginn der Messe. Jetzt war der Moment Gauguins gekommen! Ungeduldig drängte er sich zwischen zwei Gendarmen, die ihn nach seiner ausdrücklichen Bitte gewähren ließen, indem sie sich gegenseitig einhakten und zwischen den Oberkörpern eine Lücke ließen, die Gauguin freie Sicht und die Möglichkeit zur ungestörten Arbeit gab. Doch der Kopf wurde nicht präsentiert und die Menge wurde langsam ungeduldig. Auch Gauguin wurde nervös. Das verhieß nichts Gutes. Nach schier endlos scheinenden Minuten, die nur ab und zu durch einen erstickten Lacher auf dem Platz unterbrochen wurden, erschienen zwei Scharfrichter mit einem Eimer Wasser. Das Wasser wurde über das Haupt Prados gekippt. Dann griff der Scharfrichter mit unzufriedenem Blick in die Kiste. Was er hochhielt, ließ in den ersten Reihen Schreie des Entsetzens aufsteigen. Der Kopf hatte nicht richtig gelegen und so waren das komplette Kinn und ein Teil der Nase mit abgetrennt worden.

Gauguin wurde übel, als er das entstellte Gesicht sah. Nach einer Weile wurde ihm klar, was das für ihn bedeutete: Keine öffentliche Totenmaske, keine Wachsfigur im Kabinett der Stadt und für ihn kein Gemälde.

Vive Prado! Vive Prado! hörte er aus der Ecke der liberalen Bourgeois rufen. Doch die Manifestation hielt nicht lange an. Die Sprechchöre versanken in Schreien und Lärm. Hinter Gauguin lösten sich die Reihen auf. Viele der Schaulustigen stürmten nun in Richtung der Demonstration, um dort entweder selbst mit zu prügeln oder sich daran zu belustigen. Es dauerte nicht lange und er konnte hören, wie die Rufe erstarben und die Demonstration schneller aufgelöst war, als es die Gendarmerie je hätte selbst erreichen können.

Gauguin schlenderte langsam über den sich leerenden Platz und war verärgert über die vergebliche Mühe. Hundert Jahre Erfahrung mit der Guillotine und trotzdem war es nicht möglich einen Kopf richtig abzutrennen! Der Schlägertrupp kehrte mittlerweile siegestrunken auf den Platz zurück. Erst in diesem Moment wurde sich Gauguin seiner Kleidung bewusst. Aber zu spät, er war bereits eingekreist:

»Was ist los du Tropf? Kanntest du ihn etwa? Ja, seht her, hier haben wir einen von den Gesellen!«, hörte er rufen.

»Ja, er ist oft im *Tambourin*, wie er eben geprahlt hat!«, kam nun auch noch der Zirkusdirektor hinzu.

»Das ist eine infame Lüge«, antwortete Gauguin. »Ich schreibe für die Presse. Jetzt muss ich gehen und an die Arbeit. Im Namen der Pressefreiheit, halten Sie mich nicht länger auf oder ich rufe nach den Gendarmen!«

»Ruf doch nach deiner Gendarmerie!«, lachte der Zirkusdirektor laut auf. »Die ist nämlich nicht mehr hier. Feierabend, verstehst du?«

»Bei Gott, soll ich denn der Nächste sein?«, dachte Gauguin und konnte, was die Schläger nur noch mehr erheiterte, seine Angst nicht mehr verbergen. Willkürlich stürzte er los und schaffte es auf Anhieb, den Kreis zu durchbrechen. Hinter sich hörte er hämisches Gelächter, das schnell leiser zu werden begann. Der Zirkusdirektor schrie und spottete offenbar noch eine Weile. Er hatte seine Rache bekommen.

* * *

Den ganzen Weg von der *Place de la Roquette* bis zur *29, Rue Boulard* legte Gauguin fast im Laufschritt zurück. Noch immer war er erschüttert vom Zorn der Leute. Vor einem König ließ sich vielleicht Gnade erlangen. Nicht vor dem Volk. Verbrecher wurden nicht für das bestraft, was sie ihren Opfern angetan hatten, sondern dafür, dass sie sich Freiheiten nahmen, zu denen schlichteren Gemütern der Mut oder die Intelligenz – oder beides – fehlte. Deren Rache war die Gerechtigkeit, um andere unter ihr Joch zu beugen. Er hatte gehofft, im Angesicht von Prados Hinrichtung mit einem Freispruch gesegnet zu werden, aber nun war klar, er würde das Kainsmal auf seiner Stirn behalten, ganz gleich ob jemals ans Licht kam, was in Arles geschehen war. Gut, dass er sich niemandem anvertraut hatte, denn diese allzu menschliche Rachsucht würde auch die stärkste Freundschaft brechen. Im Grunde war es doch nur menschliche Gerechtigkeit. Ein Laster von vielen. Das Auge Gottes sah seinetwegen alles, das Auge der Menschen glücklicherweise nicht. Tatsächlich war es nur er, der das Mal auf seiner Stirn pochen und kribbeln fühlte. Wenn er danach griff, war dort nichts. Ja seine Hände waren blutig, wenn er sie ansah, aber es waren die Hände der Vergangenheit und auch die Erinnerung daran würde verblassen. Die Zeit würde sie vor seinem Auge wieder reinigen. Für den Blick eines anderen unterschieden sie sich nicht von den Händen eines jeden auf der Straße. Nein, er würde mit niemandem darüber sprechen. Gerade weil dieser Pöbel nicht verstehen konnte, würde Gott ihn nicht richten. Gott war sein Zeuge, dass weder ihn noch van Gogh Schuld traf. Er musste, nur für eine kurze Zeit, stark sein. Hoffentlich war van Gogh es auch. Fürs erste war er gerettet, redete er sich immer wieder ein. Ihm würde es nicht wie Prado ergehen. Ihm nicht.

Ja, er war gerettet, dachte er schon überzeugter, als er das Treppenhaus zu Schuffeneckers Wohnung emporstieg. Um seinen Freund nicht zu wecken, schlich er ohne Licht zu machen durch den Flur in sein Zimmer.

Schuff' war der ideale Freund und sie wären wahrscheinlich auch Freunde geworden, wenn sie sich nicht im Handelssaal, sondern auf dem *Salon* kennengelernt hätten. Schuff' fehlte die Konsequenz zum Maler, weshalb er sich mehr schlecht als recht eine Existenz als Mal- und Zeichenlehrer aufgebaut hatte. Er konnte davon – und seinem bescheidenen Jahreszins – gut leben und selbst im Bewusstsein dadurch nur als Maler der dritten oder vierten Reihe wirken zu können war er es zufrieden. Dies alles führte dazu, dass er genug verstand, um ein Freund und Fürsprecher zu sein, aber nie zur Gefahr wurde, sich im Gegenteil ab und zu sogar als Gast- oder Kreditgeber anbot.

Gauguin warf sich auf das Bett und griff nach seinem Skizzenbuch. Fast wie in Arles, dachte er. Dann kehrten seine Gedanken zur Hinrichtung zurück. Er musste eine neue Form finden, jetzt da ihm die Totenmaske Prados versagt bleiben würde. Prado hatte seine Katharsis werden sollen: ein Selbstporträt, umgeben von den Totenmasken der beiden bekanntesten Mörder der jüngsten Zeit. Eine innere Katharsis, die nur van Gogh und ihm zugänglich gewesen wäre. Nach außen wäre es die längst überfällige Geste, überformt in der Kunst, an die übrigen Maler gewesen. Er musste nicht erst von Bernard darauf aufmerksam gemacht werden, dass hinter seinem Rücken offen die Frage gestellt wurde, warum er van Gogh allein zurückgelassen hatte. Diese Möglichkeit eines versteckten Schuldgeständnisses, das nur van Gogh hätte verstehen können und das gleichzeitig als eine Antwort auf alle Pariser Vorwürfe fungiert hätte, war vertan. Doch die Vorwürfe blieben bestehen und ihnen war nicht mit dem üblichen, achillesgleichen Zorn beizukommen, sondern einzig mit der List eines Odysseus, der nicht nur Kämpfer, sondern sinnigerweise auch Seefahrer gewesen war. Verbal galt es, weiter die bisherige Geschichte zu lancieren, künstlerisch seinen Schmerz über das Geschehene.

εσπερα μευ γαρ ήν, raunte er eine Weile vor sich hin. Schon in der Jesuitenschule hatten die archaischen Klänge der Griechen eine beruhigende Resonanz in seinem Inneren erzeugt. Aus der Erinnerung formte er die Buchstaben und setzte sie auf ein Blatt Papier: εσπερα μευ γαρ ήυ, *Nacht war es*, lautete die geheime Losung zwischen ihm und seinen Schulkameraden aus Demosthenes Kranzrede, wenn sie sich heimlich verabredeten. Kunst war immer Zeuge seines eigenen Lebens gewesen. Sie war aber auch Verklärung dieses Lebens. Dazwischen lag irgendwo die Wahrheit und sie sollte besser im Dunkel dieser finsteren Nacht verborgen bleiben. Und ebenso wie in dieser Nacht wollte er auch die Wahrheit in seiner Kunst verbergen und gleichzeitig eine pathetische Erklärung für alles bieten, was offiziell geschehen war.

Er durfte dabei nicht übermütig werden, denn die Polizei ermittelte noch. Indem er seinen holländischen Ktesiphon verteidigte, verteidigte er eigentlich sich selbst. Somit bliebe er van Gogh gegenüber loyal und würde in Paris für seine Dienste am kranken, verrückt gewordenen Freund geschätzt, den er nur aus Rücksicht und Zuneigung hatte verlassen müssen. Je unglaublicher alles war, umso weniger würde ein anderer Grund dahinter vermutet, sondern, im Gegenteil, die Aufmerksamkeit dem aufgegebenen Rätsel gewidmet werden – es sei denn, van Gogh würde einknicken. Dazu musste er aber überleben und dann: wer glaubt schon einem Verrückten? So oder so – in Arles konnte er nichts mehr tun und musste auf die Fügung hoffen. Nun galt es, sich voll und ganz auf Paris und die Künstler zu konzentrieren, seine Waffen geschickt zu wählen.

Glücklicherweise hatte er die richtigen Bücher bei den Jesuiten gelesen. Immer eines das links oder rechts von der aufgegebenen Lektüre im Bücherregal stand. Die Bourgeoisie las lieber Cicero als Caesar, immerhin. Aber es handelte sich um die falschen Werke! Sie lasen Aristoteles, aber nicht die Rhetorik, sondern die Nikomachische Ethik. Eine bürgerliche Philosophie, entwickelt für reiche Menschen in ruhigen Verhältnissen. Doch das war nicht seine Bildung. Während des Verhörs mit der Polizei hatte er wieder einmal davon profitiert. Er schlug sein Skizzenbuch auf, um zu sehen, was sich aus den Notizen vor der Hinrichtung noch verwenden ließ. Eine im Zug abgefasste Seite bot sich weiterhin an:

Inkas
Schlange
Fliege auf dem Hund
Schwarzer Löwe
Der Mörder auf der Flucht
Saulus, Paulus, Ictus
Ihre Ehre retten (Geld, Bild)
Der Horla (Maupassant)
Heil im Geist
Heiliger Geist
P Go
S Go*

Auf zu einem neuen Versuch! Einem Versuch, getragen von der List des Odysseus und der Poesie des Orpheus: Niemand konnte dem Inkagott zu nahe kommen, ohne das Schicksal Ikarus zu erleiden. Jetzt war ein Mörder auf der Flucht und aus Saulus wurde zuerst Paulus, dann Christus. Alles, um den Horla, diesen unsichtbaren Dämon, zu besiegen, der den Wahnsinn brachte. Van Gogh war nicht mehr heil im Geist, sondern fühlte sich als Heiliger Geist. Sollte man ihn dazu machen? Vielleicht sollte er in nächster Zeit mit *S Go* anstelle von *P Go* signieren? Nein, das wäre zu auffällig und zu eindeutig, auch für die Polizei. Noch immer hallte ihm das *Bong Monsieur* des Oberkommissars d'Ornano im Kopf. Das schwerfällige, singende südfranzösische *Bong*. Es machte ihm Angst. Stumpfsinn und Sturheit hatten den Oberkommissar ausgezeichnet. Leider ist Beharrlichkeit eine Folge davon. Sollte er weitere Untersuchungen gegen van Gogh und ihn einleiten, würde es schlimm enden. Irgendwann würde er ein Indiz finden, das sich nicht fügt.

Nie wieder wollte er nach diesem Tag in die Gewalt der Polizei geraten. War er nicht Künstler geworden, weil er nie wieder in irgendjemandes Gewalt kommen wollte? Er hasste es, nur reagieren zu können – auch wenn er gut reagiert hatte.

Bong Monsieur. Einem Einfaltspinsel begegnet man am besten als Einfaltspinsel. Vielleicht machte er sich ja unnötig Sorgen. Er blätterte zurück in seinem Skizzenbuch. Als der Zug Arles verlassen hatte, überkam ihn ein kurzes Hochgefühl darüber, unbehelligt entkommen zu sein, und er hatte zwei Zeichnungen vom Verhör gemacht. Eine zeigte den Oberkommissar vor einer Staffelei, auf der ein unvollendetes Gemälde stand. *Ah, sie malen!*, hatte er darunter gesetzt, um den Scharfsinn d'Ornanos zu verdeutlichen. Daneben hatte er eine weitere Karikatur gesetzt: Vor einem Truthahn stehend, betonte er mit Stolz: *Ich bin der Oberkommissar.* Die Zeichnungen waren gefährlich und er überlegte kurz, ob er die Seiten ausreißen sollte. Seit *Les mystères de Paris* erschienen war, konnte jedermann die Anspielung verstehen. Es wäre vielleicht ohnehin besser, das Skizzenbuch zunächst bei Schuff' zu verstecken und ein neues zu kaufen.

Vielleicht machte er sich auch einfach viel zu viele Sorgen. Ja, der Oberkommissar war wirklich ein Einfaltspinsel gewesen.

Es klopfte an der Tür. »Paul, bist du wach?«, hörte er im Flüsterton. Er fuhr kurz aus seinen Gedanken hoch. Dann wurde ihm klar, dass er sich bei Schuff' befand, und nicht in Arles, und er musste lachen. Manche Sachen bleiben sich gleich, auch wenn sie angenehmer werden.

»Komm rein!«

Schuff' war schon angekleidet und fertig für seinen Arbeitstag.

»Bist du noch wach oder schon wieder?«, fragte er.

»Ich war auf Prados Hinrichtung. Schrecklich sage ich dir ...«

»Warum?«

»Der Pöbel. Geschmacklos. Sogar die Scharfrichter versagten. Die halbe Nase und das ganze Kinn wurden abgetrennt. Kein schöner Anblick.«

»Demonstrationen?«

»Eine kleine, die aber vom Pöbel angegriffen wurde. Der Gendarmerie schien es recht zu sein.«

»Was willst du von denen auch erwarten? Ich muss jetzt los. Vielleicht gehe ich noch kurz ins Café, um den neuesten Klatsch mit ins Atelier zu nehmen. Heute wird bestimmt von nichts anderem gesprochen ... Ich wollte dir nur kurz ausrichten, dass Theo van Gogh gestern da war. Vincents Zustand ist noch immer kritisch, aber höchstwahrscheinlich wird er überleben.«

»Das sind gute Nachrichten«, sagte Gauguin nachdenklich. Dann, um etwas mehr Freude zu zeigen, fügte er wenig überzeugend an: »Da fällt mir ein Stein vom Herzen. Vielleicht nimmt die Tragödie doch noch ein gutes Ende.«

»Dachte ich mir, dass du die Neuigkeit gleich hören wolltest.« Schuff' schien nichts bemerkt zu haben. Er lehnte sich lässig an den Türrahmen, bevor er das Thema wechselte:

»Ach ja, alter Freund! Und noch eine Sache. Gestern Abend war ich mit einigen Leuten von der Börse aus. Keiner dabei, den du kennst, aber rate mal, wen wir in der *Handelbar* getroffen haben? Den guten alten Cellot. Ich weiß nicht, wie lange das jetzt her ist, drei Jahre? Jedenfalls wurde er kreidebleich, als er erfuhr, dass du wieder in der Stadt bist. Er versuchte zu witzeln, er hoffe, du würdest nicht sein Gabriel Feraud, aber es war ihm anzumerken, wie todernst es ihm war.«

Gauguin erwiderte nichts und Schuffenecker hütete sich davor zu sagen, es sei nur ein harmloser Spaß gewesen, den Cellot damals auf Kosten von Gauguin getrieben hatte und keinesfalls eine Beleidigung, sondern setzte zügig hinterher:

»Ich weiß nicht, was er will. Die Forderung zum Duell war damals gerechtfertigt. Seine Feigheit hat ihm wenigstens das Leben gerettet. Wir wissen, du hättest ihn umgebracht.«

»Ja, ich hätte ihn umgebracht«, antwortete Gauguin und klappte das Skizzenbuch zu. Schuff' schüttelte den Kopf:

»Was ist nur mit dir, Paul? Ich hoffe, du hast dich bald, wie nennst du es immer, akklimatisiert. Ich muss aufbrechen. Sehen wir uns heute Abend?«

»Ich werde was kochen. Bis dann.« – »Bis dann.«

Gauguin wartete noch, bis er die Wohnungstüre ins Schloss fallen hörte, dann erst legte er sich zurück aufs Bett. Schuff war loyal. Er war schon damals anderer Meinung gewesen, betreffend die Herausforderung Cellots. Immerhin waren sie alle drei Arbeitskollegen gewesen. Aber Schuff verkehrte bis zum heutigen Tag mit ihm. Und obwohl es sich mit etwas Abstand in der Tat um eine Lappalie gehandelt hatte, bestand Schuff sogar heute nicht darauf, die Dinge ins rechte Licht zu rücken. Vielleicht gerade heute. Offenbar war dem Freund nicht entgangen, wie verändert er war. Dennoch war er hier sicher. Schuff würde ihn niemals verraten, würde nicht einmal auf ihn eindringen. Bei van Gogh war er sich nicht so sicher. Vielleicht wäre es sogar besser, er würde sich nicht mehr erholen. Nein, daran durfte er nicht denken. *Bong Monsieur ...* Schon war der Oberkommissar wieder in seinen Gedanken.

Während draußen Paris erwachte und der Lärm der Passanten und Kutschen gedämpft mit dem blaugrauen Licht des Tages durch Fenster und Vorhänge drang, ließ er, fast schon schlafend, die letzten Stunden vor seiner Abreise aus Arles in seiner Erinnerung aufleben: Er erinnerte sich vor allem an den Regen, der am Weihnachtsmorgen auf das Pflaster der menschenleeren Straßen fiel. Es war gerade hell geworden und die erkalteten Gerüche des Südens, die nach den letzten Tagen des Regens einen Hauch von Moder angenommen hatten, lagen drückend in der Luft, sobald der Mistral nicht mehr tobte.

Er hatte sich keine Mühe gemacht den Pfützen auszuweichen, denn schon nach wenigen Minuten war er vom Regen völlig durchnässt. Zu diesem Zeitpunkt konnte er noch nicht wissen, dass er den ganzen Tag über die Kleidung nicht mehr wechseln würde. Im Kopf ging er auf seinem Weg nochmals die Worte durch, die er an van Gogh richten wollte, um ihn von seinem Plan zu überzeugen. Am liebsten wäre er gleich früh morgens mit dem ersten Zug abgereist. Doch er musste ohnehin zum gelben Haus zurück, um das Geld für die Reise zu holen. Die ganze Nacht war er wach gelegen und schließlich zu dem Schluss gekommen, dass sie sich unbedingt noch einmal absprechen mussten. Über den Postweg würde es unmöglich sein, denn was wäre, wenn die falschen Leute diese Briefe in die Hände bekämen? Außerdem hatte sich die Sachlage geändert. Er hatte sich eine Strategie überlegt, wie sie beide den Kopf aus der Schlinge ziehen konnten, ohne Aufsehen zu erregen. Das Wichtigste war vorerst, Ruhe zu bewahren. Niemand wusste, was geschehen war – und das musste auch so bleiben. Wo Fragen auftauchten, ließen sich Gerüchte streuen und zur Not auch eine plausible Geschichte erfinden. Vielleicht auch verschiedene. Van Gogh durfte nur nicht die Nerven verlieren. Kein einfaches Vorhaben, bedachte man die Besessenheit dieses Moralapostels.

Bevor er um die letzte Ecke bog, atmete er noch einmal tief durch. Die kommenden Minuten würden über seine Zukunft entscheiden. Er würde nicht ins Gefängnis gehen, koste es was es wolle. Vielleicht konnte er van Gogh mit Argumenten bezwingen. Falls nicht, war ein Faustschlag noch immer das stärkste Argument.

Als er die *Place Lamartine* betrat, stand eine Menschenmenge vor dem gelben Haus. Noch bevor er wieder hinter der Ecke verschwinden konnte, war er entdeckt. Finger deuteten auf ihn, Köpfe wurden zusammengesteckt. Dieses verfluchte Provinznest! Er musste sich ihnen stellen, denn er brauchte seine Sachen und sein Geld.

Mit festen Schritten ging er auf die Menschenmenge zu und entdeckte Roulin zwischen den anderen Menschen des Quartiers um die *Place Lamartine*. Er musste eine Gelegenheit finden mit ihm alleine zu reden, denn es verhieß nichts Gutes, dass halb Arles vor seiner Haustüre stand. Was hatte van Gogh da angerichtet? Doch bevor er auch nur in Rufweite war, lösten sich zwei Gendarmen aus der Menschenmenge und kamen direkt auf ihn zu. Er unterdrückte mit aller Kraft den Impuls zu fliehen. Aussichtslos. Sie wussten Bescheid! Wie war es möglich? Van Gogh! Der Narr! Er hätte über Land zu Fuß nach Paris fliehen sollen. Wie konnte er auch hoffen, van Gogh würde vernünftig reagieren. Jetzt war das Leben beider zerstört. Oder vielleicht auch nur eines? Was sollte er tun?

Die Gendarmen griffen ihm mit unnötiger Gewalt links und rechts unter die Arme:

»Monsieur Gauguin. Kommen Sie mit uns! Sie werden bereits gesucht.«

Gauguin ließ sich schweigend abführen. Erst als sie durch die Menschentraube gingen, erhob er seine Stimme und fragte laut über die Menschen hinweg, wobei er sich in gespielter Panik gegen die Gendarmen stemmte:

»Was ist hier los? – Roulin!«

»Gespräche mit anderen sind bis auf weiteres untersagt. Mitkommen!«

Er ließ sich mit ins Haus schleifen. Dort stockte ihm der Atem. Für einen kurzen Augenblick kam ihm der Gedanke, van Gogh könnte überall rote Farbe verschüttet haben. Eine unsinnige Hoffnung, denn es war unverkennbar Blut. In unregelmäßigen Lachen bedeckte es den Boden und wirkte auf den roten Steinfliesen mehr Schwarz als Rot. Manche Pfützen lagen da wie dunkle Seen, andere waren von Fußspuren durchzogen und im Raum verschmiert. Sogar an den Wänden fanden sich Spritzer und größere Flecken. Als er ins Atelier geführt wurde, sah er an den Wänden einzelne rote Handabdrücke. Der Boden glich dem des Flurs. Überall lagen blutdurchtränkte Lumpen mit Farbsprenkeln herum.

Darauf war er nicht vorbereitet gewesen. Jetzt stieg wirkliche Panik in ihm auf.

»Was ... Was ist hier geschehen?«

»Das würden wir gerne von Ihnen wissen, Monsieur ...?«

»Gauguin. Paul Gauguin.«

»Oberkommissar d'Ornano. *Bong* ... Monsieur Gauguin. Beantworten Sie zunächst folgende Fragen: Nationalität, Gesellschaftliche Stellung, Was führt Sie hierher?«

Nachdem Gauguin geantwortet hatte, rief der Oberkommissar einen nahestehenden Beamten hinzu:

»Notieren Sie, Robert! Arles, den 24.12.1888, *Place Lamartine*, Verhör: Paul Gauguin, Franzose, Maler, seit Oktober wohnhaft in Arles. Nun, Monsieur Gauguin, fangen wir an. Erzählen Sie mir bitte, was sich hier ereignet hat.«

»Wie meinen, Monsieur le commissaire?«

»Ich meine: Was ist hier geschehen?«

»Das weiß ich nicht Monsieur. Wie geht es Monsieur van Gogh?«

»Was soll diese Frage? Sie wohnen doch hier, wie Sie angegeben haben. Welcher Art ist Ihre Beziehung zum Ermordeten genau?«

»Vincent wurde ermordet?«

»Wie ich eben sagte. Beantworten Sie meine Fragen!«, rief der Kommissar. Er macht eindeutig klar, dass er keine Trauer, sondern Antworten wünschte.

Gauguin schluckte ein, zweimal, dann begann er mit fester Stimme und blickte dem Beamten dabei fest in die Augen:

»Vincent van Gogh und ich sind, … waren, Freunde.«

»Und weiter?«

Gauguin zögerte eine Weile. Gerade als der Kommissar nachhaken wollte, sagte er:

»Ich kann nicht sagen, was sich hier zugetragen hat. Ich habe die Nacht außer Haus verbracht.«

Der Kommissar rieb sich die Hände, verschränkte sie dann hinter dem Rücken und ging im Atelier auf und ab. Wie als ob er Gauguin erschrecken wollte, wandte er sich dann plötzlich um und fuhr ihn an:

»Und wo haben Sie dann die Nacht verbracht?«

»Im Hotel an der *Place Victor Hugo*.«

Der Kommissar nahm wieder die nachdenkliche Pose ein. Durch die auf dem Rücken verschränkten Hände kam sein Bauch mehr zur Geltung, als ihm gut tat. Gauguin versuchte, sich zu konzentrieren.

»*Bong* … Wieso übernachten Sie in einem Hotel, wenn Sie seit Monaten schon in diesem Haus wohnen?«

»Als ich gestern Abend zum Haus zurückkam, war die Türe verschlossen. Monsieur van Gogh war nicht da, obwohl Licht brannte. Also habe ich gewartet. Aber ich war sehr müde, deshalb bin ich ins Hotel.«

»Um welche Uhrzeit war das?«

»Ich war gegen halb zwölf am Hotel.«

»Können Sie das bezeugen?«

»Ja, ich habe mit der Besitzerin gesprochen, die über mein spätes Ankommen verwundert war. Sie können sich dort gerne erkundigen.«

»Die Ermittlungen überlassen Sie mir!«

»Natürlich, Monsieur le commissaire. Ich wollte behilflich sein.«

»Robert, Sie prüfen das später und gehen mit dem Verdächtigen zur Gegenüberstellung dorthin. *Bong!* Drei Monate leben Sie in diesem Haus und haben keinen eigenen Schlüssel?«

»Doch, doch, aber ich hatte ihn vergessen«, antwortete Gauguin vorsichtig. Er stand unter Tatverdacht!

»Von wo sind Sie zurückgekommen?«

»Vom *Café de la Gare*. Ich gebe auch zu, dort ein, zwei Gläschen getrunken zu haben.«

»Wenn sich Ihre Angaben als wahr erweisen, müssen Sie ihn nur knapp verpasst haben, als er ins Bordell aufbrach«, sagte der Kommissar mehr zu sich selbst als zu Gauguin.

»Ins Bordell?«, ging Gauguin im Wissen um die Wahrheit seiner Angaben auf diesen Punkt näher ein.

»Ich stelle hier die Fragen.«

»Ja, Monsieur le commissaire.«

»Also?«

»Wie meinen, Monsieur le commissaire?«

»Warum haben Sie Ihren Schlüssel vergessen?«

»Ich habe ihn einfach vergessen, Monsieur. Wer etwas vergisst, denkt in der Regel nicht daran, es zu vergessen und kann deshalb auch keine Gründe dafür angeben, Monsieur le commissaire.«

»Sehen Sie Robert. Wir haben es hier mit einem Philosophen zu tun! *Bong*, Monsieur Gauguin, ich habe da so eine Idee. Sie ist weniger philosophischer Natur, aber durchaus praktisch: Sie verletzen Ihren Freund tödlich, gewollt oder ungewollt, und flüchten sich dann in das besagte Hotel, um sich ein Alibi zu verschaffen! Robert, durchsuchen Sie ihn.«

Der Beamte legte Papier und Stift bedächtig beiseite, bevor er damit begann, Gauguin zu durchsuchen. Robert begann mit dem Mantel und brach die Suche sogleich ab, als er aus der linken Tasche einen Schlüsselbund zog. Er übergab ihn, so als hätte er ihn nicht selbst entdeckt, sondern reiche ihn nur weiter, seltsam unbeteiligt an den Kommissar und griff wieder nach seinem Notizblock. Gauguins Herz begann zu rasen.

»Und was ist das hier? Müssen wir sie erst alle ausprobieren?«

»Meine Hausschlüssel, Monsieur le commissaire. Ich muss sie wohl doch nicht vergessen haben. Wie, äh, wie ich schon sagte, ich war etwas betrunken und –«

»Monsieur Gauguin! Wollen Sie mich auf den Arm nehmen? Sie verkennen wohl die Lage. Sie stehen hier unter Mordverdacht! Rücken Sie endlich mit der Wahrheit heraus. Sie haben Ihren Freund umgebracht.«

»Ich habe niemanden umgebracht!«

»Warum haben Sie dann hier nicht übernachtet?!«

»Monsieur! Hätte ich ihn umgebracht, wäre ich dann hierher zurückgekommen?«

Der Kommissar schwieg. Gauguin fühlte, er müsste ihm irgendetwas geben, das seine Lüge rechtfertigte. Er entschloss sich für die Wahrheit:

»Um ehrlich zu sein. Ich bin nicht zum Haus zurückgekehrt, nachdem ich es gestern verlassen hatte. Monsieur van Gogh und ich hatten einen Streit.«

»Aha! Ein Streit. Ich wusste es. Und worum ging es?«

»Um, um Fragen der Malerei.«

»Fragen der Malerei! *Bong* …« D'Ornano machte eine künstliche Pause und stellte sich vor der Staffelei van Goghs auf.

»Sie malen also«, konstatierte der Oberkommissar.

»Ja, Monsieur le – «

»Das war keine Frage!«

»Ja, Monsieur.«

»*Bong*, Sie malen also – Gott mag verstehen, warum ein Mann so etwas tut – streiten sich und hernach verbringen Sie die Nacht im Hotel. Ist so etwas schon öfters vorgefallen?«

»Nein, Monsieur. Es sollte auch nicht wieder vorgekommen, denn ich wollte heute abreisen. Monsieur van Gogh hatte mir deutlich zu verstehen geben, dass ich sein Haus verlassen solle.«

»Und Sie wollten bleiben?«

»Nein, im Gegenteil. Mir kam das sehr entgegen. Um ehrlich zu sein, blieb ich die letzten Wochen nur wegen Monsieur van Gogh in Arles. Sein Bruder – er muss sofort benachrichtigt werden – hat mich gebeten, mit ihm zu malen und nach ihm zu sehen. Sie müssen wissen, sein Verhalten wurde von Tag zu Tag ungewöhnlicher.«

»Was wollen Sie damit sagen?«

»Nun ja, Monsieur, seine geistige Verfasstheit ließ zu wünschen übrig.«

»Er war also verrückt.«

»Im Bordell kannten sie zuerst seinen Namen nicht, da er gemeinhin *fou rouge* gerufen wird«, schaltete sich Robert ein. Der Kommissar sah ihn böse an.

»Gerufen wurde«, verbesserte sich Robert schnell.

»Wieso erfahre ich das erst jetzt? Das sind essentielle Informationen, Robert! Ein Irrer, also … Gehen Sie umgehend noch einmal dorthin, dann ins Hotel von Monsieur Gauguin. Ich erwarte, dass Sie schnellstmöglich Meldung machen!«

»Jawohl, Monsieur le commissaire!« Robert verließ schleunigst den Raum.

»Monsieur? Darf ich mir erlauben zu fragen, wie es geschehen ist? Er war mein Freund«, ergriff Gauguin das Wort. Der Kommissar überlegte lange.

»*Bong*. So kommen wir ohnehin nicht weiter. Sie wissen scheinbar nichts. Gehen wir einmal davon aus, Ihre Angaben stimmen, Monsieur. Ich will Ihnen erzählen, was wir bisher wissen. Ihr Freund kam kurz vor Mitternacht, wahrscheinlich etwas früher, ins Bordell, wo er einer Prostituierten, die er erwiesenermaßen schon vorher kannte, sein abgeschnittenes Ohr, mit der Bitte es gut zu verwahren, überreichte. Danach ging er davon. Wir vermuten direkt nach Hause. Die Prostituierte und die oberste Dame des Hauses kamen jedenfalls nach einigem Überlegen zu dem Schluss, dieses außergewöhnliche Ereignis dem nächtlichen Streifendienst zu melden. Wie das so ist, dauerte es eine Weile bis die Streife ihres Weges kam, dann bis deren Runde beendet war und dann wieder bis der Bericht in meine Hände fiel. Bis wir endlich die Identität und das Haus Ihres Freundes ausgemacht hatten, lag er schon halbtot im Bett. Soweit der Stand der Dinge.«

»Halbtot? Das heißt, Sie konnten noch mit ihm sprechen?« Gauguin fühlte sofort wieder Panik aufsteigen, beruhigte sich aber sofort wieder, denn hätte van Gogh alles gestanden, so würde er schon in Ketten liegen.

»Nein, wir konnten ihn leider nicht mehr verhören. Er hatte schon das Bewusstsein verloren. Schlimm genug, dass so etwas überhaupt in Arles passiert, aber dann noch direkt am Weihnachtstag? Unsere Beamten sind brave Menschen und jeder freute sich auf ein Fest im Kreis der Familie. Bisher dachten wir, solche Verbrechen gäbe es nur in Paris. Wir sind darauf nicht vorbereitet. Irgendwie habe ich aber geahnt, dass es in der Provinz auch bald beginnen würde.«

»Genau dasselbe hat Monsieur van Gogh noch vor kurzem auch zu mir gesagt.«

»Was ist das nur für eine Zeit in der wir leben, Monsieur Gauguin?«

Gauguin wusste, auf diese Frage des Kommissars musste er nicht antworten und er verspürte auch kein Bedürfnis danach. »Befindet er sich noch im Haus?«, schoss es Gauguin mit einem Mal durch den Kopf und er stellte die Frage.

»Ja, er liegt oben im Bett, ist aber noch immer nicht bei Bewusstsein«, antwortete d'Ornano, noch immer gedankenversunken.

»Soll das heißen Vincent lebt?«, fragte Gauguin unsicher.

D'Ornano klopfte ihm auf die Schulter und antwortete: »Selbstverständlich lebt er noch, auch wenn es nicht gut steht, wie ich fürchte.« Bevor Gauguin ihn fragen konnte, fuhr er fort: »Verstehen Sie, Monsieur Gauguin. Wir mussten den größtmöglichen Druck auf Sie ausüben.«

»Und wann haben Sie gedacht, mich gnädigerweise in Kenntnis zu setzen, dass mein Freund noch am Leben ist?«

»Mäßigen Sie sich! Wie reden Sie mit mir? Dass ich Sie … äh … ins Vertrauen gezogen habe, zeigt Ihnen immerhin, dass Sie für den Moment nicht mehr als dringend verdächtig gelten.«

»Soll ich mich jetzt etwa darüber freuen?« Gauguin biss sich auf die Zähne, während er die Worte hervorstieß. Er durfte jetzt nicht die Beherrschung verlieren.

»An Ihrer Stelle würde ich das. Ich gab Ihnen gerade zwei Gründe sich zu freuen.«

»Was sagt der Arzt?«, fragte Gauguin.

»Wir … äh … wollten ihn gerade rufen, als Sie gekommen sind … Robert!« Dem Kommissar fiel ein, dass Robert ermitteln war und wandte sich an Gauguin: »Wir müssen nach einem Arzt schicken, Monsieur.«

Anstelle des gewünschten Zorns überkam Gauguin Ungläubigkeit. Er ging kopfschüttelnd zum Fenster und rief nach Roulin, der sich eiligst auf den Weg zum Krankenhaus machte. Als er das Fenster wieder geschlossen hatte, sah er einen Zeitungsfetzen an seiner Staffelei haften. Unauffällig überflog er den kurzen Text und steckte ihn erleichtert und mit größtem Bedacht, nicht entdeckt zu werden, ein.

»Wo sollen wir hier nur anfangen?«, fragte sich D'Ornano selbst, aber es klang wie das endgültige Eingeständnis der Überforderung. »Zuerst die Zouavenmorde und jetzt das. Bei der Kaserne haben wir natürlich zuerst gefragt. Dort haben sich einige Soldaten noch nicht zurückgemeldet. Aber das ist wohl normal am Wochenende. Wir haben eine Liste, doch ich glaube nicht, es führt zu etwas. Andererseits, wer soll sonst die Grausamkeit besitzen, jemanden auf solch bestialische Weise zu entstellen?«

Gauguin witterte seine Chance: »Wieso gehen Sie davon aus, es handele sich um Körperverletzung? Welches Interesse sollten die Täter haben so etwas grausames zu tun?«

Der Kommissar blickte ihn lange an: »Wollen Sie damit andeuten, Ihr Freund hätte sich das selbst angetan?« Dabei breitete er die Arme aus und bedeutete, wie zur Bekräftigung der Unmöglichkeit des Gesagten die Szenerie.

Ein Gedanke, noch mehr eine Lüge, hatte Gauguin gelernt, musste im Kopf des Belogenen entstehen, wollte sie erfolgreich sein. Wirkte der Gedanke als ein eigener, wurde aus einer Möglichkeit erst eine Überzeugung.

»Warum sollte er sich selbst verstümmelt haben?«

»Wie ich eingangs schon sagte, steht es mit seiner geistigen Gesundheit nicht zum Besten. Er erzählte mir von Selbstverstümmelungen in anderen Kulturen und ich selbst habe unglaubliche Dinge gesehen, als ich auf See war.«

Der Kommissar zollte Gauguin seinen Respekt, als dieser erzählte, er habe in der Handelsmarine gedient. Einer seiner Cousins diente dort ebenfalls und er selbst wäre als junger Mann ebenfalls gerne zur See gefahren, aber noch bevor er den

Dienst quittieren konnte, fand er sich schon im Stand der Ehe und seine Frau in Erwartung eines Kindes.

Bis der Arzt, der sich als Dr. Rey vorstellte, eintraf, bediente sich Gauguin aus seinem Repertoire an Seefahrergeschichten und der Kommissar lauschte andächtig. D'Ornano und Rey waren schon miteinander bekannt und während die beiden nach oben gingen, erläuterte der Kommissar dem Arzt die Lage. Gauguin blieb halb erstaunt, halb erleichtert alleine zurück und sackte auf einem Stuhl zusammen.

Als die beiden zurückkamen, musste Gauguin nicht erst fragen. Dr. Rey, der ungewöhnlich jung wirkte, begann von selbst:

»Ich hatte ihn kurz bei Bewusstsein, aber nicht lange. Er ist stabil genug, um ihn ins Krankenhaus zu bringen. Dort werden wir sehen. Ihr Freund hat viel Blut verloren, darüber hinaus lässt sich noch nicht viel sagen. Monsieur le commissaire hat mich über seinen Geisteszustand unterrichtet und im Gespräch hat sich gezeigt, dass er stark auf Sie fixiert ist. Der Patient äußerte beständig den Wunsch, Sie zu sehen. Ich würde Sie ohnehin bitten, mich ins Krankenhaus zu begleiten, damit ich mir ein besseres Bild machen kann. Allerdings hege ich auch den Verdacht, Sie selbst könnten, natürlich ungewollt, der Auslöser seiner Überreiztheit sein … Er hat auch wahllos die Bibel zitiert. Da gibt es doch auch diese Stelle in welcher Petrus das Ohr eines Soldaten mit dem Schwert abschlägt … Vielleicht lässt sich seine Selbstverstümmelung darauf zurückführen. Wir werden sehen … ich würde Sie jedenfalls gerne zum Krankheitsbild des Patienten befragen.«

Die vorläufige Diagnose des Arztes, der auch von Epilepsie sprach, ohne sich festlegen zu wollen, bestätigte in etwa, was Gauguin D'Ornano schon vorher gesagt hatte. Das Angebot, Theo zu benachrichtigen, sowie auch der Respekt des Kommissars ob des Dienstes für die französische Marine, brachten Gauguin die Erlaubnis ein, Dr. Rey mit ins Krankenhaus begleiten zu dürfen. Gegen Aushändigung einer Pariser Adresse unter der er bei Bedarf zu erreichen war, erhielt er sogar die Genehmigung, noch am selben Tag abzureisen.

Seine Improvisation gegenüber der Polizei vertiefte Gauguin gegenüber Dr. Rey und vollendete die Erzählung dann bei Theo van Gogh, der nach telegrafischer Benachrichtigung schon am selben Abend eintraf und Gauguin das Geld für eine Fahrkarte nach Paris aushändigte. Als er Bernard die Geschichte erzählte, glaubte er fast selbst schon daran, besser ausgedrückt, es kam ihm vor wie die Schilderung einer Wirklichkeit aus einer längst vergangen Zeit. Gegenüber den anderen Künstlern machte er als guter Freund van Goghs nur vage Andeutungen. Sie würden ohnehin alles über Bernard erfahren, der somit fast zum Zeugen avancierte.

Wenn nur van Gogh das Versprechen nicht brach, das er durch die versteckte Botschaft im Zeitungsartikel gegeben hatte, dachte Gauguin, als er sich erschöpft in die Kissen sinken ließ.

Immer noch ging ihm der verheißungsvolle und zugleich anklagende Satz durch den Kopf: *Der Mörder konnte entfliehen.* Draußen pulsierte das Leben der Metropole und Gauguin nahm in der Folgezeit, so gut es ging, daran teil. Fünf Tage musste er in der Ungewissheit verharren, wie sich van Gogh verhalten würde, dann erreichte ihn ein Brief aus Arles. Mit zitternden Händen hatte er ihn geöffnet. Es war van Goghs Handschrift – er schien also wirklich außer Lebensgefahr zu sein. Gierig verschlang er die Zeilen:

Mein lieber Freund Gauguin,

ich nutze meinen ersten Gang aus dem Krankenhaus, um Ihnen einige aufrichtige und tiefe Worte der Freundschaft schreiben.
Ich habe hier im Krankenhaus viel an Sie gedacht, selbst bei hohem Fieber und ziemlich geschwächt.
Sagen Sie, war denn die Reise meines Bruders Theo wirklich unumgänglich, mein Freund? Beruhigen Sie ihn zumindest jetzt vollkommen, und Sie selbst bitte ich, haben Sie Vertrauen, dass in dieser besten aller Welten im Großen und Ganzen kein Übel existiert und sich alles stets zum Besten wendet.
Dann wünsche ich, dass Sie dem guten Schuffenecker herzliche Grüße ausrichten – und dass Sie sich enthalten, solange bis auf beiden Seiten die Überlegungen auf einem festen Fundament stehen, Schlechtes über unser armes kleines gelbes Haus zu sagen – weiter, dass Sie die Maler von mir grüßen, die ich in Paris kenne.

Ich wünsche Ihnen Wohlergehen für Paris. Mit einem warmen Händedruck,

stets der Ihre,
Vincent

Roulin war wirklich gut zu mir. Er war es, der die Geistesgegenwart besaß, mich von hier rauszuholen, bevor die anderen überzeugt waren.

Antworten Sie mir bitte.*

Gauguin verstand nun: van Gogh würde nichts verraten. Der Moralist ließ zwar offen, ob die beste aller Welten, die tröstende Welt Leibniz' oder die boshafte Version Voltaires war, aber das blieb Gauguin gleich. Das Wichtigste war, dass seine Einschätzung van Goghs zutraf; alle Sorge darüber hinaus hatte sich als unbegründet erwiesen. Stets anfälliger Prediger der Moral, war van Gogh bereit, alle Prinzipien über Bord zu werfen, wenn es galt für seinen Freund einzustehen. Auch das konnte selbstverständlich moralisch genannt werden. Auch altruistisch. Aber auch masochistisch und selbstzerstörerisch. Wie auch immer, für sich schöpfte Gauguin Zuversicht.

* * *

Wenn alle Geräusche verstummen, ist Gottes Stimme unter den Sternen zu hören, dachte van Gogh. Bald würde er wieder in die Anstalt zurückkehren müssen. Pünktlich mit dem letzten Licht des Tages hatte er die Skizze für seine *Sternennacht* vollenden können.

Es sollte ein Gemälde werden, das die erste Pflicht der Kunst erfüllte: Trost spenden. Gauguin und Bernard würden im fernen Norden sicher Gefallen daran finden. Gauguin besonders, weil vieles, was sie in Arles diskutierten und wogegen er sich zunächst gesträubt hatte, jetzt ganz leicht von der Hand ging. Theo beschwerte sich darüber, aber er war überzeugt, die richtige Richtung eingeschlagen zu haben. Seltsam, die Auseinandersetzung mit Gauguin fiel leichter, wenn Gauguin nicht da war.

Van Gogh hatte sich in den langen, stillen Anstaltsnächten, die nur ab und zu von den Schreien eines Irren unterbrochen wurden, alle ihre Diskussionen im gelben Haus noch einmal ins Gedächtnis gerufen und getan, was er auf Anraten des Apostel Paulus schon immer getan hatte: *Prüfet Alles. Das Gute behaltet.*

Die *Sternennacht* sollte ein Gemälde werden, das mehr über die stilistischen Elemente seine Aussage vermittelt als über eine naturalistische Darstellung. Trotzdem würde er den Einwänden Theos Folge leisten und seine Spontanität nicht völlig unterdrücken, denn bloßes Stilisieren führt zu leerem Manierismus, da stimmte er ihm zu. Von einer Anhöhe würde der Betrachter des Gemäldes auf die Stadt *Saint Rémy* blicken, die sich von Olivenhainen umgeben am Beginn eines Tals an die Landschaft der *Alpilles* schmiegt, deren Berge sich massiv im Hintergrund auftürmen. Ein überwältigender Sternenhimmel flutet in wilden Wirbeln über das Tal und lässt die menschlichen Behausungen in Anbetracht des Kosmos klein und unbedeutend erscheinen. Das Städtchen hingegen wirkt anheimelnd. Eine Art Zufluchtsort wird es werden, mit gastfreundlich erleuchteten Fenstern in der Nacht und den Umrissen der alten Kirche, genau im Zentrum der unteren Bildhälfte. Zypressen, japanisch in den Vordergrund gesetzt, die dunkel gegen den Sternenhimmel lodern, würden die einladende Wirkung der Ansiedlung noch unterstreichen. Die Kirche sollte noch ein wenig näher zum Betrachter hingesetzt werden, dachte er bei sich. Aber nicht zu nahe, denn schnell kann eine Kirche von der sicheren Zuflucht zum Gefängnis werden. Auch die Religion kann erdrücken, dachte er, und blickte nach oben. Besser ist das freie Leben unterm Firmament.

Seit seiner Genesung hatte van Gogh festgestellt, wie gefährlich nahe er der Religion im Süden immer wieder gekommen war. Es war auch unvermeidbar, nach mehreren Monaten in den Gemäuern ehemaliger Klosteranlagen. Erst das Krankenhaus in Arles, nun das Sanatorium *Saint-Paul-de-Mausole* in Saint Rémy. Gerade hier atmete jeder Stein Religion – und dünstete abgestandenen Priesterodem aus. Es stank so stark, nicht einmal die frohe Botschaft des Evangeliums konnte diese schlechte Luft vertreiben. Die ach so *barmherzigen* Schwestern, allesamt Nonnen, waren der Überzeugung, die Verrückten seien vom Teufel besessen und behandelten die Insassen entsprechend. Wo war ihre Liebe? Würden die Schwestern aus der *Rue des Ricoléts* hier Dienst tun, es würde zu wahren Wunderheilungen kommen. Aber durfte er sich beschweren? Ihm kam der unverdiente Luxus und die Gnade der Arleser zuteil, sein Gefängnis selbst wählen zu dürfen. Er verdiente Gefängnis. Rückblickend hätte es schlimmer kommen können. Gut war es deshalb noch lange nicht, weshalb er in der letzten Zeit mehr und mehr daran dachte, Theos Drängen nachzugeben und wieder in den Norden zurückzukehren. Der Süden hatte in der Tat nichts mehr zu bieten. Nur wohin? Er blickte auf seine Skizze. Zurück nach Paris? Der nächste Anfall ließe dort wohl keine zwei Tage auf sich warten. Bis jetzt hatte er die Stadt auch nicht vermisst. Beinahe hatte er vergessen, dass Paris existierte. Mit seinen Boulevards, Bars und Galerien. Und den anderen Künstlern. Er hatte keine Kraft für ihre Hahnenkämpfe. Er war krank. Das wusste er nun mit Gewissheit. Schon immer hatte er geahnt, ihm würde nicht die gesamte Spanne eines Lebens zur Verfügung stehen und es hatte seine Arbeitswut nur angefacht. Jetzt fühlte er, er dürfe sich nicht mehr überanstrengen. Ruhe war das beste Heilmittel gegen die Nervosität. Aber auch sie würde nicht verhindern, dass es zu neuen Anfällen käme. *Morbues sacer*, sagten die Nonnen, Epilepsie der Arzt. Und dass er sich einrichten müsse, die Anfälle als Begleiterscheinung seines Lebens zu sehen. Aus medizinischer Sicht lasse sich wenig tun. Die kühle Diagnose des Arztes war zunächst ein Schlag. Mit der Zeit hatte er sich damit abgefunden und bestürzt feststellen müssen, dass vielleicht Andere die Anzeichen dafür schon früher und klarer als er selbst wahrgenommen hatten. Er dachte zurück an seine Familie, seinen Vater, seine Mutter, seine Onkel und Tanten und begann sich zu schämen. Welchen unsagbaren Kummer hatte er ihnen mit seiner Uneinsichtigkeit bereitet! Hätte er sich nur dem Wunsch des Vaters gefügt, als noch die Möglichkeit dazu bestanden hatte. Was wäre Theo erspart geblieben! Und Gauguin! Auch Gauguin musste es bemerkt haben in den Tagen kurz vor seiner Flucht. Es musste in der Luft gelegen haben. Mittlerweile merkte er selbst schon einige Tage vorher, wenn sich ein neuer Anfall seinen Weg bahnte. Dann spürte er die Stimmen nahen, fühlte wie jede Faser seines Körpers sich tagtäglich mehr spannte. Irgendwann wachte er dann auf und wähnte sich für Wochen im Körper einer galvanisierten Leiche.

Gauguin hatte sich die Krankheit zunutze gemacht, dessen war er sich nun sicher. Zunächst glaubte er noch an ein Missverständnis, als ihm zu Ohren kam, wie Gauguins Feldzug in Paris vonstattenging.

Damals hatte er geglaubt, das Vordringlichste sei gewesen, die Polizei weiterhin im Unklaren zu lassen. Also war er zufrieden und auch ein wenig stolz, wie geschickt er sich, trotz des zurückliegenden Anfalls, ohnmächtig stellte, als die Polizisten ins Haus kamen, und sich dadurch dem Verhör verweigert, das vielleicht zu Schlimmerem geführt hätte. Dennoch wusste er jetzt, welch ein Fehler es gewesen war, Gauguin die allein gültige Stimme zu schenken. So kam ihm damals im Krankenhaus eine Episode aus *Tartarin sur les Alpes* wieder in Erinnerung: Zwei Freunde entscheiden sich für einen gefährlichen Aufstieg in den Alpen und schwören sich bei ihrem Leben, das Sicherungsseil nicht zu durchtrennen. Komme was wolle. Als sie dann in einen Schneesturm geraten, durchtrennen beide im Unwissen darüber, der andere tue das Selbe in diesem Augenblick, das Seil. Beide überstehen so, jeder für sich, den Sturm und kommen in verschiedenen Tälern wohlbehalten an. Jeder erzählt, ohne zu wissen, dass der Freund im Nachbartal überlebte, der andere habe ihn im Stich gelassen. Gauguin hatte ihn zwar nicht vollkommen verraten und er rechnete es ihm an, aber ein wenig war es ihnen dennoch wie den beiden Bergsteigern ergangen.

Als er begriff, was Gauguin mit seiner Kampagne in Paris anrichtete, empfahl er ihm in einem der letzten Briefe zynisch die Lektüre des *Tartarin*, verzichtete aber darauf, ein Stück Seil mitzuschicken. Zur Ehrenrettung Gauguins führte er an, dass die Gendarmen am Morgen nach der Unheilsnacht schon im gelben Haus waren und eine Absprache vor dem Verhör unmöglich machten. Intuitiv hatte Gauguin aber richtig gehandelt und alles war glatt abgelaufen – für Gauguin mehr als für ihn, denn dieser musste zweifelsohne verstanden haben, weshalb er sein Ohr ins Bordell gebracht hatte. Mehrmals hatten Sie über *shinju* gesprochen und so lag der Schluss doch nahe. Noch immer wunderte er sich, wie er in seinem Schock und bei dem Blutverlust so glasklar hatte denken und handeln können. Den Menschen in Arles wäre es gleich gewesen, ob sein Ohr nun religiösem Eifer oder einer japanischen Tradition zum Opfer gefallen wäre. Schlussendlich war ja nur wichtig, die Ereignisse des Abends zu verschleiern und das war gelungen. Diese Geschichte nun ändern zu wollen, hätte unabsehbare Folgen gehabt. Vielleicht hätte er es aber dennoch tun sollen, denn hätte sich sein Japan-Manöver in Paris herumgesprochen, er wäre ein Held unter den Künstlern gewesen und kein religiöser Spinner.

Ein Künstler wäre er gewesen, der nicht nur die Malerei der Japaner aufgriff, sondern sogar in seinem Handeln zum Japaner wurde. Das war offensichtlich nicht im Interesse Gauguins und noch bevor er das Krankenhaus verlassen konnte, hatte Gauguin in Paris unumstößliche Tatsachen geschaffen. Nicht einmal Theo, der bestimmt darauf pochen würde, die ganze Wahrheit dieser Nacht müsse der Polizei gemeldet werden, konnte er nunmehr davon erzählen, ohne den schlimmsten Schaden anzurichten. Jetzt galt er als verrückt und niemand würde ihm mehr Glauben schenken; so glaubte ganz Paris an Gauguins Version vom religiös verblendeten Predigermaler! Und die Menschen hatten Angst vor ihm. Nicht nur in Arles, er merkte es auch in den Briefen der Freunde. Sie hielten ihn nicht für krank – er galt als wahnsinnig. Dies war also Gauguins Dank! Gauguin, der jetzt in *Pont-Aven* eine Künstlergemeinschaft gegründet hatte. Gauguin, der ihn aus seinem gelben Haus vertrieben hatte. Gauguin, der in Paris dafür gesorgt hatte, dass nie wieder ein Künstler zu ihm nach Arles kommen würde. Gewiss, Signac kam nach Bitten Theos auf einen Abstecher vorbei. Aber konnte man seinem überschwänglichen Lob für die jüngsten Gemälde Glauben schenken? War es nicht vielmehr eine Geste des Mitleids von Signac angesichts der Tatsache, dass sein Gastgeber, als staatlich anerkannter Irrer, sich die offizielle Erlaubnis auf dem Stadtamt holen musste, um seinem Freund die eigenen Gemälde im eigenen Haus zeigen zu können? Damit war Gauguins Werk in Vollendung gekrönt, denn er hatte nicht nur in Paris gewirkt. Willentlich oder nicht, er hatte erreicht, dass ganz Arles ihn wie einen Verbrecher und

Aussätzigen behandelte. Das war das Schlimmste. Wäre nicht Roulin gewesen, er hätte wahrscheinlich den Freitod gewählt. Roulin war der einzige Mensch unter diesen Bestien. Dann wurde der Postmann nach Marseilles versetzt. Und doch sah er noch vor jedem Besuch bei seiner Familie zuerst nach ihm. Ein wahrer Freund! Der einzige. Trotz der guten Worte von Pastor Salles von der protestantischen Gemeinde und trotz kurzzeitiger Besserung wurden die Probleme nicht weniger. Bald schon konnte er von Theo keine Unterstützung mehr verlangen: Jo und er würden nach der Heirat bestimmt Kinder bekommen wollen. Wie konnte er da malen? Wie konnte er da essen? Gegen den ausdrücklichen Rat von Dr. Rey fastete er wieder. Im Übrigen verließ er das gelbe Haus kaum. Wozu auch? Der Traum von der Gemeinschaft des Südens war zerstoben und ging er über die *Place Lamartine*, spürte er die Blicke im Rücken, hörte das Tuscheln, sah die Fingerzeige. Die Menschen hielten ihn für verrückt und vielleicht war er es auch, wie er fester und fester zu glauben begann. Er bekam Angst, Argwohn stellte sich ein, und das gerade gegenüber den Menschen, die es nicht nur augenscheinlich gut mit ihm meinten. Aber selbst im Bordell wurde er nie freundlicher empfangen. Alle redeten langsam und ganz artig zu ihm, wohl auch ein wenig in der Hoffnung, er selbst bliebe dadurch artig. Nach einiger Zeit dann wurde zuerst zwischen ihm und Rachel, dann mit allen über die ganze Sache gescherzt, schließlich offen gelacht. Wie gut das tat! Gleichzeitig hatten Madame Ginoux und Roulin ihre eigenen Erklärungen. Nichts weiter als ein *fièvre chaude*. Ein weit bekanntes Phänomen. Selbst Monsieur Ginoux wurde einmal davon getroffen, als er ohne Kopfbedeckung draußen gearbeitet hatte. Für Roulin waren ohnehin alle Menschen der *Gascogne* mehr oder weniger verrückt. Dennoch, der Stachel blieb und schmerzte mit jedem Lacher hinter seinem Rücken. Eines Tages im *Café de la Gare* tuschelte Madame Ginoux mit ihrem Mann am Aufgang. Er würde heute noch bezeugen, dass sie beide kurz zu ihm blickten. Also stieg er Madame Ginoux auf den Speicher nach, wo er sie Wäsche aufhängend fand. Sie erschrak, fasste sich aber schnell und stellte ihn zur Rede. Doch antworten konnte er nicht mehr. Ein Feuerwerk brannte in seinem Gehirn ab, kurz darauf verlor er die Besinnung.

Wie schon am Morgen vor Gauguins Abreise, versammelte sich nach diesem Vorfall ganz Arles tagtäglich vor seinem Haus. Alle kamen und gafften. Sie wollten die Stelle sehen, an der sich der Wahnsinnige, der *fou rouge*, der den Bürgern nachstellte, selbst verstümmelt hatte. Die Kinder lauerten ihm auf und lachten ihn offen aus. Immer mehr Gesichter drängten sich vor dem Fensterkreuz. Er wurde angeglotzt wie ein kurioses Tier im Zoo oder die Wilden und Eingeborenen in den Kolonialausstellungen. Die aufgestachelten Kinder warfen die Scheiben seines Hauses ein und schrien »*fou rouge! fou rouge! fou rouge!*«, bis er am Fenster erschien. Dann liefen sie kreischend und lachend davon und natürlich entkamen sie ihm jedes Mal aufs Neue, wenn er sich ihnen hinterherwarf.

Er vernagelte die Fenster und zog sich zurück. Im ersten Stock war genug Platz zum Malen. Manchmal überkam ihn in seiner Einsamkeit und Belagerung aber die Hoffnung und er ging hinunter, zeigte den Gaffern seine Gemälde und versuchte ihnen die Prinzipien moderner Malerei zu erläutern. Dieses bestialische Lachen! Es dauerte nicht lange, bis sich ein weiterer Anfall einstellte, während die Rufe nach oben drangen. Die Bewohner des Platzes hatten unterdessen eine Petition bei der Polizei eingereicht, auf dass er als gemeingefährlich eingestuft werde. Er verfolge die Kinder und stelle den Frauen nach! Der Bürgermeister gab dem Wunsch seiner Bürger statt und machte ihn endlich zum Verbrecher; schwarz auf weiß und höchst offiziell stand es auf der Verfügung. Er wurde verhaftet und sein gelbes Haus, sein erstes und einziges zu Hause, wurde verschlossen. Er fand sich – am ersten Jahrestag seiner Ankunft in Arles – bei Rauch- und Malverbot in der Irrenzelle.

Hätten Sie ihn doch gleich ins Gefängnis gesteckt! Es wäre für Theo kostengünstiger gewesen und ohne die Kunst, ohne Gemeinschaft wird die ganze Welt zum Gefängnis. Doch er wurde nicht ins Gefängnis gesperrt. Dr. Rey und Pastor Salles machten mobil und die klein gewordene Schar verbliebener Freunde setzte sich für ihn ein. Er blieb nachts im Hospital, tagsüber durfte er in den Feldern arbeiten – auf Zeit, denn zwangsläufig müsse er bei längerem Aufenthalt im Hospital in eine Anstalt eingewiesen werden, hatte Dr. Rey erklärt: die Verwaltung kenne keine Ausnahmen. Warum also nicht selbst wählen in welche, um Theo nicht mehr zur Last zu fallen? Wenigstens finanziell. Kurz vor der Überführung kamen dann doch die Zweifel und mit ihnen die Idee mit der Fremdenlegion. Er war erst 36 und sie rekrutierte bis 40. Ein Leben als Soldat und Maler. Hauptsache Malen. Pastor Salles setzte sich für ihn ein, aber seine Geschichte war auch bei der Garnison bekannt und die Erlaubnis zum Malen wollte man nicht pauschal erteilen. Dann eben die Anstalt. Er wählte Saint Remy. Das Essen war miserabel und er fastete weiter, fand sich zwischen Dementen und Tollwütigen, die mit toten Augen über die düsteren Flure wandelten. Manchmal flackerte ein Augenpaar auf, dann war das Personal meist schon da, bevor die Anfälle begannen. Ansonsten bewegten sich alle friedlich durch die Welt der weißgetünchten Wände, eisernen Schlösser und schwarzen Gitter.

Trotz der verdorbenen Zutaten freuten sich die Kranken auf die Essenszeit. Alle waren fett und träge. Sie fanden es nicht normal, dass er fastete und arbeitete. Wozu? Er wiederum war schockiert darüber, dass sie nicht einmal ein Buch lesen wollten. Angst jedoch flößten sie ihm nie ein. Ihr Zustand machte sie berechenbar. Viel mehr Angst bekam er vor den Menschen draußen, wie in Arles. Dort hatte die Angst begonnen. Und wenn sie wiederkam, fühlte er sich hinter den dicken Klostermauern beschützt.

Im Süden gab es wohl doch nicht so viele Verrückte, wie Roulin glaubte, denn in der Anstalt waren über dreißig Zimmer frei. Eines davon wurde zu seinem Atelier, sozusagen als höchste Stufe der Belohnung für gute Führung nach der Aufhebung des Malverbots und dem Freigang.
Er arbeitete, und vermisste Arles mit der Zeit immer weniger. Auch hier gab es Weizenfelder, Olivenbäume und Weinberge in ihrer schönsten Pracht. Dennoch kehrte er zweimal

nach Arles zurück. Zweimal traf ihn ein Anfall. Der letzte und heftigste kam, als er die Schäden sah, die das Hochwasser im gelben Haus angerichtet hatte. Hatte er nicht für die Ewigkeit schaffen wollen? Doch nun vermochte er es nicht einmal seine Werke noch zu Lebzeiten zu schützen. Wer würde dies nach seinem Tod auf sich nehmen? Er wollte nur noch weg. Weg aus Arles. Und zum ersten Mal seit seiner Ankunft auch aus dem Süden, wenn es sein musste. Das gelbe Haus war nicht länger sein zu Hause, das *Café de la Gare* war ihm fremd geworden und am Ende der Nacht würde kein Roulin kommen, um seinen Milchkaffee zu trinken. So schloss er die Haustüre ein letztes Mal hinter sich ab, unterm Arm das letzte Gemälde, das er in Arles, vor seiner Übersiedlung in die Anstalt, gemalt hatte: *Schmetterlinge und Blumen*. Er empfand es als sein japanischstes Gemälde. Ganz weiß hatte er die Leinwand gehalten, um dann auf dem hellen Grund mit grünen, braunen und gelben Tönen Gräser zu malen. Konnte nicht ein Japaner in einem Grashalm die ganze Welt entdecken? Er musste viel mit Schwarz dagegen arbeiten, um die einzelnen Büschel zu formen. Fast ein Gemälde in Schwarz und Weiß. Zwischen und über der Grasnarbe flatterten Schmetterlinge im Wind. Ein roter stach von der Gruppe ab. Der Traum der Künstlergemeinschaft war verflogen, sobald die Leinwand trocken war. Der Traum bot keinen Trost mehr. Nicht mehr für ihn, denn zu stark widersprach ihm die Wirklichkeit. Vielleicht war dies seine Buße für das Geschehene? Schließlich hatte auch er in jener Nacht Schreckliches getan. Er hätte schreien mögen, doch zu tief steckte er schon in der Resignation. Mit Abschluss des Gemäldes war er zum

Fatalisten geworden. Selbst als Gauguin sich zu dieser Zeit auf einem *Selbstbildniskrug* als Märtyrer darstellte, wollte er nicht darauf reagieren.

Der Keramikkrug war zweifellos, wie Theo schrieb, von Rodins *Johannes der Täufer* inspiriert und Gauguin gefiel sich neuerdings in der Rolle eines primitiven Propheten, als Wegbereiter der Erlösung der modernen Kunst. In peruanischer Wildheit hatte er seine Züge in die dunkle Keramik gedrückt. An der Schläfe und am Bart liefen Blutströme über das Gesicht und trafen auf die blutige Stelle, die gleichzeitig Sockel und Halsansatz des Objektes war und wo das Haupt vom Körper getrennt worden war. Markant und schamlos provokant war dabei, dass der Kopf keine Ohren besaß; jedem war klar, worauf angespielt wurde. Gauguin stilisierte sich also mittlerweile zum Märtyrer, der ihn, den Verrückten, in Arles hatte ertragen müssen, der selbst zum Opfer seines Gewissens und seiner Reue geworden war, weil er rückblickend nicht genug für den Freund getan hatte.

Schon in Arles hatte er sich von der Geschichte des Heiligen Stephanus beeindruckt gezeigt, dessen Kopf der Heilige Trophimus aus Jerusalem mitgebracht haben soll. Gauguin der Erzmärtyrer! Der Heilige, der bei Besessenheit angerufen wird! Der Gipfel war erreicht. Natürlich hatte er selbst den einfacheren Part: Schweigen und nicht mehr. Natürlich hatte Gauguin gehandelt und die einzig richtige Sache getan: eine Geschichte erfunden, die allen glaublich schien und beide vor dem Schlimmsten bewahrte. Scheinbar! Aber wer hatte nun mehr zu leiden? Gauguin stellte einmal mehr die Tatsachen auf den Kopf. War sein eigenes Opfer durch die japanische Finte nicht ungleich größer gewesen? Jede Geschichte, jede Anschuldigung hätte er zu beider Schutz auf sich genommen, wenn er nicht bloß isoliert worden wäre. *Er* sollte eigentlich der Heilige Stephanus sein, nicht Gauguin. War es nicht zu allem Überfluss Saulus, der Meister von Trophimus, der Stephanus' Steinigung billigte? Stephanus' letzte Worte waren bekanntlich: *Denn sie wissen nicht, was sie tun.* Paul Gauguin wusste sehr wohl, was er tat. Und es war infam! Zuerst hatte er geschwiegen, um das gelbe Haus und die Künstlergemeinschaft zu retten. Später, als er beides verloren hatte, hatte er keine Kraft und keine Lust mehr, darum zu kämpfen. Was würde es bringen? Zum Schluss kam die Wahrheit noch ans Licht! Er war einmal mehr gescheitert und hatte den letzten Menschen, der ihn noch liebte, damit enttäuscht. Was hatte er noch zu fordern? Theo war an seine junge Familie gebunden und würde sich bald wohl auch nicht mehr für ihn verwenden können. Vielleicht wollte er es auch gar nicht mehr. Hoffentlich schlug nur der kleine Vincent nicht nach ihm!

Leidend, aber immer fröhlich. Das hatte er von Paulus gelernt. Paul Gauguin hatte ihn eine andere Lektion gelehrt. Er erinnerte sich an eine Episode aus der Apostelgeschichte, in der Paulus nach einem Schiffbruch auf Malta strandete. Als er ein Bündel Reisig ins Feuer werfen wollte, wurde Paulus von einer Schlange gebissen. Die Einwohner hielten ihn daraufhin für einen Mörder, den die Rache für seine Taten einholt, nachdem er dem Tod auf dem Meer doch entkommen war. Paulus nahm aber die Schlange und warf sie ins Feuer. Da ihm nichts geschah und nicht einmal eine Schwellung blieb, hielten ihn die Einwohner nicht nur für unschuldig, sondern für einen Heiligen. Gauguin stilisierte sich nun zum Märtyrer und wollte zum Heiligen werden. Wo litt er denn, was war seine Marter? Der vermeintliche Kapitän hatte das Schiff auf offener See verlassen und ihn zurückgelassen, damit er mit dem gelben Haus Schiffbruch erleide. Es war langsam an der Zeit ihm wieder zu schreiben. Endlich fühlte er sich erholt genug dazu, fühlte sich genesen. Aber er hatte gelernt, dies als ein gefährliches Vorzeichen zu deuten. Vielleicht konnte er diese lichten Tage nutzen, um die Sache nachträglich zu klären. Mit ein wenig Geduld natürlich. Erst musste überhaupt wieder ein Band geflochten werden. Eine gemeinsame Arbeit war noch immer möglich, falls Gauguin seine Fehler eingestehen würde. Was hielt ihn hier auch noch? Er könnte zu der Gemeinschaft in *Pont-Aven* stoßen. Vielleicht würde dies dauerhafte Genesung bedeuten. Der Auftakt auf dem Gräberfeld hatte es doch gezeigt, wie weit die gemeinsame Arbeit führen konnte. Nie hätte er von sich aus angefangen, im Atelier zu arbeiten. Gauguin hatte ihn angehalten, Geduld zu üben. Von diesen Übungen zehrte er noch heute. Und hatte nicht auch Gauguin vom Atelier des Südens profitiert?

Auf dem Rückweg ins Sanatorium überlegte er weiter, wie alles so weit hatte kommen können. Lange Zeit saß er noch auf der Bettkante und blickte durch die vergitterten Fenster auf den mondbeschienen Garten der Anstalt. Dann legte er sich schlafen, ohne Schlaf zu finden. Die Abende waren immer von Langeweile gekennzeichnet und doch nur Vorboten der Nacht.

Was sollte da getan werden, außer zu denken? Er durfte aber nicht zu viel denken. An Gauguin, an Theo und Jo und die Familie, die sie bald sein würden. Nicht denken. Er schloss die Augen. Gleich morgen würde er mit der *Sternennacht* beginnen. Und einen Brief an Gauguin schreiben.

Novemberregen

Van Gogh hatte seinen Stuhl vor das Atelierfenster gerückt, das auf die *Place Lamartine* blickte. Erst Anfang November und es hatte sich schon richtig eingeregnet; sie würden wohl einige Tage im Atelier festsitzen.

Er wischte die Scheibe frei und starrte durch den Vorhang aus Regentropfen auf den leeren Platz, bis die Scheibe wieder beschlagen war. Dann wischte er sie wieder frei. Mit einem Mal schien er ganz außer sich und rief:

»Ich glaube sie kommt!«

»Natürlich kommt sie. Was dachten Sie denn?«, antwortete Gauguin aus der Küche.

»Nun ja, sie hätte es sich bei diesem Wetter anders überlegen können.«

»Sie muss doch nur über den Platz gehen, Vincent.«

Er konnte die Aufregung van Goghs nicht verstehen. Seit er letzte Woche die Sitzung mit Madame Ginoux vereinbart hatte, kam van Gogh immer wieder darauf zurück, dieses Glanzstück zu loben. Dabei hatte er nur gefragt – Frauen lieben es gemalt zu werden. Umgekehrt war es ihm ein Mysterium, wieso van Gogh in dem halben Jahr, das er bei den Ginouxs gewohnt hatte, nicht einmal auf die Idee gekommen war, zu fragen, ob sie ihm Modell sitzen wolle. Anscheinend hatte er sich geniert.

Tatsächlich klopfte es wenig später an der Tür. Van Gogh warf beinahe den Stuhl um, als er aufsprang, öffnete schon einen

Augenblick später die Haustüre, durch die Madame Ginoux mit einem »Bonjour, Vincent« ins Trockne huschte und ihr Tuch vom Kopf nahm, um es sich über die Schultern zu legen. Sie trug die strenge, schwarze Sonntagstracht der *Arlésiennes*. In den landestypischen Knoten ihres ebenfalls schwarzen Haares hatte sie ein weiteres, helles Tuch gebunden. Madame Ginoux war fünf Jahre älter als van Gogh, doch aus ihren dunklen Augen funkelte der schalkhafte Blick eines zwanzigjährigen Mädchens.

»Ein richtiges Sauwetter haben wir uns da ausgesucht …«

Als sie sich zur Begrüßung auf die Wangen küssten, umfing van Gogh ein zarter Lavendelduft und er trat fast erschrocken einen Schritt zurück. Im *Café de la Gare* hatte er sie noch nie traditionell gekleidet gesehen. Jetzt hatte er tatsächlich eine richtige *Arlésienne* zum Modell!

»Ich habe aber nicht viel Zeit, mein Guter. Es gibt viel vorzubereiten und die Gäste kommen im Winter immer früh …« Sie sah sich neugierig um: »… jetzt wo die Weinlese vorbei ist, haben die Leute viel Zeit. Das ist gut fürs Geschäft.«

»Natürlich. Wir fangen gleich an. Kommen Sie ins Atelier, gleich hier rechts.«

»Was darf ich Madame servieren? Einen Kaffee zum Aufwärmen?«, fragte Gauguin, der aus der Küchentüre kam, um sie zu begrüßen.

»Ah. Bonjour Paul. Ja, ein Kaffee wäre gut.«

»Mit Schuss?«

»Ein erneuter Versuch mich betrunken zu machen?«, blinzelte sie ihm spöttisch zu.

»Ich verfolge nur die besten Absichten«, streckte Gauguin die Arme von sich. »Es wäre gegen die Kälte und im Interesse der Kunst! Ihre eleganten Wangen sollen nicht blass sein während der Sitzung. Leicht gerötet gefallen sie mir ohnehin besser.« Er ging ein, zwei Schritte zurück und blickte an ihr herab. »Und was für ein Kleid! Als wäre eine griechische Statue zum Leben erweckt und in die hiesige Tracht gehüllt worden.«

»Sie sind ein Schmeichler, Gauguin!«

»Ich bin ein Künstler. Ich erkenne eine Frau, wenn sie vor mir steht. Vertrauen Sie mir, ich muss es wissen! Und dieses Haar ...«

»Also manchmal habe ich wirklich den Eindruck Sie wollen mich verführen, Monsieur«, lachte Madame Ginoux mit gespielter Empörung.

»Hätte ich denn eine Chance?«, fragte Gauguin keck.

»Unterstehen Sie sich, Paul. Ich bin eine verheiratete Frau!«

»Und ich ein verheirateter Mann! Was denken Sie von mir, Madame?«

»Schon das richtige, Matrose.«

»Aber nehmen wir einmal an, rein hypothetisch ...«

»Keine Ihrer hypothetischen Annahmen! Dafür ist es zu früh am Tage. Sehen Sie lieber zu, dass ich meinen Kaffee bekomme. Ich warne Sie – schwarz wie mein Kleid!«, dabei lachte sie und wendete sich van Gogh zu.

»Hat er um diese Uhrzeit schon getrunken oder ist das wirklich seine Natur? Ich kenne ihn ja eigentlich nur zu später Stunde ...«

»Ich fürchte, wir haben es hier mit seiner Natur zu tun«, lachte van Gogh. »Nichts zu machen. Sie müssen tapfer bleiben. Hier geht's lang.«

»Hier hat sich aber einiges verändert. Ich bin erstaunt, mein Lieber«, sagte Madame Ginoux, sich noch immer neugierig umsehend.

»Soll das heißen, Sie waren noch nie hier?«, fragte Gauguin, der mit dem Kaffee ins Atelier kam.

»Nein, ganz zu Beginn, als das Haus noch leer stand, waren mein Mann und ich ein, zwei Mal hier. Es ist fabelhaft geworden. Am Anfang war das hier eine Ruine … Sogar Gaslicht haben Sie legen lassen!«

»Nur in diesem Raum, wir müssen ja auch abends arbeiten …«

»Es ist wirklich sehr schön geworden, Vincent.«

»Ich bin zwar nicht der Hausherr«, griff Gauguin ein, »aber wie wäre es, Vincent, wenn Sie eine kleine Führung veranstalten würden?«

»Aber natürlich! Kommen Sie, kommen Sie. Hier in die Küche.«

Gauguin hörte Madame Ginoux und van Gogh, zwischen anerkennenden Ahs und Ohs über die Küche, zum Flur hinaus und dann die Treppe hinauf gehen. Wieso war van Gogh nur so verklemmt mit Frauen? Gerade bei der Ginoux musste sich keiner genieren. Auch wenn sie sich gut gehalten hatte und wohl wusste, wie sie die Männer anpacken musste – da wurde es Gauguin mit einem Schlag bewusst. Das durfte nicht wahr sein! Vincent, Vincent … An den Schritten über sich hörte er, dass die Besichtigung schon beendet war. Er schüttelte amüsiert den Kopf und suchte pfeifend seine Zeichenutensilien.

Da ohnehin kaum Tageslicht vorhanden war und Madame Ginoux nach einer bequemen Pose verlangte, wurde kurzerhand beschlossen, sie solle am Tisch sitzen. Gauguin beschwerte sich zwar – diesmal zumindest halb im Ernst – es sei auf diese Weise unmöglich, ihre Körperlinien zu würdigen. Obwohl er Madame Ginoux mit all seinem Charme zusetzte, war sie es, die einen Schlussstrich zog und sich setzte:

»Sie wollten sich doch ohnehin auf meine Wangen konzentrieren.«

Gauguin gab sich geschlagen, holte aber seinen Lehnstuhl aus der Ecke: »Voilà, Sie dürfen auf dem Stuhl des Abtes thronen.«

»Des Abtes?«

»Jawohl, des Abtes. Sehen Sie das nicht? Sie befinden sich hier in einem Künstlerkloster, wie Vincent immer betont.«

»Ganz brave Mönche geben Sie beide ab, das muss ich schon sagen.«

»Nein, es ist wie ich sage. Sehen Sie sich all die schlichten Stühle an. Nur der des Abtes verdient Verzierungen und den Komfort von Armlehnen«, griff van Gogh ein.

»Heißt das, es kommen noch mehr von seiner Sorte, Herr Abt?«, wandte sich Madame Ginoux spöttisch an van Gogh.

»Nein, nein Madame. Paul ist der Abt. Ich bin nur Schüler.«

»Und mehr Schüler bedeuten mehr Maler wie Sie, richtig?«

»Ich hoffe, dass es noch mehr werden.«

»Das beruhigt. Von Ihnen, Monsieur Gauguin, wäre ein weiteres Exemplar nicht zu verkraften.«

»Danke Madame«, lachte Gauguin.

»Wie kommen Sie darauf, ein Kompliment von mir erhalten zu haben?«

Gauguin suchte einige Momente nach einer Antwort.

»Kaum zu glauben! Schach matt«, freute sich Madame Ginoux, lehnte sich leicht nach vorne und stütze ihren Kopf mit dem linken Arm. Mit herausforderndem Blick funkelte sie Gauguin an und sah dabei so zufrieden aus wie eine satte Löwin.

»Genau so bleiben Sie bitte«, sagte Gauguin. »So will ich Sie haben!« Madame Ginoux verdrehte die Augen:

»Dann sollten Sie beide sich aber schnell setzten, denn es ist sehr unhöflich so lange vor einer Dame zu stehen, während sie sitzt.«

Van Gogh zog sich einen Stuhl beinahe bis in die Ecke des Raumes und stellte dort seine Staffelei auf. Fast unvermittelt begann er mit einer Vorzeichnung direkt auf die Leinwand. Gauguin zog den Stuhl, auf dem van Gogh am Fenster gewartet hatte, fast bis zum Tisch und setzte sich Madame Ginoux gegenüber. Schon nach wenigen Minuten wirkte Madame Ginoux gelangweilt.

»Da soll noch einer sagen, die Kunst verändere die Menschen nicht«, sagte Gauguin. »Ich habe Sie noch nie so still erlebt, meine Teure.«

»Ich darf also sprechen?«

»Natürlich. Wir sind ja keine Photographen!«

»Ich muss schon sagen, aufregend ist das ja nicht gerade.«

»Dafür werden Sie für die Ewigkeit festgehalten.«

»Große Worte, Paul. Ich komme mir gerade eher vor wie im Zoo. Allerdings auf der anderen Seite des Käfigs.«

»Wir alle leben in einem Käfig, Madame Ginoux. Und nur manche haben den Mut auszubrechen.«

»Und Sie, sind Sie ausgebrochen?«

»Sicher. Sehen Sie sich doch um. Ist hier irgendjemand, der mir sagt, was ich zu tun und was ich zu lassen habe?«

»Bei mir tut das auch niemand.«

»Dann sind Sie auch ausgebrochen.«

»Das kann man wohl sagen …« Madame Ginoux wurde nachdenklich. Wie um sich selbst abzulenken, sagte sie: »Vielleicht gehe ich deshalb so gerne zur Tierschau.«

»Vielleicht laufe ich deshalb so gerne durch die Straßen«, grinste Gauguin zurück.

»Sie sind unmöglich, Paul. Was ist Ihr Liebingstier?«

»Der Königstiger. Er ist das größte und stärkste Raubtier auf der Welt, glaube ich, jedenfalls das größte das ich je gesehen habe. Das war … Es war im Hafen von Montpellier. Er kam direkt aus dem indischen Dschungel und war noch nicht gezähmt. Mein Steuermann kannte den Steuermann des Schoners, der ihn verschiffte, und nahm mich mit an Bord. Die gesamte Besatzung hatte sich bereits im Laderaum versammelt und malträtierte den Holzverschlag, bis das Biest zu brüllen anfing, dass sein Grollen und Brüllen von den Wänden wiederhallte. Seeleute sind ja in der Regel nicht zimperlich, aber keiner wagte es noch einmal gegen den Käfig zu treten oder auch nur ein Brett des Verschlages zu entfernen. Und obwohl die Bestie nicht zu sehen war oder vielleicht gerade deswegen, hatte ich sie noch Tage danach vor Augen. Als der zuständige Pfleger des Zoos kam, wurde die Versammlung schnell aufgelöst. Leider wollte er uns nicht einen Blick gewähren.«

»Dann wird es sie freuen zu hören, dass die Tierschau auch Tiger mitbringen wird. Der Sohn des Bürgermeisters hat es mir gestern im Café erzählt.«

»Welche Tierschau?«

»Sagen Sie nur, Sie haben noch nichts davon gehört? Die Leute im Café reden täglich davon. Anfang Dezember wird eine der größten Tierschauen Europas hier erwartet.«

»In einem Monat? Und die Leute reden jetzt schon davon? Oh Arles!«

»Es steht sogar schon in der Zeitung«, schaltete sich Vincent ein. »Genauso wie der Ball und der Meisterhypnotiseur in sechs Wochen. Die Tierschau gilt hier als die Attraktion des Winters. Wo leben Sie denn, Paul?«

»Oh Arles!«, wiederholte Gauguin.

»Sie müssen die Leute verstehen, Paul. Nachdem die Stierkampfsaison vorüber ist und die Erntezeit fast zu Ende, gibt es hier nicht mehr viel an Beschäftigung oder Zerstreuung.«

»So würde ich das nicht sehen«, grinste Gauguin Madame Ginoux an.

»Sie langweilen mich, Paul ... Jedenfalls werde ich bestimmt mehrmals in die Tierschau gehen. Auch zu Ihren Tigern«, antwortete sie.

»Das verstehe ich nicht«, sagte Gauguin und blickte wieder von seinem Zeichenblock auf. »Sie blicken doch schon ins Auge des Tigers.«

»Sie wissen Paul, ich kann jederzeit aufstehen und gehen!«

Van Gogh blickte erschrocken auf, malte aber weiter, als die beiden ihre Unterhaltung fortsetzten.

»Und bevor Sie fragen, Paul. Ich werde Sie nicht auf den Ball begleiten.«

Nach ungefähr einer Stunde hatte sich van Gogh auf der Leinwand verausgabt und Gauguin in seinem Werben gegenüber Madame Ginoux. Er hatte sie in ein Gespräch verwickelt und wie beiläufig zeichnete er sie. Die Unterhaltung der beiden gab van Gogh die Gelegenheit ungestört ein Dreiviertelporträt anzufertigen. Es war kein helles Porträt. Auch kein buntes. Anstelle der weißen Atelierwand malte er einen gelben, monochromen Hintergrund, vor dem sie mit ihrem lasziv-spöttischen Gesichtsausdruck aus dem Bild blickte, dorthin wo Gauguin saß. Ihre rechte Hand ruhte auf der Tischplatte, während die linke das Gesicht stützte. Die Tischplatte war so schwarz wie das Kleid des Modells und beide hoben sich in ihrer Präsenz stark vom gelben Hintergrund der Wand ab. Ein Teil der Rückenlehne sowie die linke Armlehne waren in einfachem Braun gehalten und sollten als Brücke zwischen der Spannung von Gelb bis Schwarz fungieren. Fast besaß es die Klarheit des Porträts von Père Tanguy, doch anders als erwartet, strahlte der Effekt die Bedrohlichkeit einer Hornisse aus. Er entschloss sich für eine grünliche Lasur, um ein Gegengewicht zu erzeugen, wodurch das ganze Porträt in ein unwirkliches, melancholisches Licht getaucht wurde. Auf das nun zartgrün gewordene Tuch malte er abschließend eines der Blumenornamente, die Gauguin in seinem Selbstbildnis als Jean Valjean auf den Hintergrund gesetzt hatte. Schließlich war er, als Madame Ginoux mahnte, sie müsse gehen, zufriedener, aber nicht ganz glücklich.

»Eine schöne *étude*, aber noch kein *tableau*«, sagte er, als sie neugierig mit Gauguin vor die Staffelei trat. »Und ein wenig zu grün vor Eifersucht«, dachte er für sich.

»Ich verstehe ja nichts davon, aber mir gefällt es. Es ist … künstlerisch … Wie schnell Sie fertig waren, ist erstaunlich.«

»Nun ja, es gibt noch einiges zu ändern, aber das kann ich auch ohne Modell.«

»Was Sie hingegen gemacht haben, Monsieur Gauguin, habe ich auf dem Jahrmarkt aber schon schneller –«

»Weil es nur eine Zeichnung ist«, unterbrach er sie. » Eine sehr sorgfältige, will ich noch anmerken. Ich werde Sie als Vorlage für ein Gemälde verwenden. Sie werden schon sehen, wie *künstlerisch* das noch wird.«

Madame Ginoux, sich auf keinerlei Wortgefechte einlassend, bedachte ihn nur mit einem kurzen Lächeln, und holte ihre Handschuhe. Da sie es eilig hatte, verabschiedete man sich ohne große Umstände. Der Regen hatte inzwischen aufgehört, doch in der Ferne schoben sich erneut dunkle Wolken vor den ohnehin schon grauen Himmel. Van Gogh und Gauguin beschlossen, die Regenpause für einen Spaziergang zu nutzten.

»Erkennen Sie es wieder?«, fragte van Gogh, als Gauguin ihn eingeholt hatte. Dieser steckte sein Skizzenbuch in die Innenseite seines braunen, lang wallenden Mantels, zog ihn fest zu und blickte mit verschränkten Armen über die farblose Landschaft.

Zu ihren Füßen lag, nackt und nass, ein abgeernteter Weinberg. Dahinter erstreckten sich auf einer weiten Ebene Felder und fahle Wiesen, die in der Ferne auf einen Olivenhain trafen. Ein Bauer war dort gerade noch zu erkennen, der anscheinend prüfte, welche der Bäume in der kommenden Woche wohl als erstes abgeerntet werden müssten. Ansonsten war unter dem grauen Himmel nichts zu sehen.

»Was soll ich hier erkennen, Vincent?«, fragte Gauguin mit hochgezogenen Schultern, nachdem er sich seine Baskenmütze ins Gesicht gezogen und seine Hände tief in den Manteltaschen vergraben hatte.

»Es ist der Weinberg, den ich kurz vor Ihrer Ankunft gemalt habe. Es war noch zur Zeit der Weinlese. Augenblicklich ein wenig trostlos, wie ich eingestehen muss. Immerhin, genau hier oder in der Nähe müssen Petrarca und Botticelli ihre Spaziergänge gemacht haben.«

»Bei solchem Wetter?«

»Ich weiß, Paul. Hier dachte ich, sollten wir als nächstes Malen, wenn uns das Wetter nicht so einen Strich durch die Rechnung machen würde. Aber wer weiß, vielleicht klart es ja noch einmal auf, bevor der Mistral kommt.«

»Ich muss nicht erst auf den Mistral warten, um sagen zu können, dass mich schon dieser namenlose Wind hier überzeugt, die Arbeit im Atelier fortzusetzen. Ich habe keine Lust mir die Leinwand wegblasen zu lassen.«

»Wir verankern die Staffelei im Boden. Das hat voriges Jahr hervorragend funktioniert.«

»Sie sind verrückt, Vincent.«

»Keineswegs. Ich habe vergangenen Winter bei jedem Wetter draußen gemalt.«

»So sehen die Gemälde auch aus.«

»Was soll das heißen? Einige meiner besten Bilder sind so entstanden!«

»Ich habe nein gesagt.«

»Was sind Sie nur für ein Ofenhocker, Paul! So finden Sie niemals zur Natur. Und das will ein Seefahrer sein!« Van Gogh schüttelte den Kopf.

»Seien Sie vorsichtig, Sie flämischer Epiimpressionist!«

»Was wollen Sie damit andeuten?«

»Sie haben mich schon verstanden.«

»Raus damit, Paul. Was wollen Sie damit sagen?«

»Nun gut, Vincent. Ich denke, Sie sind ein Epiphänomen, nichts weiter. Ich will Ihnen etwas sagen: ich will nicht zurück zur Natur. Was will ich mit ihr? Was haben Sie nur ständig mit Ihrer Natur? Ich bin es leid! Tag ein, Tag aus liege ich Ihnen damit in den Ohren, worum es wirklich geht, aber Sie hören mir nicht zu! Was nutzt Ihnen Ihre Natur, wenn Sie ein Porträt malen wollen? Die wichtigste Gattung der Malerei, wie Sie wiederum nicht müde werden zu betonen. Dann haben Sie einmal ein Modell – und was passiert? Sie säbeln ein Porträt in weniger Zeit auf die Leinwand, als Sie sich normalerweise für einen Kartoffelacker geben. Was hat Ihnen diese Frau getan, dass Sie Ihr so wenig Respekt zuteilwerden lassen?«

»Sie brauchen gerade von Respekt reden! So wie Sie verhält sich kein verheirateter Mann. So verhält sich gar kein Mann!«

»Was wissen Sie schon von Frauen, Pfarrerssohn! Ich f l i r t e – na und? Ein kleiner Krieg zwischen Frau und Mann um des Vergnügens willen und ohne Zweck. Das ist Ausdruck von Freiheit, Zivilisation und Kultur. Revolte gegen den Wertpapiertausch qua Hochzeit der Bourgeoisie! Schon einmal Manets *Au Père Lathuille* gesehen?«

»Seit wann sind Sie denn so engagiert in der Politik, Paul?«, spottete van Gogh.

»Und seit wann malt man ein Porträt wie eine Landschaftsstudie?«, konterte Gauguin und baute sich vor van Gogh auf. Ihre Blicke trafen sich.

Es dauerte lange, bis van Gogh einlenkte: »Was jetzt, mein Freund? Ein Duell?« Er deutete auf Gauguins Degen: »Leider besitze ich keinen. Ich säble ja nur mit dem Pinsel.« Gauguin musste grinsen.

»Sie haben Recht, Vincent. Beruhigen wir uns ... Zurück zur Kunst. Denn – als Abt und Freund – bleibe ich bei dem, was ich eben sagte.«

Van Gogh steckte sich seine Pfeife an und dachte nach, während das Grau des Tages unmerklich in Nacht überging. Gauguin rauchte derweil eine Zigarette.

»Gut, Paul. Ich will versuchen, es Ihnen andersherum zu erklären. Bleiben wir im Bilde: kann denn meine Malerei nicht wie die Fechtkunst sein? Ich sehe ein Motiv und führe dann die Parade aus ...«

»Vincent! Entschuldigen Sie, wenn ich Sie wieder unterbrechen muss. Erstens müssen Sie mir nicht Ihre Kunst erklären. Ich habe sie bereits verstanden. Es geht gerade darum, dass Sie darüber hinaus kommen. Zweitens wird eine Parade im Fechten zur Verteidigung ausgeführt. Die Angriffsbewegungen heißen Prim, Sekonde, Terz und Dublieren. Aber das nur nebenbei. Bleiben wir bei Ihrem Vergleich mit der Fechtkunst. Allgemein lässt sich dort sagen, mit einer guten Hand trifft man mitunter. Mit einer guten Hand und guten Beinen trifft man oft. Nimmt man aber einen guten Kopf dazu, wird man immer treffen. Auf den Kopf kommt es an. Genauso wie in der Malerei. Damit erschöpft sich die Metapher aber auch schon. In der Malerei gibt es keine Gegner, nur Widerstände. Der Gegner im Fechtkampf ist hingegen sehr real. Ein guter Fechtkampf ist wie Schach. Es kommt auch darauf an seinen Gegner zu kennen, seine Schritte vorherzusehen und ihn seinerseits über die eigenen zu täuschen oder im Unklaren zu lassen. Kommt er vom Militär oder ist er Zivilfechter? Handelt es sich um einen überlegenen Gegner oder um jemanden der nie gefochten hat? Bei einem überlegenen Gegner ist zu raten, den eigenen Arm bei seinem ersten Angriff vor die Degenspitze zu halten. Das ergibt eine unbedeutende Verletzung und der Ehre ist genüge getan. Bei einem Gegner, der nie gefochten hat, ist Vorsicht geboten. Er benutzt den Degen wie einen Stock, aber er kämpft ungedeckt: ein Kopfstich oder Gesichtsstich und er gibt den Kampf auf. Alles Kopfsache, sage ich Ihnen. Übung und Talent sind natürlich nicht zu übergehen. Das Wichtigste sind aber die Voraussetzungen. Wie Sie wissen, habe ich in *Joinville le Pont* fechten gelernt. Was Sie wahrscheinlich nicht wissen ist, dass es sich hierbei um die Kaderschmiede der französischen Fechtkunst handelt. In *Pont-Aven* habe ich mich unter anderem durch Fechtunterricht über Wasser gehalten. Einer der Hafen- und Fischereimeister ging in Pension. Er war geprüfter Fechtmeister der *Joinville le Pont*-Schule. Um seine Pension aufzubessern, hatte er einen Fechtboden aufgemacht. Obwohl er ein Meister war, konnte er mich nicht besiegen. Es lag nicht an seinem Alter, das kann ich garantieren. Es lag daran, dass er die Schwäche von Joinville nie durchschaut hatte. Dort wird, wie überall, das Fechten gelehrt, als wären alle gleich groß und brächten die gleichen körperlichen Voraussetzungen mit. Der Hafenmeister war überdurchschnittlich kurzbeinig, nahm aber trotzdem normal Stellung ein. Ich brauchte nur meinen Arm jeweils lang zu halten und kämpfte leicht nach vorn gebeugt. Bei jedem Angriff irrte er sich deshalb trotz seiner guten Hand im Abstand. Im Ernstfall kann dies eine tödliche Schwäche sein. Wir korrigierten seine Haltung und erarbeiteten eine Verfeinerung der Joinvill-Methode, nach der er heute noch arbeitet.

Was ich damit sagen möchte: Ich werde nicht Ihre Malweise ändern. Die Veränderung muss in Anpassung an Ihre natürlichen – und da haben Sie meinetwegen Ihre Natur – Voraussetzungen geschehen. Dafür will ich nur eines: dass Sie mit Köpfchen malen. Weniger impulsiv, sondern strategisch und mit Weile und Überlegung. Lernen Sie aus der Erinnerung zu malen, dann stehen Sie nicht unter Zeitdruck. Ihre Atelierversion des Gräberfelds war doch schon ein guter Anfang! Ich habe in *Pont-Aven* durch ein, zwei Ratschläge aus einem guten Fechtmeister einen wahren Meister gemacht. Warum soll mir dasselbe nicht in Arles mit einem guten Maler gelingen?«

Gauguin merkte, dass van Gogh von dem abschließenden Kompliment geschmeichelt war. Deshalb überraschte ihn seine Frage doppelt:

»Was ... Was ist, wenn ich noch nicht so weit bin, Paul?«

»Dann wird einfach weiter geübt. Denken Sie, ich könne Ihnen nichts beibringen?«

»Natürlich können Sie das ... Nur mit Ihnen gemeinsam lässt sich der Süden erobern. Das sage ich noch immer. Ich dachte aber ... es ergibt sich ... aus sich selbst. Wir sollten jedenfalls mit Bedacht vorgehen. Uns und unserer Malerei nicht Gewalt antun.«

»Aber das tun wir doch nicht. Ich habe eine Methode. Die werde ich Ihnen beibringen. Schritt für Schritt.«

»Fängt nicht da schon die Gewalt an?«

»Sie kennen mich, ich habe nichts gegen Gewalt«, grinste Gauguin.

»Sollen wir dann etwa einen Boxkampf veranstalten, wenn Sie die Grenze überschreiten?«

»Kämpfen müssen wir immer. Mit uns. Mit anderen Künstlern. Mit der ganzen verdammten Welt da draußen. Und nie klein beigeben. Allerdings würde ich Ihnen nicht zu einem Boxkampf raten, mein Freund«, klopfte ihm Gauguin auf die Schulter, während er fortfuhr: »Bouffard hat es mir in *Pont-Aven* beigebracht, zum Dank dafür, dass ich ihn in die moderne Malerei einführte. Ich beherrsche die englische und die französische Art zu Boxen ... aber egal: wir müssen Sie vom Kopf auf die Beine stellen. Sie grübeln zu viel! Sie sollten leben, wie Sie malen und malen, wie Sie denken. Und denken sollten sie wie ein griechischer Feldherr. So halte ich es zumindest.«

»Dann könnte ich aber nicht mehr malen, wie ich male. Das ist es ja, was ich Ihnen zu sagen versuche!«

»Das ist es aber, was ich zu verändern suche! Bin ich nicht deshalb auf Ihren Wunsch hier?

Was haben Sie auch für eine Wahl? Warum nicht einige Wochen experimentieren anstatt dieselbe Soße wie vergangenen Winter zu malen? Unverändert und ohne Fortschritt. Sie können nur gewinnen. Und ich werde Ihnen dabei helfen.«

Van Gogh zögerte, ging im Kreis und zog an seiner Pfeife. Der Wind hatte sich unterdessen gelegt, erste unstet fallende Tropfen kündigten erneuten Regen an.

»Sie könnten auch ein Nachtstück wie die *Sternennacht in Arles* bei Mistral malen …«, fuhr Gauguin fort, »… ohne Sterne versteht sich. Dafür mit vielen Wolken am Nachthimmel. Dabei kann ich ihnen aber nicht helfen, denn es ist schwer, eine Kerze im kalten Novemberregen zu halten!«

Van Gogh lachte und war wieder gewonnen. Auf dem Rückweg war noch ein wenig mehr Überzeugungsarbeit zu leisten, dann erklärte ihm Gauguin, wie er sich das Malen im Atelier vorstellte.

* * *

Gauguin reichte van Gogh ein randvoll gefülltes Glas Absinth und hob dann sein Glas zum Toast:

»Und am siebten Tag vollendete der Maler sein Werk und sah, dass es gut war.«

»Und der Maler segnete den siebten Tag, denn an ihm ruhte er«, antwortete van Gogh.

»Und der Maler trank – wie auch die anderen sechs Tage.« Sie leerten beide ihr Glas in einem Zug.

»Nicht schlecht für eine Woche.« Gauguin deutete auf die Werke, die er im Halbkreis unter den Gaslampen aufgestellt hatte.

»Jetzt kommt aber das Wichtigste: es tut gut, zu sehen, was man geschafft hat. Es tut aber auch Not, zu analysieren, welche Fortschritte man gemacht hat. Ich habe die Werke so angeordnet, dass wir einen Vergleich anstellen können.«

Auf van Goghs Staffelei stand das Porträt Madame Ginoux', das er während der Sitzung gemalt hatte. Links davon waren eine Ernteszene im Weinberg und eine Bordellszene auf Stühlen aufgestellt. Gauguin hatte seine eigene Staffelei neben die van Goghs gestellt. Darauf war eine Darstellung der Madame Ginoux im *Café de la Gare* zu sehen. Auf einem Stuhl rechts daneben war ebenfalls eine Weinlesedarstellung aufgestellt.

»Warten Sie, es fehlt noch etwas!« Gauguin ging zum Tisch und holte seine Zeichnung von Madame Ginoux.

»Voilà, das war der Ausgangspunkt. Meine Zeichnung und Ihr Porträt. Meine Zeichnung diente mir als *Dokument* für das Gemälde, das Sie vor sich sehen. Die anderen Skizzen und Notizen, die mit eingeflossen sind, habe ich dort drüben auf dem Tisch ausgelegt. Das Ergebnis ist eine *Synthese* in Form eines Gemäldes. Die Ähnlichkeit mit Ihrer Darstellung des *Café de la Nuit* ist offensichtlich. Ich spreche natürlich nicht von der Technik, sondern dem damit Gesagten. Und Sie werden verwundert sein: auch ich habe auf Zola zurückgegriffen. Während Sie aber, Ihrer Kunst gemäß, mit Ihrem Nachtcafé eine Stimmung wiedergeben, gebe ich eine alltägliche Situation wieder. Dabei gehe ich genau wie Zola vor, indem ich ungeschönt zeige, was ist. Das ist aber das Problem, denn damit bin ich mehr van Gogh als Gauguin –«

»Warten Sie Paul! Was ich zu dem Gemälde schon –«

»Nicht jetzt Vincent, Sie können Ihre Fragen später stellen.«

»Nein, es muss jetzt gesagt werden! Ich finde es beleidigend, wie Sie alle unsere Freunde und Bekannten hier darstellen!«

»Oh Vincent! Gut. Kurz und knapp: Niemand in Paris oder sonst auf der Welt kennt Roulin oder Milliet oder Madame Ginoux. Was werden die Pariser also sehen? Der sogenannte *Betrachter* sitzt am Tisch mit einer Frau, die ihn kokett und schelmisch ansieht – und leugnen Sie nicht, dass es auf Madame Ginoux zutrifft – als hätte sie ihm ein Angebot gemacht. Der erste Schritt ist durch den Absinth schon getan. Im Hintergrund ist die verrauchte, trostlose Wirklichkeit der einfachen Bevölkerung mit ihren leeren Vergnügungen und deren Folgen zu sehen: der Alkohol, das Spiel, die Huren. Unser *Betrachter* wird nichts als einen Postbeamten, einen Soldaten und einfache Arbeiter sehen. Und wenn er etwas Bildung mitbringt, wird er die Katze unter dem Billardtisch richtig deuten. Und dann kommt es noch einmal auf unseren *Betrachter* an: ist er ein Heuchler und Tugendbold, wird er eine Mahnung darin sehen: gehe auf das Angebot ein und du endest wie die Leute an den Tischen! Ist er Freigeist, wittert er das Abenteuer, das ihn erwarten könnte. Ich erzähle also eine Geschichte.«

»Stattgegeben. Madame Ginoux wird zum Teil einer weitgreifenden und allgemeinen Geschichte. Aber was ist es, das Sie daran stört – *Meister?*« Van Gogh deutete leicht eine Verbeugung an. Gauguin nickte.

»Das wurde mir endgültig klar, als ich Ihre Bordellszene gesehen habe, mein Freund. Aber gehen wir noch einmal zurück zu Ihrem Ausgangspunkt. Ihr Porträt von Madame Ginoux hat gezeigt, woran Sie meiner Meinung nach noch arbeiten sollten. Wir sind darin übereingekommen – und ich denke nicht gerne an die Diskussionen zurück – dass meine Form der Malerei durch *Synthese* nicht zwangsläufig die Ihre sein muss, dass es aber dennoch ein guter Versuch wäre, aus der Erinnerung zu malen. Sie nahmen also Ihren *Grünen Weingarten*, den ich zum Vergleich dort hinten aufgehängt habe, als Vorlage und schufen etwas völlig eigenes mit dem *Roten Weinberg*. Die Heiterkeit, Offenheit und Unbeschwertheit ist auf Ihrer neuen Komposition dem harten Los der Weinleserinnen gewichen. Persönlich schmeckt mir das Gemälde, was den Pinselstrich angeht, noch zu sehr nach Monticelli, aber das war ja von Ihnen so gewollt.« Vincent wollte ihn unterbrechen. Doch Gauguin hob die Hand und fuhr fort: »Dennoch gehen Aufbau und Konzeption über vieles, was Sie bisher in Arles geschaffen haben weit hinaus. Und alles aus dem Kopf! Bravo, kann ich nur sagen!« Er hob das Glas und sie leerten wiederum auf einen Zug. Dass die Figuren, trotz guter Verteilung, etwas künstlich auf die Landschaft gesetzt wirkten, verschwieg Gauguin wohlweislich.

»Jetzt zur Beantwortung Ihrer Frage. An der Bordellszene, die Sie nicht nur bescheiden eine Skizze nennen sollten, lässt sich die Schwachstelle noch einfacher erkennen, als in meinem Nachtcafé, das ja verschiedene differenzierte Bezüge aufweist. Sie haben aus dem Kopf eine typische Bordellszene entworfen. An den Tischen sitzen die Huren. Manche in Gruppen, manche allein. Dazu ein Freier im Gespräch. Im Hintergrund ein tanzendes Paar. Im Vordergrund – wie auch bei mir – ein Tisch, ein Absinthglas. Dazu eine Hure in einem gelben Kleid, das in der fahlen Umgebung leuchtet – nennen wir sie Rachel –«, er überging van Goghs Lacher: »Aber sonst? Was können wir sehen? Eine schlimme aber alltägliche Zola-Szene und der Trost, den eine Hure spendet oder zumindest verheißt. Damit hat sich die Geschichte aber erschöpft. Instinktiv wollte ich mit *Weinlese oder die Armut*, das wir hier rechts haben, davon weg und obwohl ich das Problem noch nicht in Worte fassen konnte, hat sich die Lösung wie von selbst ergeben. Was heißt Lösung?! Ich habe gestern an Schuff' geschrieben, dass ich es für das Gemälde des Jahres halte! Was vorher war, war Prosa. Das hier ist Poesie!« Gauguin machte eine Pause. »Wie dem auch sei, hier haben wir es ebenfalls mit einer alltäglichen Szene zu tun. Trotz ihrer Einfachheit geht die Wirkung weit über das Dargestellte hinaus. Es wird universell. Dazu ist es derb, einfach und alltäglich. Für die Philister haben wir ein kleines Verweisbouquet, das von Dürer über Millet zu Corot und über Delacroix zu Tissot reicht. Für jeden sein Düftlein zum schnüffeln. Vielleicht werde ich es auch *Menschliches Elend* nennen, dann werden sie noch mehr dafür hinblättern ... Egal. Es ist ein veritabler Durchbruch. Es ist substantiell und existentiell. Es zeigt den inhaltsleeren Blick eines Tieres, das, über seine Existenz als Arbeitskraft hinaus, nichts mehr ausmacht. Das Gefühl, in einem Käfig zu sitzen, das jeder von uns hat. Vom Bankangestellten bis zur Hure.«

»Ich finde es großartig! Und ich habe Theo geschrieben, ich sehe es als gleichwertig neben der *Négresse* an. Aber, was Sie soeben sagten – das ist es! Existenziell. Das ist der Weg der künftigen Kunst: das Notwendige muss durch die Not dargestellt werden.«

»Wie meinen Sie das nun wieder, Vincent?«

»Moment, ich hole kurz das Buch.«

»Das Buch?« Gauguin holte tief Luft. In diesem Moment wurde die Tür geöffnet und Roulin kam herein. Der Regen triefte von seinen Kleidern.

»Joseph!«, rief van Gogh. »Das ist aber schön!«

»Entschuldigung, ich habe Licht bei Ihnen gesehen und die Türe war nicht abgeschlossen. Da bin ich einfach mal rein. Ich wollte sehen, was Sie beide so treiben … Die ganze Woche war keiner von Ihnen im Nachtcafé. Ich sehne mich schon nach den Zeiten, als ich dich nach Hause schleppen musste, Vincent. Langsam komme ich aus der Übung und die Postsäcke werden mir zu schwer …«

»Jetzt geben Sie mir erst mal Ihren Mantel, Roulin! Sie bringen ja einen ganzen Nebenarm der Rhône mit ins Haus«, sagte Gauguin, wobei er auf die Pfützen zeigte, die sich auf dem roten Steinboden bildeten.

»Entschuldigung, ich wollte nicht …«

»Her damit und keine großen Entschuldigungen!« Gauguin verschwand mit dem Mantel und kam mit einem Glas Absinth zurück.

»Hier, guter Roulin. Trinken Sie erst einmal ein Glas zum Aufwärmen … Einen Grund, warum wir nicht mehr vor die Tür gehen, haben Sie ja schon mit herein gebracht. So ein Sauwetter! Von wegen Süden. Das gibt es in der Bretagne genauso … Aber egal! Jedenfalls waren wir nicht faul.«

»Das sehe ich«, sagte Roulin, der sich langsam Gemälde für Gemälde ansah. Vor Gauguins *Café de la nuit* blieb er lange stehen, bis er sich umdrehte und sagte: »Oho, Monsieur Gauguin! Das darf meine Frau aber nicht sehen ...«

»Bravo! Sie haben erkannt, dass es von mir ist ...«

»Nein, aber ich kann lesen! Wissen Sie, ich arbeite bei der Post, Monsieur. Auch wenn es oft nicht den Eindruck macht, wir können alle lesen«, lachte Roulin und fuhr fort. »Wie sollte ich auch sonst erkennen, dass es von Ihnen ist? Sie malen ja beide gleich ungewöhnlich.«

Gauguin schüttelte amüsiert den Kopf: »Gefällt es Ihnen wenigstens?«

»Das Café und Madame Ginoux und eigentlich alle sind gut getroffen. Aber meiner Frau dürfen Sie das wirklich nicht zeigen. Sie schimpft schon dauernd, dass ich noch ins *Café de la Gare* gehe. Das wäre Wasser auf ihren Mühlen. Aber ich sage immer: Was kann ich denn dafür, dass die kleinen Hürchen sich dort neuerdings verabreden? Sie können das Geld gebrauchen. Und die Ginouxs auch. Stellen Sie sich vor, wollten die guten Frauen vom Sittlichkeitsverein doch tatsächlich durchsetzen, dass Madame Ginoux nicht mehr auf der Straße gegrüßt wird! Das hab ich meiner Frau aber gesagt, dass sie sich das aus dem Kopf schlagen kann. Sollen die Tugendgänse doch ihren Männern verbieten zu den kleinen Hürchen zu gehen! Aber dann hätten die wieder kein Geld und würden ihre Rücken noch schneller in den Weinbergen kaputtmachen. Verrückte Welt ...!«

»Ich glaube nicht, dass Madame Ginoux sich stören würde, wenn sie nicht mehr auf der Straße gegrüßt würde. Ich kann mir ihre Vergangenheit schon zusammenreimen ...«, warf Gauguin ein.

»Täuschen Sie sich da bloß nicht. Frauen legen großen Wert auf so etwas. Nehmen wir bei ihr nur ein Beispiel: Jeder nennt sie Madame Ginoux – und sie besteht darauf. Sogar ihr Mann redet sie im Café nie mit Vornamen an, nur mit Kosenamen. Es gibt sogar Gäste, die sie duzen, aber dennoch Madame Ginoux sagen. Würden Sie in der Stadt nach ihrem Vornamen fragen, die wenigsten würden ihn kennen.«

»Muss man wohl nicht verstehen … Kennen Sie ihren Vornamen?«, fragte Gauguin.

»Ja, aber ich verrate ihn nicht. Auch Sie kenne ich mittlerweile, Monsieur Gauguin«, lachte Roulin. »Haben Sie keinen Wein? Dieses Zeug ist das reine Gift …«, und er leerte sein Glas, bevor er fortfuhr: »Die linken sind von dir, Vincent, oder? – Das Porträt von Madame Ginoux und der Puff sind ein wenig schlampig, wenn ich das so sagen darf, aber die *Weinernte* gefällt mir. Das hat was. Fast so wie das Bild ganz am Anfang, wie du angekommen bist, mit der Brücke von Langlois und den Wäscherinnen.«

Van Goghs Ohren glühten. »Da hören Sie es!«, klopfte ihm Gauguin auf die Schulter und drückte Roulin sein Glas in die Hand.

»Wieder Absinth?«

»Ja, wir haben keinen Wein mehr. Wollen Sie lieber einen Kaffee?«

»Nein, nein. Ein Roter wäre mir zwar lieber, aber …gut!«, und er leerte sein Glas erneut in einem Zug.

»Vorsicht, Vorsicht Roulin! Sie trinken hier kein Bier«, bremste ihn Gauguin aus, holte aber gleich eine neue Runde.

»Das merke ich«, und er schüttelte sich. »Auch auf die alten Tage lässt sich immer noch was Neues entdecken. Obwohl ich meinen Roten lieber hab.«

»Unterschätzen Sie unseren Meister Roulin nicht, Paul. Er ist ein standfester Zecher«, rief ihm van Gogh in die Küche hinterher. »Und auch in ihm schlummert ein Künstler, nicht wahr? Das Volk wird die Kunst zur Freiheit führen! Die einfachen Leute werden die Akademien in Brand setzen. Dann wird die Kunst wieder frei sein! Sie werden schon sehen, Paul.«

»Genau ... Auf die Freiheit!«, prostete Roulin.

»Die einfachen Leute? Das Volk? Vincent, wie kommen Sie nur immer auf solche Gedanken? Es werden immer die *cochons* sein, die uns an den Eiern haben. Wir sind auch nur Huren.«

»Wir sind Prediger, Paul. Prediger der Zukunft. Das Volk wartet darauf, befreit zu werden. Es hungert nach Kunst!«

»Jetzt hören Sie doch mit Ihrem Volk auf. Das Volk hält uns für verrückt. Hier, hier haben wir Roulin. Voilà, Roulin, was sagen Sie zu seinen Ideen?«

»Mir gefällt, was Vincent macht, das muss ich schon sagen. Verstehen tue ich allerdings nicht viel davon.«

»Da haben Sie es! Und jetzt die Hauptsache: würden Sie, Roulin, Oberhaupt und Ernährer einer mehrköpfigen Familie, 500 Francs für das Porträt von Madame Ginoux bezahlen?«

»Meine Frau würde mir die Hölle heiß machen! Für 500 Francs kann ich viele Schoppen im *Café de la Gare* trinken und sehe die gute Madame Ginoux noch für umsonst dazu. Da brauch ich kein Bild von ihr.«

»Also Vincent. Wer soll Ihre Gemälde denn kaufen?«

»Sie denken völlig falsch, Paul! Wir müssen die Preise senken. Dafür haben wir aber auch mehr Käufer, wenn das ganze Volk an der Kunst beteiligt ist.«

»Für mich wirkt es aber sehr unbeteiligt und hat auch kein Interesse an einer Beteiligung. Genauso wenig wie an der Politik, will ich hier nur nebenbei anführen.«

»Richtig! Da kann man tun, was man will, die dienern weiter«, pflichtete Roulin bei.

»Und damit haben die Leute auch Recht!«, warf van Gogh ein. »Das Volk hat noch einen guten Instinkt und merkt, dass der Staat die Menschen von der Natur entfernt, anstatt eine Brücke zur Natur zu sein.«

»Nein, bloß nicht wieder die Natur! Lassen Sie nur die Natur aus dem Spiel. Sehen Sie, Roulin. Immerzu kommt er mit der Natur! Die Natur, die Natur …«

»Beruhigen Sie sich, Monsieur Gauguin! Ich verstehe zwar von all dem nichts, aber ich habe den Eindruck, Vincent weiß genau, was er will. Vielleicht müssen auch erst alle verstehen, was es mit dieser Kunst auf sich hat. Die Leute haben Angst vor Ihnen. Sie denken, Sie arbeiten nicht, sondern spielen mit Farben! Das scheint nicht gerade wie Hexerei, reicht aber für den Scheiterhaufen. Für mich ist es auch ein wenig Magie, was Sie machen. Auch wenn ich es nicht verstehe, kenne ich Sie und habe Respekt vor dem, was Sie tun, weil ich es nicht könnte …«

»Natürlich könnten Sie, Roulin! Bestimmt wären Sie sogar ein besserer Künstler als alle diese Salonmaler. Der Impressionismus und die Unabhängigen waren erst der Anfang, Paul. Wir müssen das Volk zu Künstlern machen. Das ist es!«

Gauguin schüttelte den Kopf und winkte ab.

»Überlegen Sie doch, Paul. Wenn die Menschen verstehen, was und wie wir es tun, können Sie unsere Leistungen einordnen. Sie können ein Kunstwerk verstehen, darüber reden. Die Menschen würden unsere Sprache sprechen.«

»Dann machen Sie doch eine Kunstschule auf! Es wird aber keiner kommen. Sie werden schon sehen.«

»Dann kostet die Schule eben nichts.«

»Trotzdem wird keiner kommen.«

»Dann müssen wir eben zu den Menschen gehen. So wie damals die Apostel und Missionare. Von den Marktplätzen bis zu den Fabriken. Von den Kneipen und Cafés bis in die Wohnzimmer der Menschen müssen wir gehen und ihnen die Malerei beibringen, ihre Prinzipien erläutern.«

Gauguin begann zu lachen. Obwohl er sah, wie sich Vincents Miene verfinsterte, hielt es ihn nicht mehr. Er lachte weiter und musste sich vor Lachen den Bauch halten.

»Entschuldigen Sie, Vincent, Entschuldigen Sie …«, begann er immer wieder, bevor er erneut von einem Anfall übermannt wurde. Van Gogh klammerte sich mit solcher Kraft an sein Glas, dass die Knöchel an seinen Fingern weiß hervortraten. Gauguins Lachen erstarb urplötzlich, als das Glas an der Atelierwand zerschellte. Er sah van Gogh belustigt an. Neugierig wartete er darauf, was als nächstes passieren würde. Doch van Gogh sagte nichts. Mit glasigen Augen blickte er Gauguin ins Gesicht. Dann drehte er sich mit einem Ruck um. Roulin ergriff ihn am Arm, doch van Gogh stieß ihn mit so überraschender Kraft von sich, dass er das Gleichgewicht verlor und gegen die Staffelei trat, die sofort kippte. Bevor das Nachtcafé Gauguins den Boden erreicht hatte, hatte er es aufgefangen. Roulin beeilte sich, die Staffelei aufzustellen, und Gauguin stellte das Gemälde zurück.

»Glücklicherweise war die Farbe schon trocken genug!«, rief Gauguin und blickte auf die Leinwand und seine Finger. Er war wieder ernst geworden. »Vincent, warten Sie! Es war nicht in Ordnung, wie ich lachte. Sie wissen ja, ich bin nun einmal der, der ich bin.«

»Das war sehr grob, Monsieur Gauguin«, schalt ihn Roulin.

»Vincent! Es war nicht gegen Sie! Ich hatte nur ein Bild im Kopf. Einen Maler! Gut, vielleicht sah er auch ein wenig so aus wie Sie … Jedenfalls sah ich einen Maler, wie er vor den Menschen auf dem Marktplatz stand und malte. Warten Sie …«

Gauguin schnappte sich Pinsel und Palette und ging zur Staffelei. Er stellte sich vor die Leinwand seines *Cafés de la nuit* und begann mit ganz weicher Stimme zu sprechen:

»Guten Abend, Mesdames et Messieurs! Es freut mich, dass Sie auch heute Abend wieder mit mir malen möchten. Heute malen wir eine kleine Landschaft. Sie werden sehen, dass jeder eine Landschaft in zwanzig Minuten malen kann.«

»Das ist lächerlich, Paul!«

»Nein, das gilt für jedermann! Jeder kann malen! Sehen Sie! Ich habe hier eine vorgrundierte Leinwand. Hier ziehen wir eine Linie für den Horizont. Dann nehmen wir ein wenig Preußisch-Blau und Weiß und mischen es direkt auf der Palette. So, jetzt haben wir den Himmel. Für unser Feld nehmen wir zunächst Chrome-Gelb. Haben Sie ein wenig Mut, dann wird alles gelingen …«

»Sie machen das gut!«, feuerte ihn Roulin belustigt an und stieß van Gogh in die Seite: »Also ich würde mich bei Ihm anmelden.« Gauguin lachte und malte weiter in die Luft: »Wie wäre es hier mit einem Olivenhain? Es ist Ihr Gemälde, entscheiden Sie selbst! Wir nehmen ein dunkles Braun, um die Baumstämme zu modellieren. Denken Sie nicht lange nach! Entscheiden Sie sich. Wir folgen keinen Mustern. Eine spontane Entscheidung. Trauen Sie sich! Schauen Sie, hier ein dicker Stamm, da ein dünner. Hier ein großer, da ein kleiner. Es ist wie mit den Leuten, wie mit den einfachen Leuten ... Und hier, hier lebt eine kleine Zypresse in unserer Welt ...«

»Weiter, Sie Meistermaler! Weiter. Ich will das Gemälde sehen!«, lachte Roulin. Van Gogh stand immer noch regungslos da. Er schien die Einlage nicht lustig zu finden.

»Aber nein, Monsieur! Malen Sie das nächste Mal selbst. Es ist das reinste Vergnügen. Amüsieren Sie sich! Ich wünsche Ihnen noch einen schönen Abend und: Gott segne Sie!«

»Komm schon Vincent ... Das war komisch!«, nahm ihn Roulin bei der Hand und zog ihn zu Gauguin. »Kommen Sie her Gauguin! Geben Sie sich die Hand!«

Gauguin nahm van Goghs Hand:

»Verzeihen Sie mir, Vincent. Lassen Sie uns morgen darüber reden.«

»Morgen wird es wie heute sein. Sie werden lachen und mir nicht zuhören.«

»Ich werde zuhören.«

»Das werden Sie nicht und wir beide wissen es. Versprechen Sie mir dafür einfach, ein Buch zu lesen, das ich Ihnen geben werde.« Damit polterte er die Treppe hinauf und kam kurz darauf mit einem Buch zurückgestürmt, das er Gauguin in die Hand drückte.

»Wagner dieses Mal«, konstatierte Gauguin, als er das Buch beäugt hatte. Dann wandte er sich kurz zur Seite und sagte mehr zu sich selbst, als zu van Gogh: »Wieder ein Buch! Gut. In Ordnung. Wenn es dem Frieden dient.«

»Versprechen Sie, dass Sie es lesen werden«, hakte van Gogh nach.

»Hiermit gelobe ich feierlich, und Roulin sei mein Zeuge, das Buch zu lesen.« Dabei salutierte er.

»Und hiermit lade ich Sie nun feierlich auf eine Flasche Roten ins Nachtcafé ein. Das ist meine Investition in die Kunst, Messieurs!«

* * *

Van Gogh setzte sich zurück an die Leinwand. Er hatte den Absinth ein wenig verdünnt, aus Sorge zu betrunken zu werden. Neuerdings fing seine Hand dann unvermittelt an zu zucken. Nach einem kleinen Schluck stellte er das Glas neben sich auf den Boden. Er wollte heute noch einige wichtige Passagen des Gemäldes *Gauguins Stuhl* abschließen. Schon zu lange quälte er sich damit herum. Vor einigen Tagen hatte er das Gemälde seines eigenen Stuhls abgeschlossen und war mit Eifer an die neue Leinwand gegangen. Er warf einen Blick auf das Gemälde, das ihm so leicht von der Hand gegangen war. Es war ein derbes Gemälde, und sein Atelierstuhl – natürlich gelb gehalten – passte zu dieser Derbheit der Ausführung. Der schlichte Stuhl stand in einer Ecke auf dem roten Steinboden. Die Wände hoben sich komplementär von ihm in zartem blaugrün ab. An manchen Stellen hatte er sogar keine Farbe auf die Leinwand aufgetragen, um die Derbheit, seine Derbheit, auszudrücken. Die Zentralperspektive überging er mithilfe einer Kiste voller Zwiebeln, die in der Ecke stand. Auf dem Stuhl platzierte er als weitere Attribute Pfeife und Tabak. Während van Gogh sich die echte Pfeife stopfte, blickte er auf das Dunkelgrau vor dem Fenster.

Die Tage waren im Grau des Novemberregens nur so dahingeflossen, während er im Atelier einen wahren Veitstanz der Farben veranstaltet hatte: die Gemälde hingen einige Tage zum Trocknen an den Wänden und wurden, kaum getrocknet, schon von neuen Werken abgelöst. Der Großteil stammte von ihm, denn er arbeitete wie verrückt. Dazwischen hängte er immer wieder Reproduktionen anderer Künstler oder eigene Gemälde, die bei dem jeweilig auf der Staffelei befindlichen Werk Hilfe bieten sollten. Er dachte an diesen Farbreigen, und es verursachte ihm einen Schwindel, so schnell war er von Gemälde zu Gemälde gehastet. Er blickte nur zurück, wenn Gauguin ihn zwang.

Die Adventszeit war mittlerweile angebrochen, und wie jedes Jahr begann für van Gogh eine Zeit des Räsonierens. Er dachte weit zurück, an die Weihnachtsfeste im Kreis der Familie, so lang war es her. Er dachte an den fast schon gewaltsam erzwungenen Weihnachtsurlaub, der zum endgültigen Verlust seiner Stelle bei Goupil geführt hatte. Zu all dem wurde ihm immer mehr zur Sorge, worauf er sich schon seit Gauguins Ankunft gefreut hatte. Denn dieses Weihnachtsfest sollte das erste sein, das er in seinem eigenen Haus verbrachte. Sonst war er stets Gast geblieben – mehr oder weniger geduldet. Er hatte sich auf Heiligabend mit Gauguin gefreut. An den Feiertagen würden sie abends ins Bordell gehen und tagsüber Besuch von Roulin oder den Ginoux bekommen. Pinsel, Farben und Staffelei blieben für einige Tage weggeschlossen und man würde leben. Vielleicht würde auch einer der Maler aus Paris vorbeikommen. Vielleicht auch Theo. Alles war möglich. Dann hatte Gauguin mit einem Satz alles ins Wanken gebracht: »Ich reise ab!« Diese Worte hallten noch in van Goghs Gedanken, als er Richtung Gauguin blickte, der sich hinter seiner Staffelei verschanzt hatte. Vor einigen Tagen hatte er sie so gedreht, dass kein direkter Blickkontakt mehr möglich war.

Gauguin hatte Mitte des Monats unvermittelt die Nachricht erhalten, dass Theo zwei seiner Werke verkauft hatte. 1.000 Francs brachte ihm das ein! Zwei Tage schwebte er über den Wolken. Der Kunde hatte noch um eine marginale Änderung an einem Bild gebeten und als das Paket ankam, hatte er sich einige Tage ausschließlich damit beschäftig.

Als Gauguin sich etwas beruhigt hatte, traf die Einladung zur Ausstellung von *Les Vingt* in Brüssel ein. Gauguin sollte einen ganzen Raum erhalten. Bei *Les Vingt*! Es gab kein Halten mehr. Gauguin tanzte durchs Atelier und rief hunderttägige Spiele aus. Die Freude kippte aber schnell in Streit, nachdem er hitzig davon sprach, wieder aufzubrechen. War ihm denn die Gemeinschaft so wenig wert? Er war kaum zwei Monate da und dachte schon wieder an Abreise. Das war undankbar. Aber vielleicht hatte Gauguin auch recht und das alles machte keinen Sinn. Er selbst trat seit Wochen auf der Stelle. Gauguin wirkte immer lustloser und unausgeglichener, schimpfte beständig über Arles. Anstelle von Diskussionen kam es zu offenem Streit und zu seinem Leidwesen ging es dabei nur noch den Worten nach um Kunst.

Um Gauguin zu zeigen, was er im Herbst verpasst hatte, malte er einen Stierkampf in der Arena. Zuerst ging ihm die Arbeit leicht von der Hand und er freute sich über Gauguins Interesse und Anleitung. Ein solches Gemälde wäre ihm in der Vergangenheit unmöglich gewesen, da er die Staffelei nicht mit auf die überfüllten und unruhigen Ränge der Arena hätte mitnehmen können. Die Arbeit im Atelier hatte also seine Vorteile. Doch je mehr es an die minutiöse Ausarbeitung der hunderten von Figuren ging, desto unruhiger wurde er. Die Arbeit spannte seine Geduld bis kurz vor dem Reißen an. Er wurde launisch. In seiner Unausgeglichenheit verhielt er sich manchmal alles andere als kameradschaftlich. Er wusste es zu gut. Das Ärgste war jedoch, dass er nachts immer weniger schlief. Er war unzufrieden mit seiner Arbeit. Sogar das Porträt seiner Mutter, das er dank Gauguins Herangehensweise nach einer Photographie anfertigte, fand er nicht gelungen, obwohl es Gauguins ausdrückliche Billigung fand.

Er hob den Pinsel, zögerte kurz und ließ ihn wieder sinken. Während er ein wenig Absinth trank, kam er auf die Frage zurück, die ihn schon seit Tagen quälte: warum fiel ihm diese neue Malweise so schwer? Überall sah er nun Gefahren und Fallstricke. Ein falscher Pinselstrich und das Gemälde ging in die falsche Richtung, war verloren. Er merkte es stark bei der Ausführung von *Gauguins Stuhl*, der natürlich nicht so derb gehalten sein konnte wie der eigene. Diese feinere und disziplinierte Malweise brachte ihn seinem Traum vom *tableau* näher. Allerdings zwang sie ihn auch ein *tableau* zu schaffen. Entweder wurde es ein *tableau* – oder nichts. Dann musste es in den Ofen. Seit er gezwungen war, nach Vollendung zu streben, wurde er unsicher. Über ein Jahr hatte er nun impulsiv gearbeitet, ohne überhaupt zu denken, während er malte. Er analysierte erst, wenn sein Tagwerk vollbracht war. Kleine Fehler, Unwägbarkeiten und Schlampigkeiten konnte er nun nicht mehr den Bedingungen der Freilichtmalerei zuschreiben. Mit einem Mal war genug Zeit vorhanden und alles lag einzig an ihm. Aus einem Kampf mit den Widrigkeiten von Sonne und Mistral war ein Kampf mit sich selbst geworden und er begriff, wie sehr er sich sträubte, diesen Kampf auszufechten. Vergangene Nacht war ihm dann ein schrecklicher Gedanke gekommen. Er prüfte ihn seit dem Morgengrauen wieder und wieder, um sich nicht in die Gefahr des Eingeständnisses begeben zu müssen, dass er vielleicht doch zutraf. Ihm war aufgegangen, wie ihn diese Malweise auf ungewollte Weise zutiefst mit seinem eigenen Leben konfrontierte – und ihn scheitern ließ. Durch die Stunden der Nacht hatte er noch einmal die Stationen seines Lebens durchlebt und musste feststellen, er war nie an den Aufgaben gescheitert, die ihm gestellt waren, sondern stets, weil er sich nicht so weit hatte anpassen wollen, um diese Aufgaben im gestellten Sinne zu lösen. Stets hatte er sich störrisch und misstrauisch gegen die Doppelmoral einer sicheren und glücklichen Existenz im Angesicht der Öffentlichkeit und im Schoß der Familie gegeben. Zu Recht wie sich gezeigt hatte! Was war aber, wenn er es nicht nur nicht gewollt, sondern auch nicht gekonnt hatte? In der Malerei glaubte er einen Ausweg gefunden zu haben, den Ansprüchen an ihn zu entkommen. In der Malerei hatte er auch ein Therapeutikum gefunden, denn in ihr konnte er sein, wie er wollte. Der Austritt aus der Gesellschaft wurde gleichermaßen der Eintritt in die Freiheit. Jetzt sah es so aus, dass er auch in der Malerei scheitern würde. Gerade jetzt, wo der Stern Gauguins aufging. Welchen Weg würde er nehmen, wenn er die Vollendung nicht erreichte? Er konnte nicht ewig an einem Gemälde malen. Oder doch? Wurde er zu Claude Lantier?

»Ein *tableau*, ein *tableau* …«, murmelte er vor sich hin. Gauguin hatte zu malen aufgehört. Hatte er soeben laut gesprochen? Er leerte sein Glas.

»Soll ich Ihnen auch ein Glas mitbringen, Paul?«

»Nein, ich habe noch.«

Van Gogh wartete ein wenig, bis er in die Küche ging. Gauguin hatte seit dem Streit um seine Abreise aufgehört, ernsthaft mit ihm zu sprechen. Immer wenn van Gogh versuchte über die Arbeit zu sprechen, blockte er ab. Die Briefe an Theo wurden wieder länger.

Er kam zurück vor die Leinwand mit *Gauguins Stuhl*. Der Stuhl stand auf einem bräunlichen Teppich, dessen Farben und Muster zu einem gefälligen Ornament verflossen. Die Wand im

Hintergrund war grün. Nichts als eine leuchtende Gaslampe, die dort installiert war, schmückte sie. Die Brauntöne von Teppich und Stuhl gingen ins Rötliche über und erzeugten so einen zweiten Komplementärkontrast, der jenen im Gemälde seines eigenen Stuhls ergänzte. Gauguins Stuhl war natürlich der opulente Stuhl des Abtes, geschwungen und aus Nussbaum. Auf der Sitzfläche stand eine brennende Kerze und zwei Bücher schienen achtlos neben der Kerze liegen gelassen worden zu sein. Das war van Goghs Reminiszenz an die Stillleben seiner Holländer: die ausgegangene Kerze war ein Symbol für Tod und Vergänglichkeit. Er selbst hatte vor vielen Jahren ein solches Stillleben gemalt, als sein Vater verstorben war: Die Bibel und Zolas *Freude am Leben* lagen auf diesem Gemälde neben der Kerze. Für seine neue Malerei aus dem Kopf hatte er diese Zusammenstellung wieder aufgegriffen. Was die Bibel angeht, war auf dem neuen Gemälde getrost darauf zu verzichten. Zola war ebenfalls nur noch verallgemeinert, durch den gelben Einband seines Verlages, vertreten. Das Gemälde sollte ihm helfen, sich zwischen den Einflüssen Gauguins wiederzufinden, und, wie er so davor saß, wurde es ihm mit einem Mal zum Menetekel. Das Buch mit dem gelben Einband, das Buch, worin die Kunst all seines Hoffens gebunden war, reichte über die Kante des Stuhles hinaus. Seine Kunst, seine Malerei, geriet bei der Arbeit im Gaslicht Gauguins in Gefahr! Die Botschaft schrie ihm wieder und wieder von der Leinwand aus entgegen und fand keinen Widerhall im stillen Atelier.

Das Gemälde war im Grunde fertig. So hätte er noch einige Wochen zuvor gedacht. Nun fanden sich ständig verbesserungswürdige Passagen, was Ausführung und Farbauftrag anging. Nach den Verbesserungen merkte er stets, dass er das Gegenteil bewirkt hatte – und verbesserte aufs Neue.

Eigentlich stellten die Stuhlporträts auch nur eine Verlegenheitslösung dar. Vielleicht gelangen sie auch deshalb nicht. Nach dem Abend mit Roulin im *Café de la Gare* hatten sie zum Abschied mit ihm vereinbart, seine Familie zu porträtieren. Wieder im Atelier und im Rausch ihrer Erfolge und des Absinths hatten sie davon gesprochen, dass es vorher auch an der Zeit wäre, sich gegenseitig zu porträtieren. Van Gogh hatte fast eine Woche gezögert darauf zurückzukommen, bevor er sich dagegen entschloss und mit seinen Stuhlporträts anfing.

Vor nicht einmal einem halben Jahr hatte er sich über Bernard lustig gemacht, wie er und Gauguin monatelang zusammen arbeiten konnten, ohne auf die Idee zu kommen, sich zu porträtieren. Bernard antwortete damals, er habe nicht gewagt, Gauguin zu fragen. War es Bernard ebenso mit Gauguin ergangen wie ihm? Momentan war nicht daran zu denken, ihn zu porträtieren. Es wäre eine Anmaßung. Jetzt wo er sah, wo er in Wirklichkeit stand, konnte er sich nicht erdreisten einen Maler darzustellen, der durch seine Verkäufe und Ausstellungen geadelt wurde, der mit Sicherheit eine große Zukunft vor sich hatte. Gauguins Präsenz in allem was er tat war schlichtweg erdrückend – nur in seinen Gesprächen war er neuerdings allein. Gerade jetzt, wo er Antworten brauchte. Gauguin hatte ihn in die Wüste geführt und einfach so stehen lassen. Wo stand er eigentlich mit seinen 35 Jahren? War er schon weit genug? Gauguin war jetzt 40 Jahre alt. Hatte er also noch fünf Jahre Zeit?

Wie sollte er vorgehen? Jetzt da es Gauguin geschafft hatte, ging diesem alles leicht von der Hand. Zu seinem *Les cochons en pleine chaleur*, einer Landarbeiterin, die mit herabgelassenem Mieder und von Schweinen umgeben in einem Strohhaufen kniet, hatte er nichts gesagt, als ob sich das Werk von selbst erklären würde. Es war einerseits provozierend, andererseits dadurch gerechtfertigt, dass seine Frau fast dieselbe Stellung einnahm wie eine der Haremsdamen in Delacroixs *Sardanapel*, die von den eigenen Truppen während der Stürmung des Palastes ermordet worden war, damit der Feind kein Vergnügen mehr an ihr haben sollte. Malte er also nur noch für den Markt? Wenn er überhaupt noch malte. Er verstand ihn nicht mehr. Anstatt vom Erfolg beflügelt zu Palette und Pinsel zu greifen, spann er sich ein und las den neuen Zola. Oder brütete über Benoits Schriften über Richard Wagners *Die Zukunft des Kunstwerks*. Nach der durchzechten Nacht mit Roulin hatte er es Gauguin mit der Erinnerung an sein Versprechen überreicht. Knapp zwei Wochen später wäre so etwas ein Wagnis!

Van Gogh griff zum Glas. Es war schon wieder leer. Gequält blickte er auf die Leinwand vor ihm, dann zu Gauguin. Dann wieder auf die Leinwand. Sollte er nicht lieber lesen? Vor einigen Tagen hatte er *Der Traum* von Zola ausgelesen. Der lang ersehnte neue Zola! Frisch aus der Binderei schien er ins gelbe Haus gekommen zu sein. Man konnte noch die Farbe, den Leim, das Papier zwischen dem gelben Einband riechen. Gierig hatte er den Roman verschlungen. Als er mit der Lektüre fertig war, war er verstört. Es erging ihm wie mit Gauguin: er erkannte Zola genauso wenig wieder.

Er holte sich einen weiteren Absinth. Wieder vor der Leinwand, kratzte er die Lichtpunkte auf der Armlehne weg, um sie besser aufzutragen. Nach einer halben Stunde der wohl überlegten Pinselstriche und zwei weiteren Absinth kam er zu dem Schluss, dass es nicht schlechter war als vorher – aber auch nicht besser. Er gab sich geschlagen. Er hatte sein Bestes getan.

»Paul, es scheint mir, ich bin gerade mit meinem Stuhlporträt von Ihnen fertig geworden. Wollen Sie es sich nicht ansehen?« Würde er wieder spotten, würde er sich dieses Mal zu verteidigen wissen.

Gauguin trat vor die Leinwand und betrachtete das Gemälde. »Es ist gut«, sagte er kurz angebunden. »Das Gaslicht verstärkt noch die symbolische Wirkung der Kerze. Gut.« Die Kerze schien ihm zu schmeicheln, wohingegen er das kippende Buch gar nicht ansprach, obwohl er es erkannt haben musste. »Allerdings sollten Sie sich bei solchen Sujets weiterhin mehr auf die Ausführung konzentrieren. Es überzeugt noch nicht völlig, aber geht entschieden in die richtige Richtung. Weiter so!«

»Sie können also keine Schwächen daran entdecken?«

»Das habe ich so nicht gesagt. Aber es ist ein guter Schritt. Vincent, Sie können nicht alles an einem Tag erreichen. Geben Sie sich Zeit.«

»Aber wenn ich es mir ansehe, dann sehe ich nur Fehler. Es stimmt mich nicht zufrieden. Wenn ich im Sommer nach einem Tag in den Feldern zurückkam, war ich das. Ich sah, was ich getan hatte und konnte müde und zufrieden meine Pfeife rauchen. Ich habe den Eindruck, nicht vorwärts zu kommen.«

»Dann gedulden Sie sich bis zum kommenden Sommer, Vincent! Ich verspreche Ihnen, wenn Sie diesen Sommer zufrieden nach Hause gekommen sind, dann werden Sie im nächsten Sommer, vorausgesetzt Sie arbeiten weiter an sich, abends verzückt bei Ihrer Pfeife dasitzen. Außerdem schulen Sie momentan nicht nur Ihre Technik, sondern auch Ihre Erfindungsgabe. Wären Sie unter normalen Bedingungen dazu gekommen ein so originelles Sujet zu finden?«

»So originell ist es auch nicht, Paul. Kennen Sie Fildes *Der leere Stuhl, Gad's hill*? … Meine Reproduktion befindet sich leider bei Theo in Paris. Es zeigt den leeren Stuhl Dickens' in seinem Büro, kurz nach dessen Tod. Ich fand, der Stuhl Dickens' hat starke Ähnlichkeit mit dem Ihren. Verstehen Sie mich nicht falsch – «

Gauguin stemmte die Arme in die Hüfte: »Ich bin weder tot noch weg! Wenn Sie wieder anfangen, reise ich sofort ab!« Um vor sicherem Streit abzulenken, ergriff van Gogh beschwichtigend das Wort:

»Es ging mir mehr um die Idee der Metonymie … Der Stuhl als Ersatz, als Porträt. Aber sei es drum. Was halten Sie von den Gedanken Wagners? Er und Dickens scheinen mir geistesverwandt zu sein.«

»Dickens und Wagner?«, fragte Gauguin irritiert und ging dankbar auf den Themenwechsel ein. Lieber würde er eine weitere sinnlose Diskussion führen, als erneut über seine Abreise zu streiten. »Die beiden würden sich bis zur Bewusstlosigkeit schlagen!«

»Wie können Sie so etwas sagen?«, fragte van Gogh enthusiastisch, froh darüber, dass es endlich wieder zu einer Diskussion kam, »nachdem Sie den Wagner nun fast durch haben? Dickens schreibt von der individuellen Seite, er induziert, während Wagner von der allgemeinen Seite her denkt und folglich deduziert. Es sind zwei Seiten einer Medaille. Dem müssen Sie doch zustimmen können, Paul.«

»Nein, das kann ich nicht. Wie kommen Sie nur auf die Idee, die beiden zu vergleichen. Es gibt nichts, was sie verbindet. Es ist wie einer Ihrer Vergleiche zwischen Monticelli und Rembrandt: es führt zu nichts!«

»In Ordnung, lassen wir Monticelli und Rembrandt. Vielleicht werden Sie es irgendwann einmal verstehen. Aber es ist doch offensichtlich, dass Wagner genau das analysiert, was Dickens beschreibt. Beiden geht es um das Volk!«

»Oui, ma Sergent! Sie haben Recht«, salutierte Gauguin. Dieses Mal hatte van Gogh die passende Antwort: »Thank you, Mr. Creakle.«

Er ging, um seine Pinsel auszuwaschen.

»Das ist jetzt albern, Vincent«, hörte er Gauguin hinterherrufen.

»Ach ja?«, rief van Gogh aus der Küche. Er fand Gauguins Verhalten schon lange albern. Seit in der *Rue du Bout d'Arles* einige Soldaten dieses Lied gesungen hatten, in das er sofort einstimmte, hatte Gauguin sich angewöhnt mit *Oui ma Sergent!*, zu antworten, sobald er keine Lust mehr hatte mit van Gogh zu diskutieren. Seit kurzem kam es gar nicht mehr zur Diskussion. Wenn er nicht sprechen wollte, rief Gauguin nur *Oui ma Sergent!*, salutierte und trat weg.

Es war ein unhaltbarer Zustand, dachte van Gogh, als er wieder ins Atelier kam. Er setzte sich wieder vor die Staffelei und sah zu

Gauguin hinüber, der sich mittlerweile an den Tisch gesetzt hatte und schrieb. Vielleicht sollten sie heute Abend wieder einmal in die Stadt gehen. Auf einen größeren Boulevard, vielleicht in einem Restaurant essen. Es musste doch möglich sein, ein Gespräch zu führen, ohne gleich zu streiten. Vielleicht würde ein gutes Essen das seinige tun und die Anwesenheit der anderen Gäste dazu führen, dass kein Streit aufflammte. Gauguin merkte, dass van Gogh ihn beobachtete. Er leerte sein Glas in einem Zug und stand auf. Noch bevor van Gogh seinen Vorschlag machen konnte, begann er auf seinem Weg in die Küche zu singen:

Dites-moi, fusilier Nicaise ...

Que je vous ouïs, ma sergent!

Je me rappelle qu'à Falaise
Je m'suis amusé joliment;
J'avais un copain, Théodule,
Un estampeur qui m'doit d'l'argent:
C'est un' canaille. un' vrai' crapule ...
Que c'était mom frér', ma sergent.

Par file à droite!
A l'align'ment!
Fermez vot' boîte,
Silenc' dans l'rang!

Oui, ma sergent!*

Mit Beendigung des Refrains des Liedes, dessen van Gogh mittlerweile überdrüssig war, setzte er sich wieder und griff nach seiner Feder und dem Brief und schrieb weiter.

»Wem schreiben Sie denn da so eifrig?«, fragte van Gogh schüchtern. Gauguin hob die Hand und schrieb noch fast eine halbe Minute weiter. Dann legte er die Feder beiseite und salutierte:

»Melde gehorsamst, mein Sergent! Brief an Schuff' beendet!« Damit begann er zu lesen:

Vitalität und Wohlbefinden – geistiger wie körperlicher Natur, dazu regelmäßiger, unkomplizierter Verkehr und ein freies, ungestörtes Arbeiten, ist für all dies gesorgt, hat ein Mann keinen Grund zur Klage. Ich sehe Sie vor mir, mein rechtschaffner und braver Schuff', wie Ihnen bei diesen unbefangenen Worten die Augen aufspringen. Beruhigen Sie sich, essen Sie gut, vögeln Sie gut, halten Sie es ebenso mit der Arbeit und Sie werden glücklich sterben.

P Ga*

»… Und jetzt gehe ich schleunigst, um den Brief einzuwerfen, bevor ich noch ein *eifriges* PS darunter setzen muss!« Damit stand er auf. Van Gogh hörte noch, wie er sich im Flur seinen Degen umhängte und den Mantel anzog. Dann ging die Tür. Gauguin hatte nicht einmal mehr seine Pinsel ausgewaschen.

* * *

Es war schon lange dunkel, als Gauguin zurückkehrte. Pfeifend betrat er den Flur: »Heya Vincent! Ich habe da gerade eine Runde Erntehelfer abgefüllt – oder auch umgekehrt. Wie auch immer! Legen Sie die Pinsel beiseite. Ich weiß, was mit Ihnen nicht stimmt. Sie müssen auch einmal wieder raus! Betrinken Sie sich mit uns! Ich hole nur schnell ein wenig Geld und dann gehen wir los!«

Ohne abzulegen stürzte er ins Atelier. Er fand van Gogh immer noch vor der Staffelei sitzend. Nichts als das flackernde Rauschen des Gaslichts war zu hören.

»Vincent, haben Sie sich etwa die ganze Zeit nicht vom Fleck gerührt?«

»Doch, doch. Ich habe mir ein, zwei Absinth geholt … Nachgedacht … Pfeife geraucht … Absinth geholt …« Van Gogh schwankte gefährlich auf seinem Stuhl.

»Paul, ich weiß nicht, wie es so weit kommen konnte. Ich kann so nicht weitermachen. Lassen Sie uns über alles reden. Nur gehen Sie nicht! Ich kann nicht mehr alleine hier leben. Jetzt nicht mehr. Verstehen Sie nicht? Sie sind der Abt, wie ein Bruder. Ich kann hier nicht mehr alleine sein.« Es war ihm egal, sollte Gauguin doch wieder spotten. Er war betrunken. Was scherte es ihn? Sollte Gauguin seinetwegen auch abreisen. Warum nicht jetzt gleich und dafür ein letztes Mal streiten? Er würde sein Möglichstes getan haben. Dann hatte er wenigstens keine Schuld daran, wenn alles zerbrach, wofür Theo und er über ein halbes Jahr gearbeitet hatten, wofür Theo Unsummen an Geld ausgegeben hatte; wenn aus dem Gemeinschaftshaus wieder eine Eremitenhöhle würde. Doch Gauguin spottete nicht. Verbittert und ein wenig bedauernd sagte er: »Allein? Vincent, wir sind alle allein. Jeder ist allein. Allein in der Kunst. Und auch allein im Leben. Bis zum Schluss. *Kein Vertrauen und jeder für sich!* Das ist die Lektion des Lebens. Wir sind hier nicht bei Dumas. Wer das nicht lernt, muss leiden. So wie Sie. Es tut mir leid, mehr kann ich dazu nicht sagen.«

»Aber Paul, wie können Sie so etwas sagen? Jeder braucht doch Freunde, Familie, Liebe. Die Malerei mag meinetwegen helfen. Sie ist eine große Trösterin, ja, aber eine Freundin ist sie nicht.«

»Die Kunst ist eine Hure, genau wie wir Maler. Worum geht es hier wirklich, Vincent?«

»Sie stimmen mir also zu? Es geht nicht allein.«

»Oh doch! Allein kommt man besser klar. Eine Hure zur Unterhaltung und ein Kumpane zum Saufen, mehr gibt das Leben nicht her.«

»Ich sehe das anders, Paul. Ich habe erst spät begriffen, dass ich keine Familie und keine Kinder haben werde, dass nur die wenigsten Künstler zu beidem in der Lage sind. Entweder Kunst oder Kinder, das habe ich immer gesagt. Aber deshalb sind wir nicht allein. Wir haben die anderen Künstler. Das muss unsere Familie sein! Sehen Sie, Sie haben Schuff', Bernard, Toulouse-Lautrec und all die anderen.«

»Ein Feigling, der lieber seine Zeit mit Zeichenunterricht für bourgeoise Bälger vergeudet, als den Sprung zu wagen, dazu ein gotteseifernder, katholischer Jungspund und obendrein noch ein versoffener, aristokratischer, von Inzucht degenerierter Zwerg … Bravo! Was für ein Kuriositätenkabinett!«

Van Gogh blickte ihn ungläubig an, dann sagte er verbittert: »Da ist wohl jemand auf dem Weg zum *Grand Boulevard*. Richtig Paul! Nur nicht umdrehen. Ja, nicht umdrehen. Immer weiter zum *grand defilé!* Direkt in den Louvre!«

»Was soll das heißen?«

»Monsieur Gauguin scheinen wohl etwas Besseres geworden zu sein und wollen nichts mehr mit den Hinterzimmerkünstlern zu tun haben. Dann bin ich einmal gespannt zu hören, was ich für eine Rolle in Ihrem Kuriositätenkabinett spiele.«

»Lassen Sie das! Sie wissen genau, wie es gemeint war. Aber wenn wir schon dabei sind: Sie sind nichts Besonderes. Ein Krüppel dieses Zeitalters, genau wie ich. Nichts weiter. Es ist doch nichts als eine Frage der Perspektive, wenn wir uns als auserkoren betrachten. Fragen Sie die Leute da draußen. Für die bringen wir es zu nichts. Für die sind wir verrückt. Wir sind sogar noch schlimmer dran als Toulouse. Wir sind nur ganz gewöhnliche Krüppel. Er hingegen ist wenigstens noch ein körperlicher Krüppel und somit Attraktion.«

»Wenn Sie die Dinge so sehen, dann gut … Adieu! Es wäre ja nicht die erste Familie, die Sie verlassen! Da wir gerade dabei sind: Wann haben Sie denn Ihrer Frau das letzte Mal geschrieben? Wann das letzte Mal Ihre Kinder gesehen? Aber nein, Sie flirten ja lieber mit Madame Ginoux oder zwanzigjährigen Mädchen auf der Straße. Sie verdienen es – «

Gauguin hatte van Gogh am Kragen gepackt und drohte ihm mit der Faust: »Wagen Sie noch einmal von meiner Familie zu sprechen – «

»Dann was?« Van Gogh versuchte sich mit aller Kraft loszureißen und stand mit einem Ruck auf, verlor dabei aber das Gleichgewicht und zog Gauguin mit sich. Gauguin ließ ihn zu Boden fallen. Sie stießen gegen die Staffelei. Senkrecht krachte die Leinwand mit *Gauguins Stuhl* auf den roten Steinboden.

Van Gogh blieb zusammengekrümmt auf dem Boden liegen und hielt sich die Hände vor die Augen. Gauguin hob die Leinwand auf, begutachtete sie und lehnte sie an die Wand: »Sie hat es heil überstanden.« Danach beugte er sich auf ein Knie gestützt zu van Gogh herab und legte ihm die Hand auf die Schulter. Er merkte, wie van Gogh zitterte. Beide sagten nichts. Van Gogh schluchzte unregelmäßig. Nach einer Weile stieß er Gauguins Arm von sich und sagte trocken:

»Gehen Sie, Paul. Gehen Sie.«

»Es tut mir leid, Vincent. Das wollte ich nicht. Kommen Sie, stehen Sie erst einmal auf!«

Er zog van Gogh hoch. »Sie haben bestimmt noch nichts gegessen. Kommen Sie, ich mache uns ein Omelette.« Doch als er ihn los ließ, torkelte van Gogh gegen die Wand und rutschte an sie gelehnt nach unten. Erst jetzt bemerkte Gauguin, selbst einigermaßen berauscht, wie betrunken van Gogh war. Er zog ihn wieder hoch und schleppte ihn langsam die dunkle Treppe hinauf in sein Schlafzimmer. Van Gogh schlug nach ihm und lallte: »Lassen Sie mich los! Loslassen!« Als er im Bett lag, atmete van Gogh noch immer stoßweise und fragte ängstlich: »Sie fühlen sich nicht wohl bei mir im gelben Haus, nicht wahr, Paul?«

»Schlafen Sie ...«

»Nein, Paul!«, fuhr er wieder hoch. »Lassen Sie mich wenigstens dieses Mal ausreden. Ich weiß, es ist nicht unsere Schuld, ich habe heute Abend lange darüber nachgedacht. Wir waren zu lange verloren. Wir können nicht ändern, was wir wurden. Es hat seinen Preis, allein zu sein. Frei zu sein. Sehen Sie, die deutschen Philosophen haben da ein anderes Wort für *frei*, sie sagen *unbedingt*, das heißt, etwas ist nicht durch etwas anderes bedingt außer sich selbst. Das ist Freiheit. Ich glaube, es liegt in unserem Charakter, uns durch nichts und niemanden bedingen zu lassen, aber genau das ist geschehen. Sie haben mich an eine Grenze geführt, die ich erst viel später hätte erreichen sollen. Es tut einem Maler nicht gut, allein zu sein, es tut aber auch nicht gut ... Ich, ich bin verloren.«

»Wir sind alle verloren.« Gauguin holte eine Kerze und machte Licht.

»Wie Sie das sagen.« Van Gogh blickte entsetzt.

»Das war der Preis. Sind wir nicht gerade deswegen frei? Hören Sie, wir sind verloren, aber wir wissen es wenigstens!«

»Ich dachte immer, es gäbe noch Hoffnung. Ein Ziel.«

»Das gibt es, Vincent. Das gibt es ... Wir sind noch auf See. Wir sind verloren, aber noch nicht gestrandet.«

»Aber wie lange noch?! Ich kann es auch in Ihren Augen sehen! Auch Sie versuchen, den Schmerz zu töten. Dabei weiß doch jeder, dass Schmerzen nur geheilt werden können. Wir können uns nicht ewig betäuben, Paul! Alles ist so eng geworden. Wir haben keinen Abstand mehr. Zur Kunst. Zu uns. Zum Leben. Mir ist jetzt klar geworden, was Sie brauchen.«

Gauguin hatte sich auf einen Stuhl neben dem Bett fallen lassen und rieb sich die Augen: »Ach Vincent. Ich weiß momentan selbst nicht, was ich brauche. Das ist alles. Gut dass Sie es für mich wissen ...«

»Vielleicht brauchen Sie dasselbe wie ich: Zeit.«

»Da mögen Sie Recht haben ... Aber bei Ihnen? Ist Zeit nicht das einzige, das Sie im Überfluss haben?«

»Nein, ich habe es schon immer gefühlt.« Van Gogh ließ seinen Kopf ins Kissen fallen und starrte an die Decke. »Ich habe zu spät begonnen. Schon am Anfang habe ich gefühlt, dass ich mit meiner Zeit haushalten muss, um ans Ziel zu kommen. Jetzt, wo es zu spät ist, noch einmal etwas anderes zu beginnen, sehe ich es ein. Sie hingegen können gut reden. Sie haben es geschafft.«

»So einfach ist es nicht, wie es Ihnen scheint. Aber alle Zeit der Welt würde Ihnen nichts nutzen, Vincent. Sie brauchen nur etwas Vertrauen! Haben Sie nur ein wenig mehr davon. Loben Sie sich einmal nur mit dem Maß an Selbstvertrauen, mit dem Sie andere kritisieren. Ihre Fortschritte sind doch so offensichtlich, dass selbst Sie sie nicht verleugnen können. Seien Sie ein wenig offenherziger!«

»Wie soll ich noch offenherzig sein, *Fusilier Nicaise*, wenn es scheint als würden mich sogar meine Freunde verletzen? Oder handelt es sich nur scheinbar um Freunde?« Er drehte den Kopf zu Gauguin.

»Seien Sie sich meiner Freundschaft versichert, Vincent. Und seien Sie sich auch meiner Bewunderung für Ihre Malerei versichert. Nur, nehmen Sie beides nicht immer so ernst. Vielleicht finden Sie Ihren Weg tatsächlich schneller ohne mich … Ich dachte, ich würde helfen.«

»Nein! Das haben Sie und das tun Sie immer noch. Deshalb dürfen Sie mich nicht alleine lassen. Von Tag zu Tag werde ich mehr zu Claude Lantier. Es begann, seit ich nicht mehr draußen male. Ich kratze mehr auf der Leinwand, als ich male. Auf dem Boden finden sich mehr Farbspäne als neue Farbe auf der Leinwand. Ich bin im Zweifel.« Er griff nach Gauguins Hand: »Theo! Es macht mich wahnsinnig, eine Arbeit zu beenden, ohne damit zufrieden zu sein. Damit ist sie nämlich nicht beendet und geht weiter und weiter. Jede Nacht in meinem Kopf. Am nächsten Morgen bin ich dann so zermartert, dass ich nicht mehr weiß, was ich in der Nacht beschlossen habe, zu ändern. Ich tue etwas und während ich es tue, weiß ich schon, dass es falsch ist. Ich tue es dennoch, weil ich weiß, dass ich keine andere Lösung finden werde. Dann liege ich wieder eine Nacht darüber wach und glaube, eine Lösung gefunden zu haben und merke doch, dass es wieder eine Täuschung war. Paul, das macht mich wahnsinnig!« Gauguin blickte eine Zeit in van Goghs Gesicht. Dann sagte er:

»Ich sehe natürlich, wie Sie sich tagtäglich quälen. Aber ich finde nichts Schlimmes daran. Sie quälen sich, weil Sie nicht aufgeben. Sie sind ein Kämpfer, Vincent. Nur Sie kämpfen zum falschen Zeitpunkt mit dem falschen Gegner. Dort, wo Sie den Pinsel aus der Hand legen sollten, malen Sie die ganze Nacht durch. Dort, wo Sie mit sich im Reinen sein sollten, bekämpfen Sie sich aufs Äußerste. Dort wo Sie Ihrem Gegenüber das Nasenbein brechen sollten, gehen Sie auf die andere Straßenseite –

und machen sich Vorwürfe, unachtsam oder unhöflich gewesen zu sein. Wählen Sie zuerst den Gegner und dann kämpfen Sie! Und ziehen Sie in Betracht, auch einmal zu verlieren. Das kommt vor! Einmal wurde ich in der Nacht vor einer Überfahrt nach Rio von drei Engländern verdroschen. Früh am Morgen kam ich vor dem Ablegen mit grün-blauem Gesicht an Bord. Man wollte mich zuerst gar nicht mitnehmen, aber woher so schnell Ersatz nehmen? Also fuhr ich mit lockeren Zähnen und Schwellungen aus. Erst als wir in Rio anlegten, saßen die Zähne wieder fest und die letzten Schwellungen und Prellungen waren verheilt. Aber all die Wochen des Schmerzes würde ich wieder auf mich nehmen, denn es war ein fantastischer Kampf. Jede Nacht pochte der Schmerz in meinem Gesicht und ich fühlte, ich lebe. Der Sieg ist nur die seltene Belohnung des Kampfes, nicht sein Grund. Sehen Sie sich doch an, wie viele Leinwände ich nicht zu Ende gebracht habe, seit ich hier bin. Zweifellos habe ich aber gelernt! Und wird es nichts, dann wandert es in den Ofen! Wir Modernen machen zu viel Gewese um die armseligen Resultate unserer Bemühungen. Botticelli hat in seinem Wahn nicht wenige seiner Werke verbrannt, nur weil sich seine Meinung darüber änderte. Wer würde das heute noch übers Herz bringen?«

»Sie haben in Arles gelernt? Dann sehen Sie unsere Gemeinschaft also nicht nur als Scheitern?«, fragte van Gogh und richtete sich ein wenig auf. Sein Atem ging ruhiger.

»Gewiss nicht ...« Er drückte kurz van Goghs Hand und lehnte sich wieder in seinen Stuhl zurück. »Sie haben doch gehört, was ich heute an Schuff' geschrieben habe.«

»Das ist gut. Vielleicht gibt es ja doch noch einen Weg ... Braucht nicht jeder jemanden, Paul?«

»Doch, doch«, sagte Gauguin, »aber du bist nicht der Einzige«, fügte er in Gedanken hinzu.

»Verzeihen Sie mir, an Ihnen gezweifelt zu haben. Sie sind ein guter Freund.« Van Gogh ließ den Kopf wieder in die Kissen fallen.

»Oh Vincent. Sie sehen die Dinge nur so, wie Sie sie sehen wollen. Dabei haben Sie keine Ahnung, wer da gerade an Ihrem Bett sitzt. Wollen Sie etwas über den wahren Paul Gauguin hören?« Er zündete sich eine Zigarette an. »Der wahre Paul Gauguin war beispielsweise stockbetrunken in Le Havre unterwegs und lief mit dem Kopf vornweg in einen halboffenen Fensterladen. Ich schrie und schimpfte, wild auf eine Rauferei, aber es schien niemand zu Hause zu sein. Da schlug ich den Fensterladen mit aller Gewalt zu, aber er blockierte. Ich stieß und stieß, bis ich ihn ganz öffnete. Was soll ich sagen? Ein Mann hatte sich an seinem Fensterladen aufgeknüpft. Seine Exkremente tropften über seine nackten Füße auf mich herunter. Ich schrie *Du Sau!* und schlug den Fensterladen wieder zu. Noch die ganze Straße entlang schimpfte ich auf das Schwein. Das ist Ihr feinfühliger Gauguin. Oder ein anderes Mal, später, ich wohnte schon in der *Rue des Fourneaux* in Paris: Um fünf Uhr morgens weckte mich der Schrei einer Frau: Hilfe, Hilfe! Mein Mann hat sich erhängt! Ich bin natürlich sofort runter und habe den Mann abgeschnitten. Gerade wollten wir ihn aufs Bett tragen lassen, als die Polizei kam. Es musste aber erst noch auf die Gerichtskommission gewartet werden. Also schaue ich aus dem

Fenster und sehe im Gemüsegarten unter unserem Haus den Gärtner bei der Arbeit. Ich rufe zu ihm runter, ob er eine Melone für mich hätte. Er hat eine und wirft sie zu mir hoch. Ich verspeise sie genüsslich zum Frühstück ohne an den Freitod zu denken – oder vielleicht gerade weil ich an ihn dachte, genoss ich sie über alle Maßen. Abends dann, in befrackter Gesellschaft, versuche ich mit der Geschichte zu wuchern. Aber von wegen Rührung und Anteilnahme. Die gute Gesellschaft lächelte nur ungerührt und fragte nach einem Stück vom Strick des Erhängten … Ich weiß auch nicht, warum ich immer wieder über den Judastod stolpere. Aber es sagt schon viel …«

»Aber Paul, das war doch alles vor der Malerei, oder?«, gähnte van Gogh.

»Ja, sicher.« Er griff nach einer Tasse neben van Goghs Bett und drückte seine Zigarette aus.

»Sehen Sie. Auch Paulus musste zuerst Saulus sein, auf dass sich die Geschichte erfülle.«

»Oh Vincent, weshalb rede ich eigentlich!«, lachte Gauguin. »Sie sind unverbesserlich! Ihre Gabe, sich die Dinge so zu Recht zu rücken, wie Sie es benötigen, möchte ich gerne haben.«

»Was haben Sie denn noch zu Recht zu rücken? Jetzt wo Sie schon fast auf dem *Grand Boulevard* angekommen sind … Jetzt wird Ihnen zugehört werden.«

»Sie möchten mich auch zu einem Prediger der Kunst machen, richtig?«

»Macht das nicht schon Wagner gerade?« Van Gogh lächelte zufrieden mit geschlossenen Augen. Gauguin blickte überrascht auf, doch van Gogh merkte es nicht. Also sagte er, sich eine weitere Zigarette ansteckend: »Das ist es ja gerade. Sie sind nicht der einzige, der denkt, dass er zu spät ist. Jetzt stehe ich im Rampenlicht und habe mich noch nicht halbwegs gefunden! Was wird die Kritik sagen? Was werden die Galeristen sagen können? Sagen Sie mir Vincent, was macht einen *Gauguin* aus?«

»Dass er aus dem Kopf malen kann?«, kicherte van Gogh. »Und dass er ein Mann ist, der die halbe Welt gesehen hat, der auf einem anderen Kontinent aufgewachsen ist. Ein Mann, der das Primitive im Blut hat und damit einen Weg weist. Ein Mann, der ein Atelier der Tropen errichten wird, an dessen Bildern diese Kultur genesen wird. Reicht Ihnen das denn immer noch nicht?«

»Wenn es so einfach wäre! Wer garantiert denn, dass all dieses Kritiker- und Journalistenpack das genauso sieht? Das ist es, was mich verrückt macht. Zum ersten Mal spricht Paris über mich und ich sitze auf einem mittelalterlichen, regennassen Steinhaufen im Midi. Sollte ich nach Paris fahren und die Sache in die Hand nehmen? Oder mit Verachtung und Spott auf Paris blicken und gerade wegen des Trubels hierbleiben, durch meine Abwesenheit und mein Schweigen die Sache noch mehr anheizen und so tun, als ginge es mir nur um meine Kunst, hier und jetzt in Arles?« Er machte eine kurze Pause: »Sie sehen, es hat also durchaus nichts mit Ihnen zu tun, wenn ich von Abreise spreche ... Arles oder Paris. Oder gleich die Tropen? Welche Strategie ist die beste?« Gauguin nahm den letzten Zug und drückte seine Zigarette wieder in der Tasse aus. Als er sie zu Boden stellte, sagte er: »Gar nicht so einfach ... Vielleicht bin auch ich mehr verloren, als ich mir eingestehen will ... Dazu fällt Ihnen wohl auch nichts ein, oder?«

Der regelmäßige Atem van Goghs ließ ihn aufblicken. Er stand auf und deckte ihn vorsichtig zu.

»Gute Nacht, *ma sergent*«, flüsterte Gauguin, froh darüber, dass van Gogh eingeschlafen war. Andernfalls hätte dieser wieder ein Bündel an Ratschlägen parat gehabt, wo es an der Stelle besser gewesen wäre zu schweigen. Gauguin musste grinsen: Darüber hatte dieser *unbedingte* Denker bestimmt noch nicht nachgedacht. Er ging nach unten, um das Gaslicht zu löschen und etwas zu trinken. Dabei murmelte er sein neues wagnerianisches Glaubensbekenntnis:

Ich glaube an Gott, Mozart und Beethoven,
  ingleichem an ihre Jünger und Apostel.
Ich glaube an den Heiligen Geist
  und an die Wahrheit der einen, unteilbaren Kunst.
Ich glaube, dass die Kunst von Gott ausgeht
  und in den Herzen aller erleuchteten Menschen lebt.
Ich glaube, dass, wer nur einmal in den erhabenen Genüssen
  dieser hohen Kunst schwelgte, auf ewig ihr ergeben
  bleibt und sie nie verleugnen kann.

Ich glaube, dass alle durch diese Kunst selig werden
  und dass es daher erlaubt sei, für sie Hungers zu sterben.
Ich glaube an ein Jüngstes Gericht,
  das alle diejenigen furchtbar verdammen wird, die es
  wagten, in dieser Welt Wucher mit der hohen keuschen

Kunst zu treiben, die sie schändeten und entehrten, aus Schlechtigkeit des Herzens und schnöder Gier nach Sinnenlust.

Ich glaube, dass diese verurteilt sein werden, in Ewigkeit ihre eigene Musik zu hören.

Ich glaube, dass dagegen die treuen Jünger der hohen Kunst mit dem göttlichen Quell in Harmonie vereint sein werden und so bis in alle Ewigkeit leben.

Amen. *

Der Traum

Der Mistral peitschte durch die Straßen von Arles, denen van Gogh zum *Chemin des Ségonnaux* entlang der Rhône gefolgt war, bis dieser in den menschenleeren *Quai Marx Dornoy* mündete. Der Wind warf die kahl gewordenen Bäume am Rand des Ufers hin und her, peitschte dann ebenso ungnädig von den Mauern hinab, über die unruhigen Wasser, und ließ die sonst so gemächliche Rhône in ihrem steinernen Bett auf und nieder wogen. Auch am gegenüberliegenden Ufer war außer einem einsamen, vorwärts eilenden Fußgänger, der verzweifelt seinen Hut festhielt, kein Mensch auszumachen.

Ganz Arles war mit dem ersten Einbruch des Mistrals zur Geisterstadt geworden. Sogar die sonst so zahlreichen streunenden Hunde hatten sich in Ecken verkrochen, die dem menschlichen Auge, und auch dem Wind, so hoffte van Gogh zumindest, unzugänglich blieben. Hie und da schlugen lose Fensterläden gegen die Häuserwände, und kleines Gebüsch wie mächtige Bäume wurden gleichermaßen an den Wurzeln gepackt und mussten sich erst dagegen behaupten lernen. Sonst war kein Leben mehr auf den Straßen und alles war in die Häuser geflohen. Nur ihn zwang es nach draußen. Denn plötzlich hatte sein Herz wieder zu rasen begonnen, unvermittelt stand wieder kalter Schweiß auf seiner Stirn. Er hatte nicht einmal mehr auf Gauguins Frage, wohin er denn ginge, geantwortet, hatte nur noch seinen Mantel gegriffen und war auf den Platz gestürzt. Besorgt hatte er gewartet, bis sich sein Atem wieder beruhigte und machte sich kurz darauf ohne Ziel auf den Weg in die Stadt, bevor er dann doch zum Rhôneufer hin abbog.

Seit dem Ball hatte er unermüdlich an den Porträts der Familie Roulin gearbeitet und ging kaum öfters vor die Tür als nötig war, um die alltäglichen Besorgungen zu erledigen. Gauguin hatte sich darüber lustig gemacht, denn er, als der bekennende Freilichtmaler, bleibe neuerdings nur noch im Atelier und verlasse seltener das Haus als er selbst. Und es stimmte, Gauguin war die vergangenen Tage viel unterwegs gewesen. Er malte zwar nicht im Freien, doch sammelte er draußen seine *Dokumente*, um dann die Arbeit im Atelier unter diesen Eindrücken aufzunehmen. Während dieser Streifzüge hatte er mit einigen Wäscherinnen Bekanntschaft geschlossen, die er, was ihnen natürlich schmeichelte, als Motiv seiner Zeichnungen wählte. Momentan malte er an mehreren Leinwänden, auf denen der harte Alltag der Waschweiber zu sehen war. Auf der ersten waren zwei Wäscherinnen, die eine arbeitend, die andere stehend vor einem undefinierbaren Hintergrund abgebildet, und nur der reißende Strom des Wassers war klar zu erkennen. Das andere Gemälde zeigte eine ganze Gruppe von Wäscherinnen in einer weiter gefassten Landschaft am *Canal Roubine-du-Roi*. In beiden Fällen war die Wäsche bereits aus der Lauge genommen und musste im Folgenden ausgespült werden. Die Frauen knieten direkt auf dem harten Boden oder auf grob gezimmerten Holzgestellen am Ufer, gezwungen die Wäsche in ihrer ganzen vollgesogenen Schwere zu schlagen, sie immer wieder im kalten

Wasser zu schwenken, bis keine Lauge mehr das klare Wasser trübte. Van Gogh sah sofort die Symbiose zwischen realistischer Prosa und symbolistischer Poesie, zwischen den Gemälden vom Nachtcafé und der *Weinlese*. Eine junge Wäscherin in der Tracht der *Arlésiennes* stach auf dieser realistischen Variante nicht nur farblich zwischen den anderen Wäscherinnen hervor: es war klar, dass sie ihre kniende Stellung gelegentlich auch abends, ohne die Wäsche vor sich zu haben, einnahm, um ihren Lebensunterhalt zu finanzieren. Gauguin hatte Gefallen daran gefunden, die Leiden des Volkes darzustellen. Er bezog mit diesen letzten Themen aber auch ganz klar Stellung gegen die gemeinsam geplanten Porträtsitzungen mit der Familie Roulin. Schlussendlich hatte er kein einziges Gemälde der einzelnen Familienmitglieder, die nacheinander gekommen waren, begonnen. Von Madame Roulin, mit ihrem Neugeborenen, hatte er den ganzen Nachmittag über nur eine kleine Zeichnung angefertigt. Mehr wurde daraus auch nicht, denn das schon lustlos begonnene Gemälde verwarf er bald mit dem Ausruf »Machen Sie, was Sie wollen, Vincent! Ich kann aus dieser Gebärmaschine keine Madonna machen!« Damit war er zu einem seiner ausgedehnten Spaziergänge aufgebrochen, nicht ohne die Türe hinter sich unüberhörbar zuzuschlagen.

Bestens gelaunt kam er dann zwei Stunden später zurück. Er war auf dem Montmajour gewesen und hatte dort in den Hainen eine Studie angefertigt. Aufgeregt verlangte er nach van Goghs Gemälden der Allee auf dem Gräberfeld und begann ein Gemälde, das er *Sie sind auch bald dran, meine Süße* nannte, als er es signierte. Das Liebespaar der Allee hatte er dabei in den

Wald verpflanzt und die Szene vulgarisiert, um auch nicht den geringsten Zweifel daran zu lassen, was der Titel ankündigte. Die Vermutung lag nahe, diese letzten Gemälde seien in Reaktion auf seine Porträts der Familie Roulin entstanden, dachte van Gogh ohne dies je auszusprechen. Wie so vieles, das er nun für sich behielt. Immerhin hatte sich die Atmosphäre im Atelier durch sein selektives Schweigen fühlbar verbessert und es wurde wieder ernsthaft gesprochen. Erstmals nach der Nacht, als Gauguin ihn ins Bett tragen musste. Sie unterhielten sich lange bei einem Frühstücksomelette. Gauguin schien den Vorabend zu bereuen. Er hörte sich in aller Ruhe van Goghs Argumente an, weshalb er nicht sofort aufbrechen solle und es schien ihm ebenfalls vernünftig, erst noch auf weitere Einkünfte zu warten, um sich mit einer größeren Summe Erspartem in die Tropen einzuschiffen. Danach sprachen sie den ganzen Vormittag über die Unternehmung eines Ateliers der Tropen. Es bereitete ihm Freude, sein Denken in die Dienste des Freundes zu stellen, wobei er es gegenüber Gauguin aber von vornherein vehement ablehnte, Arles zu verlassen, da er sich zu alt für eine solche Unternehmung fühle. Dennoch signalisierte er seine Bereitschaft, bei der Vorbereitung und Planung zu helfen und vor allen Dingen das gelbe Haus als Durchgangsgarnison, ähnlich wie bei den Zouaven, für die künftigen Maler der Kolonien zur Verfügung zu stellen. Das Gespräch ging mehr und mehr zu den Möglichkeiten der Malerei in den Tropen über und bald schon waren sie vom Kaffee zum Wein, dann zum Absinth übergegangen. Schlussendlich wurde beschlossen, künftig öfters das Atelier zu verlassen, als für die üblichen hygienischen Spaziergänge und Cafébesuche.

Die erste Möglichkeit bot sich dann auch, als die Wäscherinnen Gauguin darauf aufmerksam machten, wie gerne sie in Begleitung auf den Ball der Musikalischen Gesellschaft von Arles im Theater am *Boulevard de Lices* gehen würden. Ohne Umstände zu machen, lud er die Damen ein; auf dem Ball war es dann auch zum ersten Mal geschehen.

Gauguin hatte bei den Ginouxs für ihn die Abendgarderobe organisiert. Die eigene hatte er im Seesack mitgebracht. Van Gogh war verwundert, doch Gauguin antwortete nur: »Es ist gut auf alle Fälle vorbereitet zu sein, wie Sie sehen.« Ihre Abendbegleitungen hießen Pauline und Carole Gabet. Sie trafen die beiden Schwestern im *Café de la Gare*. Nach ein, zwei Flaschen Wein gingen sie dann die wenigen Minuten zu Fuß zum *Boulevard de Lice*, obwohl die Geschwister Gabet scherzend auf eine Kutsche bestanden. Gauguin hätte sie wahrscheinlich auch bezahlt, nur um Pauline, die etwas stämmigere der beiden, zu beeindrucken. Sie war seine erste Wahl, wie er ihm schon zugeraunt hatte, als die beiden das Café betraten. Van Gogh selbst versuchte, mit Carole ein wenig Konversation zu halten. Sie war zierlicher und auch verschlossener als ihre ältere Schwester. Das Gespräch kam nicht richtig in Gang und Carole entschuldigte sich bei ihrer Ankunft schon im Foyer, als sie einen Bekannten aus ihrer Nachbarschaft erblickte. Ungeachtet der Schmach, war er fast dankbar, sie los zu sein.

Als sie mit einer der Stoßwellen in den großen Saal gedrängt worden waren, dauerte es nur einen schnellen Wein bis Gauguin mit Pauline Richtung Tanzfläche verschwand, während er sich allein an der improvisierten Bar in der Nähe des Ausgangs wiederfand.

Der Saal war bis zum Bersten voll und mittlerweile war das Theater wegen Überfüllung geschlossen worden, obwohl draußen noch reger Andrang herrschte, wie er aus den verschiedenen Gesprächsfetzen aufschnappte. Sogar auf der Empore, die an drei Wänden bis zur Bühne mit den Musikern rundherum lief, drängten sich die Leute. Es schien, als hätte sich die gesamte Bürgerschaft von Arles, vom Adel bis zum Kleinbürger, eingefunden, um dieses Ereignis, eines der seltenen in der Stadt, zu feiern.

Während der Strom an Menschen nicht abriss, die in den Saal drängten, setzte auch eine entgegengesetzte Bewegung ein. Mit gerümpfter Nase verlangte die hohe Gesellschaft – entweder von Geburt oder von Gold, samt allen Mesalliancen dazwischen – pikiert um Auslass. Offensichtlich wollte sich niemand von Rang und Namen diesem sittenwidrigen Gedränge ausgesetzt wissen. Sie hatten ihre Karte bereits abgegeben und dem Musikverein war damit genug der Ehre getan. Wahrscheinlich war zu den verschiedenen Soupers in den üblichen Zirkeln schon im Vorfeld eingeladen worden.

Das gewöhnliche Volk störte sich nicht an diesem Abschied der *haute-vollée* und höchstwahrscheinlich war der Rückzug nicht komplett, denn auch Arles musste zweifelsohne über eine Handvoll Lebemänner aus den besseren Kreisen verfügen, die Carole und ihre Freundinnen dazu bewegten, sich für diesen Abend auszustaffieren. Van Gogh versuchte, diese Liberalen in dem Trubel um sich auszumachen, was nicht schwer sein dürfte, wie er sich dachte. Denn im Gegensatz zu den Frauen, war an Tuch und Schnitt der sonst einheitlich schwarzen Abendgarderobe die Herkunft eines jeden der männlichen Gäste zu erkennen. Bei den Frauen war es indes nicht so leicht, denn alle trugen die typische Tracht der *Arlésiennes*. Bestimmt kannten die Frauen der Stadt die einzelnen Modelle und wussten somit genau, wen sie vor sich hatten, aber ihm, dem hier eigentlich Fremden, waren die Unterschiede nicht einsichtig. Also suchte er nach einem der Lebemänner, um sich die Zeit zu vertreiben. Doch zwischen den roten Hüten der Zouaven, den anderen Militärs aller Waffengattungen und Regimenter in ihren Uniformen und dem wogenden Meer an Trachten, die sich um ihre schwarz gekleideten Zentren drehten, konnte er nur Schemen erkennen.

Das Drängen wurde immer dichter und er wurde mehrmals angestoßen, als ihm von all der Bewegung schwindelte und er sich von der Tanzfläche abwenden musste. Doch überall, wo er auch hinsah, war Bewegung und Unruhe. Verzweifelt irrte sein Blick durch den Saal. Auf die Empore. Wieder auf die Tanzfläche. Schließlich drehte er sich um und drückte sich durch die wenigen Reihen, die ihn von der Wand trennten. Schweiß stand auf seiner Stirn und er glaubte, zwischen dem Gelächter und den Gesprächsfetzen, die an sein Ohr drangen, das Meer rauschen zu hören. Keuchend lehnte er sich gegen die Wand. Sein Herz hämmerte in seiner Brust und vor seinen Augen begann es zu flimmern, wie sommers auf den Feldern der *Crau*. Erschreckt stellte er fest, oder fühlte vielmehr, wie eine Ohnmacht nahte. Panik überkam ihn vollends, und er unterdrückte den fast übermächtigen Drang nach draußen zu stürzen, indem er die geballten Hände fest in die Augenhöhlen drückte, bis er vor Schmerz fast schrie. Wie lange er so mit geschlossenen Augen an der Wand lehnte, konnte er nicht mehr sagen, als er sich endlich fröstelnd auf der Straße fand. Ohne einmal vom Boden aufzublicken, war er irgendwann langsam dem Strom der Menge die wenigen Meter bis ins Foyer gefolgt. Es kam ihm wie eine Ewigkeit vor. Wie er endlich im Foyer stand, spürte er erleichtert die kühle Zugluft von draußen. Die Menschen standen hier weniger dicht, wodurch ihm gelang, es in kürzester Zeit zu durchqueren, um sich erschöpft und von Müdigkeit getroffen auf der Straße wiederzufinden. Sein Kopf fühlte sich seltsam trist und leer an, als er sich Richtung *Place Lamartine* und gelbes Haus schleppte. Dort angekommen, waren seine Glieder bleischwer und er kämpfte sich unter Einsatz seiner letzten Kräfte die Treppe hinauf. Kaum hatte er sich ins Bett fallen lassen, kam ein tiefer Schlaf über ihn. Er hörte nicht einmal mehr, ob oder wann Gauguin sein Schlafzimmer betrat.

Es war die erste Krisis dieser Art gewesen und sie beunruhigte ihn noch mehr als die Beklemmung von einer bisher ungekannten Schwere, die ihn danach tagelang gefangen hielt. Die Tierschau, die inzwischen in der Stadt angekommen war, bot ebenfalls keine Zerstreuung. Während Gauguin seitenweise Skizzen von all den Löwen, Tigern und Affen machte, war es ihm unmöglich, zu arbeiten. Die Gitter verängstigten ihn auf unerklärliche Weise und der Gestank von Kot und Kadaver verursachte ihm Übelkeit.

Lange zögerte er, ob er Theo davon schreiben sollte, doch irgendetwas, ein vages Gefühl, besser zu schweigen, hielt ihn davon ab. Er wollte nicht davon sprechen. Zu niemandem. Erst recht nicht mit Gauguin. Und als sich die folgenden Tage keine Anzeichen einer Wiederkehr andeuteten, begann er selbst den Vorfall langsam zu vergessen.

Jetzt, mit diesem zweiten Anfall konfrontiert, überlegte er, was nun zu tun sei. Normalerweise waren seine Schwächeanfälle und Leiden auf langes Fasten und schlechte Ernährung zurückzuführen. Daran konnte es dieses Mal nicht liegen, denn seit Gauguin da war, aß er ausgesprochen gut und dank ihrer Haushaltsführung auch regelmäßig. Vielleicht sollte er weniger trinken, dachte er, als er in die *Rue Gambetta* einbog. Das Malen im Atelier führte dazu, dass er schon tagsüber zu trinken begann und die gemeinsamen Abende mit Gauguin hatten seinen Konsum noch deutlich verstärkt. Wahrscheinlich müsste er sich nur ein wenig einschränken, bis der Sommer wieder da war und er zu seinem alten Rhythmus zurückkehren könnte. Und trotz allem war diese Krise wesentlich harmloser verlaufen, als die vorige. Er merkte, wie ihn der Spaziergang stärkte, während ihn die kurze Distanz nach dem Ball vollauf entkräftet hatte.

Vor ihm erstreckte sich die *Rue Gambetta* bis zum *Boulevard de Lices* und entgegen seinem üblichen Heimweg bog er in die *Rue de la République* ein. So konnte er das Theater meiden und würde wieder einmal über den zentralen Platz von Arles gehen. Da sich dort kaum Cafés und Bars befanden, hatte er den Platz seit seiner Führung für Gauguin nicht mehr betreten. Aber die *Place de la République* war ebenso menschenverlassen wie der Rest der Stadt. Die Tricolore über dem Eingang zum Rathaus zerrte an der Fahnenstange, als wollte sie über den Platz davonfliegen und auf der Spitze des Turmes, der das Portal der Kathedrale um einiges überragte, stemmte sich der steinerne Mars gegen den Mistral. Das Rathaus dominierte den Platz in seinen Ausmaßen und seinem strengen klassizistischen Stil in hellem Stein. Das Portal der Kathedrale und ihr verwittertes Gemäuer wirkte dagegen klein, gedrängt und verloren. Dieser Eindruck verstärkte sich, sobald er den Platz überquerte und der romanisch-wuchtige Turm hinter den gedrängten Häuserfassaden, welche die Kirche einfassten, verschwand. Immerhin würde das Portal genug Schutz vor dem Wind bieten, um seine Pfeife zu stopfen, dachte van Gogh.

Der Schatten des Obelisken in der Mitte des Platzes wirkte wie der Zeiger einer überdimensionierten Sonnenuhr und machte seine Runde gerade in Richtung Portal. Die Wolken am Himmel rasten vorüber. Gelegentlich verschwand der Schattenzeiger gänzlich und gab sich dann wieder einem Schattenspiel hin, dessen Verfärbungen nicht nur durch Lichtveränderungen, sondern auch durch die verschiedenen Nuancen des Blaugrau der Pflastersteine, bedingt wurde. Niemals würde er müde werden zu beobachten und er empfand Dankbarkeit, dieses Schauspiel durch die Augen des Malers wahrnehmen zu dürfen. Das Sonnenlicht streifte auch das Portal, unter dem er stand. Er folgte mit seinem Blick den Heerschaaren an Engeln, die links und rechts an der Innenseite des Bogens emporstrebten. Auf dem Scheitelpunkt trafen sich drei Engel, die in Posaunen stießen. Er musste lächeln. War es nicht ein seltsamer Zufall, dass ihn diese kleine Unausgeglichenheit seines Körpers genau hierher geführt hatte? Wie Angélique in Zolas *Der Traum*, fand er sich winters unter dem Torbogen einer Kathedrale wieder. Nur stand sie unter der Kathedrale von Beaumont, einer Stadt, die es so nicht gab, er hatte es überprüft, und der Blick des halb verhungerten und frierenden Ausreißers folgte unter Zolas Bogen einer Prozession von Heiligen bis hinauf zur Heiligen Agnes und dann weiter hinauf zu Christus selbst. Die Beschreibung des gotischen Portals und das Mädchen, das in der Weihnachtsnacht alleine ausharrt, hatte ihn gerührt und er musste dabei an die eigenen Weihnachtsfeste denken. Oftmals hatte auch er sich im Kreis der Familie allein gefunden. Für Angélique begann am Morgen dieser kalten Nacht, vor noch nicht einmal zwanzig Jahren, ein Leben im Zeichen der Heiligen als Heilige, das in der Erlösung seine Erfüllung gefunden hatte und schon verwirkt war, da er sich, durch seltsame Geschicke gelenkt, unter diesem romanischen Portal in Arles wiederfand. Angélique hatte in der kleinen Stadt an der Oise ein Leben als Künstlerin im Kreis der Familie gefunden. Vielleicht führte ihn sein Weg genau deshalb in diese kleine Stadt an der Rhône? Ja, vielleicht sollte er in der Weihnachtsnacht unter dieses Portal zurückkehren, um auf die Ankunft seiner Familie zu warten?

Er ging einige Schritte zurück und betrachtete die Fassade der Kathedrale mit ihrem dreifachen Stufenportal unterhalb der Kirchenpforten. Keine Prozession an Heiligen bewegte sich, wie am Portal in Beaumont, auf den Erlöser zu. Stattdessen waren zwei verschiedene Prozessionen auf dem Relief unterhalb der Lünette zu sehen: eine kam auf Christus zu, der in der Lünette, umgeben von den Symbolen der vier Evangelisten in einer Mandola thronte, die zweite ging von ihm weg. Es waren die Prozession der Auserwählten und die Prozession der Verdammten, die in die Flammen des Fegefeuers und der Hölle geschickt wurden. Christus richtete darüber mit zum Segen erhobener Hand, aber auch mit strenger Miene und festem Blick, die wenig Hoffnung aufkommen ließ, zur Prozession der Auserwählten zu zählen. Das schwächer werdende Licht des Tages umgab die Reliefs mit düsteren Schatten und es schien als würde aus dem alten Gestein langsam die Nacht hervorkriechen.

Ihm fröstelte, als er zu dem dunklen Christus aufblickte. In Gedanken versunken folgte er der kleinen Straße zwischen Rathaus und Kathedrale, um ein Café in der Nähe zu suchen. Die Läden waren zu dieser Jahreszeit kaum noch von den Wohnhäusern zu unterscheiden, da die Markisen eingeholt wurden, um sie vor dem Mistral zu schützen. Das Leben hatte sich von den Straßen in die Häuser verlegt. Es schien, als hätte die ganze Stadt die Segel gestrichen.

Nach wenigen Minuten hatte er ein Bistro ausgemacht, in dem er zu Beginn seiner Zeit in Arles des Öfteren gegessen hatte. Als er die Türe öffnete, drang ihm ein Schwall an Wärme und Lärm entgegen und er verspürte eine Abneigung einzutreten. Er besann sich eines anderen, denn er wollte in Ruhe nachdenken.

Auf der gegenüberliegenden Seite war ein Bistro, das meistens so gut wie leer war. Auch dort wäre er nicht allein, aber Lärm und Gedränge gab es dort nie.

Als die Bedienung kam, bestellte er einen Milchkaffee, korrigierte sich dann aber und verlangte nach Absinth. Hier ließ es sich besser nachdenken. Das Bistro war mit einfachen Stühlen und Tischen möbliert, die bedeutend heller waren als die Holzvertäfelung unter der weiß gekalkten Wand. Neben anderen Reproduktionen hing dort ein Seestück mit zwei Segelschiffen der französischen Handelsmarine bei ruhiger See. Im Hintergrund waren die Küste und eine Hafenstadt zu sehen. Vielleicht Marseille, dachte van Gogh. Das Gold blätterte vom Rahmen ab und in einer Ecke spannten sich verstaubte Spinnweben. Außer ihm war kein Gast im Raum. Die Bedienung, eine ältere Frau mit hagerem Gesicht, machte sich gerade hinter dem Ausschank an seinem Absinth zu schaffen. Aus der Küche war das Klappern von Tellern und Töpfen zu hören.

Erntehelfer und andere einfache Arbeiter kamen zum Essen hierher, eher wegen des Preises als wegen der Küche, wie ihm schien, als sein Absinth endlich vor ihm stand. Das Glas war stumpf und eine angetrocknete Brotkrume klebte auf der Innenseite knapp unter dem Rand.

Während er seine Pfeife über dem Aschenbecher reinigte und wieder stopfte, dachte er über diesen neuen Widerwillen vor belebten Räumen nach. Sonst hatte er jede Gesellschaft, wenn sie sich einmal einstellte, der Einsamkeit vorgezogen. War der Ball Auslöser dafür oder hatte es schon vorher begonnen? Unmerklich hatte es sich eingestellt, so wie eine Erkältung sich durch zunächst unerklärliche Müdigkeit ankündigt. Er durchforschte die vergangenen Wochen. In keinem der Cafés, nicht in den überfüllten Bordellen oder auf dem Gedränge des Markts, hatte er Anzeichen einer Krisis erlebt. Es musste tatsächlich mit dem Ball zusammenhängen. Die Bilder kurz vor dem Zusammenbruch flackerten noch immer, kaum greifbar, in ihm auf, wenn er vor dem Einschlafen an diesen Abend zurückdachte. Zweifellos war in diesem Moment etwas mit ihm vorgefallen. Er ging in sich und beschwor die Bilder wieder hoch, konnte sie jedoch abermals nicht greifen. Er versuchte es erneut. Vergebens. Erst als er sich den Moment als Gemälde vorstellte, sah er für einen Augenblick die gesamte Szenerie vor seinen Augen. Das war es! Er musste ein Gemälde davon anfertigen. Er kramte in seinen Manteltaschen und fand einen Graphitstift. Er rief nach der Bedienung und fragte nach Papier. Als diese nicht sofort reagierte, ging er selbst zum Ausschank und fragte noch einmal danach. Sie griff unter die Theke und zeigte ihm einen Bogen. Er nickte nur kurz und griff danach. Schon fast wieder auf seinem Platz, rief er »Merci!« Dann begann er zu zeichnen.

Er bestellte einen zweiten Absinth und blickte auf die Skizze. Jetzt sah er das Gemälde schon klarer vor Augen und ihm wurde bewusst, welche Arbeit er sich damit aufhalsen würde. Mit Grauen dachte er an die Geduldsprobe des Gemäldes von der Stierkampfarena zurück. Für die Ausarbeitung fand er sich gezwungen, wieder ein großes Format wählen zu müssen, weshalb ihm dieser *Tanzsaal* mindestens ebenso viel Ausdauer und Zeit abverlangen würde. Dennoch würde er es wagen. Er musste dieser Krisis auf den Grund gehen. Und würde er damit nicht auch aus der Erinnerung malen? Gauguin würde ihm noch einmal seine *Vision bei der Bergpredigt* zeigen müssen, die er damals entrollt hatte, als sie den Stierkampf besprachen. Wenn er sich Gauguins Technik der Überlagerungen zu Eigen machen würde, könnte er vielleicht an Zeit gewinnen. Zeit für eine andere Sache, die durch eine solch langatmige Arbeit ermöglicht werden würde: ein Porträt Gauguins. Wie sich auf einmal alles fügte! Er würde nicht warten, bis das Gespräch noch einmal darauf kam, würde nicht einmal um Erlaubnis fragen. Wenn er seine Staffelei nur ein wenig drehte, müsste er ihn gut während der Arbeit malen können. Eine kleine Leinwand ließ sich mit etwas Umsicht gewiss unauffällig vor die großformatigere Arbeit des Ballsaals lehnen. Das Fieber des Neubeginns hatte ihn nun vollends gepackt. Hastig faltete er die Skizze zusammen und steckte sie in die Manteltasche. Dann stürzte er seinen Absinth hinunter. Bevor er sich auf den Weg machte, kramte er einige Münzen aus der Tasche und warf sie auf den Tisch. Wenn er gleich mit einer ausführlicheren Skizze begann, konnte er mit der Unterzeichnung vielleicht heute noch beginnen.

* * *

Der Mistral rüttelte noch immer an den Fensterläden, als Gauguin erwachte. Tagelang schon fegte der Sturm ununterbrochen durch die Stadt und übers Land. Draußen war es taghell geworden und die schwarzblauen Schatten der Fensterläden tanzten im graublauen Licht auf der gegenüberliegenden Wand.

Mit der Routine mehrerer Wochen schlug Gauguin die Decke zurück, rutschte ein wenig vor, um sich, abgestützt auf beide Handflächen, aus dem Bett zu drehen. Kurz bevor seine Füße den Boden erreichten, hielt er inne und setzte sie sanft auf. Genau an dieser Stelle, die er schnell gefunden hatte, knarzten die Dielen nicht. Es musste wohl ein Stützbalken direkt darunter verlaufen.

Er bückte sich, um den schon bereit stehenden Nachttopf sachte aufzuheben. Mit einem Mindestmaß an Geräusch entleerte er sich. Vollkommen geräuschlos setzte er dann den Nachttopf wieder auf den Boden und glitt zurück in die Kissen. An die Bettkante gelehnt, nahm er einen Schluck Wasser von einer ebenfalls schon vorbereiteten Weinflasche und schaute anschließend auf die bereits geöffnete Taschenuhr: es würde genügen, wenn er erst in einer Stunde nach unten gehen würde.

Vorsichtig stellte er die Weinflasche zurück auf den Nachttisch und nahm sich eine Zigarette und Streichhölzer. Nachdem er das Streichholz angerissen hatte, zündete er zuerst die Kerze an, die neben der Weinflasche stand, dann die Zigarette. Er inhalierte und hielt einen Augenblick inne. Entspannt atmete er dann aus, lehnte sich zurück und lauschte, wie der Mistral um das Haus pfiff und die Fensterläden erzittern ließ. Es dauerte nicht lange und Schritte waren auf der anderen Seite der Türe zu hören. Er erstarrte für einen Augenblick, als es an der Tür klopfte:

»Paul? Sind Sie schon wach?«, hörte er van Gogh fragen. Einige lange Momente der Stille folgten, dann hörte er die Schritte van Goghs, wie sie sich entfernten. Die Zimmertüre zur Treppe hin ging und van Gogh knarrte die Treppe hinunter.

Gauguin griff nach der zum Aschenbecher umfunktionierten Kaffeetasse, die die Ausstattung seines Refugiums vervollkommnte. Eigentlich war es kindisch, wie er sich verhielt, dachte er. Mittlerweile spielte er dieses Theater auch nicht mehr aus Höflichkeit, sondern nur noch aus, zugegebenermaßen etwas boshafter, Freude am Spiel: Würde er ihn hören? Würde er klopfen? Was würde er dann machen?

Natürlich könnte er die Durchgangstüre ins Badezimmer nutzen, sobald er erwachte. Wieso sollte er nicht noch ein wenig für sich sein können nach dem Aufstehen? Doch damit würde er unmissverständlich zu verstehen geben, dass er wach war. Van Gogh würde klopfen und wenn er zu Beginn aus Rücksicht dieses heimliche Morgenritual eingeführt hatte, so behielt er es nun aus pragmatischen Gründen bei. Wenn sein Gastgeber schon morgens beleidigt war, würde der Streit nicht erst am Abend, sondern schon am Nachmittag aufkommen. Und beleidigt wäre van Gogh, würde er nicht sofort Gewehr bei Fuß für ihn bereit stehen. Verhielt er sich aber so still wie möglich, konnte jener nur mutmaßen, ob er wach sei.

Außerdem freute er sich nach unten zu kommen und den Kaffee schon frisch gebrüht auf dem Küchentisch zu finden. Kaffee war so ziemlich das einzige, neben Tee, das van Gogh bedenkenfrei zu kochen überlassen werden konnte.

Kam er ein, zwei Stunden später die Treppe herunter, malte van Gogh bereits. Meistens, bis auf wenige Ausnahmen, ließ er sofort Pinsel und Palette fallen, um sich mit einem Wortschwall zu ihm an den Tisch zu setzen. Damit begann dann der Tag.

Die morgendliche Stunde im warmen Bett, an die Bettpfosten gelehnt, war Gold wert. Mehr als die Lektüre an den raren nüchternen Abenden, wenn er sich frühzeitiger als nötig ins Bett verabschiedete. Hier ließ es sich ungestört denken, zeichnen und lesen.

Auf dem Nachttisch lag Zolas *Der Traum* an der Stelle geöffnet, an der er vergangene Nacht zu lesen aufgehört hatte. Er legte das Lesebändchen ein und klappte das Buch zu. Er würde es erst heute im Zug zu Ende lesen. Wenn er las, dann schwieg van Gogh.

Er hörte wie die Haustüre zuschlug. Höchstwahrscheinlich würde van Gogh zur Feier des Tages Croissants holen. Schon gestern Abend war er vor Freude über den gemeinsamen Ausflug auf ansteckende Weise ganz ausgelassen gewesen. Ununterbrochen sprach er von der Notwendigkeit, die Beklemmung der Stadt und des Ateliers endlich einmal für kurze Zeit hinter sich zu lassen. Bestimmt würde er auch beim Frühstück freudig um ihn herum scharwenzeln.

Diese liebenswürdige Seite van Goghs rührte ihn, ungeachtet aller Unwägbarkeiten, immer wieder aufs Neue. Sie machte es aber noch schwerer die überfällige Konsequenz zu ziehen, denn es war voraussehbar, dass van Gogh alle Schuld für seine Abreise bei sich suchen würde. Er hatte kein Einsehen, wenn es um die Belange anderer ging, wie festzustellen ausreichend Gelegenheit gewesen war. Gerade als Gauguin sich entschlossen hatte, es sei das Beste vorerst in Arles zu bleiben und nicht nach Paris zu fahren, schien sich van Gogh schon damit abgefunden zu haben, er würde gehen, und hatte eine Mauer aus bitterem Gram um sich gezogen. Gleichzeitig wuchs seine Nervenanspannung fast bis zur Tollheit und voller Argwohn provozierte er, wo er nur konnte. Dann versank er wieder vor der Leinwand und führte murmelnd Selbstgespräche. Wenn sie abends beim Essen saßen und sich in Scheindebatten verloren, die nur noch in eine Richtung mit Ernsthaftigkeit geführt wurden, sprach er ihn von Zeit zu Zeit unvermittelt mit anderen Namen an. Zumeist war es Theo. Der Gipfel der Tollheit war für Gauguin erreicht, als van Gogh mitten in der Nacht, ihn im Schlaf beobachtend, am Fußende seines Bettes stand. Zur Rede gestellt, antwortete van Gogh verwirrt, dass er ihn nicht erschrecken wolle, er habe nur eine Idee gehabt und wolle sie mit ihm teilen, wie er es stets mit Theo getan hatte … Wie hatte sein Bruder das alles nur ausgehalten? Gauguin konnte sich langsam ein Bild davon machen, wie es in der kleinen Pariser Wohnung vor sich gegangen war und rechnete es Theo hoch an.

Anderntags rannte van Gogh wie vom Hafer gestochen aus dem Atelier, nachdem er tagelang nicht vor die Türe gegangen war. Als er zurückkehrte, ließ er alles, woran er gearbeitet hatte stehen und liegen, um eine neue Leinwand vorzubereiten. Kaum dass er dazu zu bewegen war, die Arbeit an seinem *Tanzsaal* für das Abendessen zu unterbrechen.

Gauguin sah mit Bestürzung, wie sich die Manie van Goghs für die Malerei in bedenklichem Maße steigerte. Wo er selbst mit Wahnsinn und Verbrechen kokettierte, war es für van Gogh bitterster Ernst. Der Wahnsinn war für ihn schon immer Grundbedingung des modernen Künstlers gewesen, wie er mehrfach sagte, denn nur die Verrücktheit gewähre das grenzenlose Vertrauen in sich, das notwendig sei in der Unbedingtheit der Zeit zu seiner Kunst zu stehen. Jetzt nahmen seine allabendlichen Predigten mehr und mehr eine düstere Färbung an. Der Wahnsinn sei der Klarheit anderer vorzuziehen. Er sei sogar notwendige Bedingung und Resultat der Malerei. Unterschiedslos listete er Belege für diese Sichtweise auf, die von Zola über Delacroix zu Mohammed und Luther, ja sogar Christus reichten. Seine Verranntheit nahm immer groteskere Züge an. Immer und immer wieder verdammte er die Umstände, die den Künstler auf eine Stufe mit Verbrechern wie Prado stellten. Die Grenze zwischen einem Verbrechen im herkömmlichen Sinne und der Malerei verwischte und verwarf er. Prado war unschuldig im Gefängnis und würde stellvertretend für alle Künstler hingerichtet werden. Würde er aber begnadigt werden, dann … »Ja, was dann?«, fragte Gauguin daraufhin zumeist und ließ van Gogh weiterreden. Wenn dieser seine Gedanken zwischen zwei hastigen Schlucken Absinth äußerte, geriet er zuerst in eine boshafte Wut auf die Welt, dann gestand er unverblümt seine Angst, für seine Verbrechen im Namen der Kunst – an sich und seiner Familie – verurteilt zu werden. Mit weit aufgerissenen Augen starrte er Gauguin dann an, dem es immer schwerer fiel, ihn zu beschwichtigen.

Gequält hielt van Gogh sich eines Abends die Ohren zu, als Gauguin ihn ermutigen wollte und schrie auf: »Schweigen Sie! Es ist nicht wahr!« Hastig kramte er ein Stück Kohle aus der Tasche und schrieb an die Küchenwand:

Je suis de sain esprit – Je suis saint esprit.

Wie paralysiert starrte er auf die Wand und war in der Folge nicht mehr anzusprechen. Ab und zu murmelte er das Geschriebene vor sich hin: »Ich bin heil im Geist – Ich bin der Heilige Geist.« Nach einigen Versuchen gab Gauguin es auf, ihn anzusprechen und ging zu Bett. Als er am nächsten Morgen in die Küche kam, war der Schriftzug von van Gogh wieder entfernt worden.

Diese Überreiztheit brach zuletzt auch in der Malerei durch. Van Goghs Malduktus konnte eigentlich nicht mehr Duktus genannt werden. Chaos war der vibrierenden, spontanen Pinselführung in vielen Passagen oder oftmals auf ganzen Leinwänden gewichen. Zunächst konnte dieser rapide Wechsel zwischen streng ausgeführten Gemälden und den verschiedentlichen Ausbrüchen als Vermittlungsversuch zwischen einer neuen Malweise und alten Gewohnheiten gewertet werden. Mittlerweile war Gauguin jedoch, auch ohne das Schriftbild van Goghs hinzuziehen, klar, dass diese wirre Handschrift andere Ursachen hatte. Als er sich seinerzeit von Pissarro eine Schriftprobe Cézannes erbeten hatte, sah er seine graphologische Theorie einer Analogie zwischen Schriftbild und Malweise eines Künstlers als bewiesen. Die Ruhe, Gelassenheit und mystische Weisheit von Cézannes Charakter drückten sich gleichermaßen in dessen Malerei und Schreibweise aus. Was sich hingegen bei van Gogh ausdrückte, war bedenklich. Es entwickelte sich mit einer unheimlichen Dynamik und äußerte sich mehr und mehr im Verhalten. Gauguin mutmaßte zuerst, es seien seine Abreisepläne, die van Gogh dermaßen aus der Fassung brächten, doch die Ereignisse der vergangenen Woche hatten ihn auf einen weitaus verstörenderen Gedanken gebracht.

Es begann zu der Zeit, als sich van Gogh voller Inbrunst auf die Arbeit an seinem *Tanzsaal* stürzte. Trotz aller Besessenheit schien es Gauguin während des gemeinsamen Malens im Atelier, dass van Gogh eine gewisse Abgelenktheit zeigte. Fahriger als sonst wechselte er die Pinsel und anderes Werkzeug. Heimlichtuerisch wandte er die eigene Leinwand von ihm ab und verbarg seine Palette. Selbst seine Staffelei hatte er eigens dafür umgestellt. Nicht ein einziger Blick durfte auf die Leinwand geworfen werden. Unterdessen starrte van Gogh ihn noch häufiger und länger an, als er dies in den letzten Wochen ohnehin schon getan hatte. Mehrmals konnte er in den Spiegelungen der Fensterscheiben nach Einbruch der Nacht diesen neuen Spleen beobachten. Gauguin wurde neugierig. Zuerst besah er die Leinwand heimlich, wenn van Gogh die Einkäufe erledigte, oder abends, wenn er im Badezimmer war. Obwohl er das entstehende Gemälde lange und eingehend prüfte, konnte er nicht erkennen, weshalb van Gogh sich solche Umstände mit seiner Geheimniskrämerei machte. Die Leinwand an sich war zwar großformatig, aber von derselben Art, wie sie von beiden bisher verwendet worden war. Weder die Grundierung noch die Unterzeichnung ließen etwas Außergewöhnliches erkennen. Pinselstrich und Farbgebung boten ebenfalls nichts, das es zu verbergen lohnte. Was bezweckte van Gogh nur damit? Ging es ihm schlussendlich nur darum, Aufmerksamkeit zu erregen? Er wurde nicht klug daraus.

Trotz des großen Formats und der zahlreichen Figuren schien die Arbeit unverhältnismäßig langsam vonstatten zu gehen. Andererseits schien dies durch die Arbeitsweise keineswegs gerechtfertigt.

Es sollte ihm ein Rätsel bleiben, das ihn – zugegebenermaßen – mehr beschäftigte als er offen zeigte. Während er nach van Gogh schielte, tat dieser beschäftigt. Konzentrierte er sich dann wieder dem Schein nach auf die eigene Leinwand, merkte er, wie van Gogh ihn wiederum anstarrte.

Als Gauguin dieses Spiel nach einigen Tagen zu burlesk wurde, wollte er die Sache ansprechen. Er war schon aufgestanden, bevor er sich eines besseren besann, und sich kurzerhand für eine List entschied. Unter dem Vorwand, einen Absinth zu holen, ging er in die Küche. Schon oft war er auf dem Rückweg zu seiner Staffelei an van Gogh vorbeigegangen und hatte nie etwas erkennen können. Doch anstatt sich sofort einzugießen ging er dieses Mal nur um die Ecke und spähte dann am Türrahmen vorbei ins Atelier. Zu seinem Erstaunen konnte er sehen, wie van Gogh schnell eine kleine Leinwand, die er mithilfe eines Abstandshalters einfach vor die großformatigere Leinwand des *Tanzsaals* gestellt hatte, herunternahm und zwischen zwei an der Wand lehnende größere Gemälde schob.

Das Geheimnis war gelüftet. Gauguin überlegte noch ein wenig, goss sich dann seinen Absinth ein und ging zurück zu seiner Staffelei, als hätte er nichts bemerkt. Erst drängte es ihn, van Gogh direkt zu konfrontieren, dann aber entschied er sich abzuwarten, ob van Gogh ihm das Gemälde zeigen würde, wenn er fertig war.

Am folgenden Tag arbeitete van Gogh ausschließlich an seinem *Tanzsaal*. Er schien die andere Arbeit also abgeschlossen zu haben. Gauguins Neugierde stieg mit jeder Minute, dennoch verhielt er sich bis zum Abend ruhig. Dann fragte er: »Genug für heute?«

»Genug für heute«, antwortete van Gogh.

»Dann sollten wir uns wieder einmal an einen Rückblick machen. Was denken Sie, Vincent?«, setzte Gauguin an.

»Aber mein *Tanzsaal* ist noch nicht so weit und die Familienporträts haben wir schon zur Genüge besprochen … Wenn Sie einverstanden sind, können wir gerne Ihre letzten Arbeiten ansehen und auch kurz den *Tanzsaal*. Ich glaube es ist schon zu erkennen, worauf ich hinaus will«, wandte van Gogh ein und stand dabei auf.

»Nein, lassen Sie nur. Ich denke, wir sollten warten bis Sie fertig sind«, sagte Gauguin lässig und klopfte ihm auf die Schulter. »Schluss für heute.«

»Gut, gut …«, antwortete van Gogh und hielt ihm beide Hände mit Pinsel und Palette vor: »Ich gehe das gleich auswaschen.« Damit verschwand er in die Küche.

Gauguin, allein im Atelier, griff vorsichtig zwischen die beiden großformatigen Leinwände an der Wand, denn er vermutete die Farben des heimlichen Gemäldes würden noch nicht angetrocknet sein.

Als er es endlich in den Händen hielt, konnte er ein »Verdammt, was zur Hölle …« nicht unterdrücken, doch van Gogh hantierte in der Küche und schien ihn nicht gehört zu haben.

Ein Porträt! Es war ein Porträt, das van Gogh hinter seinem Rücken von ihm angefertigt hatte. Was ging nur in seinem Kopf vor?

Das Porträt zeigte ihn mit abgewandtem Blick zum Betrachter, wie er vor einer fast ausschließlich gelb gehaltenen Leinwand saß. Der Farbe van Goghs! Als male er nur nach ihm! Arroganz sprach aus dem hochgereckten Kinn und den Gesichtszügen. Van Gogh hatte sogar die fotografische Porträtaufnahme, die er allen Freunden zukommen gelassen hatte, parallel als Vorlage verwendet. Gauguins Mütze trug das mörderische Rot von van Goghs Nachtcafé-Gemälde und der Malerkittel dessen beunruhigendes Grün. Die Ausführung für sich war schon eine Beleidigung. Pastös wirbelten die Farben ohne jede Strukturierungsfunktion über den Malerkittel und die Mütze. Die bloße Leinwand umriss stellenweise das Gesicht, das Grobheit und Überheblichkeit demonstrierte. Die Nase war eine katastrophale Entstellung. Gauguin stürzte in die Küche:

»Vincent was ist das?«, brüllte er ungehalten.

Van Gogh war am Spülstein gestanden und drehte sich um. Flehentlich blickte er Gauguin an und hob beschwichtigend die Hände.

»Was soll das sein? Ein Geschenk?!«

Van Gogh sagte nichts. Er drückte die zu Fäusten geballten Hände an seine Stirn und taumelte zu einem Stuhl in der Nähe des Küchentisches. Er blickte auf die Tischplatte, als er stammelte:

»Es ist ... nichts ... Nur eine Studie. Ich wollte es wieder zerstören ...«

»Eine Studie?! Sie haben es sogar signiert! Was soll das Vincent?«

Doch van Gogh sagte nichts. Er verbarg das Gesicht in den Händen, als Gauguin weiterbrüllte:

»Heimlich ein Porträt anfertigen ... Sind Sie noch bei Trost! So weit ist es also schon gekommen! Hier haben Sie Ihr Porträt!« Damit schleuderte er die Leinwand auf den Küchentisch, so dass sie bis vor van Goghs Ellenbogen schlitterte. Gläser, der Salzstreuer und die Pfeffermühle flogen durch die Luft. Glücklicherweise blieb eine schon geöffnete Weinflasche verschont. Gauguin erinnerte sich, noch etwas von Revanche geschrien zu haben, als er aus der Küche stürzte.

In der Folge zeigte sich van Gogh demütig und versprach zur Wiedergutmachung ein Sonnenblumengemälde, das er eigens für Gauguin aus der Erinnerung anfertigen würde. Gauguin war aber keineswegs besänftigt. Während van Gogh sich hinter seiner Leinwand verschanzte, kam ihm die Idee für ein Porträt. Er fertigte eine boshafte Skizze, die er einer seiner Orang-Utan-Studien aus der Tierschau entlehnte, an. Eine heftige Beleidigung. Doch nach einer Weile ödete ihn der Einfall an. Besser wäre es, etwas Subtileres zu schaffen. Warum nicht auch aufrichtig sein? Und so schwächte er die Skizze ab und fügte dabei einige sich widersprechende Elemente ein. In seinem Kopf entstand eine Art Vexierbild, das beides erlaubte: Genugtuung und ein eigenständiges Gemälde. Diese komplexere Komposition würde van Gogh auch eine Weile länger zu schaffen machen. Dessen war er sich sicher.

Als er van Gogh das fertige Porträt wenige Tage später zeigte, reagierte dieser so niedergeschmettert, dass Gauguin seine Härte bereute.

Van Gogh stand eine Weile da, wobei er mit den abgewinkelten Fingern seiner linken Hand nervös an seiner Unterlippe spielte. Nach einer Weile fragte er ängstlich:

»So sehen Sie mich, Paul?«, wobei er mit dem Zeigefinger auf das Gemälde deutete. Es zeigte van Gogh, wie er malend vor der Staffelei saß. Strategisch hatte Gauguin den Raum bedrückend eingeengt, indem er einerseits van Gogh nahe der Atelierwand im Hintergrund malen ließ, anderseits den Bildausschnitt so nahe heranrückte, dass es schien, als würde er unmittelbar vor van Gogh stehen und auf ihn herabblicken. Von links beschnitt die Staffelei den Raum und von rechts geschah dasselbe durch den porträtierten van Gogh selbst, der sitzend vor der Staffelei fast ein Drittel der Leinwand einnahm.

Links im Vordergrund stand ein großer Strauß Sonnenblumen in einer dunkelblauen Vase auf dem Stuhl van Goghs und trug dadurch noch mehr zur Beengtheit des Bildraumes bei. Verstärkt wurde dieser Effekt schlussendlich durch das untere Drittel eines Gemäldes, das im Hintergrund an der hellblau gemalten Atelierwand hing. Dort waren einzig die Grasnarbe eines Gartens und drei Baumstämme zu sehen. Der Blick aus dem Garten war durch eine hohe Mauer verwehrt und nur die Spitzen der Häuserdächer außerhalb der Umfriedung waren zu erkennen. Mit einem Wort: Gauguin war van Gogh auf die Pelle gerückt.

Die Darstellung van Goghs selbst war alles andere als schmeichelhaft. Im Gegensatz zu dessen Porträt von Gauguin waren alle Partien peinlichst genau mit glatten Pinselstrichen ausgeführt. Nur die Sonnenblumen in der Vase im Vordergrund stachen in ihrer Plastizität durch einen stark pastösen Farbauftrag ab. Es war die ehrliche Reminiszenz Gauguins an van Goghs Malweise, aber auch, um zu zeigen, er beherrsche wie von Kinderhand, womit der andere beständig rang. Seltsamerweise blickte aus dem Blütenstand der größten Sonnenblume ein menschliches Auge direkt aus dem Gemälde heraus.

Diesen Strauß Sonnenblumen versuchte der abgebildete van Gogh krampfhaft unter sichtbar großer Anstrengung zu malen. Gerade setzte er mit der rechten Hand den Pinsel auf. Sein Blick ging jedoch in eine andere Richtung. Inmitten eines aufgedunsenem Gesichts war nicht zu erkennen, wohin die leeren, zusammengekniffenen Augen genau blickten: auf die Sonnenblumen vor ihm oder auf die gemalten Sonnenblumen auf der Leinwand. Der Pinsel war so platziert, dass nicht eindeutig zu erkennen war, ob van Gogh auf der Leinwand malte oder die Sonnenblumen anmalte.

Nicht nur das stumpfsinnige Gesicht, mit seinen starken Wangenknochen unter dem roten Bart, seiner tiefen Stirn und dem irren Blick wirkte aufgedunsen. Gauguin hatte den ganzen Körper van Goghs aufgebläht. Behäbig und in fast fettleibiger Unbeweglichkeit saß er mit der Palette auf dem Schoß, die er in der linken Hand hielt, eingezwängt zwischen Staffelei und Wand. Erst auf den zweiten Blick war zu erkennen, dass sein Daumen aus der Halterung der Palette hervorragte, als penetriere van Gogh sie gerade mit seinem erigierten Glied.

Das ganze Porträt war eine schallende Ohrfeige und in der Bestürzung van Goghs konnte Gauguin sehen, dass sie gesessen hatte. Er trieb das Spiel auf die Spitze, indem er Überraschung heuchelte: »Wie, Vincent, Sie sagen gar nichts?«

Van Goghs Lippen bebten: »Das bin nicht Ich selbst. Zweifellos ist es mein Ich, aber Ich ist geisteskrank!« Er schwieg eine Weile, dann sagte er tonlos: »Sie haben einen Orang-Utan aus mir gemacht. Es ist eine Karikatur, nein schlimmer, eine *Singerie!*«

»Es trifft wohl nicht ganz Ihren Humor?«, bohrte Gauguin triumphierend weiter.

»Nein, ich kann darüber nicht lachen«, antwortete van Gogh trocken, mit Resignation in der Stimme. Er war den Tränen nahe.

Erst in diesem Augenblick erahnte Gauguin, dass dieses Porträt, so wie van Gogh es verstand, eine irreversible Geste war. All die Widerspenstigkeit, all das unbedingte Selbstvertrauen aus den abendlichen Diskussionen, die van Gogh sonst wie ein Schild vor sich hertrug, brach vor Gauguins Augen unvermittelt in sich zusammen, als er zusah, wie jener mit hängenden Schultern aus dem Atelier ging. Gauguin blieb überrascht allein, konnte nicht verstehen wie aus einem derben aber komischen Seitenhieb in Reaktion auf die weibische Heimtücke seines Kameraden ein derartiges Politikum hatte werden können. Konnte van Gogh denn all die positiven Anspielungen in dem Porträt nicht sehen? Gerade diese Zweideutigkeit war es, die van Gogh hätten verwirren und verunsichern sollen. Er sollte einige Tage zappeln. So war der Plan. Jetzt merkte Gauguin aber intuitiv, dass hierfür keine Zeit war, sondern sofort für Klarheit gesorgt werden musste.

Er zog den gebrochenen, schluchzenden und sich dennoch stark sträubenden van Gogh, der schon auf der Treppe angelangt war, mit Gewalt ins Atelier zurück und setzte ihm lange und energisch, zum Schluss fast liebevoll auseinander, es gäbe auch noch eine andere Seite des Porträts: den Künstler, der sich hinter seinen Sonnenblumen versteckte. Den Maler, der entrückt die wahre geistige, übersinnliche Natur der einfachsten Dinge zeigte. Den primitiven Mensch der letzten Stunde, der die Welt sehen kann, als höre er Musik und diese dann wiedergibt. Das Auge der Sonnenblume zeige dies. Die Wahrheit sah einen dadurch an … Natürlich – wie sollte es auch anders sein in Anbetracht der Entstehungsumstände – war auch eine Kritik in das Porträt mit eingeflossen: erst aus der Befreiung von der Imitation kam die wahre Kreativität zum Vorschein. Auf die instinktmäßige Erfassung müsse die technisch-reflektierte Wiedergabe als Synthese folgen. Aber sei er nicht schon auf dem besten Weg dorthin? Selbstverständlich sei van Gogh kein Affe, sondern ein Tiger, ein Löwe wie er. Trocken, und beängstigend ruhig, antwortete van Gogh nach einiger Zeit:

»Löwen äffen andere Löwen nicht nach.«

Gauguin sah ihn lange mit festem Blick an und legte ihm dann die Hand auf die Schulter:

»Nein, durchaus nicht … Sie haben Recht, Vincent. Verzeihen Sie mir bitte.« Gauguin war die ewigen Entschuldigungen leid, die er sich täglich auszusprechen gezwungen sah. Er hielt van Gogh nicht zurück, als dieser nur knapp erwiderte: »Es ist spät geworden. Ich will zu Bett gehen, Paul.«

Auch Gauguin ging sofort zu Bett und als er bei Kerzenlicht in seinem Bett saß, dachte er lange darüber nach, ob sein Gemälde zu heftig war oder die Reaktion van Goghs zu verweichlicht. Er kam zu dem Schluss, dass beides zutraf. Zugegeben, in diesem Porträt steckte einiges an Boshaftigkeit, aber auch Aufrichtigkeit. Jeder ist stark genug für die Wahrheit. Van Gogh hingegen zeigte nur zu wenig Männlichkeit. Wieso nahm er auch alles für bare Münze? Das Komische, das Überzogen-Karikaturhafte überging er, dabei sollte es der Kritik doch den Stachel der Ernsthaftigkeit nehmen. Niemand konnte so etwas ernst meinen. Was ist denn die Wahrheit auch mehr als die Behauptung eines Einzelnen? Van Gogh hatte diejenige Gauguins ohne Widerspruch akzeptiert. Aber in diesem Schweigen lag kein Einvernehmen, sondern eine verborgene Anklage. Es hatte sich eine Kluft aufgetan, die längst nicht mehr auf künstlerischen Standpunkten basierte. Gauguin sprach sich frei. Was hatte er sich vorzuwerfen? Stand nicht Aussage gegen Aussage? Über kurz oder lang würde er in diesem Prozess aber unterliegen, das wusste er nur zu gut, denn es war van Goghs Lieblingsübung gleichzeitig als Kläger und als Richter aufzutreten. Und da hatte er es verstanden. Es war nicht die angekündigte Abreise, die van Gogh seiner Haltung beraubt hatte: er selbst war es! Dieses Zusammenleben war es! Diese unerträgliche Nähe war es. Ständig waren sie auf Tuchfühlung. Schon lange war er dieser Enge überdrüssig geworden, ohne es richtig zu merken. Warum sollte es van Gogh anders ergehen? Es war ein Versäumnis, dies anzunehmen. Spätestens dem irren Porträt van Goghs von ihm selbst hätte er es ablesen müssen.

Es lag nicht an ihm, es lag nicht an van Gogh, den er als inspirierender kennenlernen durfte, als er sich bei seiner Ankunft in Arles erhoffen durfte, es waren die Umstände, in denen sie zusammenlebten! All das hatte er noch am selben Abend, im Bett liegend, in einem Brief an Theo festgehalten, worin er auch um einen Vorschuss seiner Verkaufserlöse bat. Ihm war klar, er würde Theos Unterstützung damit verspielen.

Gleich am nächsten Morgen hatte er die Gelegenheit genutzt, während sich van Gogh ins Badezimmer begab, und hatte sich aus dem Haus gestohlen, um den Brief aufzugeben. Van Gogh wurde noch am Frühstückstisch in Kenntnis gesetzt, dass Theo benachrichtigt sei, und es nur noch eine Frage der Zeit war, bis er abreise. Die Reaktion van Goghs überraschte ihn. Angesichts des gestrigen Abends hatte er dessen erleichterte Zustimmung erwartet. Anstatt dessen brach dieser in wahre Verzweiflung aus, angesichts derer Gauguin wieder einmal einlenkte und zum ursprünglichen Plan der Weiterreise in die Tropen nach gemessener Zeit überging. Es wurde sogleich ein Brief aufgesetzt, der den vorigen als »bösen Traum« bezeichnete. Im Übrigen wurde der Streit für nichtig und kindisch erklärt. Man reibe sich anhand von Kleinigkeiten auf, wo doch die Übereinstimmung überwog. Wie zum Beispiel für Delacroix. Aus diesem Grund sollte am übernächsten Tag ein Ausflug nach Montpellier ins dortige Museum gemacht werden, wo eine nicht unerhebliche Zahl an Delacroix-Gemälden zu besehen war.

Die Haustüre schlug erneut laut zu. Kurz darauf drangen klappernde Geräusche von der Küche zu Gauguin herauf. Van Gogh war also wieder zurück. Ein weiterer Blick auf die Uhr verriet ihm, dass es an der Zeit war sich vorzubereiten. Er griff nach dem Nachttopf und ging ins Badezimmer.

Unten angekommen, standen Kaffee wie Croissants schon auf dem Tisch und es bestand kein Grund zur Eile, denn van Gogh hatte zwischenzeitlich die Fahrkarten schon am Bahnhof für beide geholt. Behände schenkte er Gauguin ein und setzte sich. Während des Frühstücks gingen sie die Etappen der Zugreise durch und Gauguin erzählte ein wenig von Montpellier. Van Gogh schien sehr aufgeräumt und war sogar zu Scherzen aufgelegt.

* * *

Der Midi zog in blassen Farben vorbei, während weiße Wolkenfetzen über der im grellen Licht der Wintersonne entblößten Landschaft am Himmel entlang stürmten. Zypressen wogten in der Ferne dunkel hin und her, ab und an zitterten Olivenhaine am Fenster vorbei. Dazwischen lagen die großen Flächen nackter, brauner Äcker, wogender, bleicher Gräsermeere und die verwinkelten Behausungen verstreuter Liegenschaften, Weiler und Kleinstädte.

An den fast leergefegten Bahnsteigen der Provinzbahnhöfe stiegen nur wenige Arbeiter und andere Reisende wie Bürgersfrauen mit ihren Bediensteten ein oder aus, sodass der fast leere Zug, obschon abreisebereit, einige Zeit wartete, bis er sich unter strengster Einhaltung des Fahrplans wieder in Bewegung setzte. Sobald die Lokomotive zu stampfen begann, hielten die Grüppchen sich Begrüßender inne und wichen den Rußwolken aus. Die eine Hand hielt das Gepäck oder sonstige Reiseausstattung mit festem Griff, während die andere peinlichst auf die Kopfbedeckung achtete, damit der Mistral sie nicht davontrüge.

Wenn der Zug dann polternd seine Fahrt wiederaufnahm, blieben die Angekommenen wie lebensechte Statuen zurück und wurden von Augenblick zu Augenblick kleiner.

Unterdessen nahm der Zug das unterbrochene Rennen gegen die aufgepeitschten Wolken wieder auf. Und auch ungeachtet dieser vielen Haltestellen auf der knapp viereinhalbstündigen Fahrt bis zur Küste war es ausgemachte Sache, dass die Wolken zuerst das Meer sehen würden. Majestätisch glitten sie dahin, während das regelmäßige Poltern des Zuges immer wieder durch heftige Schläge, die der schlecht ausgebesserten Gleisführung geschuldet waren, erschüttert wurde.

Gauguin schenkte der Reise wenig Aufmerksamkeit. Schon nach einer kleinen halben Stunde hatte er sich trotz Holpern, gelegentlicher Schläge und dem hämmernden Rattern, das sie umgab, in sein Buch vertieft, während van Gogh abwechselnd aus dem Fenster schaute, Notizen machte oder mit dem Papier der Zeitung nestelte. Als Gauguin endlich von seinem Buch aufblickte, nutzte er sogleich die Gelegenheit und verkündete heiter: »Schade, Paul, da verlassen wir einmal die Stadt und verpassen gleich die Sensation des Jahres: *Le professeur Scandar, der célèbre fascinateur*, gibt sich heute Abend die Ehre.«

»Ach hören Sie mir auf mit den Sensationen Arles! Wie der Ball. Da reden alle einen Monat davon, zum Schluss ist es ein Reinfall.«

»Für Sie vielleicht. In der Zeitung stand, dass bis vier Uhr morgens getanzt und gefeiert wurde. Sie sind nur enttäuscht, dass Ihre Pauline Sie hat sitzen lassen.«

»Wenigstens war es am Ende des Balls und nicht gleich im Foyer.«

»Das Resultat ist dasselbe«, konterte van Gogh. Gauguin plusterte sich kurz auf, besann sich dann aber eines Besseren und zuckte mit den Schultern:

»Ja, das mag stimmen. Ich habe es auf einen Versuch ankommen lassen. Eine Affäre hätte ein wenig Kurzweil in diesem Provinznest versprochen. Aber im Grunde war es ein blödsinniger Einfall. Was versteht schon so ein Mädchen vom Lande?«

Van Gogh verbiss sich einen Kommentar über diese Ambitionen angesichts des Ehestandes Gauguins, der weiter resümierte:

»So bleibe ich dem Bordell als Kunde erhalten ... Was macht denn unser *fascinateur célèbre* so?«

»Schwer zu sagen. Im *Café de la Gare* wurde erzählt, er wäre ein Okkultist. Andere sagten, er sei ein Wissenschaftler, wie Meßmer. Aber wer kann schon sagen, ob Meßmer ein Wissenschaftler war? Der größte Teil der Vorführung ist jedenfalls der Hypnose gewidmet.«

»Das hätte in der Tat interessant werden können«, horchte Gauguin auf.

»Seit wann interessieren Sie sich für Hypnose, Paul?«, fragte van Gogh verdutzt.

»Es wäre nützlich, wenn man es könnte ... Haben Sie so etwas schon einmal gesehen?«

»Nein, aber es gibt diese Geschichte, die ich gelesen habe. Von wem war sie nur gleich wieder –«

»Aber ich habe es schon einmal gesehen! Unheimlich, kann ich Ihnen sagen. Auf dem Jahrmarkt in Le Havre war es, als einmal ein Hypnotiseur auftrat. Er schaffte es, die Leute innerhalb von wenigen Sekunden in Trance zu versetzen. Dabei legte er ihnen nur die Hand auf die Schulter und blickte ihnen kurz in die Augen. Schon hatte er Kontrolle über sie. Wir wollten es zuerst nicht glauben bis sich ein Matrose, ein Italiener, den ich kannte, freiwillig meldete. Es war ausgeschlossen, dass er nur vorgab hypnotisiert zu sein, denn vorher hatte er mit einem Kumpan um zehn Francs gewettet, der Magier würde es nicht schaffen. Entsprechend tönte er auch auf der Bühne. Der Magier schaffte es dennoch ohne große Mühe, ihn zu hypnotisieren.

Zuerst legte er den Matrosen wie ein Brett auf zwei Stühle. Das allein muss schon eine unglaubliche Anstrengung für die Muskulatur sein. Dann setzte er sich noch mit seiner Assistentin auf ihn, wie auf eine Parkbank. Danach ließ er ihn noch allerlei Unsinn machen, der ihn bloßstellte. Als der Matrose wieder bei Sinnen war, konnte er sich an nichts erinnern. Unheimlich, sage ich Ihnen. Wenn man es aber selbst könnte …«

»Das ist wieder typisch für Sie, alles von der praktischen Seite zu sehen«, lachte van Gogh.

»Und was stört Sie daran?«, fuhr Gauguin auf.

»Überhaupt nichts. Es ist ein Faktum, sonst nichts. In der Geschichte war es übrigens ebenso … Guy de Maupassant war es! Natürlich. In der Geschichte wird die Schwester des Erzählers hypnotisiert. Maupassant beschreibt es beinahe fast so wie Sie. Kennen Sie die Geschichte?«

»Meinen Sie *Le Horla?*«

»Genau die war es.«

»Maupassant … ein trefflicher Mann! Haben Sie schon gehört? Er hat das orientalische Zimmer des *Le Chabanais* in seinem Ferienhaus am Meer originalgetreu nachbauen lassen, damit er während des Landaufenthalts über die Sommermonate nicht auf das geliebte Ambiente verzichten muss. Jetzt ist sein Ferienhaus auch gleichzeitig ein Freudenhaus!«

»Ja, ich habe davon gelesen. Toulouse-Lautrec hat aber eine weit unkompliziertere Variante gewählt: Er ist dort gleich eingezogen.«

»Wie bitte?«

»Ja, er scheint jetzt im *Chabanais* zu wohnen. Falls Sie ihm schreiben möchten, müssen sie dorthin adressieren.«

»Das hat Witz. Seinen Jahreszins müsste man haben, sage ich Ihnen. Obwohl ich nicht mit ihm tauschen möchte.«

»Ja, er ist sehr leidend. Aber wie dem auch sei«, wischte van Gogh seine Betroffenheit mit einer Geste zur Seite, »ich hätte mir diese Vorführung heute Abend gerne angesehen. Ist es nicht faszinierend, zugegeben auch unheimlich, was unter dieser dünnen Haut unseres Ich alles schlummert? Wie wenig wir doch über den Menschen wissen! Könnte das alles nicht auch in der Kunst helfen? Wissen Sie, manchmal ist es schwer mit dem Malen zu beginnen und manchmal findet sich die Stimmung nicht. Manchmal findet sie sich und ganz selten kommt es zu einem wahren Rausch und man vergisst darüber, dass man es selbst ist, der malt. Wenn dieses Gefühl nun mit wenigem Aufwand erzeugt werden könnte – «.

»Oh Vincent! Halten Sie an! Nochmal mein Standpunkt: nicht jeder malt mit verdrehten Augen wie Sie! Ich jedenfalls möchte bei voller Klarheit wissen, was ich da vor der Leinwand eigentlich tue … Aber lassen wir das, wir wiederholen uns nur.

Ich möchte anderen generell nicht einräumen, dass sie Macht über mich haben. Das ist es, was mir an der Hypnose nicht gefällt.«

»Außer Sie könnten es selbst.«

»Das stimmt. Aber im Grunde ist das Manipulation. Weibisches Zeug! Jeder sollte das Recht haben sich in Freiheit zu behaupten. Ein ehrlicher Kampf, ein Duell, das ist männlich. Ich verlasse mich lieber auf Stärke und ehrliche Tugenden – und meinen Kanthaken.«

»Ihren Kanthaken?«, fragte van Gogh.

»Aber ja. Ich will es Ihnen zeigen. Kommen Sie, stehen Sie auf! Erinnern Sie sich noch, als ich Ihnen von meiner Reise nach Arles erzählt habe? Dort habe ich doch Bekanntschaft mit diesen drei äußerst liebenswürdigen Zouaven gemacht. Den Kommandanten hatte ich beispielsweise am Kanthaken. Hier, stellen Sie sich hier auf.«

Gauguin schob van Gogh in den Gang des Wagons, wo sich dieser zunächst festhalten musste, um einen festen Stand zu gewinnen. Gauguin blickte sich kurz um, ob auch wirklich niemand im Wagon sei, dann zog er seinen Degen. Van Gogh sah ihn fragend an. Sein Blick verriet auch etwas Angst. Gauguin grinste und steckte den Degen wieder zurück. Dann sagte er zu van Gogh:

»Stehen Sie unbedingt still.«

Van Gogh wollte zum Kommentar auf die Forderung ansetzen, doch dazu kam es nicht mehr. Gauguin zog blitzschnell den Degen und durchschnitt die Luft nicht einmal eine Handbreite vor van Goghs Gesicht mit einer komplizierten Bewegung. Das Manöver dauerte den Bruchteil einer Sekunde und die Spitze kam direkt vor den Augen zur Ruhe. Van Gogh war zur Salzsäule erstarrt.

»Sehen Sie, der Gegner muss nicht nur überrascht werden, er muss die Spitze auch mit eigenen Augen sehen, bevor er sie zu fühlen bekommt.« Mit diesen letzten Worten drückte er die Spitze des Degens auf van Goghs zuckenden Kehlkopf.

»Voilà, jetzt habe ich Sie am Kanthaken. Schneller als durch Hypnose«, schloss Gauguin triumphierend. Dann steckte er den Degen weg und klopfte van Gogh auf die Schulter, der ihn kreidebleich anstarrte. Beinahe wäre er gefallen, als ein weiterer Schlag den Wagon traf und in einer geistesabwesenden Reaktion fing er sich, indem er nach der Lehne der Sitzbank griff. So stand er und es dauerte ein, zwei Momente bis er sich wieder gefasst hatte, dann sagte er tonlos und am ganzen Leib zitternd, ob vor Wut oder Angst war nicht zu sagen: »Machen Sie so etwas nie wieder!« Er schüttelte den Kopf: »Nie wieder!«, schrie er Gauguin an. Verblüfft trat dieser einen Schritt zurück:

»Beruhigen Sie sich, Vincent. Es war nur eine kleine Demonstration. Nichts weiter. Ich weiß die Klinge zu führen, das können Sie mir glauben.« Damit war die Sache für ihn erledigt. Er setzte sich wieder. Van Gogh blieb noch eine Weile stehen und setzte sich dann wieder auf seinen Platz gegenüber Gauguin, wobei er ihn mit finsterem Blick fixierte.

»Seien Sie mir nicht böse deswegen. Die Aufregung wird sich gleich wieder legen. Es war ja nicht einmal Ernst. Sie müssen sich angewöhnen, in solchen Situationen Ruhe zu bewahren.«

»Ruhe bewahren? Ruhe bewahren?!« Van Gogh war außer sich: »Was hätten Sie denn getan, wenn ich mich bewegt hätte, Sie d'Artagnan?«

»Dazu war keine Zeit, Vincent. Verstehen Sie doch. Sie konnten gar nicht reagieren. Glauben Sie mir, ich hatte alles unter Kontrolle. Für mich ist das ein Kinderspiel! Ich kann Ihnen einen Sous, der flach auf dem Tisch liegt, mit der Spitze des Degens wegfegen, ohne dass Sie danach auch nur einen Kratzer auf der Platte finden werden.«

»Warum haben Sie mir dann nicht einfach dieses Kunststück demonstriert?! Sie haben mich zu Tode erschreckt!«

»Das sagte ich doch soeben. Sie müssen in einer solchen Situation Ruhe bewahren.«

»Von welcher Situation reden Sie dauernd? Mir hat noch nie ein Mensch mit dem Degen vor der Nase herum gewedelt. Ich komme nicht in *solche Situationen*!«

»Was, wenn doch einmal? Niemand ist davor gefeit, angegriffen zu werden. Sei es ein Trunkenbold, sei es ein jähzorniger Nebenbuhler, was auch immer. Dann sind Sie ganz schnell in einer *solchen Situation*. Dann hilft Ihnen nur Ihre Erfahrung. Deshalb gehe ich sogar noch weiter und sage, es ist ratsam *solche Situationen* zu suchen. Sehen Sie mich nicht so ungläubig an, wenn ich es Ihnen doch sage: bei der Handelsmarine war es Brauch die Frischlinge in den Bars vorzuschicken, um eine Prügelei anzuzetteln, damit sie ihren Mut unter Beweis stellen konnten. Natürlich wurde ihnen geholfen, wenn sie in der Unterzahl waren. Aber so lernten sie Ruhe zu bewahren. Das ist wichtig im Kampf. Wenn Sie möchten, können Sie es heute Abend in Arles einmal ausprobieren. Ich halte mich im Hintergrund und helfe –«

»Hören Sie damit auf, Paul! Das ist doch absoluter Irrsinn!«

»Nein, das ist es nicht. Haben Sie Angst?«

»Ich werde keinen Streit beginnen, nur um zu kämpfen. Das ist absurd. Und damit Ende«, sagte van Gogh resolut und blickte aus dem Fenster. Gauguin zuckte mit den Schultern:

»Überlegen Sie es sich noch einmal. Ich stehe zur Verfügung.«

»Ich sagte Nein.«

»Gut wie Sie meinen«, fügte Gauguin hinzu. Er griff wieder nach seinem Buch und dachte, jetzt wäre ein guter Zeitpunkt die unvermeidliche Debatte über das Buch zu führen. Er reichte es van Gogh: »Hier können Sie Ihren Zola wiederhaben. Oder soll ich ihn gleich aus dem Fenster werfen? *Der Traum! Der Mist* hätte er es nennen sollen. Der will auch nur noch der Akademie schmeicheln, habe ich im *Figaro* gelesen. Wenn auch sonst nur Unsinn in dem Blatt steht, mit dieser Kritik hatten sie ausnahmsweise einmal recht.«

»Dagegen lässt sich leider wirklich nichts Brauchbares sagen. Dennoch gab mir das Buch einige Fragen auf.« Van Goghs Ärger schien fürs Erste verflogen.

»Kitsch, sage ich Ihnen. Da ist nichts zu seiner Ehrenrettung zu sagen. Auch wenn es gut geschrieben ist, sollte er das Märchen anderen Schriftstellern überlassen.«

»Ich bitte Sie, ein Märchen ist es nicht. Es könnte sich schon so zugetragen haben. Es grenzt dann zwar an ein Wunder, aber es ist möglich.«

»Möglich?! Das können Sie nicht ernsthaft behaupten. Ein Mädchen wird von einem gutherzigen Paar, das eine Stickerei betreibt, gefunden. Wie es der Zufall will, wünschen sie sich schon lange ein Kind, nehmen es freudig auf und erziehen es streng religiös. Das Mädchen wird eine Meisterin der Textilkunst und eifert der Heiligen Agnes nach. Es träumt weltfremd von einem Prinzen, den sie förmlich hochbeschwört. Dann lernt sie einen jungen Mann kennen, der sich – welch erneuter Zufall – als Prinz entpuppt. Am Ende stirbt sie, während ihr Bräutigam sie nach der Hochzeit küsst und ist dabei überglücklich, weil sie wie ihre Heilige Agnes jungfräulich vor ihren Herrn Jesus tritt. – Geben Sie zu, alle Kunstkniffe abgezogen hört sich diese Fabel schrecklich an. *Der Traum* zeigt nur, wovon Zola träumt. Dieser Traum ist sinnlos. Die Religion ist unwiederbringlich verloren, also das ganze Buch nichts als reaktionär.«

»Ich gebe ja zu, ich war auch irritiert, als ich die Geschichte las. Aber muss es denn der Traum Zolas sein? Vielleicht war es auch der Traum oder das Träumen Angéliques. Zola zeigt uns eine Welt, in der alles geordnet ist. Sogar die Kunst. Und der Glaube. Der Glaube Angéliques ist eine Kraft, ähnlich einer Art Selbsthypnose, würde ich sagen, der die Wirklichkeit gestaltet – wenn die Voraussetzungen dafür geschaffen sind. Das Städtchen, in dem der Roman spielt, ist von der Außenwelt abgeschlossen und Zola zeigt uns die Bedingungen, die es bräuchte ein heute so unmögliches Leben zu führen, das aber erfüllter und sinnvoller ist, als unsere kümmerliche moderne Existenz. Es ist eine Zeitkritik.«

»Es ist eine Leugnung der Gegenwart und konservativ. Sollen wir zurück in die Vergangenheit und am Rocksaum von Mutter Kirche baumeln?«

»Natürlich nicht. Es geht doch um Angélique. Niemand würde Zola zuschreiben –«

»Aber was ist denn Ihre Angélique mehr als eine Wahnsinnige? Würde sie einem Pariser begegnen, würde er sie nicht für wahnsinnig halten oder zumindest die heilige Einfalt in Person?«

»Sie sagen es, Paul. Das ist es! So habe ich es noch nie gesehen ... Zola beschreibt einen guten Wahnsinn. Ist Angélique nicht bis zum Ende mit sich im Reinen? Lebt sie nicht ein mit sich selbst übereinstimmendes Leben? Ihr Wahnsinn bestimmt ihr Leben, sogar ihren Tod, und erlöst sie. Was hat hingegen das moderne Leben zu bieten? Ich sage Ihnen, was mich zunächst gestört hat. Es war die Tatsache, dass der Wahnsinn Angéliques über die so genannte Wirklichkeit siegt. Nehmen wir noch einmal Maupassants *Horla*. Er gefällt Ihnen, wie Sie sagen?«

»Ja, aber ich verstehe nicht. Was soll dieser Vergleich nun wieder? Maupassant lässt seinen Erzähler wirklich wahnsinnig werden, Angélique ist nur wahnsinnig – gläubig.«

»Genau. Angéliques Wahnsinn erfährt religiöse Legitimation, das stimmt auch. Worauf ich hinaus will, ist der Umstand, dass beide in ihrer Sicht von der so genannten Realität abweichen. Ist es denn ausgemachte Sache, dass der Horla nicht existiert? In der Geschichte meine ich. Was ich sage, ist, dass beide in den Augen der herkömmlichen Sichtweise als wahnsinnig zu gelten haben, nur weil sie etwas behaupten und leben, das nicht

Gemeingut ist. Geben Sie zu, es stört Sie, wie der Wahnsinn Angéliques obsiegt. Wir sind es gewohnt den Wahnsinn als zerstörerisch zu sehen, dabei zerstört er nur die festgefahrenen Ansichten. Vielleicht gibt es einen heilsamen Wahnsinn, Paul! Müssen wir als Künstler nicht genau diesen Wahnsinn suchen? Ist es nicht gut wahnsinnig zu sein?« Van Gogh hatte die letzten Sätze mit derselben Hitze ausgesprochen, die er gewöhnlich bei den abendlichen Gesprächen zutage legte. Gauguin wiegelte ab:

»Ich bin da anderer Meinung, wie Sie sich denken können.«

»Wie? Sie sehen das nicht?«

»Ich sehe es nicht so, das ist alles. Und jetzt Schluss damit.« Gauguin lehnte sich wieder zurück, konnte aber erkennen, wie van Gogh mit sich rang, unterlag und laut hervor platzte:

»Aber Paul –« Weiter kam er nicht, denn Gauguin schnitt ihm das Wort wütend mit einer Handbewegung ab. Er überlegte kurz, dann lachte er: »Schon gut Vincent. Ich ergebe mich! Sehen Sie, jetzt drücken Sie mir wieder einmal Ihre Degenspitze auf die Brust. Ich sehe, Sie haben wenigstens Ihre Angst überwunden und sind wieder ganz der Alte.« Van Gogh wurde ernst. Nach einer Weile sagte er:

»Versprechen Sie mir, so etwas nie wieder zu tun. Merken Sie denn gar nicht, wie der Zug wackelt? Ein Schlag und wir hätten nicht ins Museum, sondern ins Hospital gehen müssen.«

»Ich muss mich entschuldigen, Vincent. Ich habe es vorhin versäumt«, sagte Gauguin knapp, innerlich froh darüber, dass damit das Thema Zola wohl abgehakt war, und fuhr fort: »Es war mir nicht bewusst, dass ich Sie so erschrecken würde.« Van Gogh nickte kurz, kam aber trotzdem noch einmal auf das

Thema zurück: »Jedenfalls hat Ihre Demonstration funktioniert. Sie hatten mich soweit eingeschüchtert, dass ich auch ohne Pendel Ihrem Willen gefolgt wäre.«

»Das wollte ich eigentlich nicht bezwecken. Und Sie sagen es, als wäre es etwas Schlimmes. Dabei ist die Einschüchterung nichts anderes als die ungeliebte Schwester der Überredung. Seltsamerweise wird die dezentere der beiden Schwestern überall hofiert, wo sie Einzug hält, obwohl sie genauso skrupellos ist.«

»Ich stimme nicht zu. Es muss Grenzen geben. Was würden Sie tun, wenn Sie an meiner statt jemanden vor sich hätten, der Ihnen mit Ihrem Degen den Hintern versohlen würde?«

»Tja, dann muss man sich wohl beugen.«

»So wie ich wohl vor Ihnen?«

»Das können Sie doch gar nicht vergleichen! Respektiere ich Sie etwa nicht? Darf ich Sie daran erinnern, dass ich heute lieber nach Marseilles gefahren wäre, anstatt nach Montpellier? – Sehen Sie, es ist gar nicht so einfach, zu sagen, wer wem schlussendlich seinen Willen aufzwingt. Wahrscheinlich sind Sie mein Horla«, scherzte Gauguin.

»Das könnte ich wohl von Ihnen auch sagen«, schüttelte van Gogh den Kopf. »Ich habe also Ihnen meinen Willen aufgezwungen, wie?«

»Sehen Sie, Sie tun es schon wieder! Legen Sie doch nicht jedes Wort auf die Goldwaage. Immerhin wollen wir uns heute amüsieren ... Und Sie haben mir nicht Ihren Willen aufgezwungen. Zufrieden? Nicht nur, dass ich mich freue, die Sammlung Bruyas wiederzusehen, ich habe auch bedacht, wie sie auf Sie wirken wird. Und glauben Sie mir, sie wird Ihnen gefallen.«

»Wer war dieser Bruyas eigentlich?«

Gauguin schaute van Gogh ungläubig an. Dann hellte sich seine Miene auf: »Alte Franzosenkrankheit! Manchmal vergesse ich wirklich schon, dass Sie kein Franzose sind. Alle Welt kennt ihn in hier, müssen Sie wissen, nicht nur im Süden.«

»Sie sollten das nicht Franzosenkrankheit nennen. Bei uns in den Niederlanden heißt nämlich die Syphilis Franzosenkrankheit«, scherzte van Gogh, folgte dann aber dem kurzen Überblick Gauguins über das Leben Alfred Bruyas. Van Gogh zeigte sich begeistert von der Geschichte des Bankierssohnes, der nach Paris zog, und sein Vermögen in die Förderung der Künstler steckte. Langsam stieg das Bild eines Seelenverwandten, ähnlich wie bei Monticelli, in van Gogh auf. Auch Bruyas war einer der Verfechter der neuen Kunst im Süden. Während aber er in Arles nur ein bescheidenes Feldlager zustande brachte, schuf Bruyas eine Bastion der modernen Kunst, indem er seine Sammlung mit heute berühmten Werken von Delacroix und Courbet der Stadt stiftete, wobei er bis an sein Lebensende als Konservator tätig blieb und alle Details bis hin zur Hängung bestimmte. Gauguin erzählte bis zur Ankunft von dieser berühmten Sammlung des Musée Fabre, während sie ihren Reiseproviant verzehrten. Zu Baguette, *Saucisson sec* und mehreren kleinen Käsemedalions *le Banon* leerten sie eine Flasche Wein und bedauerten es, keine zweite eingepackt zu haben.

In Montpellier angekommen, ging es auf direktem Weg zum Museum. Gauguin, der als Spion der Spanischen Republik schon einmal in der Stadt gewesen war, kannte den Weg und so standen sie schon nach einer knappen halben Stunde in der lang gezogenen Galerie, welche die Sammlung Bruyas beheimatete. Durch die großzügigen Oberlichter des Saals flutete die Helligkeit der Wintersonne über die vier-, sogar fünfreihig und bis kurz unter die Decke gehängten Gemälde. Zwischen den schweren Rahmen leuchtete das satte Rot der Wände zurück. Zwei weiß gekalkte klassizistische Säulen trennten einen kleinen Teil der Galerie auf der Stirnseite ab, der wohl besonderen Höhepunkten der Sammlung vorbehalten blieb. Links und rechts führten Geländer im Abstand eines knappen Meters in Unterbrechungen an den Seitenwänden des Saals entlang. Dazwischen boten sich auf gepolsterten Stühlen mit Armlehnen einige Sitzgelegenheiten.

Ein Bediensteter des Museums war an ihnen vorbeigeschlüpft und hatte sich dezent in die rechte Ecke auf einen Stuhl gesetzt, als sie den imposanten Raum bestaunten. Sie waren die einzigen Besucher. Wortlos begannen sie linkerhand mit der Besichtigung, wobei Gauguin, da er die Sammlung schon kannte, gezielt auf das eine oder andere Gemälde zuhielt. Van Gogh begann einen Rundgang, um sich systematisch einen Überblick zu verschaffen. Doch schon nach einer kurzen Weile ging er wieder zu bereits gesehenen Bildern zurück, griff voraus und wechselte immer aufgeregter von Seite zu Seite. Nach einer Stunde hatte er sich einen Eindruck verschafft. Es gab ganz passable, dazwischen auch außergewöhnliche Werke von Botticelli, Canabel, Couture, Tassaert und natürlich Delacroix. Lange hielt er sich vor *Begegnung – Bonjour! Monsieur Courbet* von Gustave Courbet auf und studierte es genau, wobei sein Interesse weniger formaler Natur war. Auf dem Gemälde begegneten sich Alfred Bruyas, in Begleitung eines Freundes, und Gustave Courbet auf einem Landweg. Courbet kommt mit seiner Malerausrüstung auf dem Rücken und einem beschlagenen Wanderstab auf Bruyas zu. Der Maler hat den Hut gezogen, hält aber den Kopf aufrecht und begegnet seinem Förderer auf Augenhöhe. Dieser hat ebenfalls ehrerbietig den Hut gezogen, während sein Begleiter sogar das Haupt leicht nach vorne neigt. Es hatte für van Gogh sogar fast den Anschein, als würde Courbet ein wenig verächtlich auf Bruyas herabblicken. Andererseits muss, so sah er weiter, der an Körpergröße überlegene Maler auch zu dem aufgrund von Unebenheiten auf dem Weg höher stehenden Mäzen aufblicken. Dieser Umstand wurde aber wiederum dadurch gemindert, dass Courbet im Vordergrund steht, während sich Bruyas tiefer im Bildraum befindet und dadurch noch einmal verkleinert wird. Van Gogh entdeckte mehr und mehr Details im zunächst unspektakulären Bildaufbau. Langsam verlor er sich im komplexen Geflecht der Beziehungen zwischen Künstler und Mäzen, die Courbet auf die Leinwand gebannt hatte. Besonders lange prägte er sich auch die Figur Courbets ein: der Maler als stolzer Wanderer.

An den dreißig Porträts von Alfred Bruyas konnte er sich kaum sattsehen. Unabhängig von den verschiedenen Darstellungen, hatte er sich Bruyas ganz anders vorgestellt. Überrascht und gerührt musste er feststellen, der seelenverwandte Mitstreiter aus dem Süden besaß keine südlichen Züge. Im Gegenteil! Er war durch und durch ein Mann des Nordens. Hellhäutig wie ein Holländer trug er das rote Haar streng gescheitelt. In seinem Gesicht flammte ein roter Bart. Wenn Theo das sehen würde! Bruyas könnte ihr Onkel sein, vielleicht auch ein älterer Bruder. Die Begeisterung van Goghs kannte keine Grenzen mehr. Sie schlug in Rührung und Betroffenheit um, als er die Porträts genauer besah. Ricard und Delacroix hatten ihn nachdenklich, bisweilen auch als Melancholiker gezeigt. Dennoch trugen diese Porträts eine heitere Note. Ganz anders war Antoine Verdiers Darstellung. Sie trug den Titel *Christus mit der Dornenkrone: Alfred Bruyas*. Darauf war Bruyas in einem antiken Gewand christusgleich als Schmerzensmann gemalt. Die Dornen drangen auf der Stirn tief in die Haut. Der Kopf war leicht zur Seite geneigt und entblößte, bereit noch mehr Leiden auf sich zu nehmen, um sein Werk zu vollbringen, den Hals. Ein Leben, das sich für die moderne Kunst opfert und dadurch geheiligt wird. War es nicht so bei Monticelli? War es nicht so bei ihm selbst? Immer wieder verlor er sich in diesen feinsinnigen, vertrauten Gesichtszügen. Es kam ihm vor, als wäre er diesem Menschen schon einmal begegnet. Nur wo? Er fühlte, er war am Rande der Überreizung. Wieso hatte er erst jetzt von diesem Heroen erfahren? Ein wahrer Trost wäre es in den einsamen Stunden der vergangenen Monate gewesen, zu wissen, er habe doch eine Familie. Wie groß mochte der Stammbaum an unbekannten Ahnen sein, die sich einsam opferten? Wie viele Brüder litten gerade jetzt in diesem Augenblick, jeder für sich, ohne Kenntnis des anderen? So lange schon litt die Rasse der Rothaarigen. Immer waren es Männer der Tat, rothaarige Denker, die der Verachtung der Menschheit ausgesetzt und des

Wahnsinns bezichtigt, unbeirrt und siegesgewiss die Zukunft formten. Die roten Bärte der Pioniere wehten im Wind, als sie über den Ozean segelten und unter den größten Opfern das Christentum in die Neue Welt trugen. Wie lange mochte diese Ahnenreihe zurückreichen? Er wusste es nicht. Auf mittelalterlichen Tafelbildern im Louvre hatte er Maria mit roten Haaren auf den Werken der unbekannten Meister gesehen. Die schönsten Frauen Italiens zogen mit wallendem Haar im Tizianrot des Renaissancemalers an ihm vorbei. Aus den brausenden Fluten des Meeres tauchte Botticellis rothaarige Venus neu geboren auf und blickte ihn wissend an. Da traf es ihn wie einen Schlag, als das Bild *Tasso im Irrenhaus* von Delacroix brodelnd aus seiner Erinnerung emporstieg: Delacroix hatte seinem Tasso Bruyas Gesichtszüge verliehen! Es konnte gar nicht anders sein. Theo musste ihm unverzüglich die Reproduktion des Gemäldes schicken. Auch Tasso war ein leidender Bruder, gehörte zum Bund. Wie edel zeigte sich der größte Dichter Italiens, als er sich wahnsinnig stellte, um die Ehre von Leonora d'Este zu retten. Ein wahres Vorbild! Sicher war er krank und leidend, doch nur aus Treue gab er den Wahnsinn vor. Einerlei, denn gilt nicht diese christusgleiche Selbstaufopferung, diese edelste aller Gesten, gemeinhin schon als wahnsinnig?

Van Gogh schwindelte es, als er nach weiteren Beispielen suchte. Er hatte für einen Augenblick den Schleier durchdrungen und das verborgene Wirken Gottes in der Geschichte erkannt.

Fiebrig hielt er nach Gauguin Ausschau und fand ihn am anderen Ende der Galerie. Als ob er seinen Blick im Rücken gespürt hätte, drehte sich dieser um. Van Gogh breitete die Arme aus und rief: »Paul, das ist wunderbar!« Seine Stimme war noch nicht verhallt als der Bedienstete des Museums zischte »Monsieur s'il vous plaît!« Van Gogh beschwichtigte ihn mit beiden Händen und eilte zu Gauguin. Als er vor ihm stand und seine Entdeckung bekannt geben wollte, hielt er plötzlich inne. Nein, Gauguin gehörte nicht zu diesem Menschenschlag. Es wäre Verrat ihn einzuweihen, selbst wenn er verstünde. Er suchte nach einem Wort, das er an Gauguin richten sollte, doch nahm ihm dieser die Suche ab, indem er fragte:

»Habe ich Ihnen zu viel versprochen, Vincent?«

»Auf keinen Fall. Sie können gar nicht ermessen, was mir diese Sammlung bedeutet.«

»Ja es ist erstaunlich, was hier alles versammelt ist. Damit meine ich nicht nur die malerische Ausführung der Meisterwerke. Hier lässt sich auch hervorragend lernen, wie sich ein guter Künstler gegen den Narzissmus seines Mäzens zur Wehr setzen kann. Oder auch was Speichelleckerei ist.« Dabei deutete er auf das Porträt von Bruyas als Schmerzensmann. Natürlich widersprach van Gogh heftig und sofort entflammten die Streitigkeiten entlang der schon bekannten Demarkationslinie erneut. Van Gogh bestand darauf, dass nur der Trost das Ziel der Kunst sei, egal auf welche Weise dies erreicht werde. Gauguin hingegen schmetterte diese Vorstellungen wie immer ab, denn um nichts auf der Welt sollte der ästhetische Wert an sich zugunsten der Trivialität aufgegeben werden. Eine heftige Diskussion, obschon jeder im Grunde darum wusste, den anderen nicht überzeugen zu können, führte die beiden nochmals durch die gesamte Galerie. Noch im Rausch seiner Erkenntnis führte van Gogh die Klinge mit sicherer Hand. Wenn ihm die Argumente ausgingen, verharrte er schlicht bei seiner Behauptung. Wie elektrifiziert sprach er im neuen Bewusstsein, dass Gauguin ihn gar nicht verstehen konnte. Ein regelrechtes Knistern erfüllte die Luft und es dauerte nicht lange bis Gauguin außer sich geriet. Anfangs wurden sie noch vom Aufseher unterbrochen, wenn es mit der Gesprächslautstärke zu arg wurde. Nach einer Weile gab er es aber auf, da sowieso keine weiteren Besucher im Museum waren – ob aus Resignation oder dem Bedürfnis nach Kurzweil, war nicht zu sagen.

Der Konflikt entlud sich gerade an einem Taschentuch, das Bruyas auf einem Porträt von Delacroix in den Händen hielt, als der Aufseher sich erhob, die Galerie durchquerte und unweit der beiden zum stehen kam. Sie senkten die Stimme, da sie befürchteten erneut gemaßregelt zu werden, setzten den Schlagabtausch jedoch ohne Unterbrechung fort, wobei Gauguin das Wort hatte: »Wer kennt denn heute noch die Bedeutung des Taschentuches im Allgemeinen? Wer? Sagen Sie es mir! Auf solche Symbole kann getrost verzichtet werden. Das Existentielle lässt sich auch anders ausdrücken. Ich erinnere Sie an mein *Menschliches Elend*. Soviel dazu im Allgemeinen. Ich bin der letzte, der nicht auf die Tradition verweisen möchte, aber welchen Sinn macht es bitte in diesem Fall ein solch starkes Symbol für Trauer und Schmerz bei solch weltlicher Trivialität anzudeuten? Bei diesem selbstmitleidigen Tropf! Vielleicht hatte er einfach Schnupfen. Wenn überhaupt, kann Delacroix es nur ironisch gemeint haben.«

Der Museumsbedienstete hob kurz die Hand, als wolle er sich in die Diskussion einschalten, doch van Gogh schaffte schon seiner Empörung raum: »Schnupfen? Das ist doch absurd, Paul. Delacroix hat auf feinsinnigste Weise die Gesichtszüge Bruyas herausgearbeitet und diese zentrale Wirkung durch das Taschentuch noch verstärkt. Sehen Sie sich dieses Gesicht doch einmal näher an, dann werden Sie sehen, welche Funktion das Taschentuch hat.« Er hatte Gauguin unter den Arm gegriffen und war dabei ihn näher an die Leinwand zu ziehen.

»Messieurs!«, unterbrach sie der Aufseher mit strengem Ton. Beide blickten ihn überrascht an.

»Genau, was haben Sie für eine Meinung?«, zog ihn van Gogh kurzerhand ins Gespräch. »Immerhin verbringen Sie viel Zeit mit den Werken … Sagen Sie es ihm, Monsieur«, wobei er auf Gauguin deutete. Doch der Bedienstete zeigte sich weder als Taschentuchbefürworter noch als Taschentuchgegner und sagte ohne jede Gefühlsregung:

»Ich bitte Sie die Räumlichkeiten zu verlassen, Messieurs, da wir das Museum für heute schließen.« Sie schauten ihn überrascht an. Gauguin zog seine Taschenuhr hervor sagte dann ungläubig:

»So spät schon. Vincent, wir müssen uns in Zeug legen, sonst verpassen wir noch den Zug!« Er verabschiedete sich mit einem kurzen Nicken vom Aufseher und stürzte aus der Galerie. Van Gogh blieb nichts anderes übrig, als ihm hinterher zu eilen.

Eine knappe halbe Stunde später saßen sie auf den nüchternen Holzbänken des Wagons, während sich der Zug unter Stampfen und Ruckeln in Bewegung setzte. In letzter Minute hatten sie es noch geschafft. Erschöpfung machte sich breit. Sie war weniger der eiligen Rückkehr zum Bahnhof geschuldet, als der stundenlangen Debatte, zu deren Fortsetzung beiden nun sichtlich die Kraft fehlte. Van Gogh machte sich sporadisch Notizen und nickte halb abwesend, während Gauguin gähnend ihr Versäumnis bedauerte, kein Abendbrot eingepackt zu haben. Seine Augen füllten sich allerdings wieder ein wenig mit Leben, als er schilderte, wie er vor einigen Tagen Sardellen in Olivenöl, Petersilie und Knoblauch eingelegt hatte und wie gut sie heute Abend zu Brot und Bier schmecken würden. Dann lehnte er sich zurück und schlief fast augenblicklich ein.

Van Gogh blickte hingegen stumpf aus dem Fenster. Sein Kopf fühlte sich an wie eine entladene Batterie, doch noch immer rauschte ein leichtes euphorisches Knistern durch seine Gedanken. Mit befremdlicher Genugtuung stellte er fest, kein Bedauern mehr aufsteigen zu fühlen, wenn er daran dachte, dass Gauguin bald abreisen könnte. Jetzt wusste er, wie falsch er gelegen hatte, ihn einfach zum Abt auszurufen. Im Licht seiner neuen Erkenntnisse wurde ihm klar, dass er falsche Hoffnungen in ihn gesetzt hatte. Er würde erneut in die Einsamkeit gehen, dachte er fast freudig und voller Trotz. Und er würde sich auf die Suche nach neuen Gefährten für sein Künstlerhaus begeben. Es war nicht Gauguins Schuld – er gehörte einfach nicht zu seiner Rasse. Gauguin war eher der Typus Künstler, der auf *Bonjour! Monsieur Courbet* zu sehen war: ein Wanderer, der von weit kam und weit weg zog. Von Courbet kehrten seine Gedanken wieder zu Bruyas zurück und die seltsame, euphorische Leichtigkeit, die ihn trug, während der Zug durch die Dämmerung eilte, steigerte sich zum Glücksgefühl. Zunächst verschwommen und von Blitzen gerahmt zogen die Porträts Bruyas langsam vor seinem inneren Auge vorbei. Schneller und schneller wechselten die verschiedenen Darstellungen, überraschenderweise wurden die Gesichtszüge Bruyas' dabei immer klarer, heller und intensiver. Bald sah er nur noch ihn vor sich, während der Hintergrund mit rasender Geschwindigkeit tobte. Dabei hatte es eine gewisse Unwirklichkeit, als er sein Notizbuch mit Befremden beobachtete, wie es aus seiner leicht zuckenden Hand glitt. Bevor er es aufheben konnte, überkam ihn der Schlaf mit der Plötzlichkeit einer Ohnmacht.

* * *

Madame Ginoux war die Trauer von den Augen abzulesen; der sonst so lebhafte Blick wirkte müde und leer. In Begleitung einer Freundin oder Nachbarin kam sie mit ihren niedergeschlagenen Augen den Weg, der unter Gauguins Schlafzimmerfenster entlangführte, über die *Place Lamartine* am Gartenzaun vorbei. Beide Frauen hielten sich schwarze Tücher vors Gesicht, um sich vor dem Mistral zu schützen. Hinter den beiden Trauernden, gerade auf Höhe der Parkbank, liefen zwei weitere Frauen, Seite an Seite, mit unbedeckten Häuptern, aber ebenfalls in der landestypischen, dunklen Tracht der *Arlésiennes* gekleidet, auf dem Rasenstreifen zwischen Weg und Teich. Sie erinnerten stark an die Grazien, die Gauguin auf dem Gräberfeld kurz nach seiner Ankunft im Oktober gemalt hatte. Ungeachtet der winterlichen Jahreszeit zeichnete sich der sandige Weg grell vom satten Grün des Rasens ab und die Wellen funkelten an der Oberfläche des Gewässers. Eigentlich verrieten nur die zwei konisch geformten, gelblichen Vorrichtungen zum Schutz des Gebüschs gegen den Frost die Jahreszeit. Dazwischen fiel der Blick auf den stillgelegten Springbrunnen.

Madame Ginoux' Stirn glänzte etwas. Gauguin milderte den Glanz mit dem Pinsel ab und besah sich das Ergebnis. Er legte den Pinsel zur Seite und fasste sich an den Kopf. Die Schwellung war noch nicht zurückgegangen. Gauguin schaute kurz auf die Uhr, um zu prüfen, ob der *pot-au-feu* gar sei. Da es noch nicht so weit war, griff er zwischen den Farbtuben nach einer Dose Schweineschmalz und trug eine dicke Schicht an der Stelle auf, wo sich die Beule befand. Es schmerzte extrem, wenn er dagegen drückte. Schon der sanfteste Fingerdruck jagte ein Blitzgewitter durch seinen Kopf. Er gab ein Knurren von sich.

Die Verletzung war nicht der einzige Grund gewesen, weshalb er vergangene Nacht nicht schlafen konnte. Dieser Höllenhund des Bäckers Michel hatte die ganze Nacht durch gebellt. Mehrmals wollte er aufstehen, um an der Haustüre auf der gegenüberliegenden Straßenseite zu klopfen, begnügte sich aber damit, ein paar Flüche aus dem Fenster zu donnern und sich mit pochendem Schädel auszumalen, wie er dem Köter den Kopf abschlug – und seinem nachlässigen Halter obendrein.

Van Gogh schien von dem Lärm nichts mitbekommen zu haben. Er hatte die Nacht durchgeschlafen und musste wohl das

Haus bereits verlassen haben, nachdem Gauguin gegen Morgen endlich Schlaf gefunden hatte.

Er fühlte noch einmal nach der Beule, die sich fast fingerdick von der Stirn abhob. Schmalz war an seinen Fingerspitzen haften geblieben und er wischte ihn an seinem Arbeitskittel ab. Dabei wunderte er sich, wie glimpflich alles abgegangen war.

Van Gogh war unberechenbar geworden. Was würde wohl als nächstes kommen? Ihm war es gleich, er würde abreisen. Endgültig. Bis gestern war er entschlossen noch einige Wochen oder gar Monate zu bleiben, obwohl van Goghs Verhalten immer bizarrere Züge annahm – er blieb, denn er brauchte das Geld.

In den letzten Tagen schien es ihm gar, van Gogh wolle ihn loswerden. Es geschah ohne ersichtlichen Grund, von einem Tag auf den anderen, nachdem er ihm wochenlang in den Ohren gelegen war, er solle bleiben. Verkehrte Welt. Er hingegen gab sich nicht nur Mühe den Status quo aufrecht zu erhalten, sondern war sogar in der Malerei auf seinen Gastgeber eingegangen und malte das Porträt eines alten Mannes nach dessen Manier, beendete es sogar in einer Sitzung. Van Gogh reagierte belustigt und ging nicht weiter darauf ein. Eine augenfällige Herablassung lag nunmehr in seinen Gesten und Worten, die er nicht mehr stürmisch, sondern mit Bedacht setzte. Meist war er aber mürrisch und ließ keinen Zweifel daran, dass es an seiner Gesellschaft lag.

Obwohl sich Gauguin nicht erklären konnte, was es mit dieser Wandlung auf sich hatte, war er es zufrieden. Lieber einen mürrischen van Gogh, sagte er sich, als einen missionarischen.

Abgesehen von dieser Launenhaftigkeit – manchmal legte van Gogh auch eine irrwitzige Ausgelassenheit zutage – und einigen wirren oder argwöhnischen Reden verlebten sie auf diese Weise seit dem Ausflug eine ruhige, wenn auch nicht immer angenehme Zeit – bis zum gestrigen Vormittag.

Es begann, als van Gogh morgens die Zeitung las. Prados Gnadengesuch war abgelehnt worden und die Hinrichtung somit unumgänglich. Er hatte laut aufgestöhnt. Der Artikel im *L'Intransigeant* schilderte, wie der stoische Gleichmut bei Erhalt der Nachricht von Prado abgefallen war. Es wurde sogar von Horla-ähnlichen Alpträumen geschrieben. Van Gogh war zunächst wissbegierig, zu erfahren, wie es nun weitergehen würde und Gauguin musste ihm sämtliche Details der betreffenden französischen Statuten erklären. Als er davon erzählte, dass bei einem solch spektakulären Fall höchstwahrscheinlich auch ein Wachsmodell von Prados Kopf angefertigt werden würde, horchte van Gogh auf. Gauguin erzählte ihm von Panzinis Kopf, den er in Paris schon gesehen hatte und schilderte auf van Goghs Nachfrage hin dessen Aussehen, das mit der Kunstfertigkeit der Wachsbildner – sogar unter Verwendung echten Haares – für die Nachwelt erhalten worden war. Er hatte seine Erzählung noch nicht beendet, als van Gogh ohne weiteres Wort aufsprang und seine Sammlung an Prado-Artikeln holte. In der Folge vergrub er sich in den Zeitungsausschnitten, führte vermehrt Selbstgespräche und malte den ganzen Tag über nicht. Kurz bevor er zu einem seiner plötzlichen Spaziergänge aufbrach, fragte er Gauguin, ob er zufällig die Haarfarbe Prados kenne. Auf seine Verneinung hin, schlug van Gogh in der für diesen Tag gefundenen Sprunghaftigkeit vor, am Abend im *Café de la Gare* zu essen. Wie sich herausstellen sollte, ging das Motiv des Vorschlages jedoch über das gemeinsame Abendessen hinaus, nicht aber trotz der hartnäckigsten Forschungsarbeit konnten weder Madame Ginoux noch die anwesenden Gäste seine dringlichen Fragen beantworten.

Ohne den üblichen Begrüßungsschwatz mit den Ginoux abzuhalten, war van Gogh auf der Suche nach einer Antwort von Tisch zu Tisch gegangen, bevor er sich zu Gauguin setzte, der bereits einen freien Tisch gesucht hatte. Das Café füllte sich stets zu vorgerückter Stunde und die Gäste traten in immer schnelleren Abständen ein. Van Gogh befragte jeden Neuankömmling, bis Madame Ginoux dieses hektische überfallartige Aufspringen ob dieser Banalität unterbunden hatte, was Gauguin ihr insgeheim dankte. Doch auch als van Gogh sitzen blieb, war an kein wirkliches Gespräch zu denken. Obgleich sie erst ein, zwei leichte Absinth getrunken hatten, schien sein Gegenüber zu keiner Konzentration mehr fähig. Manchmal blickte er sich um, als habe ihn jemand angesprochen und war dann erstaunt, dass niemand hinter ihm stand. Dann starrte er wieder für kurze Zeit in die Luft, wobei sich seine Augenlider unregelmäßig bewegten. Seine Fingerspitzen zitterten und zuckten. In diesen Momenten schien er wie in Trance und falls er angesprochen wurde, reagierte er nicht.

Obwohl Gauguin nicht der Sinn danach stand, den Abend auf diese Weise zu verbringen, blieb er, und sie tranken unter Schweigen weiter. Nach einiger Zeit schien van Gogh sich tatsächlich wieder zu finden und begann zu reden. Das Glas zitterte zwar noch ein wenig in der Hand, aber die Nervosität war schon fast wieder aus seinem Blick gewichen. Gauguin plauderte gerade über Unverfängliches, worüber genau, konnte er sich nicht mehr erinnern, als van Gogh plötzlich sein Glas nach ihm schleuderte. Es ging zu schnell, als dass eine Reaktion möglich gewesen wäre. Gauguin fasste sich mit einem Schmerzensschrei an den Kopf, stellte aber erleichtert fest, dass kein Blut floss. Sein Erstaunen wich augenblicklich, als er in das unbeteiligte Gesicht van Goghs blickte. Eine gigantische Zornesflut stieg brausend in ihm auf und schon im Aufstehen warf er den Tisch zur Seite. Noch in der gleichen Bewegung erhob er die Faust zum Schlag, als van Gogh unvermittelt, ohne sein geringstes Zutun, bewusstlos von seinem Stuhl glitt und hart auf dem Steinboden aufschlug.

Die entstandene Aufregung legte sich erst wieder, als er kurze Zeit später zu sich kam. Monsieur Ginoux und Gauguin setzten ihn wieder auf seinen Stuhl, doch van Gogh wollte nicht richtig zur Besinnung kommen. Es wurde beschlossen, ihn erst einmal nach Hause zu bringen und auf einen Arzt zu verzichten, denn es herrschte Einigkeit darüber, dass er am Nachmittag nur einen kurzen Spaziergang gemacht, dafür aber umso länger getrunken haben musste. Also packte Gauguin ihn kurzerhand unter dem Arm und brachte ihn, mehr schleppend als stützend, nach Hause. Van Gogh sprach unterdessen stoßweise in einem fiebernden Delirium. Als er endlich auf seinem Bett lag, schlief er sofort ein und verbrachte eine weit geruhsamere Nacht als Gauguin.
Während er das unaufhörliche Bellen und Knurren zu überhören suchte, erwog dieser lange, ob er abreisen solle. Angesichts

seines Zustandes konnte er van Gogh unmöglich sich selbst überlassen. Andererseits befürchtete er eine weitere Eskalation mit weit schwerwiegenderen Folgen. Hätte van Gogh nicht das Bewusstsein verloren, hätte er zugeschlagen. Zweifellos nicht nur einmal. Während er vordergründig diese Problematik bedachte, versuchte er zu begreifen, welchen Anteil er selbst an diesem bedenklichen Zustand seines Gastgebers hatte.

Der Gedanke daran verfolgte ihn noch während der letzten Pinselstriche an seiner *Trauerprozession* und er dachte darüber nach, wie es weitergehen sollte. Er glaubte halbwegs einen Ausweg gefunden zu haben, als die Haustüre ging. Schnell überschlug er seinen Plan noch einmal im Kopf.

Van Gogh stand auf der Schwelle zum Atelier und zögerte einige Momente, bevor er eintrat. Er sah Gauguin unsicher an, wollte etwas sagen, suchte dann aber scheinbar wieder nach den passenden Worten und setzte erneut an:

»Paul, ich erinnere mich dunkel, Ihnen gestern Unrecht getan zu haben. Bitte verzeihen Sie mir.« Er schien tatsächlich keine konkrete Erinnerung mehr an den vergangenen Abend zu haben und so erzählte ihm Gauguin, was geschehen war. Van Goghs Bestürzung war aufrichtig, besonders als er die beachtliche Beule, die sich langsam dunkel verfärbte, näher besah. Gauguin nahm die Entschuldigung ohne weitere Umstände an.

Nach einer Weile des Schweigens ging van Gogh um die Staffelei. Lange Zeit blickte er auf die Trauerprozession darauf und sagte dann gefasst – es war mehr eine Feststellung als eine Frage: »Sie reisen ab?« Ohne weiter darauf einzugehen, deutete er auf die Leinwand: »Sie haben alles noch einmal versammelt,

Paul. Eine Frau mit roten und eine Frau mit schwarzen Haaren, wie wir. Es ist sehr schön geworden. Und traurig. Ein schöner Abschied. Ich danke Ihnen.« Tränen stiegen in seine Augen. Gauguin wusste nicht, was er sagen sollte. Van Gogh schaute weiterhin auf das Gemälde und wippte auf den Fersen vor und zurück. »Wollen Sie auch einen Kaffee?«, fragte er, und ging Richtung Küche.

»Gerne, Vincent«, antwortete Gauguin betreten.

Van Gogh kam mit zwei Tassen zurück. Nachdem er Gauguin die seine ausgehändigt hatte, setzte er sich vor seine Staffelei und stopfte seine Pfeife: »Das riecht gut, was Sie da kochen. Eintopf?«

»So etwas ähnliches. Ein *pot-au-feu* wird ähnlich zubereitet, aber anders serviert. Sie werden heute Abend schon sehen. Ich habe genug für zwei Tage gemacht. Aufgewärmt schmeckt es nämlich noch besser. Zwar nicht das traditionelle Gericht zum Weihnachtsabend, aber für morgen habe ich zusätzlich noch etwas Gänseleberpastete besorgt. Ein Truthahn, dachte ich, sei zu viel des Guten. Und lieber zwei Hühner im Bordell als ein Truthahn für uns beide, oder?«, versuchte Gauguin zu scherzen.

»Wann?«, fragte van Gogh.

»Wir werden sehen.« Nach einer Pause fuhr Gauguin fort: »So lange ich noch bleibe, müssen wir aber achtgeben. Es kann so nicht weitergehen, Vincent, sonst enden wir wie Verlaine und Rimbaud. Dafür ist mir unsere Freundschaft zu bedeutsam – und das Gefängnis ein zu hoher Preis.« Er lauerte innerlich auf die Wirkung seiner Worte.

Van Gogh nickte zustimmend, fragte aber nach kurzem Zögern: »Wie meinen Sie das genau?«

»Entschuldigen Sie. Wieder die Franzosenkrankheit!«, sagte er lakonisch.

»Nein, nein. Ich kenne … äh … die Geschichte von Verlaine und Rimbaud, sehe aber nicht, worauf Sie hinaus wollen, Paul.« Van Gogh war sichtlich irritiert, blickte ihm kurz in die Augen und Schamesröte stieg ihm ins Gesicht. Gauguin hatte sich indes eine Zigarette angezündet und begann zu erzählen:

»Damals war Verlaine nach einem heftigen Streit zwischen den beiden zu seiner Mutter nach Brüssel gefahren. Nach einigen Tagen reiste Rimbaud hinterher. Es kam zu einer weiteren Auseinandersetzung, in welcher Verlaine zweimal auf Rimbaud schoss. Eine Kugel verfehlte knapp seinen Kopf, die zweite verletzte ihn an der Hand. Rimbaud verzichtete darauf seinen Freund anzuzeigen und wollte abreisen. Alles wäre einigermaßen glimpflich abgegangen, doch am Bahnhof begann der Streit von Neuem und Verlaine griff in seine Manteltasche – ob er den Revolver ziehen wollte, wer kann das heute noch sagen? Jedenfalls trug er ihn bei sich. Rimbaud suchte Schutz bei einem Polizisten auf dem Bahnsteig. Nachdem Verlaine entwaffnet worden war, wurden beide samt dessen Mutter zum Verhör einbestellt, obwohl Rimbaud noch immer keine Anzeige erstatten wollte, doch dafür war es nun zu spät. Die Polizei ermittelte nun offiziell von sich aus. Kurzum, Verlaine musste für zwei Jahre ins Gefängnis …« Die Begleitumstände des Prozesses unterschlug Gauguin geflissentlich.

»Sie können beruhigt sein, Paul. Es befinden sich keine Schusswaffen im Haus«, sagte van Gogh süffisant.

»Dafür anderes.« Er sah sich um, wühlte kurz zwischen seinen Malsachen, zog ein Rasiermesser hervor, das sie zum anspitzen der Graphitstifte benutzten und hielt es hoch: »Was ist zum Beispiel damit? – Und wir haben beide dasselbe hitzige Gemüt wie Verlaine und Rimbaud, fürchte ich.« Er warf das Messer unachtsam wieder zurück zwischen die Farbtuben, von denen es abglitt und auf den Boden fiel. Van Gogh las es auf, um es zurückzulegen. Er hielt aber inne und begann damit im Atelier auf und ab zu gehen. Dabei hielt er das Messer in der rechten Hand und klopfte damit auf die geöffnete linke Handfläche. Nach einer Weile drehte er sich um und unterstrich seine Worte, indem er mit dem Rasiermesser auf Gauguin deutete:

»Ich glaube, Sie suchen einen Vorwand, Paul. Machen Sie mir nichts vor!« Er machte eine kleine Pause und klopfte dabei wieder mit dem Messer auf die Handfläche: »Wir beide wissen, Verlaine wurde aus anderen Gründen inhaftiert: Er war Sodomit und obendrein Kommunarde. Das waren die Gründe! Billige Ausflüchte, sonst nichts. Sie wollen doch schon lange abreisen, leugnen Sie es nicht. Jetzt können Sie einen Grund anführen«, und er zeigte auf die Beule bevor er fragte: »Liegt es an Arles? Liegt es an mir? Einerlei. Die Frage ist doch, wozu Sie sich so angestrengt rechtfertigen oder besser gesagt, vor wem –«

»Vincent –«

»Vor mir? Wozu, wenn Sie gehen … Vor Ihnen selbst? Wohl kaum. Sie können doch tun und lassen, was Sie wollen, oder nicht?«

»Worauf wollen Sie damit hinaus, Vincent? Das hat doch keinen Sinn … Ich gebe gerne zu, ich hatte schon einfacheren Umgang, das steht fest. Sie können einem wirklich die Gemütsruhe nehmen und nach Ihren eigenen Aussagen ist es manch anderem ebenso mit Ihnen ergangen.« Es war die diplomatischste Umschreibung, die er zustande brachte.

»Wenn es für Sie so eine Bürde ist, das Atelier mit mir zu teilen, warum verschwinden Sie dann nicht einfach?«, fragte van Gogh kühl.

»Zuerst beknien Sie mich zu bleiben und jetzt wollen Sie mir die Tür weisen?« Gauguin geriet ein wenig in Rage: »Ich wollte bleiben, bis genug Geld da ist, um in die Südsee aufzubrechen. Aber vielleicht sollte ich Theo schreiben, er soll eine Anweisung über die Verkaufserlöse geben. Ich könnte in einigen Tagen aufbrechen, wenn Ihnen das lieber ist.«

Bei der Nennung seines Bruders zuckte van Gogh zusammen. Er dachte wohl darüber nach, was Theo sagen würde, wenn Gauguin ihm schriebe. Dann setzte er eine erheiterte Miene auf und rief aus:

»Jetzt haben Sie sich selbst überführt, Gauguin! Darum geht es Ihnen also: Theo! Natürlich, Theo! Sie fürchten, er wäre Ihnen nicht mehr so gewogen, wenn Sie mich ohne Grund hier zurücklassen. Er hat immerhin viel in das Haus und in Sie investiert, hat Ihre Schulden bezahlt –«

»Ich glaube ihn ausreichend vergütet zu haben«, unterbrach ihn Gauguin: »Er hat mittlerweile die größte Gauguin-Sammlung –«

»Gauguin-Sammlung?«, äffte ihn van Gogh nach. »Wie vermessen Sie doch sind! Sie hatten etwas Glück in letzter Zeit. Und das wird Sie verlassen, wenn Theo sich von Ihnen abwendet. Wovon wollen Sie dann leben? Von den paar Francs, die Sie bekommen haben, kommen Sie erst gar nicht in die Südsee. Südlicher als bis hierher werden Sie niemals kommen!«

»Das werde ich auch mit Theo nicht! Jetzt wo der Durchbruch erreicht ist, was tut er? Nichts! Kein einziges Gemälde hat er seit Bekanntgabe der Ausstellung verkauft. Vielleicht sollte ich mir jemand anderen suchen, der meine Interessen besser vertritt.«

»Die Kunsthändler werden sich nach Ihnen reißen, Paul!«, spottete van Gogh. »Sie wissen genau, dass Sie ohne Theo wieder vor dem Nichts stehen. Wie viele Gemälde haben Sie denn verkauft, bevor er sich Ihrer angenommen hat?«

»Theo erkannte den günstigen Moment meiner Entwicklung. Er profitiert jetzt davon, aber den ganzen Weg bis dahin habe ich auf eigenen Füßen gestanden. Ich bin ihm nichts schuldig. Immerhin konnte *ich* meine Werke als Tauschwert für seine Zuwendungen anbieten. Aber verteidigen Sie Ihr Brüderchen nur! Sie müssen es mehr als jeder andere. Was wären Sie auch ohne ihn? Sagen Sie es mir! Was hätten Sie denn ohne ihn geschafft? Aber im Grunde sind Sie ihm egal. Wie oft hat er Sie denn hier schon besucht? Wie viele *Ihrer* Werke hat er denn schon verkauft – «

»Schweigen Sie!«, schrie van Gogh. Er drückte sich die linke Hand an die Stirn. Wie von einem unsichtbaren Fausthieb getroffen, taumelte er gegen das Fenster. Mit einer Hand stützte er sich auf die Fensterbank. In der anderen hielt er noch immer das Rasiermesser. Gauguin warf einen Blick darauf. Van Gogh grinste und klappte es auf: »Hat es Ihnen die Sprache verschlagen? Tun Sie sich keinen Zwang an, was wollten Sie über Theo sagen?«

Gauguin schaute noch einmal auf das Rasiermesser, dann in die blutunterlaufenen Augen van Goghs. Er konnte sehen, wie dessen Halsschlagader pulsierte. Van Gogh stieß zwischen den Zähnen hervor: »Ich habe Sie von Anfang an durchschaut, Paul. Es ging Ihnen nie um das hier.« Er deutete mit dem Messer um sich: »Aber Theo ist *mein* Bruder. Sie, Sie sind der Schmarotzer, Paul! Sie sind von den Almosen eines Fremden abhängig.«

»Dein eigener Bruder bezahlt mich, um auf dich aufzupassen, Wahnsinniger!«, hätte er am liebsten herausgeschrien, doch er schluckte seinen Zorn. Stattdessen sagte er schlicht: »Ich gehe jetzt nach draußen.« Er schaute van Gogh noch eine Weile in die Augen und drehte sich dann langsam weg und ging mit gespielter Ruhe und gespitzten Ohren zum Flur. Doch van Gogh setzte ihm nicht nach. Schnell streifte er seinen Malerkittel ab und legte seinen Degen an. Dann erst nahm er seinen Mantel. Doch bevor er das Haus verlassen konnte, stand van Gogh in der Atelierstür. Tränen liefen über seine Wangen, die Lippen bebten. Gauguins Hand suchte unauffällig den Griff seines Degens.

»Paul, vergeben Sie mir!« Er sah ungläubig auf das Rasiermesser in seiner Hand und warf es auf den Boden. »Bitte, lassen Sie uns reden.«

»Vincent, Sie sind verrückt.« Damit verließ Gauguin schnell das Haus. Er war schon einige Meter auf der *Place Lamartine* gegangen, als die Haustüre sich öffnete und er van Gogh schreien hörte: »Sie haben mich verrückt gemacht!« Doch Gauguin drehte sich nicht um. Bevor er um die Ecke war, hörte van Gogh noch einmal:

»Lassen Sie mich nicht allein, Paul, ich flehe Sie an.«

* * *

Als van Gogh die Haustüre geschlossen hatte, glitt er zu Boden und blieb mit dem Rücken daran gelehnt auf den roten Steinfliesen sitzen. Apathisch folgte er dem Wechselspiel zwischen Sonne und Wolken, dessen Licht durch die Türscheiben über ihm fiel. Das Tosen des Mistrals klang, als würde ein Ozean auf der anderen Seite der Haustüre an eine unsichtbare Küste branden und spülte kalte Luft unter dem Türschlitz hindurch gegen seinen Rücken. Dennoch blieb er im wechselnden Halbdunkel sitzen und starrte lange auf das Rasiermesser, das vor ihm lag. Gauguins Worte – er ein Verrückter – hallten noch immer durch seinen Kopf, unaufhörlich, bis es schmerzte. Er dachte abwechselnd an Theo, Gauguin, seinen Vater. Die Gedanken strömten wild, zusammenhanglos, in bösen Bildern und schneidenden Stimmen. Nichts in der Stille des Hauses vermochte ihn aus diesem Fluss zu reißen. Also versuchte er die Stille zu hören, aber das Gehör schien ihm nicht der richtige Sinn zu sein, um sie wahrzunehmen. Ihre Präsenz war eher physischer Natur, wie er bemerkte. Sie lastete auf ihm, wurde immer beklemmender und schwerer. Er wollte aufstehen, konnte es aber nicht. Sein Blick war auf das Rasiermesser fixiert. »Es könnte schnell gehen«, schoss es ihm grell durch den Kopf. Verängstigt beobachtete er, wie die Wände des Flurs begannen, sich nach innen zu biegen. Immer näher rückten sie an ihn heran, während die rettende Tür am Ende des Flurs sich immer weiter von ihm entfernte. Von dort drang langsam der Geruch des *pot-au-feu* durch den Flur an seine Nase und er begann erneut zu weinen. Noch einmal besah er das Messer. Nein, es war feige.

Heute Morgen unter dem Portal der Kathedrale – was wollte er gleich wieder dort? – hatte er Familien von der Messe heimgehen sehen. Die Augen der Kinder strahlten. Und auch all die Eltern und Großeltern waren voller Vorfreude auf den Heiligen Abend, die durch das sonntägliche Ruhen dieses vierten Advents noch versüßt wurde. Gott wohnte in ihnen, nicht in der steinernen Kathedrale, die in der Kälte des Wintermorgens wenige Minuten darauf leer zurückblieb. Gott wohnte überall, außer in den Kirchen und Gedanken der Priester, dachte er, wie auch die Kunst überall blühen konnte, außer in den Herzen der Kunsthändler.

Nach allem was geschehen war, schauderte er beim Gedanken an einen Weihnachtsabend allein mit Gauguin. Noch mehr aber schauderte es ihm beim Gedanken an die Einsamkeit eines Weihnachtsabends ohne Gauguin. Vielleicht war dies die Gelegenheit für einen letzten Versuch, ihn zum Bleiben zu bewegen, dachte er. Auch wenn Gauguin heute noch an Theo schriebe, würde die Geldanweisung nicht vor Mitte nächster Woche eintreffen. Van Gogh seufzte schwer und erhob sich mühsam. Einige Schritte weiter lag das Rasiermesser. Er hob es auf und ging damit ins Atelier zurück. Beim Spiegel machte er halt und sah sich lange darin an. »Nein, es war und es bleibt Sünde«, sagte er sich fest und klappte das Messer zu, um es wieder an seinen Platz zu legen.

Dann ging er in die Küche, nahm das *pot-au-feu* vom Feuer und goss sich einen Absinth ein, den er kaum verdünnte. Mit dem Trinken begann er zu malen. Er malte um zu vergessen, malte um nicht zu denken, malte um Trost und Ruhe zu finden. Er malte bis die Dunkelheit kam und mit ihr Gauguin.

Die Haustüre fiel mit einem Krachen ins Schloss und wenig später betrat Gauguin schwankend das Atelier. Er hatte nur seinen Mantel abgelegt. Die linke Hand ruhte demonstrativ auf dem Knauf des Degens. »Immer bei der Arbeit, immer bei der Arbeit …«, lallte er. »Aus Ihnen wird noch mal ein ganz Großer!«, prustete er los vor Lachen.

»Sie sind betrunken, Paul. Lassen Sie mich in Ruhe.«

»Das werde ich, mein Lieber. Keine Sorge. Ich weiß auch nicht, warum ich heute Abend überhaupt noch zurückgekommen bin …«

»Aber ich«, dachte van Gogh.

»… obwohl ich kein gutes Gefühl dabei hatte. Jetzt bin ich so besoffen, dass ich Angst hatte vom Stuhl zu fallen und mich frage, wie ich heute diese verdammten Treppen hier hochkommen soll. Vincent, diese Stadt ist … egal. Um mich herum nur Bauern und Bourgeois und ich stecke mitten darin bei Ihnen fest. Das konnte nicht gut gehen … Morgen reise ich ab. Gute Nacht.«

Mit zuckenden Mundwinkeln wartete Gauguin, welche Wirkung diese Worte auf van Gogh haben würden. Dieser schaute ihn lange mit festem Blick an. Dann sagte er nur:

»Werden Sie nicht. Gute Nacht.«

»Doch, doch, werde ich. Morgen reise ich ab.«

»Und wie wollen Sie Ihr Ticket bezahlen?« Van Gogh grinste. Da sah Gauguin die Geldbüchse auf dem Ateliertisch liegen. Er stürzte sich darauf, aber bevor er sie geöffnet hatte, wusste er schon, sie war leer.

»Sie Wahnsinniger. Das wagen Sie nicht! Geben Sie mir meinen Anteil!«, brüllte er.

»Anteil? Ihnen gehört gar nichts davon. Es ist das Geld meines Bruders.«

»Gut …«, sagte Gauguin. »Gut, ich werde schon jemanden finden, der mir Kredit gibt.«

»Morgen an Weihnachten?«

»Morgen an Weihnachten.«

»Dann soll es so sein.« Van Gogh nahm eine Farbtube. Er quetschte das ganze Schwarz auf die Palette, tauchte Zeige- und Mittelfinger in die Farbe und verteilte sie auf seinem Gesicht.

»Vincent, was tun Sie da nur schon wieder. Das ist albern«, sagte Gauguin mit gönnerhaftem Ton.

Van Gogh ignorierte ihn. Als er mit seinem Gesicht fertig war, schmierte das Schwarz auf die Leinwand vor sich und verwischte dabei die Arbeit eines ganzen Tages. Dann ging er auf die Wand zu, an der die letzten Gemälde der beiden zum Trocknen hingen.

»Hören Sie auf Vincent!«, schrie Gauguin und wollte sich auf van Gogh stürzen. Doch er hob nur die Hände, deren Flächen schwarz waren.

»Ich mache in meinem Haus was ich will! Ich male nicht nur meine Leinwände schwarz an. Ich male die Wände schwarz. Alles. Das ganze Haus soll schwarz sein. Alles in Schwarz. Die Farben des Südens sind für immer verblasst und es ist Ihre Schuld! Eine ganze Gemeinschaft an Malern hätte hier leben können. Etwas Großes hätte entstehen können. Ein zweites Barbizon! Ab jetzt lebt hier nur noch die Einsamkeit. Sie nehmen mir alles und lachen noch dabei!« Er blickte sich um, als würde er jemanden hinter sich vermuten.

»Was sagen Sie?«, wandte er sich wieder an Gauguin. »Was sagen Sie?! Und wehe ich höre ein *Oui ma Sergent.*«

Gauguin schwieg.

»Ich höre nichts.« Van Gogh bog sein Ohr mit dem Zeigefinger in Richtung Gauguin, der sich die Augen rieb und kurz angebunden sagte: »Ich habe keine Meinung dazu.«

»Wie, keine Meinung?!«, schrie van Gogh, griff nach seiner Palette und schleuderte sie wie einen Diskus in Richtung Gauguin, der sich gerade noch rechtzeitig unter ihr weg duckte. Kleine Farbspritzer jagten durch die Luft bis sie an die Wand knallte, kurz kleben blieb und dann eine hässliche Spur hinterlassend nach unten rutschte.

»Jeder hat doch eine Meinung!«, tobte van Gogh weiter. »Gerade Sie! Zu allem Scheiß haben Sie eine Meinung!« Er fegte die entstellte Leinwand von der Staffelei. Dann setzte sich und suchte sein Glas. Gauguin schüttelte den Kopf: »Das reicht.

Da übernachte ich ja lieber in einer Kneipe oder im Bordell!« Er wandte sich zum gehen und war schon fast an der Türe, als er hörte, wie sich van Gogh hinter ihm bewegte. Blitzschnell drehte er sich um. Van Gogh hatte sich die Absinthflasche geholt, doch anstatt anzugreifen, warf er sich auf die Knie:

»Warten Sie, Paul! Trinken Sie mit mir. Lassen Sie uns reden.«

Gauguin blickte auf den zusammengesunkenen van Gogh zu seinen Füßen. Die Flasche hielt er mit hängenden Schultern vor seinen Knien mit beiden Händen umklammert. Aus seinem verschmierten Gesicht stachen die Augenhöhlen fahl hervor. Die Augen selbst waren unnatürlich weit aufgerissen. Tränen rollten über die Farbe, Speichel rann an seinem zuckenden Mundwinkel herab. Angewidert sagte er:

»Ich desertiere, mein Sergent.«

Gauguin ging zum Flur. Van Gogh hob die Flasche, um sie nach ihm zu werfen. Doch er war nicht schnell genug: »Lassen Sie mich nicht allein!«, rief er aus, doch Gauguin antwortete nicht und verließ das Haus. Auf die Knie gesunken, umklammerte van Gogh die Flasche mit beiden Händen und wiegte sich dabei vor und zurück. Dann blickte er sich panisch um. Die Flasche glitt aus seinen Händen und rollte holpernd in einer kehligen Melodie über die Steinfliesen davon. Um die darauffolgende Stille nicht zu hören, hielt er sich, wild um sich blickend, die Ohren zu. So verharrte er einige Minuten und atmete in angestrengter Tiefe. Unvermittelt griff er dann nach der Flasche und stürzte, ohne sich Mantel und Hut zu greifen, aus dem Haus.

»Paul!«, immer wieder rief er »Paul!« durch die Nacht, während er die *Avenue Montmajour* hinunterlief und den *Canal Roubine du Roi* überquerte. Auf Höhe der *Rue des Ricolets* schloss er endlich auf und hielt ihn an:

»Paul, kommen Sie zurück. Lassen Sie uns trinken, reden, essen. Lassen Sie uns alles vergessen und einen schönen Abend verbringen.«

Gauguin sah ihn abschätzig an: »Gehen Sie Ihrer Wege oder, besser noch, gehen Sie sich waschen, *Canaille*.«

»Ich bitte Sie …«

»Lassen Sie mich in Frieden. Ihre Schwäche ist eine Beleidigung für die Welt.«

Gauguin wollte seinen Weg fortsetzten, doch nach nur wenigen Schritten hörte er das Klirren von Glas und fuhr herum. Im dumpfen Licht der Gaslaterne sah er den abgeschlagenen Flaschenboden auf den Pflastersteinen funkeln. Van Gogh kam auf ihn zu, den Rest der Flasche am Hals haltend und auf ihn richtend. Dabei murmelte er:

»Wie ich Sie hasse. Ich hasse Sie. Ich hasse Sie – «

»Ich warne Sie, bleiben Sie zurück!« Gauguin lockerte seinen Degen. Van Gogh hielt inne, nur kurz, und beschleunigte seinen Schritt sogar noch. Gauguins Degen fuhr aus der Scheide. Er machte einen Schritt zurück und ging in die Angriffsposition, um seinen Gegner an den Kanthaken zu nehmen. Van Gogh blieb jäh stehen. Die Flasche glitt aus seiner Hand und ging klirrend zu Boden.

»Sagen Sie noch einmal, in Arles brauche man keine Waffe!«, lachte Gauguin triumphierend, doch es blieb ihm im Hals stecken: etwas Helles rutschte von van Goghs Schulter langsam über seine Brust herab und klatschte leise auf den Boden. Van Gogh bückte sich. Dann fasste er sich ans Ohr. Langsam richtete er sich wieder auf und hielt seine Ohrmuschel in der Hand.

»Ich, ich ... habe Ihr Ohr abgeschlagen«, stotterte Gauguin.

»Warum haben Sie das getan?«, fragte van Gogh wie beiläufig.

»Warum? Es ... es war ein Unfall ... Ich muss gestolpert sein ...«

»Sie sind nicht gestolpert!«, schrie van Gogh und presste seine Hand gegen den Kopf. Dunkle Tropfen quollen leise, ganz langsam zwischen seinen Fingern hervor und rannen dann den Handrücken hinab. Gauguin blickte sich nervös um. »Vincent, schnell, wir müssen von der Straße, bevor uns jemand sieht ...« Van Gogh schien seltsamerweise keine Schmerzen zu haben.

»Sie, Sie haben mir das Ohr abgeschlagen! Mein Ohr, das ist mein Ohr ...« Van Gogh lachte schrill auf. Er begann immer schneller zu atmen.

»Ich weiß nicht ... Irgendwie ... Es, es tut mir leid ... Los, kommen Sie ...«

Van Gogh hielt unterdessen das Ohr langsam gegen das Licht der Straßenlaterne.

»Das da ist mein Ohr, Paul. Unfassbar ... Wie schön ...« Er hielt die Ohrmuschel nah vor seinen Mund und flüsterte: »Hallo ..., Hallo ... – Sehen Sie Paul, es arbeitet noch.« Er hielt es wieder gegen das Licht. Zwischen der dunkelroten Silhouette schimmerte rosa Licht durch die Haut. »Es kleben kleine Scherben und Farbe dran«, sagte van Gogh sanft. Als hielte er etwas kostbares und filigranes in Händen, formte er eine schützende Höhle um das Ohr und schwankte davon.

»Wo wollen Sie hin? Vincent! Wo wollen Sie hin? Antworten Sie!«

»Es ist nicht mehr weit bis zum Bordell. Ich muss es sofort im Brunnen reinigen.«

»Sie wollen zum Bordell?« In der *Rue des Ricolets* waren um diese Zeit schon viele Nachtschwärmer unterwegs, vielleicht auch Bekannte. Die Polizei patrouillierte regelmäßig. Van Gogh durfte nicht dorthin. Ohne große Hast zu zeigen, folgte er van Gogh und hatte ihn bald eingeholt. Er hielt ihn sanft am Arm fest: »Kommen Sie, Vincent. Sie wollten doch nach Hause. Gehen wir.« Er versuchte ihn in Richtung Heimweg zu lenken, doch van Gogh sträubte sich. Als er den Mund öffnete, legte Gauguin ihm die Hand darüber. Van Gogh wehrte sich mit aller Kraft. Lachen und Stimmen waren aus einer der Nebengassen zu hören. Van Gogh wollte sich nicht beruhigen. Als klar war, dass die Gruppe auf ihre Straße zuhielt, ließ Gauguin los und trat zurück. Van Gogh machte sich sofort wieder auf den zuvor eingeschlagenen Weg. Gauguin gab ihn auf und versteckte sich unter einem Häuserbogen bis die Gruppe endlich vorbeigezogen war. Dann rannte er los. Zuerst in Richtung *Place Lamartine*, dann ins Zentrum.

Der Strand

Müde warf sich Vincent van Gogh auf die schmale Pritsche in seinem *Schrank*, wie er das Zimmer insgeheim nannte, und verschränkte die Hände hinterm Kopf.

In der Tat würde dieser schmale Raum mancher Pariser Dame nicht einmal als Kleiderschrank genüge getan haben, doch er war es zufrieden. Ohnehin war dieser spartanische Aufenthalt in der *Auberge Ravoux* schon teuer genug – teurer als die Internierung in *Saint-Rémy*. Mehr konnte er nicht mehr erwarten. Bald vielleicht gar nichts mehr. Was sollte er nur tun, falls sich Theo gezwungen sah, die Zuwendungen zu streichen? Bei jeder frisch angebrochenen Tube, bei jeder Mahlzeit musste er nun mehr denn je daran denken, welche Last er für die junge Familie in Paris war. Sollte etwa der neu geborene Vincent auf Kosten des alten Vincent darben? Das durfte nicht sein! Er versuchte die Gedanken zu vertreiben, doch es gelang ihm bei Tageslicht ebenso wenig wie in den langen Nächten, in welchen er wach lag. Er rieb sich die Augen, zog sein Hemd wieder an und öffnete gähnend die Fensterläden. *Auvers-sur-Oise* breitete sich in all seiner Schönheit vor seinen Augen aus. Die alten strohbedeckten Steinhäuser, die Promenade entlang der zierlichen Oise und die unendlichen Weizenfelder, die gleich einem Meer gegen den Ortsrand wogten.

Es war ein warmherziger Empfang, den ihm diese Stadt im

Namen des Nordens bereitet hatte. Schon seit Jahr und Tag kamen Maler hierher, um der Bourgeoisie Gemälde mit Motiven ihres Sommeraufenthalts direkt vor den von Toren Paris zu verkaufen. Aber auch die Impressionisten hatten hier gemalt: Pissaro, Cézanne, Monet – alle hatten sie den beschaulichen Weiler vor der Staffelei gehabt. Daher waren auch die Einwohner an den Anblick von Malern gewöhnt. Keine argwöhnischen Blicke, kein Spott, und die Staffelei konnte aufgestellt werden, wo es beliebte. Doch dieser junge Wein, dieser Neubeginn in Schönheit und Beschaulichkeit, war vor der Zeit schal geworden. Nicht einmal drei Monate hatte es hier gedauert, bis die Blätter einer neuen Hoffnung welk geworden; wobei die Pflanze an ihren Wurzeln schon viel früher zu faulen begonnen hatte: im finsteren Haus des Dr. Gachet.

Van Gogh wusste jetzt, er hätte seiner Intuition folgen sollen, bevor er dem Doktor seine Freundschaft schenkte – aber sollte ein offiziell anerkannter Irrer seinen Intuitionen trauen? Gleichviel, lange würde er hier ohnedies nicht mehr bleiben können. Nicht, wenn Theo kein Geld mehr aufwenden würde. Doch wohin dann? Er sah keinen Ausweg.

Gauguin, der ihm einiges mehr als die Gastfreundschaft von drei Monaten schuldete, wollte ihm die seinige nicht einmal drei Tage lang gewähren. Sein geistiger Zustand ließe es nicht zu, ihn zu beherbergen hatte dieser aus der Bretagne geschrieben. Im selben Brief hatte er ihm aber anerboten mit nach Madagaskar zu reisen … Was wusste Gauguin schon von seinem Zustand! Aber wieder einmal würde Gauguin, obwohl es sich um einen Vorwand handelte, Recht behalten. Schon seit einigen Tagen fühlte er es wieder nahen. Lange konnte es nicht mehr bis zum nächsten Anfall dauern. Was dann? Auf Dr. Gachet war jedenfalls nicht zu zählen, das hatte er lernen müssen.

Er sah René und Gaston unter seinem Fenster die Pension verlassen und zog schnell den Kopf zurück ins Zimmer. Offenbar hatten sie schon gegessen. Umso besser. René, dieser Geck, kleidete sich schon seit Tagen nach der Art amerikanischer Cowboys. Seit vergangenes Jahr die *Buffalo Bill Wild West Show* in Paris gastiert hatte, trug die *jeunesse dorée* Buffalo-Bill-Hüte und -Jacken. Das Geld und der Stand ihrer Eltern erlaubten den Sommerfrischlern jede Albernheit, ohne dabei scheele Blicke oder gar Behelligungen auf sich zu ziehen. Und ohne weitere Umstände zu machen, händigte Monsieur Ravoux sogar seinem jungen Gast die eigene Pistole aus, als René ihn danach verlangte, denn René bekam ein authentisches Kostüm, wenn er es wollte: er war Papas Sohn – das genügte.

Heute würde van Gogh jedenfalls in Ruhe essen können, ohne dass Salz in seinen Kaffee gekippt würde, ohne dass unflätige Geräusche gemacht wurden, denn es war der Clique um die Gebrüder René und Gaston zum Urlaubsvergnügen geworden, ihn zu verfolgen. An der Promenade küssten sie ostentativ ihre Mädchen vor seinen Augen. Er hätte mit ihnen brechen sollen, als sie die Mädchen auf ihn hetzten, um ihm vorzugaukeln, ihn verführen zu wollen. Noch immer wollte er im Boden versinken, sobald das Gelächter wieder in ihm erstieg. Aber was sollte er tun? Die Brüder waren der einzige Umgang, den er pflegen konnte. Und wenn sie zu Zweien waren, verhielten sie sich auch freundschaftlich, hörten zu, wenn er ihnen von der Malerei erzählte. Ohne Zweifel gingen sie zu weit, als sie eine Schlange in seinem Malerkoffer versteckten und er sich fast zu Tode erschreckte – nur um Haaresbreite war er dabei einem erneuten Anfall entgangen. Nach drei Tagen, während derer sie ihm um den Bart gingen, begann er zu erweichen und zeigte sich versöhnt. Sie waren so jung und würden bestimmt noch lernen. Wie sollte er auch den Lauf der Natur ändern wollen? Hier paarte sich nichts anderes als die ewige Grausamkeit der Jugend mit dem Wohlstand der Eltern. Das Geld gab ihnen alle Freiheit – genau wie Gachet. Der Doktor war nicht minder wahnsinnig als er selbst, wie er feststellen musste. Bei jenem wurde jedoch als Schrulle abgetan, wofür er in Arles verurteilt worden war. Was hätte wohl einer der guten Menschen von Arles gesagt, wenn er gesehen hätte, wie Gachet versucht hatte, die Gemäldeserie der *Arlésiennes* am Piano zu vertonen? Aber Gachet war ein begüterter und damit geachteter Bürger. Was für ein bigotter Bourgeois er war, hatte er in seiner anfänglichen Euphorie zunächst nicht erkannt. Verblendet war er vom Verkauf *Der roten Weingärten von Arles*, wähnte sich zeitweilig zum Olymp aufgestiegen. Bis er angesichts des Schuldenberges gegenüber Theo, obwohl dieser von seinem Bruder nie thematisiert wurde, resignierte: ein Verkauf ist kein Verkauf.

Trotz seiner knapp sechzig Jahre hatte sich der Arzt und Hobbymaler Gachet sein rotes Haupthaar bewahrt – er hatte sogar die Bekanntschaft Bruyas' gemacht. Er kannte Maler wie Pissaro oder Cézanne persönlich und war im Besitz einer beeindruckenden Sammlung impressionistischer Gemälde. Aber es war alles nur Fassade und Spiel. Wie Gauguin hatte er sich Rabelais *Buvez toujours – vous ne mourrez jamais* zum Motto erkoren und sang ein Loblied auf die Küche. Doch im Gegensatz zur soliden Küche Gauguins bestand Gachet auf üppige und extravagante, mehrgängige Menüs, an denen van Gogh gezwungen war teilzunehmen. Dabei musste er endlose Elegien auf sein Werk, seine Ausstellungen und die bereits erschienen Artikel über sich ergehen lassen. Was nutzte all das, wenn Theo nichts davon verkaufen konnte? Doch je mehr er sich zur Wehr setzte, desto mehr überhöhte ihn Gachet, sprach von Genie und Wahnsinn, und schmeichelte ihm auf widerliche Weise mit der Behauptung, er sei völlig genesen. Während all dieser Diners flossen hunderte von Francs über den Tisch. Eine Verschwendung! Gleichzeitig ließ der ach so innige Kunstliebhaber seine Pissarros ausgerollt in der Ecke liegen und dachte gar nicht daran, sie aufspannen oder gar rahmen zu lassen – da bröckelte die Fassade.

Des einen Tags bekannte sich Gachet mit voller Brust zur freien Liebe und sprach zynisch von jeder Form der Konvention, des anderen Tags verbot er van Gogh den Umgang mit seiner Tochter und verwies ihn des Hauses. Marguerite war ihm zugetan, das hatte sie ihm vergewissert. Wieder nur Vorwände und Ausflüchte. Damit wusste er jedoch, wie der Herr Doktor seinen Zustand wirklich beurteilte! Vielleicht hätte er mildernde Umstände bekommen, wäre er vermögend, dachte er verbittert.

Müde sah er auf die Pritsche. Wie jeden Tag war er, trotz oder vielleicht gerade wegen der bestimmt schon sechsten schlaflosen Nacht in Folge, um fünf Uhr malbereit gewesen. Er hatte die Worte von Dr. Rey durchaus in Erinnerung behalten, doch wusste er auch, es würde sich kein Schlaf einstellen. Es lohnte sich ohnehin nicht mehr. Bald war Essenszeit.

Auf dem Weg nach unten summierte er seine bisherigen Wochenkosten und hatte eigentlich schon keinen Appetit mehr. In Arles hatte er einmal bilanziert und Theo dann die Berechnung geschickt. Würde er über zehn Jahre hinweg 1000 Gemälde anfertigen und jedes würde für den Spottpreis von 100 Francs verkauft werden, wäre seine Schuld beglichen. Die Kehle schnürte sich ihm zu, beim Gedanken daran, dass nicht einmal 100 Francs für seine Gemälde gezahlt wurden. Bei seinem Besuch in Paris musste er sehen, wie Theos kleine Wohnung bis an die Decke mit seinen Gemälden vollgestopft war. Sie hingen mit kaum einem Fingerbreit Abstand an den Wänden, lugten unter den Schränken hervor oder waren auf ihnen gestapelt. Aus allen Ecken quollen die Zeugnisse seines Scheiterns hervor – und Theo hatte sie alle aufbewahrt. Theo, der kränker war als er, und tapfer, wenn auch erfolglos, seine Schmerzen zu verstecken suchte.

Er würde die Schuld gegenüber seinem Bruder nie abtragen können. Was machte es aus, noch einige Absinth mehr auf die Rechnung zu setzten, dachte er düster. Vielleicht fand sich dann der Mut.

Noch bevor er sich an den Cafétisch vor der Pension setzten konnte, kam Monsieur Ravoux zu ihm: »Monsieur Vincent, die Messieurs René und Gaston Secrétan haben soeben nach Ihnen gefragt«, richtete er ihm aus. Van Gogh nickte nur und erkundigte sich, in welche Richtung sie gegangen waren.

Der seltsame Holländer dauerte Monsieur Ravoux und er sah ihm noch einige Augenblicke nach, bis er dem ungeduldigen Ehepaar am Nebentisch die Vorspeise servierte. Als er eben diesem Paar das Dessert reichte, erklang ein Schuss von den Höfen am anderen Ende des Orts her. Ein kurzes Aufkreischen der Pariser Damen war zu hören, dann die beruhigenden Worte ihrer Begleitungen, die von Jägern oder ähnlichem sprachen. Auch Monsieur Ravoux machte sich wieder an die Arbeit. Gerade als er dem Paar den Kaffee und die Rechnung gebracht hatte, sah er, wie van Gogh die Straße hoch kam. Er ging ungewöhnlich langsam und zog das rechte Bein nach. Die rechte Hand hatte er an die Seite gepresst. Als er bei den Tischen ankam, war zu sehen, dass er stark blutete. Hemd und Hose troffen vor Blut und hinterließen eine Spur auf den Pflastersteinen. Alle Gäste starrten ihn an, aber ohne ein Wort zu sagen ging er ins Haus. Mechanisch nahm Monsieur Ravoux das Schüsselchen mit dem Geld vom Tisch und legte kurz darauf das Wechselgeld zurück. Dann kam auch schon seine Frau ihn zu holen.

Dr. Gachet war kurz nach seiner Benachrichtigung in Begleitung des örtlichen Arztes, Dr. Mazery, und Madame Ravoux, erschienen. Monsieur Ravoux hatte unterdessen versucht, van Gogh so gut zu helfen, wie er konnte. Die Kugel war auf der rechten Seite unterhalb des Brustkorbs in den Körper eingedrungen. Gachet legte einen provisorischen Verband an.

Als sich Dr. Mazery mit seinem Kollegen beraten wollte, nahm ihn Gachet mit vor die Türe. Es war eine geflüsterte Auseinandersetzung zu hören, dann kam Dr. Mazery noch einmal herein und verabschiedete sich. Monsieur Ravoux blieb mit van

Gogh, der nach seiner Pfeife verlangte, alleine zurück. Nochmals hörten sie die Stimmen der Ärzte auf dem Flur, dann betraten zwei Polizeibeamte das kleine Zimmer. Sie bestanden darauf, dass van Gogh durchaus verhört werden könne, wenn er schon wieder zur Pfeife greife. Zunächst ignorierte er sie, als sie erzählten, sein Bruder werde von Dr. Gachet benachrichtigt. Er blickte aus dem Fenster an ihnen vorbei, direkt auf die gegenüberliegende Häuserwand, deren Steine durch die untergehende Sonne in ein sanftes rotes Licht getaucht wurden. Erst als einer der Beamten an seiner Schulter rüttelte, dass er vor Schmerzen aufschrie, schenkte er ihnen Beachtung:

»Haben Sie versucht sich umzubringen?« Der Beamte musste mehrmals laut nachfragen.

Van Gogh blickte ihm direkt in die Augen und sah zu seinem Erstaunen Verärgerung. Es kostete ihn Kraft dem strengen, kalten Blick des Polizisten standzuhalten:

»Ich denke schon …«, antwortete er dann. »Beschuldigt niemand anderen«, fügte er noch hinzu. Danach schloss er die Augen und sagte nichts mehr. Die Beamten schienen ein wenig unzufrieden, aber da sie auf weitere Fragen nach genaueren Motiven keine Antwort mehr erhielten, verabschiedeten sie sich schnell wieder. Immerhin hatten sie die notwendige Aussage eingeholt und es waren keine weiteren Ermittlungen mehr nötig.

Bald darauf war van Gogh eingeschlafen. Monsieur Ravoux beobachtete eine Zeitlang wie sich die Brust zaghaft und unregelmäßig hob und senkte, dann verließ er das Zimmer. Was konnte er weiter tun, als ab und zu nach ihm zu sehen, bis der Bruder ankam?

Die Nacht war für die Familie Ravoux wie die Gäste gleichermaßen unangenehm. Immer wieder wurde die Ruhe durch die verzweifelten Schmerzensschreie des Verletzten unterbrochen. Monsieur Ravoux ertappte sich beim Gedanken wie geschäftsschädigend das sei. Schlechtes Gewissen stellte sich ein und er ging noch einmal nach dem Verletzten zu sehen. Van Gogh lag mit weit geöffneten Augen im Bett. Das Mondlicht zeichnete die Silhouette seines Gesichts in unwirkliches Blau. Sofort drehte er den Kopf, als die Tür geöffnet wurde:

»Ist denn hier niemand, der mir den Bauch öffnen kann?«

»Ihr Bruder wird bald eintreffen, nehme ich an«, antwortete Monsieur Ravoux unverbindlich. Und tatsächlich, als van Gogh das nächste Mal die Augen öffnete, saß Theo schon an seinem Bett. Die Nachricht Gachets hatte ihn erst am Morgen in der Arbeit erreicht. Gachet gab vor, seine private Adresse nicht zu kennen! Jetzt war er aber da.

Van Gogh verbarg die Schmerzen gegenüber seinem Bruder, so gut es ging. Selbst nach dieser qualvollen Nacht war er des Lebens noch nicht überdrüssig und konnte sich an all dem Licht, an all den Farben dieses Julivormittags, die ihn umgaben, nicht satt sehen. Aber seiner Existenz war er überdrüssig. Schon lange war er es, wie er am Ende dieser langen Nacht wusste. Theo verstand, meist ohne zu fragen.

Voller Liebe und Dankbarkeit durfte Vincent van Gogh noch einen Tag und fast die ganze folgende Nacht mit seinem Bruder verbringen. Sie lachten viel, sprachen aber auch ernst, von vielen Dingen, sprachen auf Holländisch.

Um ein Uhr nachts schloss van Gogh erschöpft die Augen: »Ik wil naar huis nu gaan.«

* * *

Der Trauerzug zog langsam über den Feldweg zurück nach Auvers-sur-Oise und ließ ihn alleine zwischen den Weizenfeldern zurück. Theo hatte sich unwohl gefühlt, unter den teils fremden Menschen, die ihn wegen seiner Ähnlichkeit mit Vincent ungeniert anstarrten und wollte nicht mit ihnen Konversation halten. Vincent, der sie mit ihm verband, war nicht mehr.

Mit den Parisern war bereits eine kleine Trauerfeier bei den Ravoux' verabredet und die meisten dieser einheimischen Trauergäste würden sich ohnehin nach der Rückkehr verabschieden, wie er vermutete. Diese Verabschiedung konnte getrost Dr. Gachet, der sich schon den ganzen Tag über mit Initiative um alles gekümmert hatte, überlassen werden. Der Kauz war ihm, obwohl er eine grauenvolle Grabrede gehalten hatte, dadurch wieder sympathischer geworden. Er war ihm sogar dankbar dafür, wie er sich eingesetzt hatte, nachdem der Pfaffe den Leichenwagen nicht zur Beerdigung eines Selbstmörders freigeben wollte und deshalb kostspieliger Ersatz vom Nachbarort beschafft werden musste. Vincent hätte diesem vermeintlichen Diener Gottes fraglos die Meinung gesagt …

Theo machte sich frei um den Kragen und nahm den schwarzen Zylinder vom Kopf. Die nachmittägliche Sonne brannte mit unverminderter Hitze auf die Felder und brachte die Luft zum Flimmern. Grillen zirpten um ihn herum und der staubige Geruch nach Korn, das auf die Ernte wartet, drang in seine Nase. Es war ein schöner Tag, ein Tag, den Vincent sicher zu würdigen gewusst hätte. Wieder kamen die Tränen.

Er schlug sich in die Felder und ging eine Weile vor sich hin. Zum ersten Mal seit der Nacht in der Vincent ihn zurückgelassen hatte, fand er sich wieder allein.

Hätte er den Sarg nicht soeben ins Grab sinken sehen, er würde es nicht glauben, dass Vincent nicht mehr war. Im grellen Licht der Sonne drängten sich immer wieder gewaltsam lose Erinnerungsfetzen vor das Bild, das er so verzweifelt festhalten wollte: Vincent mit glattrasiertem Gesicht im blumenbedeckten Sarg, jemand hatte eine Tube Gelb an seine Seite gelegt. Neben ihm die Staffelei und an den Wänden leuchteten seine Gemälde zwischen den Umrissen der Trauernden.

Theo war erstaunt gewesen, wie viele Menschen sich in dem kleinen Zimmer und auf dem Flur drängten, um sich von Vincent zu verabschieden. Die Künstlerbekanntschaften der letzten Wochen, Einheimische, die auf Benachrichtigung von Gachet gekommen waren, dazu Lautrec, Bernard, Anquetin, Laval, Rousseau, sogar Père Tanguy und noch eine Reihe anderer.

Vincent war nie allein gewesen, das wusste er jetzt mehr als je zuvor. Aber er war stets einsam. In Holland. In London. In Paris. In Arles. Dort hatte Theo in den Ginoux, den Roulins, den Bessys und wie sie alle hießen, gute warmherzige Menschen getroffen, die sich Vincent auch verbunden fühlten. Freunde waren sie jedoch nicht. Wie Theo sich jetzt erinnerte, hatte

Vincent oft von dem Wunsch nach einem wahren Freund gesprochen, da es ihm schon verwehrt war, eine Familie zu gründen. Er fragte sich plötzlich, ob Vincent ihn als seinen Freund angesehen hatte – sie hatten nie darüber gesprochen. Nun war es zu spät dafür.

Es war ihm selbst nie in den Sinn gekommen darüber nachzudenken. Wie sah ihn sein Bruder? Wie sah er seinen Bruder? War er ihm ein Freund in all den Jahren, seit er ihn aus der Borinage geholt hatte, oder eben doch nur – Bruder? Hatte er wirklich aus Liebe gehandelt? Oder war es Pflicht? Oder gar Eigennutz? Wäre er an seiner Seite gestanden, wäre er nicht Maler geworden? Die Kunst hatte sie aneinander geschmiedet und er hatte dies nie hinterfragt. Was hatte Vincent darüber gedacht? – Jetzt würde er vielleicht eine letzte Gelegenheit haben, eine Antwort von seinem Bruder zu erhalten.

Er atmete tief durch, als er den Brief aus der Westentasche zog. Bevor er das Blatt auffaltete, überkam ihn der Schmerz und er hielt mit verkrampftem Gesicht inne – die verdammte Urinverhaltung quälte ihn nun schon sieben Tage lang.

Er blickte sich noch einmal um, doch der Trauerzug war schon außer Sichtweite. Nichts als das sanfte Wogen des Getreides umgab ihn. Ein Meer, das sich bis zum Horizont zog, wo es auf einen tiefblauen Himmel traf. So hatte Vincent es gesehen, wenn er in den Feldern stand und malte. Vielleicht war so wirklich Frieden zu finden.

Kraftlos, aber dennoch vorsichtig, ließ er sich zwischen den Ähren zu Boden sinken, froh darüber abgewartet zu haben. Er wollte in diesem letzten Augenblick, den er mit seinem Bruder verbringen konnte, alleine mit ihm sein. Nichts wäre ihm unerträglicher gewesen, als in dem Moment, in dem er die letzten Worte, die sein Bruder je an ihn richten würde, Jos Atem in seinem Nacken zu fühlen. Natürlich würde er ihr den Brief, den er erst heute Morgen beim Ausräumen gefunden hatte, zeigen – irgendwann. Bei diesem Gedanken ging ihm auf, weshalb Dr. Gachet an seine Geschäftsadresse geschrieben haben mochte. Mit einer Umsicht fernab aller Konventionen schien er bedacht zu haben, dass er direkt von dort nach Auvers aufbrechen würde – ohne Jo.

Es war kein Abschiedsbrief, den er in Händen hielt, das war schon nach den ersten Zeilen zu erkennen. Es war eine verworfene Fassung des letzten Briefes, den er vor drei Tagen erhalten hatte. Vincent bedankte sich wie im versendeten Brief für das geschickte Geld, hatte aber wohl ursprünglich beabsichtigt einen völlig anderen Brief zu schreiben. Mit größter Eile überflog Theo die unbekannten Zeilen:

Mein lieber Bruder,

vielen Dank für Deinen freundlichen Brief und für die 50 Francs, die er enthielt. Ich möchte Dir von so vielen Dingen schreiben, aber ich spüre die Sinnlosigkeit dahinter. Ich hoffe, Du konntest diese Herren Dir gewogen vorfinden. Dass Du mich über Deinen häuslichen Frieden bzw. Unfrieden aufklärst, war nicht notwendig. Ich glaube die gute, wie auch die andere Seite daran gesehen zu haben. – Und bin übrigens einverstanden, dass es eine schwere Last ist, ein Kind in der vierten Etage aufzuziehen, für Dich, wie auch für Jo. – Da dies gut geht, was das Wichtigste daran ist, darf ich auf Dinge von geringerer Bedeutung bestehen? Ich glaube, es ist wahrscheinlich noch ein weiter Weg zurückzulegen, bis sich die Möglichkeit ergibt, sich den Geschäften mit ruhigeren, weniger erschöpften Köpfen zu widmen. Voilà, das einzige, was ich gegenwärtig von meiner Seite aus sagen kann, mit einiger Bestürzung festgestellt habe, und bisher nicht versteckt habe, da alles offen vorliegt. – Die anderen Maler, was immer sie denken mögen, gehen instinktiv auf Distanz zu den Debatten über den gegenwärtigen Handel. – Nun können wir nicht nur unsere Bilder für uns sprechen lassen. Aber dennoch, mein lieber Bruder, bleibt es bei dem, was ich immer gesagt habe und ich wiederhole es noch einmal mit all der Ernsthaftigkeit, die einem gewissenhaften und andauernden Nachdenken entspringt, darüber, wie man etwas so gut wie möglich sage – ich sage dir noch einmal, dass ich Dich immer als etwas anderes betrachten werde, als einen einfachen Kunsthändler, der Corots verkauft; dass Du durch meine Vermittlung, Deinen Teil an der Herstellung mancher Leinwände hast, die selbst im Zusammenbruch ihre Ruhe bewahren. Denn das ist es, wo wir angekommen sind, und das ist an dieser Stelle auch mehr oder weniger alles, was ich Dir in einem Moment der bedingten Krise sagen kann. In einem Moment, in dem die Lage zwischen den Händlern der Gemälde – verstorbener Künstler – und den lebenden Künstlern sehr angespannt ist.

*Nun gut, bei meiner eigenen Arbeit riskiere ich mein Leben, und mein Verstand ist zur Hälfte dabei draufgegangen – gut – aber, Du bist kein Menschenhändler; soweit ich weiß und beurteilen kann, finde ich Dich wirklich mit Menschlichkeit handelnd, aber was ist es, das Du willst**

Damit endete der Entwurf. Theo stieß einen langen, gequälten Schrei aus. Unter Tränen begann er mit immer größerer Zerstörungswut, die Pflanzen um ihn herum aus der Erde zu reißen. Irgendwann ließ er davon ab und ging erschöpft zu Boden, während seine Gedanken weiter kreisten:

Aber was ist es, das Du willst?

Was war es, das Vincent weiter schreiben wollte? War es eine ernsthafte Frage oder eine rhetorische, die er im weiteren Verlauf zu beantworten gedachte? Worauf wollte Vincent hinaus? Er vergrub seine Hände in der heißen, vertrockneten Erde und weinte stark.

Was willst Du? hatte Vincent ihn gefragt. Wie hätte die Antwort vor drei Tagen ausgesehen? Wie sah sie jetzt aus? Er wusste es nicht.

Was wollte er jetzt noch? –

Ein reines Gewissen und Ruhe, ja, mehr war es nun nicht mehr.

Beides sollte er nicht erhalten.

Knapp ein halbes Jahr nach Vincents Tod, in dem er sich selbstaufopferungsvoll für das Werk seines Bruders engagierte, verstarb Theo van Gogh im holländischen *Wilhelm* in geistiger Umnachtung an den Folgen seiner Syphiliserkrankung.

* * *

Die Syphilis kam schubweise. Manchmal dauerte es Tage, vielleicht eine ganze Woche, bis seine Haut wieder zu jucken begann und die Glieder in fiebriger Schwere am folgenden Morgen den Gehorsam verweigerten. Wahrhaft eine Meuterei gegen seinen schwächelnden Willen, die auf Dauer weder durch Wein noch durch Absinth zu unterdrücken sein würde, dachte er, und starrte in die Nacht. Mehrere Herzattacken, ein Selbstmordversuch und eine chronische Augenentzündung nahmen ihm alle Hoffnung auf eine triumphale Rückkehr. Frankreich war weit weg, die menschenfressende Kunstmaschinerie Paris war weit weg. Zu weit weg, als dass es noch nötig war, sich etwas vorzumachen. Alle Beteuerungen wurden lächerlich, wenn niemand da war, der ihnen Glauben schenkte – oder sie bestritt. Gleichviel – was ihm blieb, genügte vollauf, um hier frei zu leben und darum hatte es gelohnt zu warten, auch wenn die 50 überschritten war, um von seiner Malerei zu leben: es hatte sich gelohnt.

Momentan ging es gut, zumindest tagsüber. Abends kroch dann die Traurigkeit der Tropen aus den feuchten Schatten der

Wälder hervor und legte sich wie ein dunstiger Schleier über das Land. Selbst das Meer schien gedämpfter hinter den Dünen zu rauschen. Nichts war zu hören, kein Vogel, kein anderes Tier. Ab und zu fiel ein Blatt raschelnd zu Boden und machte dadurch die Stille noch greifbarer. In der blauen Dunkelheit der Sternennächte ahnte man die Einheimischen mehr, als dass man sie sah, wie sie in barfüßiger Lautlosigkeit von Hütte zu Hütte huschten.

Diese Menschen waren zur Unhörbarkeit geboren. Vielleicht verursachte dieses langsame Sterben einer ganzen Kultur deshalb keinen Lärm. Als er vor zehn Jahren zum ersten Mal in Papeete ankam, war gerade König Pomaré, der letzte einheimische Herrscher, verstorben. Als er vor sechs Jahren nach Tahiti zurückkehrte, fand er die Hauptstadt schon zu weiten Teilen elektrifiziert. Es hatte nur fünf Jahrzehnte Zivilisierung durch Missionare und Maschinen gebraucht und eine ganze Generation an Tahitianern wuchs auf, ohne den Glauben, die Kunst und die Bräuche ihrer Vorfahren zu kennen. Es waren Jahre des stillen Wandels, des tödlichen Wandels – Jahre der Ohnmacht und der kleinen aussichtslosen Aufstände. Sie hatten der rührseligen Friedfertigkeit und kindlichen Launenhaftigkeit dieser Menschen eine Melancholie aufgeprägt, die ansteckend wirkte. Sie konnten stundenlang sinnend auf das Meer blicken oder einen ganzen Nachmittag nebeneinander sitzen, ohne dass es nötig war Konversation zu halten. Wie viel Würde und Anmut mussten die Tahitianer vor der Okkupation besessen haben ... Wer sie länger beobachtete, wurde selbst ruhig, wollte nichts mehr, denn was man brauchte, war ja da. Deshalb beschränkte er sich zuerst auf die Suche nach den Resten dieser dem Untergang geweihten Kultur, wollte freilegen, was an Poesie und Natur unter dem strengen Joch der Zivilisation verschüttet wurde.

Fast wäre er darauf verfallen, sich diesem resignierten Fatalismus anzuschließen, doch ein ganzes Leben der Auflehnung und des Kampfes ließ sich nicht auslöschen und hatte seinen Charakter bereits geformt. Alles Okzidentale, alles Französische, Dekadente hatte hier schon Wurzeln geschlagen – bis auf die Menschlichkeit.

Keiner dieser Menschen brauchte Vanille oder Guaven anzubauen, bevor Alkohol und Feuerwaffen auf die Insel kamen. Niemand musste sich Kleidung kaufen, bevor die Missionare ankamen. Was jene brachten, waren unbekannte Krankheiten, die Ausrottung einer Kultur und einen Strafkatalog, der die bedingungslose Unterwerfung gegenüber einer zu Hause schon überlebten Religion forderte.

Nach einiger Zeit kam er mit den Kolonialisten, Beamten und Missionaren ins Gespräch, geriet bald in Streit und machte – Lärm. Kurz, er fühlte sich wieder lebendig.

Binnen kurzer Zeit sollte er Mitstreiter finden und sein Name war der Obrigkeit bald bekannt. Er stand zuerst unter den Artikeln in *Les Guèpes*, dann im Impressum seiner eigenen Zeitschrift *Le Sourire*, jetzt in ihren Akten. Höchste Zeit zu verschwinden! Die Nachricht und das Geld waren zur größten Not eingetroffen und in Ambroise Vollard ward ein neuer Theo van Gogh gefunden.

Der junge Vollard hatte interessanterweise in etwa das Alter Theo van Goghs, als er verstorben war. Der Tod des Kunsthändlers traf ihn damals wie ein Faustschlag. Kurz darauf starb auch noch der ihm zugetane Kritiker Aurier mit nur 27 Jahren und der ihm gewogene Nachfolger Theos bei Goupil überwarf sich mit seinen Vorgesetzten und war weg, bevor er richtig mit seiner Arbeit begonnen hatte. Sie nutzten ihm alle nichts, wenn sie tot waren, hatte er zynisch gedacht, aber wenigstens schadeten sie ihm so nicht. Ganz anders verhielt er sich da mit Vincent van Gogh! Jährlich gab es mindestens eine große Ausstellung in Frankreich und im restlichen Europa. Erst neulich hatte er im *Mercure de France* wieder von einer großen van Gogh-Schau bei Bernheim gelesen. Der *Mercure* sandte ihm auch über fünf Jahre hinweg Vincents Briefe, illustriert und mit Kommentar versehen in die Tropen. Wie ein Lazarus erstand er aus Papier und Druckerschwärze und wandelte durch seine Hütte. Die Schlange Bernard hatte es sich zur Aufgabe gemacht das weiterzuführen, was Theo begonnen hatte. In geheuchelter Uneigennützigkeit wurde der Bastard zum Propheten und Rächer des gekreuzigten van Goghs und im strahlenden Glanz dieser Legende wurde er, Paul Gauguin, Abt und Vorsteher in Arles, immer mehr zum Schüler van Goghs degradiert. Vincent war dabei natürlich nichts vorzuwerfen, sein Ruhm war ihm zu gönnen. Eigentlich hatte sich der Holländer immer wie ein Freund verhalten und schon lange waren sie während der langen Tropennächte wieder ins Diskutieren gekommen. Ihm zu Ehren hatte Gauguin Sonnenblumen vor seinem Haus gepflanzt. Die Samen hatte er sich mit anderen für Brunnenkresse und Knollen für Dahlien von Vollard aus Europa schicken lassen, als dieser ihm Aufträge für Stillleben verschaffte.

Anders als mit Vincent, war mit Bernard nicht gut zu streiten. Wenn der ach so selbstlose Bernard wüsste, was damals wirklich geschehen war, er wäre längst verhaftet und inhaftiert, denn Bernard ließ ohnehin keine Gelegenheit aus, ihm seine überstürzte Abreise aus Arles vorzuwerfen.

Natürlich hatte auch er selbst versucht aus den Ereignissen Kapital zu schlagen, doch tat er dies, wie es ein Künstler tun sollte: mit Pinsel und Palette. Erst später sah er sich gezwungen zur Feder zu greifen. Die Geschichte der Malerei der Moderne war noch nicht geschrieben, doch anstatt dies den Historikern zu überlassen, begannen die Pariser Kollegen nun selbst damit. *Décadence par excellence!* Hatte nicht Vincent seinerzeit schon immer über den mangelnden Gemeinsinn unter den Künstlern geklagt und damit auch seine Flucht nach Arles und die Hoffnung auf eine Künstlergenossenschaft begründet? Jetzt, da er selbst ein *Isolé* geworden war, dachte er oft an die Zeit in Arles zurück. Von den Eingeborenen hatte er gelernt den Ereignissen nachzusinnen, wobei Alter und Absinth die Vergangenheit manchmal lebendiger werden ließen, als es gut tat. Niemals wieder sollte er in solch schwindelnde Höhen aufsteigen, wie damals im Midi. Etwas Abstand hatte es gebraucht, um zu sehen, wie er Gipfel um Gipfel im Atelier des Südens genommen hatte und erst mit der Gründung seines ersten Ateliers der Tropen kam eine ähnliche Blütezeit, die im Kohlebecken seines Lebens die Hoffnung noch einmal kurz aufglimmen ließ. Doch alles zerfiel wieder zu Asche und Staub, sobald er nach Paris zurückkam. Die Niederlage in Erwartung des unwiderlegbaren Siegs schmerzte so sehr, dass es kein großes Opfer gewesen war,

Frankreich ein zweites Mal den Rücken zu kehren. Diesmal ohne Abschiede, ohne Bankette. Damals hatte er zum ersten Mal das Gefühl, es läge ein Fluch auf ihm und seiner Malerei. Ein Fluch, der im gelben Haus über ihn gekommen war und ihm auf immer folgen sollte. Von Ort zu Ort, von Haus zu Haus.

Sollte er jemals nach Europa zurückkehren, es würde in der gleichen Stille und in Heimlichkeit geschehen, in der er verschwunden war. Die Isolation besaß für einen verbitterten, alten Mann wie ihn nichts Furchterregendes mehr. Er schätzte die Abgeschiedenheit sogar, denn es war keine Frage der Stärke, in ihr zu leben, wie er erkennen durfte. Seit auch er täglich von der Einsamkeit kostete, verstand er, wie sie Vincent vergiftet hatte: Diesem Gift konnte nicht mit Stärke begegnet werden, sie verlangte nach den Regeln der Klugheit. Das Gegengift zu Einsamkeit und Alter war der kühle, süße Nektar einer *Vahine*. Er hatte sich das Wort Frau abgewöhnt, benutzte es allenfalls noch abwertend. Es war eine Narretei, in der *Arlésienne* das finden zu wollen, was sich in der *Négresse* angedeutet hatte. Die Frauen des Okzidents waren verdorben wie ihre Kultur. Deshalb blieb Vincent einzig übrig, Trost in der Malerei zu suchen; ab und zu glaubte der Unwissende sogar, Trost im Bordell finden zu können. Vor seinem inneren Auge ließ Gauguin die Reihe seiner *Vahinen* Revue passieren: Titi, Teha'amana, Tehura und jetzt Pahura.

Die Frauen Tahitis waren weniger feingliedrig als die Frauen Europas, dafür kraftvoller. Sie waren die höchste Ausbildung der leidenden Melancholie dieser Insel: sie schafften es in ihrer

Fügsamkeit frei zu sein. Pahura war in den letzten sechs Jahren mit ihm durch manch elende Woche gegangen. Jetzt wünschte sie trotz oder vielleicht auch gerade wegen einer Schwangerschaft bei ihren Eltern zu bleiben, anstatt ihm zu folgen, und er musste es akzeptieren.

In Frankreich würde sie selbst heute noch als minderjährig gelten und es wäre ihm bei Gesetz verboten mit ihr zu schlafen. Für wen war wohl ein Gesetz geschrieben, das die Volljährigkeit mit 21 gewährte, mit 14 aber schon die Hochzeitsnacht erlaubte? Vincent wäre viel Leid erspart geblieben, hätte er seine Nächte in den Armen einer *Vahine* fernab den Zwängen Europas verbringen dürfen. Die *Vahinen* waren das Tor zur Poesie einer untergegangenen Welt, deren Verlust in Bestürzung versetzte und doch faszinierte. Hatte man ihre Sprache gelernt, begegnete man ihren Launen, die Ausdruck von Freiheit und bar jeder Berechnung oder Boshaftigkeit waren. Dank Tehura war er immer tiefer in eine Welt eingetaucht, die zu beschreiben nur die Malerei vermochte. Sie schenkte ihm sein bestes Gemälde der Tropen, als er eines nachts sehr spät die Hütte betrat und sie im Licht des Streichholzes mit angstgeweiteten Augen wach im Bett lag. Es dauerte lange sie zu beruhigen, dann gestand sie ihm, je mehr er auf sie eindrang, *Tupapau* sei hier gewesen. *Tupapau*, der Geist des Toten, der nachts draußen streifte, sei hier gewesen, wiederholte sie fortweg in monotonem Singsang. Von da an lauschte auch er, sobald es dunkel wurde, dem Geist der Toten und der Vergangenheit. In letzter Zeit spürte er ihn wieder öfters beim nächtlichen Ächzen der Dielen durch die Räume streifen, als wolle er sich schon jetzt der bald verlassenen Hütte bemächtigen. *Tupapau* mochte gerne eine Opfergabe darin sehen, wenn er dafür seinen Segen für das kommende, wahrscheinlich letzte Atelier der Tropen auf *La Dominique* gab.

Das neue Atelier, es sollte den Namen *Haus der Wonnen* tragen. Er würde es mit seinen eigenen Händen bauen. Die Pläne waren längst fertig und schon gut verschnürt zwischen seinen jüngsten Zeichnungen. Eine einzige, eher künstlerische Zeichnung, hatte er noch nicht eingepackt. Sie hing zur Vorfreude an einem Stützbalken mitten im Raum und zeigte die Giebelseite, die dem Eingang vorbehalten war. Über eine Leiter würde man direkt in das Atelier in der ersten Etage gelangen, wohinter das Schlafzimmer anschloss. Unten dann die anderen Räume, draußen ein eigener Garten. Er würde auch auf *La Dominique* wieder Sonnenblumen ziehen. Seit ihm Vincent das Geschenk dieser Inkablume, der Blume seiner Abstammung, gemacht hatte, begleitete sie ihn überall hin und würde auch im neuen Heim einen Ehrenplatz im Garten bekommen. Bis sie wachsen würden und um sich selbst einen schönen Empfang zu schaffen, hatte er begonnen eine *décoration* zu malen, die, wie im Atelier des Südens, sein Schlafzimmer schmücken sollte. So hätte er nach wenigen Monaten wieder Sonnenblumen im Garten und von Beginn an Hoffnung im Haus. Genau wie Vincent schnitt er die Sonnenblumen und malte sie dann im Atelier ihrer Natur nach. Wahrlich, es kam einer Wiedergeburt gleich, als er vor wenigen Wochen das erste Mal wieder eine Farbtube – es war Gelb – angebrochen hatte, immerhin nach einem Jahr ohne Malerei in erniedrigender, freiheitsraubender Zwangsarbeit, die Bedingung des Lebens aller Menschen jenseits von Jahreszins und Wertpapieren ist – selbst am anderen Ende der Welt. Es war ein Neuanfang und gleichzeitig ein Anknüpfen an längst vergessene Tage, an Tage deren getanes Werk nicht nur von den eigenen Augen begutachtet wurde. Vincent besaß das Einfühlungsvermögen, die richtigen Fragen zu stellen und erfasste vielmals dasjenige, dessen die Sprache außerstande ist zu bedeuten. Gauguin horchte in die Nacht. Wahrscheinlich streifte sein abendlicher Gast noch mit *Tupapau* unter dem Palmendach der Wälder umher, an dessen Säulen satte Blätter emporstrebten, die stets so kraftvoll wirken, als hätte sie ein gotischer Meister in das Dunkel gehauen. Leise, um Pehura nicht zu wecken, humpelte er zur Wand, an der die beiden bereits fertigen Gemälde der *décoration* zum trocknen lehnten. In einigem Abstand platzierte er die Kerze auf dem Boden und beobachtete eine Weile wie Schatten und Licht über die Farben tanzten. Dann goss er ein wenig Absinth nach um die Wirkung zu verstärken, steckte sich seine Pfeife an und schleppte sich zurück auf den Stuhl, der müde knarzte, als er sich niederließ. Vincent würde sich wohl wieder verspäten. Das Licht der Kerze war so schwach wie das seiner Augen und beides machte es unmöglich die beiden Gemälde wirken zu lassen. Doch das war nicht wichtig, denn er sah ohnehin, was er gemalt, stets vor seinem inneren Auge. Aurier hatte ihm einmal ein drittes mystisches Auge attestiert, ohne den *Sonnenblumenmaler* – jenes schicksalshafte Porträt Vincents beim Malen, das ihnen damals zum Menetekel erwuchs – überhaupt gesehen zu haben. Damals changierte das Auge, Symbolist, der er ward, in der Sonnenblume noch zwischen einer Anspielung auf die albtraumartige Graphik

Redons als Attribut des Wahnsinns, Vincents innerem Auge zur Naturbetrachtung der Sonnenblume und der Bedeutung einer Vision, die sich vor seinem eigenen inneren Auge gezeigt hatte. Ausschließlich diese Visionen malte er nun und konzentrierte sich dabei auf die Offenbarungen seines dritten Auges. Dieses innere Auge war zum Symbol geworden und es blickte im Bildhintergrund auf einen mystischen Raum, der Außenstehenden dadurch erst eröffnet wurde. Gleichviel ob jemand in Paris die Gemälde jemals sehen würde, er zweifelte ohnehin, ob sie jemals auf Interesse stoßen würden. Anerkennung war bedeutungslos geworden und längst nicht mehr zwingendes Motiv. Diese Leinwände waren bestimmt, schlicht und ohne Rahmen, sein neues Zuhause zu schmücken.

Welche Freude würde es sein, wenn *Sonnenblumen und Mangos* erst an ihrem vorbestimmten Platz hängen würde. In den hellsten, japanischen Tönen leuchtete ein Strauß an Sonnenblumen, der in einer Maori-Vase aus geschnitztem Holz drapiert auf einer Tischplatte stand, die ganz im Blau eines Sommerhimmels über Paris gehalten war. Vor der Blumenvase und dem Betrachter am nächsten lagen zwei Mangos, die das Atelier des Südens symbolisierten. Direkt unter den Sonnenblumen, neben der Vase, fand sich eine kleine, japanische Nagayo-Schale, in der eine Sonnenblumenblüte lag – abgebrochen und tot. Ihr schwarzblauer Stempel wirkte wie das gebrochene Auge eines Menschen, dessen Leben erst jüngst geendet. Hinter diesem, Vincent und dem Atelier des Südens gewidmeten Memento mori, schimmerte die Wand in einem warmen, pastosen Rosarot, das, je mehr es nach oben stieg, in ein fluoreszierendes

Orange wechselte. Darüber thronte in japanischer Manier, scharf umrissen und sonnengleich, das innere Auge Gauguins und offenbarte jedem, der es sehen wollte, seine Vision im mystischen Raum des Gemäldes. All diese prächtige, farbgewordene Heiterkeit gedachte des Ateliers des Südens, dessen Samen in den Tropen endlich aufgegangen war, und vergaß, ungeachtet seines stolzen Enthusiasmus der gelungenen Synthese, nicht, wo dieses Geschenk einer neuen Kunst geboren wurde.

Die dunklen, kräftigen Farben von *Sonnenblumen auf einem Armsessel* hingegen wirkten neben *Sonnenblumen und Mangos* noch düsterer, während die Farben des anderen in ihrer Intensität noch gesteigert wurden. Die Einheit beider bedingte sich, obwohl dies nicht auf den ersten Blick erkennbar war. *Sonnenblumen auf einem Armsessel* griff die Idee von Vincents Stuhlporträts wieder auf. In einer dunklen Ecke seiner Hütte stieg der Armsessel wie aus einer Tropennacht auf. Die Wände des Raums waren in einem schwarzen, düsteren Blau gehalten, das sich nur um den kleinen Fensterausschnitt, der zu sehen war, aufhellte. Der Boden war hellbraun. Ein großer, unförmiger, braungrünlicher Korb nahm die gesamte Sitzfläche des Armsessels des Abtes ein. Aus ihm wucherten kräftig grüne Sonnenblumen hervor, deren Blüten in einem kraftvollen, aber schmutzigen Gelb gehalten wurden. Die Rückenlehne war aufgrund eines weißen Tuches, das darüber gelegt worden war, nicht zu erkennen. Es mochte ein Leichentuch sein, oder auch zum Schutz des Möbels vor Staub dienen, das von jemandem zurückgeschlagen worden war, der einen Raum nach langer Zeit zum ersten Mal wieder betreten hatte. Völlig losgelöst hinter dem Strauß schwebend blickte das innere Auge Gauguins, längst nicht mehr nur Sonnenblumenblüte, gleich einer bleichen, blassen Sonne, aus dem finstersten Winkel der Hütte in den Raum.

Die Szene hätte sich im gelben Haus oder sonst wo abspielen können, nur der Fensterausschnitt verriet die Tropen. Vor dem üppigen Grün der Insel ging gerade eine *Vahine*, die Trost versprechen mochte, vorüber und blickte in den Raum. Nur ihr Kopf und ihr Hals, um den sie ein rotes Band gelegt hatte, waren zu sehen. Gauguin hatte versucht das Rot und Grün des *Café de la nuit* zu treffen, denn auch die Tropen konnten von Zeit zu Zeit ein Ort sein, der einen wahnsinnig machen konnte, der zum Verbrechen verführte.

Gauguin war sich selbst nicht sicher, wessen Stuhl er abgebildet hatte. Seinen eigenen oder den Vincents. Dieser düstere Raum mochte auch ihm vorherbestimmt sein, gäbe es nicht die Tropen, gäbe es nicht seine *Vahine*. Ganz sicher war es auch Vincents Raum und das Sonnenblumenauge würde fortan mit einem unter Marter hervorgebrachten *J'accuse* in eine Welt ohne Menschlichkeit blicken. Es klagte auch ihn an, persönlich, im Namen eines Geistes, der ihn seit knapp zehn Jahren verfolgte. Diese blass-bleiche, gnadenlose Sonne, die aus der finstersten Ecke aufstieg und die strahlend-klare, japanische Sonne einer glücklichen Synthese verlangten nach einem Bindeglied; so würde er sie nicht nebeneinander aufhängen können: Vincent, den schenkenden Buddha und Vincent – den Horla.

Gauguin lauschte auf der Suche nach diesem Bindeglied gerade in die Stille, als er eine unscheinbare Stimme zu vernehmen glaubte. Wie so oft, wägte er in diesem Rufen die ferne Stimme seiner Tochter Aline. Seit sie einer Lungenentzündung erlegen war, streifte auch sie mit *Tupapau* durch die nächtliche Stille. Niemals hatte sie bisher seine Hütte betreten wollen. Gauguin fröstelte. Um die Nacht durchschlafen zu können, rieb er die schmerzenden Beine schnell mit Tigerbalsam ein. Dann leerte er sein Glas, löschte die Kerze aus und kroch zitternd zu Pahura, die davon aufwachte, ins Bett. Das Gegengift wirkte wieder stärker, seit klar war, er würde alleine nach *La Dominique* aufbrechen und so tauchte er bald aus der Erinnerung auf und vergaß, wenn auch nur für kurze Zeit, die Vergangenheit, *La Dominique* und auch *Tupapau*, der draußen durch die Wälder strich.

Einige Monate später zog im schnell erbauten Haus der Wonnen eine neue *Vahine* ein. Doch auch sie vermochte in ihrer Jugend nicht aufzuhalten, was die Syphilis schon lange zuvor begonnen hatte.

Zwei Jahre nach seiner Ankunft auf *La Dominique* und dreizehn Jahre nach Vincent van Goghs Tod verstarb Paul Gauguin im Alter von 54 Jahren nach mehrmonatigem Kampf im letzten Atelier der Tropen auf *La Dominique*, der heutigen Insel *Hiva Oa*.

ENDE

Nachwort und Danksagung

»Jetzt hat man mich so oft interpretiert, daß ich selbst nicht mehr weiß, wer ich bin.«[1]

Walter Jens legt diese Worte in *Mythen der Dichter* der Figur Hamlet in den Mund, als er die »Arbeit am Mythos« und die Reihe der Schriftsteller und Dichter, die über Hamlet geschrieben haben, in seinem Diskurs Revue passieren lässt. Nun ist Vincent van Gogh eine historische Person und dennoch gibt es auch, was seine Geschichte angeht, verschiedene Variationen, Varianten und Mythologeme, die in ihrer »Ungleichzeitigkeit« bis auf den heutigen Tag bestehen.

Über Theo van Gogh und Émile Bernard bis hin zu Julius Meier-Graefe läßt sich die Genese dieses »Mythos der Moderne« verfolgen[2] und obwohl (oder vielleicht gerade weil) nach über einhundert Jahren der Forschung eine ungeheure Zahl an Fakten zu Personen und Werken zusammengetragen und analysiert worden sind, ergaben sich in jüngster Zeit Ansätze, die das Gewohnte entschieden korrigieren möchten. Seien es nun die Spekulationen betreffend einer möglichen Bisexualität van

---

1 Jens, Walter: *Mythen der Dichter. Modelle und Variationen,* München: Kindler, 1993, Seite 115.

2 vgl. Koldehoff, Stefan: *Meier-Graefes van Gogh,* Edition des Internationalen Kunstkritikerverbandes deutsche Sektion. Nördlingen: Verlag Steinmeier, 2002.

Goghs und/oder Gauguins (u.a. Nancy Mowll Mathews: *Paul Gauguin: An Erotic Life*; 2001), sei es die These vom Tod van Goghs durch Totschlag oder Unfall anstelle des Freitodes (Steven Naifeh; Gerogry White Smith: *Van Gogh: Sein Leben*; 2012) oder eben die These, dass es Gauguin war, der van Goghs Ohr abschlug. Letztere wurde von Dr. Hans Kaufmann und Dr. Rita Wildegans entwickelt und 2008 in *Van Goghs Ohr. Paul Gauguin und der Pakt des Schweigens* erstmals veröffentlicht. Nun erwartet der Leser eines Künstlerromans nicht nur Unterhaltung, sondern auch, dass er etwas über das Leben, den Charakter und vor allem die Werke der jeweiligen Künstler erfährt – und dies so historisch exakt und wissenschaftlich fundiert wie möglich – gerade, wenn es um eine solch wichtige Episode in der europäischen Kunstgeschichte geht. Dieser berechtigten Erwartungshaltung habe ich versucht mit aller Redlichkeit zu begegnen. Besonders der umfangreiche und grundlegende Ausstellungskatalog *Van Gogh und Gauguin: Das Atelier des Südens* (2002), der Woche für Woche akribisch die Werkabfolge und Ereignisse im gelben Haus und in Arles bis hinein in die Wetteraufzeichnungen der Zeit verfolgt, war hierbei überaus hilfreich. Der Umstand dieser Erwartungshaltung hat mich zunächst auch zögern lassen, dem Kaufmann/Wildegans-Ansatz zu folgen. Denn welche Glaubwürdigkeit besitzt ein *dokumentarischer* Künstlerroman noch, wenn er genau den Sachverhalt, den jedermann auf der Straße an erster Stelle im Zusammenhang mit van Gogh nennen würde, über den Haufen wirft? Doch der Reiz am Spiel setzte sich durch, denn es zeigte sich, dass die von Kaufmann/Wildegans vorgeschlagene Lösung, wie van Gogh sein Ohr verlor, ein Umgreifendes anbietet, das erlaubt, die beiden Charaktere in ihren Unterschieden, Gemeinsamkeiten, besonders aber in ihrer gegenseitigen Bedingung zu fassen. Denn in dieser Szene kulminiert oder verdichtet sich für mich das literarisch, was im Beziehungsgeflecht der beiden Figuren anfangs potentiell angelegt war, dann aber immer mehr zu ihrem gemeinsamen Wesen wurde: das Aufeinandertreffen dieser zwei Charaktere, dessen Verlauf als tragisch oder der Zwangsläufigkeit einer Versuchsanordnung entsprechend bezeichnet werden kann, verlagert sich von Innen nach Außen und manifestiert oder besser entäußert sich im zeitraffergleichen Automatismus auf einer physischen Ebene.

Der »Mythos« oder auch die »Fabel« wird von Aristoteles in seiner *Poetik* als Handlung beziehungsweise als Nachahmung der Handlung bezeichnet und nur ein Blick auf den Ödipus-Mythos und seine Rezeption zeigt eine weitreichende Bandbreite und Variation eben dieser Handlung und deren Bedeutung auf. In seiner *Rhetorik* bestimmt Aristoteles diese selbst als das Auffinden des Glaubhaften oder auch Wahrscheinlichen an einer Sache. Es war reizvoll und spannend mit den Mitteln der Fiktion dieses Glaubhafte zu suchen. Als Autor, für den sich Gauguin immer mehr zur heimlichen Hauptfigur entwickelte, habe ich mich deshalb innerhalb der Sphäre des Romans, im literarischen Spiel, für diese These entschieden und biete sie dem Leser somit auch an. Es wäre an dieser Stelle, und nicht nur aufgrund des eingeschränkten Umfangs, wie es immer so schön heißt, nicht angemessen, als Wissenschaftler zu argumentieren. Das Ergebnis wäre bezogen auf letztbegründete Wahrheiten ein

Unentschieden, das stark für die berechtigte Anerkennung der Kaufmann/Wildegans-These plädieren würde und zur weiteren Forschung aufriefe. Viel lieber lade ich deshalb bei Interesse zur eigenen »Arbeit am Mythos« ein, um die Argumente und Resultate des Duo Kaufmann/Wildegans im Kontext der bisherigen Forschung selbst zu prüfen und gegebenenfalls auf:

WWW.UNBEDINGT-DER-ROMAN.DE zu diskutieren – auch wenn am Ende vielleicht nur Entzauberung, Wahrscheinlichkeiten und die Polyvalenz des Mythos bleiben.

* * *

Wenn sich bedankt wird, dann richtig. Deshalb geht mein Dank an erster Stelle an Verleger und Team, besonders an Lektor Paul Simon. Rückblickend den Weg hin zu diesem Roman betrachtend, könnte ich bei meinem Ausbildungsbetrieb oder im Nördlinger Ries beginnen, oder auch an der Universität Tübingen bei Dr. Anette Michels und Prof. Dr. Gert Ueding, aber es würde zu weit führen, wichtige Begleiter wären vergessen, wichtige Impulsgeber übergangen und vielleicht mehr Schaden als Gutes getan. Deshalb sei allen, die sich vergessen und übergangen fühlen an dieser Stelle herzlich gedankt. Somit setze ich erst bei Dr. Rita Wildegans und unserem Treffen in Hamburg ein, während dem ich nicht nur sie, sondern auch ihre Publikation kennenlernte, was dazu führte, dass ich es genau wissen wollte und der Komplex van Gogh, Gauguin, Arles über die Zeit hinweg sogar zum Examensthema in Kunstgeschichte wurde, schlussendlich Gegenstand des vorliegenden Romans. Ihr und Dr. Hans Kaufmann gilt daher mein besonderer Dank, wie auch den ersten LeserInnen bzw. KritikerInnen Kathrin Börger, Sonja Cornelsen, Sébastien Dreyfuss, Julie Hen, Markus Jung, Patrick Ritter und Tobias Schmidt-Degenhardt. Aus der Aufzählung dieser Runde nur herausgenommen und gesondert erwähnt, um den gebührenden Dank für all die gemeinsamen, diskussionsreichen Autorenabende zu empfangen, sei hier Dirk Auberlen, gerade jetzt, in der Vorfreude auf die Vollendung seines ersten Romans. Als Autorin darf auch Katharina Gerwens samt Ehemann Thomas nicht fehlen, verbunden mit innigem Dank, nicht nur für die konstruktive Kritik, sondern auch für die vielen gewechselten Zeilen und all die moralische Unterstützung im Schwebezustand der Verlagslosigkeit. Ebenfalls für Zuspruch und Ermutigung, aber auch erschreckende Schachniederlagen danke ich Bernd Emanuel Wüst.

Die Hauptniederschrift fand im Internationalen Studienzentrum Berlin statt und ich danke Frau Manuela Ebel herzlich für die Unterstützung und die Möglichkeit des Austauschs in diesem einzigartigen Umfeld, dem nicht zuletzt auch das Titelbild, gezeichnet und gestaltet von Soukaïna Najjarane, zu verdanken ist – merci mille fois! Von Berlin geht mein Dank weiter nach Frankreich, an die gesamte Familie Debien für all die Gespräche über die französische Literatur, Küche, Kultur und Geschichte, besonders an Marie-Hélène Debien für Ihre Räte als Schriftstellerin. Ganz gleich, ob zehn Sätze oder einer –

es lässt sich ohnehin nicht ausreichend betonen: Geneviève Debien gilt einfach Dank für alles! Genauso meinem Bruder Andreas, besonders aber für die investierte Zeit und Energie in die Homepage. Und zuletzt, aber nur im Text, gilt mein Dank meinen Eltern, der ganzen Familie, auch denen, die diese Veröffentlichung nicht mehr erleben, obwohl sie mich immer bestärkt haben.

Berlin, Pfäfflingen, im August 2013

Anmerkungen

* S. 29   Brief an Vincent van Gogh, 1. Okt. 1888.
  Siehe auch: http://www.vangoghletters.org/vg/
  Alle Briefe aus dem Französischen von Geneviève Debien und Jürgen Volk.
* S. 88   Vgl. Zola, *Das Werk*, Erstausgabe, Leipzig: Paul List Verlag, 1955, S. 431.
* S. 100 *L'Intransigeant*, vom 23.12.1888:

  > **Kehlenschnitt in Paris.** *Ein Junge im Alter von neunzehn Jahren, Albert Kalis, war letzte Nacht auf dem Weg nach Hause in der Rue Vanderzanne angekommen, als er plötzlich von einer Person überfallen wurde, die mit einem gewaltigen Messerhieb in seine linke Seite stach. Das Opfer dieses Angriffes, sich schon in einem aussichtslosen Zustand befindend, wurde zum Spital Bicêtre transportiert. Der Mörder konnte entfliehen.*

  Aus dem Französischen von Geneviève Debien und Jürgen Volk. Siehe: http://gallica.bnf.fr/ark:/12148/bpt6k777793f/f1.image.langDE
* S. 113 Vgl. Britt Salvesen (Hg.), *Atelier des Südens*, Stuttgart: Belser Verlag, 2002, S. 234.
* S. 124 Brief an Paul Gauguin, 4. Januar 1889.

* S. 161 »***Jawohl mein Unteroffizier!***« (Militärschlager)
Aus dem Französischen von Geneviève Debien:
Uraufführung an der Scala
Text: René Esse und Félix Mortreuil
Herausgegeben von den Répertoires réunis
Verleger: Victor Maurel: 1, passage de l'Industrie, Paris

Rezitativ

Während eines Manövers
Im 501. Regiment
Ein Reservist, einer der vulgärsten,
Lief ein Mal in der Nähe seines Unteroffiziers
Beide stammten aus der Normandie,
Und nutzten die Gelegenheit
Zu scherzen nach Lust und Laune.
Ich werd' Euch also berichten, was sie sich zu sagen hatten.

1

Der Unteroffizier:
Sagen Sie mal, Schütze Nicaise ...
Der Soldat:
Bin ganz Ohr, mein Unteroffizier!
Der Unteroffizier:
Ich errinere mich, in Falaise
Hab' ich mich ganz schön amüsiert;
Ich hatt' nen Kumpel, Théodule,

Ein Gauner, der mir Geld schuldete:
Er ist ein Taugenichts, ein echter Lump ...
Der Soldat:
Das war ja mein Bruder, mein Unteroffizier.
Der Unteroffizier:
Die Reihe rechts um!
In Reih' und Glied!
Schnauze halten !
Ruhe im Trupp!
Der Soldat:
Jawohl, mein Unteroffizier!

2

Der Unteroffizier:
Sagen Sie mal, Schütze Nicaise ...
Der Soldat:
Bin ganz Ohr, meine Unteroffizier!
Der Unteroffizier:
Ich errinere mich, in Falaise
Verkehrte ich in nem Haus;
Der Chef hatte schöne Kundschaft,
Aber angeblich, so hieß es, verbüßte der Schlingel
Zehn Jahre in Neukaledonien.
Der Soldat:
Das war ja mein Pate, meine Unteroffizier!
Der Unteroffizier, beleidigt:
Die Reihe rechts um!

In Reih' und Glied!
Schnauze halten!
Sie ungehobelter Bauertrampel!
Der Soldat:
Jawohl, mein Unteroffizier!

3

Der Unteroffizier:
Sagen Sie mal, Schütze Nicaise ...
Der Soldat:
Bin ganz Ohr, mein Unteroffizier!
Der Unteroffizier:
Ich hatt' ne Geliebte in Falaise,
Ein dickes Mädchen, ein echtes Monument,
Aber unglücklicherweise, die arme Jeanne,
Spielte sie dauernd auf dem Instrument,
Das den Ruhm des Pétomanes* ausmacht.

[*Le Pétomane: = Kunstfurzer (vielleicht Joseph Pujol, bekannter Kunstfurzer um diese Zeit in Paris)]

Der Soldat:
Das war ja meine Schwester, mein Unteroffizier!
Der Unteroffizier, beleidigt:
Die Reihe rechts um!
In Reih' und Glied!
Schnauze halten!
Oder ich mach' Sie platt!

Der Soldat:

Jawohl, mein Unteroffizier!

4

Der Soldat:

Also gut, mein Unteroffizier! In Falaise,
Hatt' ich damals eine Geliebte,
Die Ehefrau eines, Narziss' Blaise, wie er genannt wurde,
Der ich zwei Kinder schenkte …
Ihr Mann, was für einen Idiot! …
Was für ein tristes Ehebett! …
Die Frau, hielt ich nur immer kurz bei mir,
Denn sie stank aus dem Mund!

Der Unteroffizier:

Das war meine – In drei Teufels Namen!

(Mit wütendem Blick)

Die Reihe rechts um!
In Reih' und Glied!
Schnauze halten!
Oder ich mach Sie zur Sau!

Der Soldat, vor Angst kann er kaum den Satz aussprechen:

Jawohl, mein Unteroffizier!

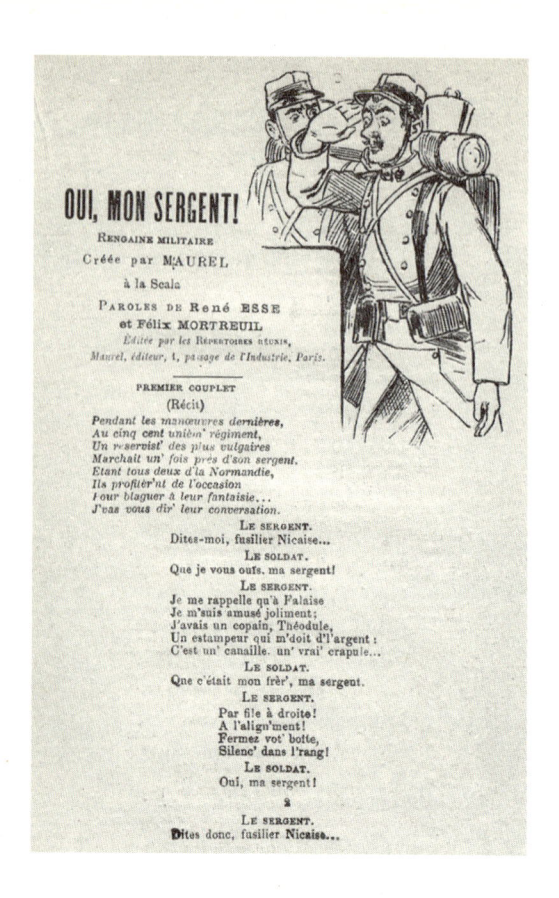

Quelle: *Les chansons illustrées*, Nummer 102 (Nr. 158 in der *Collection*), Librairie Contemporaine (Hrsg.); 8, rue Saint Joseph, um das Ende 1888.
Siehe: http://www.dutempsdescerisesauxfeuillesmortes.net/textes_divers/chansons_illustrees/chansons_illustrees.htm

* S. 162 Brief an Schuffenecker, Ende November 1888.
    Originaltext bei Merlhès, Victor (Hg.): Correspon-

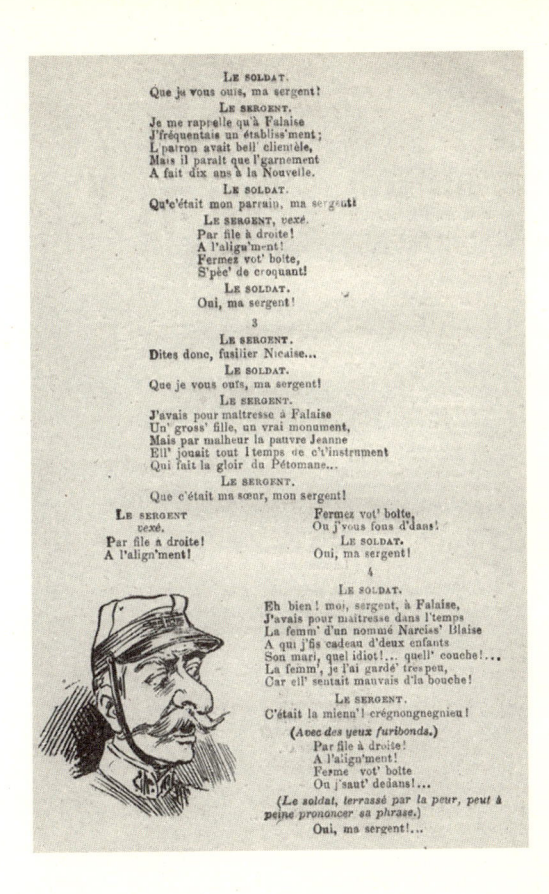

dance de Paul Gauguin. Documents, Témoignages. Fondation Singer-Polignac, Paris 1984
* S. 170 Vgl. Richard Wagner, *Ein Deutscher Musiker in Paris – Novellen und Aufsätze*. Van Gogh und Gauguin lasen ihn in der Version von Camille Benoit, der in den 1880er Jahren erstmals Wagner übersetzte und ihn in Frankreich bekannt machte.
* S. 223 Brief an Theo van Gogh, 23. Juli 1890.

Eintritt ins Universum Unbedingt

zum Nachlesen, Nachforschen, Nachsinnen

Arnhold, Hermann, *Orte der Sehnsucht. Mit Künstlern auf Reisen,* Regensburg: Schnell & Steiner, 2008.

Bourdieu, Pierre, *Die Regeln der Kunst. Genese und Struktur des literarischen Feldes,* Frankfurt a. M.: Suhrkamp, 1999.

Cachin, Françoise, *Gauguin,* Paris: Flammarion, 2004.

Druick, Douglas W.; Zegers, Peter K., *Van Gogh und Gauguin: Das Atelier des Südens,* Stuttgart: Belser, 2002.

Duma, Ann (u. a.), *Van Gogh. Der Künstler und seine Briefe,* Köln: Dumont, 2010.

Forrester, Viviane, *Van Gogh oder das Begräbnis im Weizen,* Hamburg: Edition Nautilus, 2002.

Gauguin, Paul, *Vorher und Nachher,* München: Kurt Wolff Verlag, 1920.

Homburg, Cornelia, *Vincent van Gogh und die Maler des Petit Boulevard,* Ostfildern-Ruit: Hatje Cantz, 2001.

Kaufmann, Hans; Wildegans, Rita, *Van Goghs Ohr. Paul Gauguin und der Pakt des Schweigens,* Berlin: Osburg Verlag, 2008.

Kittl, Stehen T.; Saehrendt, Christian, *Geier am Grabe van Goghs und andere hässliche Geschichten aus der Welt der schönen Künste,* Köln: Dumont, 2010.

Koldehoff, Stefan, *Meier-Graefes van Gogh. Bd. 12 der Reihe »Schriften zur Kulturkritik«* (Hrsg. Walter Vitt), Internationaler Kunstkritikerverband, deutsche Sektion, Köln, Nördlingen: Steinmeier, 2002.

Meier-Graefe, Julius, *Vincent,* München: Piper, 1925.

Schaefer, Iris (u. a.), *Impressionismus. Wie das Licht auf die Leinwand kam.* Köln: Skira, 2008.

Vericier, Bruno (u. a.), *Pierre Loti. Dessinateur. Une oeuvre au long cours. Bleu autour,* Saint-Pourçain-sur-Sioule, 2009.

Zola, Émile: *Die Rougon-Macquart,* darunter besonders:
Das Werk. Leipzig: Paul List Verlag, 1955;
Nana. Berlin: Rütten & Loening, 1965;
Der Traum. Berlin: Rütten & Loening, 1983.

… weitere Literatur, Links und Hinweise – eine virtuelle Führung durch Arles, Informationen zu Prado, Boheme und Absinthkultur, etc. – finden Sie auf der Website zum Roman. Diskutieren Sie die Werke, die Künstler und den Roman, und stimmen Sie ab: Was passierte wirklich in jener Nacht? Hat Gauguin zugeschlagen oder entstellte van Gogh sich selbst?

WWW.UNBEDINGT-DER-ROMAN.DE